Benedikt Rothöhler,
Alexander Manisali (Hg.)

Mythos & Ritual

Mit dem besten Dank
für erhaltene Unter-
stützung!
Ihr Alexander Manisali

RELIGIONSWISSENSCHAFT

Forschung und Wissenschaft

Band 5

LIT

Benedikt Rothöhler, Alexander Manisali (Hg.)

MYTHOS & RITUAL

Festschrift für Jan Assmann
zum 70. Geburtstag

LIT

Umschlagbild: Totenbuch des Amenmose, Sohn der Teti, 18. Dynastie, Sammlung des Ägyptologischen Instituts der Universität Heidelberg. Wir danken Robert Ajtai, der die Photoaufnahme zur Verfügung stellte.

Der Druck dieser Festschrift wurde möglich durch die Förderung der Stadt-Heidelberg-Stiftung sowie der Geschwister Boehringer Ingelheim Stiftung für Geisteswissenschaften in Ingelheim am Rhein.

Bibliografische Information der Deutschen Nationalbibliothek
Die Deutsche Nationalbibliothek verzeichnet diese Publikation in der Deutschen Nationalbibliografie; detaillierte bibliografische Daten sind im Internet über http://dnb.d-nb.de abrufbar.

ISBN 978-3-8258-1145-7

Verlagskontakt:
Fresnostr. 2 D-48159 Münster
Tel. +49 (0) 2 51/620 32 - 22 Fax +49 (0) 2 51/922 60 99
e-Mail: lit@lit-verlag.de http://www.lit-verlag.de

Auslieferung:

Deutschland/Schweiz: LIT Verlag Fresnostr. 2, D-48159 Münster
Tel. +49 (0) 2 51/620 32 - 22, Fax +49 (0) 2 51/922 60 99, e-Mail: vertrieb@lit-verlag.de

Österreich: Medienlogistik Pichler-ÖBZ GmbH & Co KG
IZ-NÖ, Süd, Straße 1, Objekt 34, A-2355 Wiener Neudorf
Tel. +43 (0) 2236/63 535-290, +43 (0) 2236/63 535 - 243, mlo@medien-logistik.at

Vorwort

Eine Festschrift, wenn wir ehrlich sind, ist nicht für den Jubilar, sondern für die Autoren.

Fast ist es heute schon ein Topos an den runden Geburtstagen bedeutender Akademiker – sie *müssen* betonen, keine Festschrift zu wünschen. Und natürlich bekommen sie dennoch eine und freuen sich in der Regel auch darüber. Aber gleichviel, ob die Ablehnung ernst gemeint oder bloße Höflichkeit war, die Herausgeber und Autoren würden sich „ihre“ Festschrift auf keinen Fall nehmen lassen. Natürlich ist jede Gelegenheit zu einer Veröffentlichung stets willkommen – *honi soit qui mal y pense* – doch die eigentlichen Gründe liegen tiefer. Es ist der erklärte Sinn einer Festschrift, Dankbarkeit und Anerkennung auszudrücken. Diese Anliegen nach außen zu tragen und öffentlich festzuhalten ist ein persönliches Bedürfnis und eine Frage der Ehre, nicht für so sehr für den Geehrten, sondern für die Autoren. Es ist ein ungerechter Paragraph des Gesellschaftsvertrags: Wer den Menschen viel gegeben hat, muß dafür auch ihren Dank aushalten.

Und nur wenige haben so viel gegeben wie Jan Assmann – der Ägyptologie, den Nachbarwissenschaften und den Geisteswissenschaften im allgemeinen, aber auch jedem kulturell Interessierten.

Mehr als die meisten Ägyptologen schreibt Assmann für die Allgemeinheit. Viele seiner bedeutendsten Erkenntnisse, die das Fach auf eine neue Stufe gehoben haben – ganz intern und rein wissenschaftlich – findet man in seinen „populärwissenschaftlichen“ Werken.

In einer Zeit, in der die griechisch-römische Antike, das alte Aushängeschild der klassischen Bildung, erst wieder begonnen hat, Interesse zu wecken, zehrt die Ägyptologie noch immer vom Faszinosum des „mystischen“ Ägypten und hat damit einen Bildungsauftrag geerbt, der eine große Verantwortung bedeutet. Jan Assmanns populärwissenschaftliche Werke sind keinesfalls „populistisch“. Sie simplifizieren nicht einfach die Geschichte für „Laien“ und bemühen sich nicht um den Nachweis, daß Bildung „auch spannend“ sein kann. Vielmehr verlangen sie dem Leser einiges ab, der dafür aber Grundlegendes über den Menschen, die Kultur und letztlich über sich selbst lernt, und bieten auch dem Fachmann neue Denkanstöße. Populärwissenschaft ist hier tatsächlich Wissenschaft, nur die Sprache ist allgemeinverständlich gehalten, der gebildete Nicht-Ägyptologe wird als Leser ernst genommen.

Und so hat Jan Assmann die Ägyptologie nicht nur für die interessierte Allgemeinheit, sondern auch für die Nachbarwissenschaften fruchtbar gemacht. Am ägyptischen Paradigma mit seiner konkurrenzlos langen kontinuierlichen Überlieferung konnte er grundlegende Fragen der Kulturwissenschaften in ein neues Licht rücken.
Interdisziplinarität ist heute ein hochschulpolitsches Schlagwort. Allzuhäufig jedoch werden interdisziplinäre Projekte ohne die notwendigen „intradisziplinären" Grundlagen begonnen, nur um die dafür bereitgestellten Gelder zu nutzen. Jan Assmann dagegen hat schon „interdisziplinär" gearbeitet, bevor man dies so nannte. Für ihn war es immer selbstverständlich, ägyptologische Fragestellungen in einem größeren Rahmen zu sehen. Was er zum Kulturellen Gedächtnis erarbeiten konnte, ist heute eine der Grundlagen der Geschichtswissenschaft und wurde 1998 mit dem Deutschen Historikerpreis ausgezeichnet[1]. Seit seiner Emeritierung 2003 nutzt er die gewonnene Freiheit, sich verstärkt außerägyptologischen Themen zu widmen.
Es gibt eigentlich kein Fachgebiet (jedenfalls kein kulturwissenschaftliches), zu dem er nicht Essentielleres beizutragen hätte – bis hin zur Musikwissenschaft.
Die Herausgeber hoffen also und denken, Jan Assmann mit dem Thema *Mythos & Ritual*[2] eine kleine Freude zu machen, stellt es doch einen herausragenden Forschungs- wie Interessenschwerpunkt des Jubilars dar. Zwar sind beide Bereiche in Ägypten allgegenwärtig und es ließe sich sicher vieles darunter subsumieren. Daß dennoch kein „Potpourri unverbundener Verfügbarkeiten"[3] geboten wird, zeigt sich etwa an den beiden Beiträgen zum „Dramatischen Ramesseumspapyrus" von Louise Gestermann und Thomas Schneider, die auf eine rezente Diskussion bezugnehmen. Auch freuen wir uns, mit Manfred Oeming und Michael Welker zwei theologische Beiträger gewonnen zu haben.
Herzlich bedanken möchten wir uns schließlich bei Dr. Dagmar Drüll-Zimmermann (Universitätsarchiv Heidelberg), Prof. Dr. Louise Gestermann (Bonn), Dr. Nicole Kloth (Universitätsbibliothek Heidelberg) und Prof. Dr. Hans-Werner Fischer-Elfert (Leipzig) für manchen Rat und Unterstützung sowie bei Dr. Michael Rainer vom LIT-Verlag für seine umsichtige Betreuung.

Die Herausgeber

---

[1] Die Presse betonte damals meist, daß „das erste Mal ein Nichthistoriker den Deutschen Historikerpreis erhalten habe". Dies ist jedoch nicht weiter erstaunlich – der Preis wurde erst seit 1983 verliehen und Jan Assmann war insgesamt der sechste Preisträger. Vielmehr sind es die Konzeption und Statuten dieses Preises, die es für einen Nichthistoriker tatsächlich zu einer besonderen Leistung machen, ihn zu erhalten.

[2] Zur Theoriegeschichte von Mythos und Ritual vgl. R.A. Segal, "Myth and Ritual", in: J. Kreinath/J. Snoek/M. Stausberg (eds.), Theorizing Rituals: Issues, Topics, Approaches, Concepts, SHR 114-1, Leiden/Boston 2006, 101ff.

[3] So der Indologe Harry Falk in der Orientalistischen Literaturzeitung 99, 2004, 650.

Inhalt:

T. DuQuesne	The Great Goddes and her Companions in Middle Egypt	1
L. Gestermann	Das Ritual des Dramatischen Ramesseumspapyrus	27
A. Gulyás	Symmetrical Repetition as a Principle of Decoration and the Confirmation of Royal Power in Luxor-Temple	53
F. Hoffmann	Zur angeblichen musikalischen Notation in einer ägyptischen Osirisliturgie	71
D. Liesegang	„Visual Images" Ein königliches Ritual in versprachlichten Bildern	77
D. Luft	Ein weiterer Ritualtext im Totenbuch – Überlegungen zur Funktion des Totenbuches anhand Tb 137	83
U. Luft	Horus, der «ꜣḫ der Götter»	95
C. Manassa	Sounds of the Netherworld	109
A. Manisali	Zur Tradition der Technik der Verleumdung in Theben - ein Nachtrag	137
M. Müller-Roth	Der Kranz der Rechtfertigung	143
M. Oeming	„Psychoanalytische Rituale" in den biblischen Psalmen - Eine Auslegung von Psalm 15	163
J. Quack	Thot und die Versiegelung des Grabes	177
B. Rothöhler	Die vierzehn Kas des Re	183
H. Rotsch	Mythische Zeit versus rituelle Zeit in der ägyptischen Sakralkunst	207
T. Schneider	Neues zum Verständnis des Dramatischen Ramesseumspapyrus: Vorschläge zur Übersetzung der Szenen 1–23	231
A. Spalinger	The Rise of the Solar-Osirian Theology in the Ramesside Age: New points d'appui	257
M. Welker	Habermas und Ratzinger zur Zukunft der Religion	277
J. Zeidler	Überlegungen zum Ursprung des Motivs der *Seelenwanderung* bei klassischen Autoren über Ägypten	297
Autoren		323

The Great Goddess and her Companions in Middle Egypt
new findings on Hathor of Medjed and the local deities of Asyut

Terence DuQuesne

Introductory

In this paper, the author wishes to share new knowledge about the divinities of the XIIIth nome of Upper Egypt and its capital city Asyut, and particularly about the elusive goddess Hathor, Lady of Medjed.[1] Information about Asyut is, after the Middle Kingdom, extremely sparse. Virtually the only evidence we have available about religion in Asyut is derived from the tombs of the nomarchs of the First Intermediate Period and the Middle Kingdom, and from the coffins of notables during this time span. Until recently, the record for the New Kingdom and later was limited to a very few examples of statuary and relief sculpture, with the short texts which accompany them, and a handful of inscribed blocks. But this situation is changing rapidly. Our knowledge of Asyut in the New Kingdom is being much advanced by the current excavations of Jochem Kahl and his team from Mainz: these researchers have been conducting surveys and new excavations on the Western Mountain, where a number of previously unknown tombs have been found, and with many more still in need of documentation.[2] The scholarly record is further enhanced by studies of 600 votive stelae and other objects from the Salakhana tomb which the author has been conducting over the past twelve years.[3]

[1] This article greatly amplifies an earlier contribution: T DuQuesne Hathor of Medjed, DE 54 (2002) 39-60.

[2] J Kahl et al. The Asyut Project: fieldwork season 2004, SAK 33 (2005) 159-167; J Kahl & U Verhoeven Die 'Wächter-Stadt'. Assiut - eine Stadt und ihre Nekropole in Mittelägypten gewähren wieder Einblicke, Antike Welt 37 (2005) 65-72; M el-Khadragy The Northern Soldiers' Tomb at Asyut, SAK 35 (2006) 147-164; J Kahl, M el-Khadragy & U Verhoeven The Asyut Project: Third season of fieldwork, SAK 34 (2006) 241-249.

[3] T DuQuesne Votive stelae for Upwawet from the Salakhana trove, DE 48 (2000) 5-47; Id Documents on the cult of the jackal deities at Asyut, DE 53 (2002) 9-30; Id Hathor of Medjed, DE 54 (2002) 39-60; Id Divine twins at Asyut: the role of Upwawet and Anubis on the Salakhana stelae, in: Egyptian museum collections around the world. Fs Cairo Museum, ed M Eldamaty & M Trad (Le Caire 2002) I 287-298; Id Exalting the god: processions of Upwawet as Asyut in the New Kingdom, DE 57 (2003) 21-45; Id Empowering the divine standard: an unusual motif on the Salakhana stelae, DE 58 (2004) 29-56; Id Gender, class, and devotion: social and demographic aspects of the Salakhana stelae, DE 63 (2006) in press;

Statuary and other Evidence from the Ramesside Period

Preserved in the Metropolitan Museum is an exquisite limestone double-statue from Asyut showing the local god Upwawet with a goddess (MMA 17.2.5)[4]

This is an object of unusual importance which has been referred to in several publications but never fully published. It is one of the very few extant examples of New Kingdom sculpture from Middle Egypt, and it records a form of the goddess Hathor who is little documented and has scarcely been studied. The statue is 1.29 m high and is dated by the inscription to the time of Ramesses II. Although it was allegedly found at Asyut in the tomb of its donor Si-Isis, it is clearly a statue which belonged in a temple rather than a burial-place.

Id The Salakhana stelae: a unique trove of votive objects from Asyut, in: Proceedings of the IXth International Congress of Egyptologists, Grenoble 2004, ed J-C Goyon & C Cardin (Leuven 2007) I 461-474; Id An extraordinary votive stela for Amun and Upwawet (CM004; Cairo JE 47381), Apuntes de Egiptología 2 (2007) online; Id Upwawet, Anubis, and other deities. Catalogue of the exhibition, Egyptian Museum, Cairo (Cairo 2007); Id Private devotion and public practice: aspects of Egyptian religion as revealed by the Salakhana stelae, in: Festschrift AB Lloyd (Münster 2007) in press; Id Power on their own. Gender and social role in provincial New Kingdom Egypt, in: Sex and Gender in ancient Egypt. Proceedings of the Conference, Swansea 2005 (Swansea 2007) in press; Id A chantress of Upwawet at Asyut (stela Cairo CM171), in: Festschrift AH Nur el-Din (Cairo) in press.

[4]Anon. The Fiftieth Anniversary Exhibition, BMMA 15 (1920) 130; J Vandier Manuel d'archéologie égyptienne III (Paris 1958) i 431, 639 ii pl 137(4); WC Hayes The scepter of Egypt II (Cambridge MA 1959) 348 fig 218, 349; J Vandier A propos de deux statues égyptiennes du musée du Louvre, Revue des Arts 9 (1959) 146-152; B Hornemann Types of Egyptian statuary (Copenhagen 1951-1969) V no 1173; HG Fischer L'écriture et l'art de l'Egypte ancienne (Paris 1986) 139 & pl 40; H Satzinger Der Leiter des Speicherwesens Si-Ese Sohn des Qeni und seine Wiener Statue, Jarhbuch der Kunsthistorischen Sammlung in Wien 74 NF 38 (1978) 19; DuQuesne DE 54 (2002) 52 & pl 5. Text in R Anthes Die Berichte des Neferhotep und des Ichernofret über das Osirisfest in Abydos, in: Festschrift Berlin Museum (Berlin 1974) 45-47 (partial), KRI III (1979) 151f; KRI Translations III (2000) 102f.

Upwawet and the anthropomorphic goddess are both shown standing, or rather striding. The jackal-headed god wears a kilt and carries the *was*-scepter in his left hand and a flat object in his right: this is perhaps an unfinished *ankh* or a fold of cloth. The goddess wears the disk, horns, and uraeus, and carries an *ankh* and a papyrus scepter rather than the more usual *was*. On the back of the object there is inscribed a dedicatory inscription by Si-Isis, the Royal Scribe and Overseer of the Granaries of Upper and Lower Egypt. It is addressed to Osiris Wenennofre, who is described as Ba-demedj, the 'United Soul' of Osiris and Re. On the front of the statue are a vertical inscription between the two figures, a single line of horizontal text at the base, and a much damaged inscription on top of the base, between the feet of the two deities.

The vertical text includes the titles and cartouches of Ramesses II, who is described as

mry-Wp-wꜣwt nb-ṯꜣ-dšrt ꜣst mwt-nṯr Ḥwt-Ḥr nbt-Mḏd nbt-pt ḥnwt-tꜣwy

'Beloved of Upwawet, Lord of the Secluded Land, (and of) Isis the god's mother, Hathor, Lady of Medjed, Lady of the Sky, Mistress of the Two Lands.'

Usually, Hathor is mentioned alone as Lady of Medjed, but here she is assimilated to Isis, who is apparently described as the mother of Upwawet. Such a designation of Isis would reinforce the long-standing association of Upwawet with Osiris. The offering-formula on the base of the statue refers to 'Isis the Great, Lady of Medjed'.

It was not just in Middle Egypt that Ramesses II wished to record his affinity for the Lady of Asyut: on a colossal statue from Tanis he is described as 'beloved of Upwawet of Upper Egypt' and 'beloved of Hathor, Lady of Medjed.'[5] A statue of the time of Ramesses II, discovered in Greece and of unknown provenance, refers to Isis and to Hathor as Ladies of Medjed, and to Anubis as Lord of Ro-qereret.[6] Tutu, the owner of a New Kingdom tomb at Deir Rifa, is referred to as being revered before Upwawet and before Hathor, Lady of Medjed.[7]

[5] PM IV 22, Egyptian Museum Cairo, CG 575; C Chadefaud Les statues porte-enseignes de l'Egypte ancienne (Paris 1982) 37f, 173 n19 (with literature); text in KRI II (1979) 441; KRI Translations II (1996) 268f; KRI Notes and comments II (1999) 297.

[6] PM VII (1951) 403; G Legrain Recherches généalogiques, RT 31 (1909) 202.

[7] P Montet Les tombeaux de Siout et de Déir Rifeh III, Kêmi 6 (1936) 152.

The fondness for local deities shown by high officials in Asyut during the Ramesside era is confirmed by evidence from two other objects in the Metropolitan Museum. On the lovely naophorous statue of the royal scribe and chief of physicians Iuny (no 33.2.1), his wife Renenut is described as *šmᶜyt n-Wp-wꜣwt* 'chantress of Upwawet', *šmᶜyt nt-Ḥwt-Ḥr Mḏdny* 'chantress of Hathor of Medjedny' and *imꜣḫyt ḫr-Ḥwt-Ḥr nbt-Mḏdn* 'venerated before Hathor, Lady of Medjeden'.[8] A double-statue of Iuny and Renenut (15.2.1). ecords her also as being *wrt-ḫnrwt n(t)-Ḥwt-Ḥr nbt-Mḏd(n)y* 'head of the dance-troupe[9] of Hathor, Lady of Medjed'.[10] The topographical reliefs of Medinet Habu provide another important source of information about the deities of the XIIIth nome:[11] Ramesses II is there seen with Hathor, Lady of Pa-Sheno; close to Anubis, Lord of Ro-qereret, to a goddess (probably Hathor of Medjed) and to Osiris Lord of Ta-onkh. There follow images of deities of the XIIth nome of Upper Egypt.

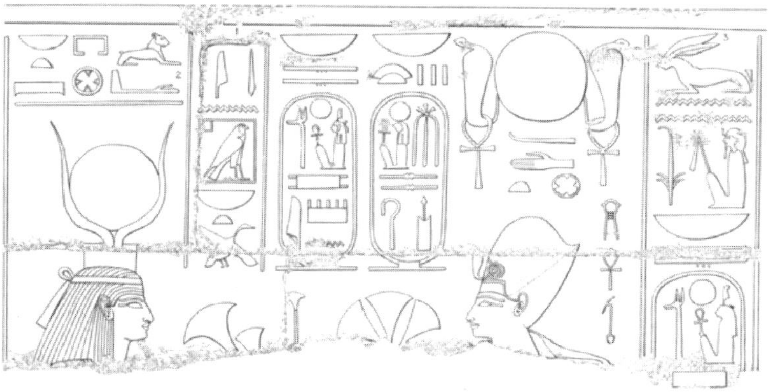

[8] PM IV 269; A Kamal Fouilles à Deir Dronka et à Assiout (1913-1914), ASAE 16 (1916) 87; HE Winlock Recent purchases of Egyptian sculpture, BMMA 29 (1934) 184f fig 1; Hayes Scepter of Egypt II 351 fig 219; KRI I (1975) 352-355; KRI Translations I (1993) 288-291; KRI Notes and comments I (1993) 249f; KA Kitchen Encore la famille de Iouny, RdE 28 (1976) 156f; KA Kitchen Documentation additionelle sur Iouny, RdE 30 (1978) 168; PF Dorman in: The Metropolitan Museum of Art: Egypt and the ancient Near East, ed PF Dorman et al (New York 1987) 68f; JP Allen The art of medicine in ancient Egypt (New York 2005) 66-68.

[9] On the meaning of the term *ḫnryt*: SL Onstine The role of the chantress (*šmꜣyt*) in ancient Egypt (Oxford 2005) 7f.

[10] PM IV 269; HE Winlock The statue of Iny and Rennut, BMMA 14 (1919) 32-35; Hayes Scepter II 350-352 fig 220; KRI I (1975) 352f; KRI Translations I (1993) 288; KRI Notes and comments I (1993) 247-249; T DuQuesne review of SL Onstine The role of the chantress in ancient Egypt [Oxford 2005], DE 63 (2005 [2997]) 101.

[11] HH Nelson et al. Medinet Habu VII (Chicago 1964) pl 542-543; CF Nims Another geographical list from Medinet Habu, JEA 38 (1952) 37 fig 2 (E119), 43f; DuQuesne in: Festschrift AB Lloyd (2007, in press).

Hathor of Medjed is the recipient of an offering-formula on a late New Kingdom statue of unknown provenance, now in Athens.[12] She is listed in the Litany of Thebes as being a companion of Amun at Karnak[13] On an Amduat-type papyrus of Dynasty XXI, in a short litany to Re-Horakhti, there are mentioned several forms of the goddess, including Hathor of Medjed and Hathor, Lady of the Sixteen.[14] The Sixteen in question is certainly a toponym, and probably in Middle Egypt, but whether it is synonymous with Medjed, as has been suggested, is doubtful.[15]
A considerable amount of new evidence about the goddess of Medjed is becoming available from the huge trove of votive stelae from Asyut , which the present author has been studying intensively..

The Salakhana Stelae

The stelae in question were discovered in the rock-tomb of the XIIth Dynasty nomarch Djefaihapy III (the 'Salakhana tomb'). This is one of the largest private tombs known in Egypt. It shares the Western Mountain of Asyut, known locally as Istabl Antar, with the sepulchres of other nomarchs of the First Intermediate Period and the Middle Kingdom. When G A Wainwright excavated this tomb in 1922, he discovered several hundred votive stelae, about 50 terracotta figurines, some Demotic papyri, and a number of mummies of canids.

The great majority of the stelae from the Salakhana tomb are in the Egyptian Museum, Cairo, and are in process of being thoroughly edited and annotated. Most of the stelae are of limestone, while about a third are made of terracotta. The majority are Ramesside in date, but some are certainly of Dynasty XVIII, if not earlier, and others are as late as Dynasty XXVI. These objects often bear depictions of deities, particularly the local god Upwawet, and/or representations of the donor or donors. Many are inscribed with the name and/or occupation of the devotee; longer devotional or autobiographical texts are occasionally found. Their iconography is often individualistic, with the robustness and élan which characterize the art of Asyut.

---

[12] PM VIII.2 (1999) 1119; Athens, National Archaeological Museum 930; D Mallet Quelques monuments égyptiens du Musée d'Athènes, RT 18 (1896) 13.

[13] G Legrain La litanie de Ouasit, ASAE 15 (1915) 277 col 7A.

[14] A Piankoff & N Rambova Mythological papyri (New York 1957) I 89 II pl 7.

[15] H Beinlich Studien zu den 'Geographischen Inschriften' (Bonn 1976) 153f; discussion in DuQuesne DE 54 (2002) 53f.

Until recently, the Salakhana stelae were largely unknown. Only about twenty of them, including a few which found their way into European museums, had been published or described even in summary fashion.[16] In 1996, I initiated a project to provide full documentation of these objects, and practically all the stelae have been catalogued and are under intensive study. About 600 stelae and 50 maquettes have been found and recorded.[17] Only a handful remain to be located in the basement of the Egyptian Museum.

The intention is to publish a comprehensive edition of the whole corpus, with a volume devoted to analysis of the social and religious context of these objects, their iconography, the personal names and titles of the donors, the nature and purpose of animal cults, comparative information about New Kingdom popular religion, and various other relevant matters.[18]

Upwawet is by no means the only divinity shown on these stelae. Of course he usually has pride of place because he is the tutelary god of the XIIIth nome in general and of Asyut in particular. But we also find a wide range of other deities, some anthropomorphic, some in *Mischgestalt*, and some entirely in faunal form. This is in addition to the multiple figures of sacred canids which often adorn the Salakhana stelae, and which range in number from two to more than forty.

Sacred animals other than canids which are figured on these objects include the goose of Amen-Re, found twice, one in ithyphallic form. The ram of Amun is also seen, though more commonly the god is shown in human guise. Thoth appears on one stela with an ibis's head, and on a few others as his sacred ape. One very strange stela with a hieratic inscription was dedicated to the ram-headed god Harsaphes. The crocodile deity Sobk is seen on one stela donated by or on behalf of a large family. He is also shown on a rare double-sided stela, with the figure of a priest on the reverse. Taweret, goddess of childbirth, appears on a roughly-carved object, perhaps dedicated for the purpose of conceiving.

---

[16] The principal publications, mostly prior to the studies of the present writer, are: H Brunner Eine Dankstele an Upuaut, MDAIK 16 (1958) 5-19; P Munro Einige Votivstelen an *Wpwȝwt*, ZÄS 88 (1963) 48-58; JJ Clère A propos du nom du XIIIe nome de Haute Egypte, MDAIK 24 (1969) 93-95; A Eissa Untersuchungen zum Gott Upuaut bis zum Ende des Neuen Reiches (unpublished diss. Cairo 1989) 84f, 101f, 121f; Id Zum Lepidotos-Fisch als eine Erscheinungsform des Osiris, GM 124 (1991) 43-49; Id Zwei Votivstelen eines Beamten namens Parênacht aus Siût, SAK 21 (1994) 59-64; Id Zwei königlichen Stelen der 18. Dynastie aus Siût, MDAIK 52 (1996) 83-85; N Durisch Culte des canidés à Assiout, BIFAO 93 (1993) 205-222; D Kessler Die kultische Bindung der Ba-Konzeption II, SAK 29 (2001) 139-186.

[17] See above, note 3.

[18] *DuQuesne* DE 54 (2002) 39-60.

The presence of the god Ptah on a few stelae seems to indicate that he, the divine craftsman, was a personal favourite of some donors. Reshep is found on three stelae, perhaps dedicated by Semitic guest-workers. Osiris is occasion-nally represented in conventional fashion, perhaps in his role as Lord of Ta-onkh, a name for part of the necropolis area of Asyut.

There is a very interesting sub-group of about 30 painted stelae dedicated to the Sun-god Re-Horakhti. One of them figures a donor carrying a snake-wand, which is a very rare motif. Another example is painted with particular delicacy and is unusual for the presence of surviving blue pigment. They are considerably later in date than most of the other stelae from the Salakhana tomb - they were made between Dynasties XXV and XXVII - but there are indications that they belong to this trove: they were found to be in several of the same previously unopened packing-cases which held stelae known to belong, and they are linked to some of the stelae for Upwawet by virtue of their having been painted directly on to a dressed limestone surface.

These stelae have particular interest for the engaging and unusual style with which many of them were executed. Often canonical and non-canonical elements are blended in a way which would have been impossible in more formal manifestations of religious service. For instance, on one stela, we find Upwawet represented as a jackal-headed human, while on another a similar figure is accompanied by a lactating jackal with six small ones who are probably her cubs. On one simple but effective stela, dedicated by a priestess, the goddess Taweret is shown with her usual iconographic form modified: here she wears a human head rather than that of a hippopotamus.

Hathor of Medjed as Recorded on the Asyut Stelae

It is not usual to think of the jackal Upwawet, a very capable protective deity, as having a female counterpart. But his virile energy requires a complementary deity. At Asyut, Upwawet's consort, who perhaps alternates as his mother, is Hathor of Medjed. This manifestation of Hathor is shown or referred to on about sixteeen of the Salakhana stelae.

CM078:[19] This stela shows Hathor, identified as Lady of Medjed, Lady of the Sky, Mistress of the Two Lands, standing facing Upwawet, figured as an upright jackal on a standard. Hathor is anthropomorphic, as in all representations of her as the jackal god's consort. She wears the modius, disk and horns on her head, and carries the *ankh* and the *was*-sceptre.

[19] CM078: DuQuesne DE 54 (2002) 40, 41 pl I, 42.

← CM078

CM114:[20] On the lower register of this object, Hathor, given as Lady of Medjed, Lady of the Sky and of the Two Lands, is shown seated on a throne. She holds a papyrus wand and an *ankh* and wears on her head the modius with disk and horns.

It is interesting that the other deity invoked on the stela is Osiris-Khentyamentiu: this juxtaposition with Hathor is otherwise unknown.

CM114
↓

[20] CM114: DuQuesne Anubis, Upwawet, and other deities 62 (S33).

CM158:[21] Here Hathor, Lady of Me-djed, is seen standing with a papyrus wand and an *ankh,* worshipped by a group of three individuals. On her head are the disk and horns. She stands before the Upwawet standard, as if guarding it. The figure of the god is surprisingly small in relation to the size of the goddess.

CM192:[22] This beautiful stela, of which two fragments remain, has Hathor, Lady of Medjed, standing next to anthropomorphic, jackal-headed Upwawet, in company with other deities, including Min, and the priestly donor. The goddess carries a papyrus wand and, probably, an *ankh*. She has a feathered crown with the uraeus, disk and horns.

[21] CM158: DuQuesne DE 54 (2002) 41 pl II, 42f.
[22] CM192: DuQuesne Anubis, Upwawet, and other deities 66 (S39).

CM536:[23] On this stela, a military man is seen paying homage to Upwawet on his standard, figured very small, and to standing figures of Ptah and Hathor, Lady of Medjed. The goddess has an *ankh* in one hand: her left arm is extended and appears to be touching the back of Ptah's neck. She wears the modius and disk with horns.

CP1:[24] This stela, unusual for showing a large family group, has on its upper re-gister a couple worshipping Upwawet on his standard, in front of which stands Hathor, Lady of Medjed, Lady of the Sky, Mistress of the Two Lands, hol-ding a papyrus wand and an *ankh*, and wearing the disk and horns.

[23]CM536: unpublished.

[24]CP1: P Munro Einige Votivstelen an *Wpw3wt*, ZÄS 88 (1963) 49f pl 3.1; DuQuesne DE 54 (2002) 43f, 45 pl III.

CM336:[25] A man and wife kneel before a standing group of divinities composed of Amen-Re, who is ram-headed, Upwawet, anthropomorphic and with a jackal's head, and a goddess identified as Isis, Lady of Medjed. She carries a papyrus wand and an *ankh*, and the disk and horns, with a ureaus. The inscription refers to Hathor, Lady of Medjed.

CM237:[26] This sandstone stela is unusual in being incised on both sides. On the obverse there are traces of a man with four or more passant canids.

The reverse shows a figure, probably female, in adoration of a standing goddess wearing the modius with disk and horns and carrying a papyrus wand and an *ankh*. The object is apparently anepigraphic, but the goddess is almost certainly Hathor of Medjed. The rough standard of execution of this object illustrates the fact that poor as well as rich people at Asyut wished to show their devotion to her.

---

[25]CM336: unpublished.

[26] CM237 (reverse): unpublished.

CM615:[27] On this stela a kneeling man is seen worshipping the flanked figures of Thoth and Hathor, the latter with the disk and horns and carrying a wand and probably an *ankh*. The inscription is illegible, but the goddess is again likely to be Hathor of Medjed.

CM200:[28]
A family group is shown venerating Upwawet, shown on a small scale, behind whom stands Hathor, Lady of Pa-Sheno, wearing the disk and horns and carrying a papyrus wand and an *ankh*. This place, not to be confused with Per-Sheno, was most probably located in the XIIIth Upper Egyptian nome.

[27] CM615: unpublished.

[28] CM200: DuQuesne Anubis, Upwawet, and other deities 65f (S38); DuQuesne in: Festschrift AB Lloyd (Münster, 2007, in press).

In addition to these objects, there are others which do not depict Hathor but which refer to her, directly or indirectly, or to persons engaged in her service. These citations indicate that she was much revered in Asyut and strongly suggest that she had her own temple there.

CM028:[29] This damaged stela, dedicated to Upwawet, carried the inscription
ir n-sš n-Ḥwt-Ḥr) nbt-Mḏd Imnḥtp
'(Made by the scribe of Hathor), Lady of Medjed, Amenhotpe'.
The fragment containing the first part of the text is now missing, but a transcription of the text was made in the Cairo Museum's Journal d'Entrée before the object became damaged.

CM464:[30] This beautiful stela was vowed to Upwawet. The inscription reads: *ir (n)-ḥm-nṯr-tpy Ḥwt-Ḥr nb(t)(?)-Mḏd N3ḥrḥw m3ᶜ-ḫrw* 'Made by the chief *ḥm-nṯr* priest of Hathor, Lady of Medjed, Naherhu(?), triumphant'. His wife is recorded as being a chantress of Upwawet.

[29] CM028: unpublished. Restoration of text from Cairo Museum, Journal d'Entrée ad JE 68577.

[30] CM464: DuQuesne Anubis, Upwawet, and other deities 52 (S17); Id in: Sex and Gender in Ancient Egypt. Proceedings of Conference, Swansea 2005 (in press, 2007).

CM464

CM526:[31]
A somewhat weathered stela in honour of Upwawet has the inscription:
ir n-wᶜb n-Ḥwt-Ḥr nb(t)-Mḏd Ḫfy(?) mꜣᶜ-ḫrw
'Made by the *wᶜb*-priest of Hathor, Lady of Medjed, Khefy(?), triumphant'.

CM351:[32] This stela is unusual in composition and depicts a male donor facing the jackal-headed anthropomorphic Upwawet. The text consists of an offering-formula for Khentyamentiu, Upwawet, and *Ḥwt-Ḥr nb(t)*///
'Hathor, Lady...', perhaps to be restored as 'Lady of Medjed'.

[31] CM526: unpublished.
[32] CM351: DuQuesne Anubis, Upwawet, and other deities 75 (S56).

CM171:[33] Ta-iay, a chantress of Upwawet, dedicated a splendid stela to her god. Inscribed on this object is a most unusual personal prayer, which suggests that she committed some offence and is asking Upwawet to be propitious to her. Part of the text reads:
ꜥn.n.(i) Wp-wꜣwt. ink šry(t) n-tꜣy.k-iḥt ms m-pꜣy.k-ihyt
'Restore (your favour) to me, O Upwawet. I am the child of your cow(?), who was born in your stall.' If the reading is correct, the cow can be no other than the jackal god's consort Hathor of Medjed.

[33]CM171:DuQuesne DE 58 (2004) 34, 42, 43, 44f pl III; ES Meltzer JSSEA 33 (2006) 134; DuQuesne Anubis, Upwawet, and other deities 49F (S14); Id in: Sex and Gender in Ancient Egypt (in press, 2007); Id in: Festschrift AH Nur el-Din (in preparation, 2007).

The Lady of Medjed: Evidence from other Sources

Our knowledge of the goddess is enhanced by a few other sources, iconographic and literary:

Stela Torino 50039:[34] This object is apparently the only surviving votive stela representing Hathor of Medjed which is not from Asyut: it was found at Deir el-Medina and is of Ramesside date. It shows the goddess in company with Upwawet. She is named as 'Hathor, Lady of Medjed, Lady of the Sky, Mistress of the Two Lands'.

I can find no record of the Asyuti Hathor between the XXIInd Dynasty and the Ptolemaic and later eras. On the Edfu geographical list, there is an unnamed Lady of Medjed,[35] while at Philae Isis, Lady of Medjed, is referred to.[36] More interestingly, Tefenut, Lady of Medjed, is represented in the Edfu temple, in a scene showing Horus spearing a Typhonian hippopotamus under the watchful eye of his mother Isis.

[34]Torino, Museo Egizio 50039: M Tosi & A Roccati Stele e altre epigrafi di Deir el-Medina (Torino 1972) 73f, 276; DuQuesne DE 54 (2002) 45 pl 4, 46f; J Moje Untersuchungen zur hieroglyphischen Paläographie der Privatstelen der 19. Dynastie (Wiesbaden 2007) 142f.

[35]M de Rochemonteix Le temple d'Edfou I (Paris 1897) 66/60.

[36]G Bénédite Le temple de Philae fasc 2 (Paris 1895) 92/2.

Isis commands her son to divide parts of the animal to be eaten by 'your brother Upwawet' and 'Tefenut, Lady of Medjed'.[37] Tefenut is of course an aspect of Hathor as the Distant Goddess and the Eye of Re.

Deities of Medjed Before the New Kingdom

If the goddess of Medjed is last seen devouring a chunk of Typhonian meat, when does she first appear in the Egyptian record? In all likelihood, very early. A passage from the Pyramid Texts is probably relevant. The king as Osiris is told: 'Isis and Nephthys have protected you *(sꜣ)* in Asyut because your lord is in you in your name Lord of Asyut *(sꜣwt)*'[38] This could indicate that Isis sustained a cult in the Asyut area. There is almost certainly a cryptic reference to a form of Osiris local to the XIIIth nome of Upper Egypt, probably to Osiris, Lord of Ta-onkh (part of the necropolis of Asyut), who is cited at Medinet Habu.[39] Specific mention of Hathor of Medjed does not occur until the XIth Dynasty, when the royal scribe and priest of Upwawet, Mesehti, described himself as being 'revered before Hathor, Lady of Medjed'.[40] Subsequently, sixteen other Asyuti notables of the Middle Kingdom are recorded on their coffins in similar fashion, while a few texts refer generically to Hathor.[41] One recently exacavated Middle Kingdom tomb on the Western Mountain, the 'Northern Soldiers' Tomb', has been found to contain one relief of Hathor, apparently standing alone, and another of her in company with Upwawet. The texts are almost entirely illegible, but there is a reference to a *ḥm-nṯr*-priest of Hathor Lady of Medjed:[42] Although the full formula is no longer readable, the words *nbt-Mḏd* are clearly discernible from a transcription made in 1893 by Percy Newberry which is among his unpublished papers.[43] D Magee, no doubt correctly, takes this to mean Hathor of Medjed.

---

[37]E Chassinat Le temple d'Edfou VI (Le Caire 1931) 84-86, XIII (1934) pls 511-512; E Naville Textes relatifs au mythe d'Horus (Genève 1870) pl 9; AM Blackman & HW Fairman The cult of Horus at Edfu II[b], JEA 30 (1944) 10f = AM Blackman Gods, priests and men, ed AB Lloyd (London 1998) 315f; M Alliot Le culte d'Horus à Edfou II (Le Caire 1954) 780f.

[38]Pyr §630, 634.

[39]*Nelson et al.* Medinet Habu VII pl 542.

[40]CG 28119: *P Lacau* Sarcophages antérieurs au Nouvel Empire II (Le Caire 1906) 130, 131, 132; *R Hannig* Zur Paläographie der Särge aus Asyut (Hildesheim 2006) 439f (S1C).

[41]*G Lapp* Typologie der Särge und Sargkammern von der 6. bis 13. Dynastie (Heidelberg 1993) 123, 130.

[42]*M El-Khadragy* The Northern Soldiers-Tomb at Asyut, SAK 35 (2006) 152f figs 5-7.

[43]Reproduced in *DNE Magee* A small tomb at Asyut, in: Proceedings of the 7th International Congress of Egyptology (Leuven 1998) 717.

The fact that the nomarch Mesehti was *jmꜣḫw* before Hathor of Medjed has been noted. His coffin, and that of an official named Nakht, contain a most extraordinary version of the 'Words spoken by Nut' formula *[see Annex]*. This is extremely difficult to translate, but Nut is inviting the deceased, as Osiris, to remember what (the god) Medjedu said to him. More about Medjedu presently. The text continues: 'How good is the one you found at the time of (your?) transformation into the Lady of Medjed.'[44] This strange passage must be one of the earliest examples of the belief that the justified soul can shift gender and be metamorphosed into a goddess: several Coffin Texts also refer to transformation into Hathor.[45]

Hidden Deities of Asyut

Four of the Middle Kingdom coffins from Asyut, including that of Mesehti, mention the deceased as being 'venerated *jmꜣḫw* before Medjed(nu)'.[46] One of these coffin owners was a woman: her coffin and three of the four belonging to men were found in the same tomb. This god, otherwise unknown, appears to be a personification of Hathor's cult-centre Medjed, but, given the absence of a feminine ending in all cases, it is clear that he is male. There is a Medjedet in the Pyramid Texts who is given as a daughter of Re,[47] and Medjedu was the Horus name of Khufu.[48] A divine entity called Medjedu occurs in a corrupt spell in the Coffin Texts which is for the purposes of driving away snakes.[49]

A male deity called Medjedu (the orthography is not consistent) is recorded in several spells of the Book of the Dead. In later versions of spell 17, he appears as a kind of ovoid jar on legs, and is perhaps a personification of a vessel for sacred oils.[50] In the same spell, the justified soul asserts that he knows the names of a number of powerful divinities, and continues:

---

[44][1] *Lacau* Sarcophages II 131f (S1C Hannig; S36 Lapp); [2] *E Chassinat & C Palanque* Une campagne de fouilles dans la nécropole d'Assiout (Le Caire 1911) 137 (S17 Hannig; S47a Lapp).

[45]Notably CT IV 17 (sp 276), IV 172-176 (sp 331), VI 225f (sp 612).

[46][1] *Lacau* Sarcophages II 132 (S1C Hannig; S36 Lapp); [2] *Chassinat & Palanque* Fouilles 183 (S20Cha Hannig; S88 Lapp); [3] *Chassinat & Palanque* Fouilles 185 (S25C Hannig; S83 Lapp); [4] *Chassinat & Palanque* Fouilles 223f (S26C Hannig; S50 Lapp).

[47]Pyr §2048.

[48]LD II 2b.

[49]CT VII 96t.

[50]B Bruyère Rapport sur les fouilles de Deir el-Médineh 1934-1935 pt 3 (Le Caire 1939) 182-185, 190, 192; A Niwiński, Studies in the illustrated Theban funerary papyri (Freiburg/Schweiz 1988) 122.

I know the (name of) Medjed who is among them
Who is in the temple of Osiris
Who shoots (rays) with (his) eye while he is unseen
Who encircles the sky with the flame of his mouth
Who heralds the Inundation while it is (still) unseen.'[51]
An association between this entity and Medjed, the god of a place close to Asyut, is not obvious, but this does not mean that no such connexion exists.

Another unfamiliar god is mentioned on Middle Kingdom Asyuti coffins. Six people (five men and one woman) were revered (*jmȝḫw*) before Wer-Sekhemu, the latter element being written with three *sekhem*-sceptres.[52] In the last instance, Wer-Sekhemu is given the epithet 'he who is within Djamut'[53] - an unknown place which is possibly to be identified as a settlement in the Theban nome,[54] but which might be much closer to Asyut.

This god can hardly have been of negligible importance to the people of Asyut, because the famous nomarch Djefaihapy I described himself as '*ḥm-nṯr*priest of Wer-Sekhemu, the great god, the lord of the Uraeus.'[55] In the Coffin Texts, the deceased needs to have a gate to the netherworld opened for him. He is asked for his own name, which he 'demanded from Wer-Sekhemu, and it is he who has given it to me.'[56]

Further elucidation of this god is not forthcoming until we reach the Ptolemaic and Greco-Roman periods. In the *mammisi* at the temple of Philae, it is said that 'Wer-Sekhemu opens the ways' to the king, a text which refers to an accompanying vignette showing the two forms of Upwawet on his standard.[57] At Esna, Wer-Sekhemu is also used to describe the crown of Ta-Tenen on its standard.[58]

---

[51]G Lapp Totenbuch Spruch 17 (Basel 2006) 236-239. *mḏd* is a variant of *mḏȝbt* 'scoop' in the Ptolemaic Book of the Dead spell 58.3: B Backes Wortindex zum späten Totenbuch (Wiesbaden 2005) 79.

[52][1] Chassinat & Palanque Fouilles d'Assiout 175 (S2Ly Hannig, S10 Lapp); [2] Id 173 (S15Cha Hannig, S87 Lapp); [3] H Gauthier & G Lefebvre ASAE 23 (1923) 19 (S3Tan Hannig, S4 Lapp); [4] Id 21 (S4Tan, S5 Lapp); [5] Chassinat & Palanque Fouilles d'Assiout 183 (S20Cha Hannig, S8 Lapp).

[53][6] A Kamal ASAE 16 (1916) 72 (S9X Hannig, S55 Lapp).

[54]P Montet Géographie de l'Egypte ancienne II (Paris 1961) 64.

[55]P Montet Les tombeaux de Siout et de Déir Rifeh II, Kêmi 3 (1930-1933) 49 (Siut I 233). HG Fischer Egyptian studies I: Varia (New York 1976) 67 states that *Wr-sḫmw* refers to Upwawet.

[56]CT VII 228 (spell 1012).

[57]H Junker & E Winter Das Geburtshaus des Tempels der Isis in Philä (Wien 1965) 229.23.

[58]S Sauneron Le temple d'Esna II (Le Caire 1963) 157, 159 no 74.35.

Elsewhere in the temple of Esna,[59] and at Edfu[60] and Kom Ombo,[61] the standard of Upwawet is accorded the name *sḫm* (or *ꜥbꜣ*) *tꜣwy*, 'powerful one of the Two Lands'. This is one of the jackal god's oldest and most important epithets, indicating as it does his control over both Upper and Lower Egypt. It is fair then to see Wer-Sekhemu as a personification of the crucially important standard of Upwawet, which was borne before the king at the Sed-festival and processed through the streets of Asyut at times of festival and for purposes of individual devotion.

Sacred Sites in the Nome of Asyut

Let us return to the goddess Hathor. Her most important cult-centre, Medjed or Medjedny, is hard to locate precisely. The Medinet Habu geographical list gives the following sequence of deities associated with Asyut: (1) a goddess, almost certainly Hathor of Medjed (damaged); (2) Osiris, Lord of Ta-onkh; (3) Anubis, Lord of Ro-qereret; and (4) Hathor, Lady of Pa-Sheno.[62] These places must be reasonably close together, and probably formed an arc stretching southwards from the Western Mountain to Abu Tig. Medjed itself has been assumed to be in the mountains behind the town of Durunka.[63] It is far from impossible that it originally occupied the site of the Coptic convent of St Mary the Virgin at Deir Durunka. The spelling of the toponym with the dual sign Gardiner Aa 23 may give us a further clue.[64] Although the glyph is supposed to represent a warp stretched between two uprights,[65] it has many forms, some of which more closely resemble a path between two elevated locations, or two vessels joined horizontally - perhaps referring to Medjed as an ointment receptacle.[66] It is interesting that, according to the medieval Egyptian geographer Mohammed Ramzi, there was a village between Asyut and Durunka named Masâdid.[67]

---

[59]Id II 114, 116 no 52.21.

[60]E Chassinat Le temple d'Edfou VII (Le Caire 1932) 190.6-7.

[61]J de Morgan Kom Ombo I (Wien 1905) 342 no 465.

[62]Nelson et al. Medinet Habu VII pls 542-543.

[63]AH Gardiner Ancient Egyptian onomastica II (Oxford 1947) 68*; F Gomaà Die Besiedlung Ägyptens I (Wiesbaden 1986) 275f; DuQuesne DE 54 (2002) 55f, with literature; KRI Notes and comments I (1993) 248f..

[64]AH Gardiner Egyptian grammar^3 (Oxford 1957) 520 (Aa 23).

[65]N de G Davies Seven private tombs at Kurnah (London 1948) 50 pl 35; Id. Five Theban tombs (London 1913) 34f pl 37.

[66]Gardiner Egyptian grammar 520 (Aa 24).

[67]DuQuesne DE 54 (2002) 56.

The second significant seat of Hathoric worship in the XIIIth nome is Pa-Sheno ('the Granary"). This cannot be far from Ro-qereret, which was certainly part of the necropolis of Asyut. Daressy[68] identified Pa-Sheno with the place-name ⲧⲁⲡⲟⲑⲓⲕⲏ recorded on a Coptic *scala*, which correlates it with Abu Tig,[69] a name perhaps derived from Greek ἀποθήκη meaning a storehouse or magazine. This is accepted by Gardiner[70] but denied by Beinlich on the grounds that Abu Tig is implausibly far away, in what was the Xth nome.[71] However, it is only about 14 km from Deir Durunka.

Ro-qereret and Ta-onkh were clearly close to Medjed and Pa-Sheno. One of the most durable epithets of Anubis is 'Lord of Ro-qereret', meaning 'the Mouth of the Cavern'. This is likely to refer to the Western Mountain of Asyut and perhaps to adjacent high places where there were tombs.[72] Although Anubis is the sole guardian of Ro-qereret, both he and Osiris alternate as Lords of Ta-onkh 'The Land of Life'.[73] As is shown by the Medinet Habu reliefs, Ta-onkh was adjacent to Pa-Sheno.

Observations

We are now able to flesh out the portrait of the Asyuti goddess. Hathor as a local deity is first known in the First Intermediate Period, but she may have been worshipped much earlier.[74] During the Middle Kingdom, a number of prominent people, male and female, are recorded on their coffins as 'revered before Hathor, Lady of Medjed'. A text on two of these coffins alludes to an otherwise unknown myth and suggests that the justified soul is able to be transformed into this form of the goddess.

Evidence for a temple to the Lady of Medjed does not antedate the New Kingdom, except for a single Middle Kingdom reference to a priest of hers, but such a temple may already have been in existence for a long period. In Dynasties XVIII-XIX, we now know that this temple employed scribes (CM028) and *wab*-priests (CM526), and that it had a chief ritualist (CM464).

---

68 G Daressy Notes et remarques, RT 17 (1895) 120.

69 H Munier La géographie de l'Egypte d'après les listes coptes-arabes, BSAC 5 (1939) 215 line 28, 239.

70 Gardiner Ancient Egyptian onomastica II 66*-67*.

71 Beinlich Studien zu den Geographischen Inschriften 156.

72 Montet Géographie de l'Egypte ancienne II 159; Gomaà Besiedlung I 270f, 274f.

73 Anubis: Kamal ASAE 16 (1916) 96[111] (MK); H Satzinger Der Opferstein des Smswj aus dem Mittleren Reich, MDAIK 23 (1968) 160-162 (MK); N de G Davies The tomb of Rekh-mi-re at Thebes II (New York 1943) pl 86. Osiris: CG 20201 (MK); KRI I 348.14; Medinet Habu VII pl 542; KRI III 451.6; G Möller Das *Ḥb-śd* des Osiris nach Sargdarstellungen des Neuen Reiches, ZÄS 39 (1901) 71-74 pl 4 (NK).

74 S Allam Beiträge zum Hathorkult (Berlin 1963) 95f.

The wife of the royal scribe Iuny was a chantress of Hathor of Medjed. That Hathor was a focus of private devotion is strongly indicated by her appearance on ten of the Salakhana votive stelae and by the highly personal invocation made by a chantress of Upwawet, which refers to the donor as the god's cow, born in his stall (CM171).

Hathor often appears as a cow on votive stelae from Deir el-Bahari and other sites, but never when she is shown with Upwawet. In that context she is invariably seen as a woman with the Hathoric attributes of the horns and solar disk (with or without the modius), and carrying either a *was*-sceptre or a papyrus wand. The papyrus wand often alternates for the *was*-sceptre and was used for its strong symbolic associations as a sacred plant.[75]

The horns may be a cryptic allusion to the *wp*- in the name Upwawet, and refer to the goddess's capacity for opening the ways in the gebel. One also thinks of the symbolism of horns in late iconography, where Horus the Child is figured between the horns of the Hathor cow.[76] In fact the verb *wpi* suggests more violent action than merely 'opening' - 'cleaving open' would be a more accurate translation. The Medjed glyph, especially in its earlier form, seems to resemble a bridge or passage between two elevated areas of land, such as a powerful goddess might make accessible. As protectress of the mountainous areas around Asyut, and especially of those which led to the oases, Hathor would be more effective in her human than in her bovine form.

Hathor's appearance as Lady of Pa-Sheno, on the Medinet Habu reliefs, is identical to her manifestation as the goddess of Medjed. There, and on one of the Asyut votive stelae (CM200), she is anthropomorphic and wears her usual regalia.

Isis sometimes alternates for Hathor as Lady of Medjed, but the goddesses remain indistinguishable in form. On Salakhana stela CM536, the figure is captioned as Isis, but a longer inscription refers to Hathor, both deities being called Lady of Medjed. As we have seen, on a statue from Tanis, Ramesses II described himself as beloved of Upwawet of Upper Egypt and of Hathor of Medjed. No doubt to maximize the impact of his devotion, and perhaps in a Thebanizing mode, the same king, as we have seen, dedicated a statue in Asyut to Upwawet and to Isis-Mut-Hathor, Lady of Medjed. It has been suggested that both Isis and Hathor should be regarded as the mother of Upwawet.[77] However, either or both of them could in some situations be more appropriately seen as his consort.

---

[75] SH Aufrère Le sceptre de papyrus et les déesses, in: Encyclopédie religieuse de l'univers végétal II (Montpellier 2001) 83-88; K Sethe Das Papyrusszepter der ägyptischen Göttinnen und seine Entstehung, ZÄS 64 (1929) 6-9.

[76] U Verhoeven Das Kind im Gehörn der Himmelskuh, in: Proceedings of the IXth International Congress of Egyptologists, ed J-C Goyon & C Cardin (Leuven 2007) II 1899-1910.

[77] M Münster Untersuchungen zur Göttin Isis (Berlin 1964) 118f; cf H Kees Der Götterglaube im alten Ägypten^2 (Berlin 1956) 326.

The third known aspect of the goddess of Medjed is Tefenut, who is so described in the ritual text for Driving the Calves in Edfu temple. The context makes this warlike goddess an appropriate companion for Upwawet as they together, lioness and jackal, fress the carcass of Seth. A similar example of deities alternating at Asyut is that of Anubis and Osiris, both of whom are given the epithet Lord of Ta-onkh.

The association between Hathor and Upwawet in Middle Egypt is parti-ularly interesting and complex. It parallels the union of Hathor and Anubis at Gebelein in Upper Egypt.[78] Both of these deities are shown on a relief fragment from Gebelein, dating from Dynasty XVIII and now in Turin.[79]

Gebelein and Asyut were evidently important centres of the worship of Hathor, and also of Anubis and Upwawet respectively. We do not know whether their cults were originally linked, but these deities were clearly able to co-operate. In both cases, Hathor as Lady of the Sky complements the jackal divinities who are chiefly terrestrial or chthonic. In an earlier public-cation, I have speculated about the existence of an functional triad to explain the roles of the important deities there: Upwawet, Anubis, and Hathor.[80] One aspect of this is that Upwawet is the god of the city, while Hathor and Anubis are guardians of the sacred necropolis: the regions of Medjed and Ro-qereret respectively. All of them open the ways on different levels of existence.

It is striking that, on votive stelae, it is uncommon to find goddesses or gods with a consort, rather than alone or in groups. This seems to be regardless of whether they are shown in human form, as *Mischgestalten*, or in faunal manifestations. However, as we have seen from the Salakhana stelae, Hathor of Medjed and Upwawet are several times represented together. There are examples of the goddess accompanying the jackal-headed anthropomorphic Upwawet: a motif which reflects their complementarity. But more often Hathor is seen close to, and indeed perhaps protecting, a much smaller, entirely faunal figure of Upwawet on his standard. She seems, indeed, to take precedence.

This can be explained in terms of Egyptian attitudes towards individual deities. Most donors of stelae from Asyut, and *mutatis mutandis* elsewhere, wished to acknowledge the god or goddess of their locality in dedicating a votive object.

---

[78]H Kees Kulttopographische und mythologische Beiträge VI, ZÄS 71 (1930) 150f; DuQuesne DE 54 (2002) 58f.

[79]Museo Egizio suppl 12371: E Leospo in: Beyond the pyramids, ed *G Robins* (Atlanta 1990) 91; AM Donadoni Roveri et al. Gebelein: il villaggio e la necropoli (Torino 1994) 65; DuQuesne DE 54 (2002) 49 pl 6, 59.

[80]DuQuesne DE 54 (2002) 60.

Hence the preponderance of Amen-Re and his animal hypostases on stelae from Deir el-Medina. However, a number of people had their own divinities of choice among the pantheon. This is clear from the small but significant minority of Asyut stelae which either do not represent Upwawet or show him with other deities. A number of these objects were dedicated to Thoth, or Ptah, or Reshep, or others. Hathor of Medjed was not only a powerful protectress of the *gebel* beyond the city limits: for some devotees, to judge from the context of the votive stelae, she was a real presence with whom they personally communicated.

Acknowledgments:

The author gratefully acknowledges the valuable assistance of Harold M Hays, Günther Lapp, Alexandra von Lieven, Jaromir Malek, Edmund S Meltzer, Helmut Satzinger, and Stewart White.

Summary

The purpose of this paper is to provide some new information about the divinities of the XIIIth nome of Upper Egypt and its capital city Asyut, which are little-known and have been inadequately studied. Important findings on this subject have emerged from the author's work on a trove of 600 New Kingdom votive stelae found on the Western Mountain of Asyut. These objects provide a wealth of new evidence, not only on the character of Upwawet, the tutelary god of the XIIIth nome, but on other deities associated with the divine jackal. In particular, the stelae depict and refer to Hathor of Medjed, the local consort of Upwawet, an important goddess who is rarely attested elsewhere. The author adduces findings from Middle Kingdom coffins to help interpret the role of this goddess, and to elucidate the functions of two strange divinities, Medjedu and Wer-Sekhemu, who are known to have been venerated at Asyut.

Annex

Côté 4. Deux lignes horizontales et huit lignes verticales d'hiéroglyphes, cf. couvercle (←).

(1) Sur l'original le taureau (?) est représenté courant la queue dressée.

A droite les deux yeux. Ils sont identiques à ceux qui se trouvent sur le côté 4 du n° 28118.

Das Ritual des Dramatischen Ramesseumspapyrus

Louise Gestermann

Für J.A.

Seit seiner Auffindung in einem (Grab-)Schacht unter dem Ramesseum 1896[1] und seiner Edition, die K. Sethe in vorbildlicher Weise besorgte und 1928 vorlegte[2], ist der Dramatische Ramesseumspapyrus in den vergangenen 60 Jahren immer wieder Gegenstand wissenschaftlicher Diskussion gewesen[3]. Verschiedene Fragen, insbesondere die Benennung des niedergeschriebenen Rituals, wurden seither thematisiert, werden aber nach wie vor unterschiedlich beurteilt. Mit den folgenden Ausführungen sollen einzelne Gesichtspunkte dieses Diskurses noch einmal aufgegriffen und ihre Aussagekraft für eine genauere Bestimmung des Papyrus besprochen werden[4].

1. Die Gliederung des Papyrus

1.1 Das Verhältnis von Text und Bild

Bekanntermaßen enthält der Dramatische Ramesseumspapyrus einen Text- und einen Bildteil: Die Texte bzw. Textabschnitte im oberen Bereich werden von Strichzeichnungen in einem schmalen Bildstreifen illustriert, der sich am unteren Ende des Papyrus über dessen gesamte Länge entlangzieht. Bis auf kleinere Unsicherheiten bei der Zuordnung (dazu noch im folgenden) sind genaue Entsprechungen zwischen den im Text beschriebenen (Kult-)Handlungen („Szene“) und der bildlichen Darstellung („Bild“) vorzunehmen.
Mit seiner Länge von erhaltenen 2,15 m dürfte der Papyrus nahezu vollständig sein[5]. Die rechte Kante des Papyrus lag innen. Von rechts erfolgte auch die Niederschrift der Texte, während die Bilder von links nach rechts daruntergesetzt wurden, eine bestimmte Leserichtung ergibt sich aus diesem Verfahren bei der Beschriftung des Papyrus aber nicht zwingend.

---

1 J.E. Quibell, The Ramesseum, ERA 2, London 1898, 3-4 und Tf. III, Sir Alan Gardiner, The Ramesseum Papyri, Oxford 1955, J.W.B. Barns, Five Ramesssum Papyri, Oxford 1956.

2 K. Sethe, Dramatische Texte zu altaegyptischen Mysterienspielen, UGAÄ X, Hildesheim 1928, S. 81-264.

3 Zuletzt J.F. Quack, Zu Lesung und Deutung des Dramatischen Ramesseumspapyrus, in: ZÄS 133, 2006, S. 72-89. Zu einem allgemeinen Überblick H. Altenmüller, Dramatischer Ramesseumspapyrus, in: LÄ I, Wiesbaden 1975, Sp. 1132-1140.

4 Ohne daß darauf im einzelnen verwiesen wird, ist zu den im folgenden zitierten Texten und Bildern immer auch die Bearbeitung von K. Sethe (Anm. 2) heranzuziehen. Seine Edition bildet auch die Grundlage der folgenden Darstellung, wenngleich diese nicht in jedem Fall seinen Ergänzungen z.B. und auch nicht seinen Übersetzungen folgt. Für die hiesige Fragestellung ist dies jedoch nebensächlich.

5 Hierzu wie auch zur weiteren Beschreibung des Papyrus Sethe, Dramatische Texte (Anm. 2), S. 86-88.

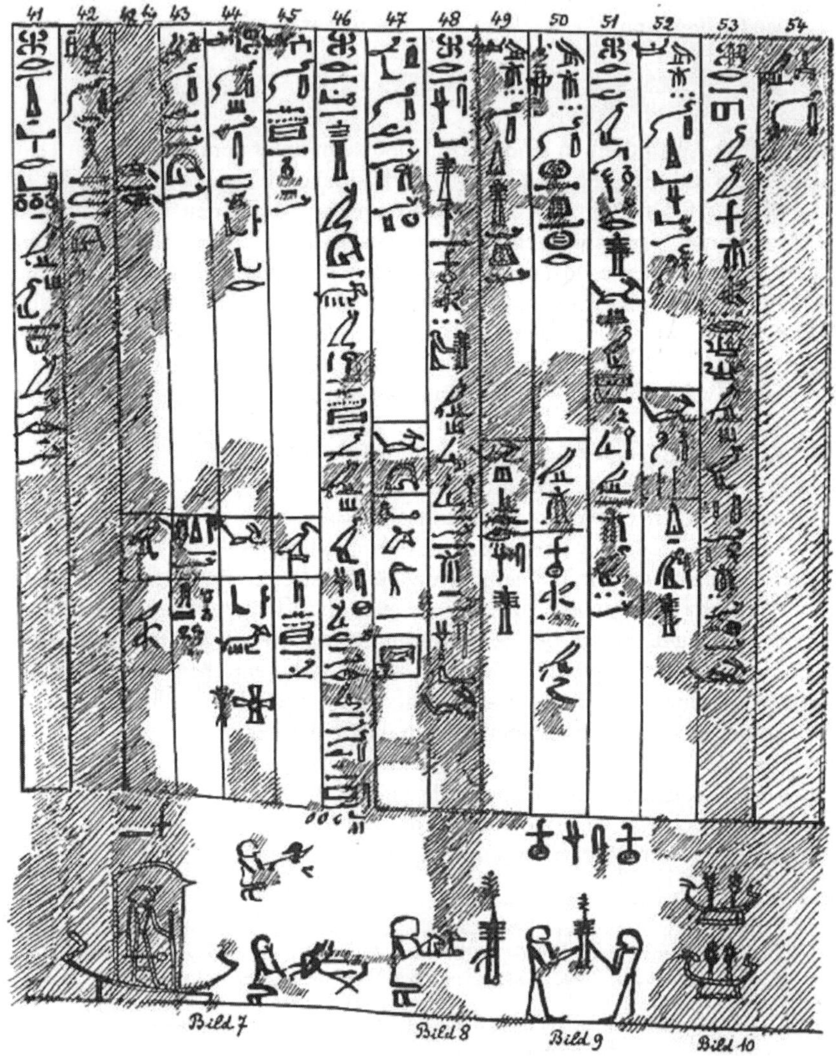

Abb. 1: Szenenfolge VI mit Sz. 12-16 und Bild 7-10 (Sethe, Dramatische Texte (Anm. 2), Tf. 15)

1.2 Der Aufbau der Szenen

Dem Inhalt wie auch der Form des Dramatischen Ramesseumspapyrus liegt die Vorstellung zugrunde, daß ein rituelles Geschehen im Kult als götterweltliches Ereignis gedeutet werden kann wie umgekehrt Begebenheiten auf götterweltlicher Ebene durch rituelle Handlungen im Kult nachgespielt werden können[6]. Wirklichkeit kann also in zwei verschiedenen Sinnebenen wahrgenommen werden, als realweltliches Geschehen im Kult und als götterweltliches Geschehen im Mythos. Beides bedingt sich gegenseitig und bildet jeweils die Hälfte eines Ganzen, kann also nicht für sich stehen. Die Ausdeutung des Geschehens auf mythologischer Ebene impliziert, daß sie keine (direkten) Rückschlüsse auf das Geschehen im Ritual erlaubt, so wie auch das reine Beschreiben der Kulthandlung die götterweltliche Dimension des Geschehens nicht erkennen läßt.

Die Besonderheit des Dramatischen Ramesseumspapyrus besteht nun ohne Zweifel darin, daß diese Korrelation nicht, wie dies in vielen anderen Texten oder größeren Text-Bild-Kompositionen der Fall ist, lediglich vorausgesetzt wird, sondern durch eine bestimmte Form transparent gemacht worden ist. Dies geschieht durch einen klaren Aufbau, bei dem in den einzelnen Szenen im (oberen) Textteil des Papyrus beide Sinnsphären dargelegt und zueinander in Beziehung gesetzt werden, sowie durch eine zusätzliche Illustration im Bild (zum folgenden vgl. Abb. 1 und 2)[7].

1) *Kulthandlung*: Einleitend wird in jeder Szene das jeweilige (realweltliche) Geschehen im Kult beschrieben, wofür durchgängig die Konstruktion *ḫpr.n* + *sḏm=f* bzw. *ḫpr.n* + Infinitiv benutzt wird.

Ausnahmsweise finden sich zwei solcher Szenenbeschreibungen direkt hintereinander in Sz. 1 (Kol. 1: zerstörter erster Teil und wahrscheinlich Herstellung der Barke für den Transport des Königs), in Sz. 9 (Kol. 29: Herbeibringen von Emmer, Springen der Rinder auf dem Emmer), Sz. 29/30 (Kol. 89: Herbeibringen eines *wdn.w*-Opfers und (Herbei-)Rufen der Großen von Ober- und Unterägypten) sowie in Sz. 45/46 (Kol. 126: Darbringen von *ỉꜣ.t*-Gebäck und *špn.t*-Krug). Während für den ersten Vermerk in Kol. 1 (zu Sz. 1) – eine Leserichtung von links nach rechts vorausgesetzt – zu überlegen bleibt, ob sich an der zerstörten Stelle eine Gesamtüberschrift befindet, ist bei den übrigen drei Textstellen eindeutig oder zumindest sehr wahrscheinlich,

---

[6] Zum Primat des Ritus, der zunächst ohne Ausdeutung auf götterweltlicher Ebene bleibt und erst später eine mythologische Ausdeutung erfährt, E. Otto, Das Verhältnis von Rite und Mythus im □gyptischen, SHAW, Heidelberg 1958, s.a. W. Helck, Bemerkungen zum Ritual des Dramatischen Ramesseumspapyrus, in: Or 23, 1954, S. 383-411, id., Rituale, in: L□ V, Wiesbaden 1983, Sp. 271-285.

[7] Vgl. hierzu auch □ Assmann, Altägyptische Kultkommentare, in: □ Assmann/B. Gladigow (Hrg.), Text und Kommentar. Archäologie der literarischen Kommunikation IV, München 1995, S. 93-109 (bes. S. 94-99), id., Altägyptische Totenliturgien 1. Totenliturgien in den Sargtexten des Mittleren Reiches, Supplement zu den Schriften der HAW 14, Heidelberg 2002, S. 23-29.

daß sie zwei Ereignisse beschreiben, die direkt aufeinanderfolgen und eine Handlungseinheit bilden.

<table>
<tr><td colspan="4">(41) Es geschieht, daß das Zeichen für das ḥnk.t-Opfer gegeben wird.[8]</td></tr>
<tr><td colspan="4">Dies ist Horus, wenn er sein Auge (wieder) ergreift.[9]</td></tr>
<tr><td>(42) Thot –
[Das Gefolge des Gerichteten]
Zu rezitieren:
„Möge für Euch der Kopf gesenkt werden!“[10]</td><td>[ ]</td><td colspan="2">[ ]</td></tr>
<tr><td>(42bis) [ ]</td><td>Thot</td><td colspan="2">Schlachter</td></tr>
<tr><td>(43) Horus – Thot
Zu rezitieren:
„Gib ihm seinen Kopf (wieder)]!“[11]</td><td>Gott, dem (sein) Kopf (wieder) gegeben wird</td><td>Zwei Töpfe, wasser-spendend</td><td rowspan="3">Feuer-becken aufstel-len[13]</td></tr>
<tr><td>(44) Horus – Stadtgott[12]
Zu rezitieren:
„Er atmet den Duft, während mein Mund dürstet (ỉbb)!“</td><td>Seth</td><td>Böckchen (ỉb)</td></tr>
<tr><td>(45) Horus – Der Gerichtete
Zu rezitieren:
„(Mein) Vater ist gestärkt (s:mn)!“</td><td>Thot</td><td>Gans / Gans schlachten (?) (s:zmn)</td></tr>
</table>

Abb. 2: Sz. 12 aus Szenenfolge VI (Sethe, Dramatische Texte (Anm. 2), Tf. 15, s. Abb. 1 zuvor)

2) *Mythologische Ausdeutung*: Auf die Beschreibung des realweltlichen Geschehens im Kult folgt eine mythologische Ausdeutung, und zwar in Form einer Glosse X *pw* + Umstandssatz. Diese Glosse kommentiert die gesamte, jeweils beschriebene Handlung, nicht aber einzelne Begrifflichkeiten, Personen (etc.) daraus, wie dies z.B. aus medizinischen Texten oder dem Totenbuch bekannt ist.

---

8 Zu dieser Szene Sethe, Dramatische Texte (Anm. 2), S. 147-153.

9 Es folgt entweder eine Zerstörung oder ein Spatium.

10 Für diesen Passus gibt es verschiedene andere Möglichkeiten der Übersetzung, zumal die Rede nur im vorderen Teil erhalten sein könnte, s.a. Sethe, Dramatische Texte (Anm. 2), S. 147.

11 Denkbar wäre auch ein Aussagesatz „Gegeben ist ihm sein Kopf!“.

12 Das Auftreten eines Stadtgottes scheint sich zunächst nicht so recht in den Kontext zu fügen, s. aber H. Junker, Die Stundenwachen in den Osirismysterien nach den Inschriften von Dendera, Edfu und Philae, DAWW LIV, Wien 1910, S. 51.

13 Dieser dritte Vermerk könnte sich auf weitere Kolumnen beziehen, also auch auf Kol. 42bis und 43.

Es fehlt eine solche Glosse ausnahmsweise in Kol. 117 (Sz. 38/Bild 24) und Kol. 123 (Sz. 40/Bild 26). In einigen weiteren Szenen ist die Stelle, an der die Glosse zu erwarten ist, zerstört, so in Sz. 8 (Kol. 25), Sz. 9 (Kol. 29), Sz. 43 (Kol. 132) und Sz. 45/46 (Kol. 136). Nicht eindeutig ist die Situation in Sz. 42 (Kol. 130) und Sz. 44 (Kol. 133).

3) *Götterrede(n)*: An diese beiden ersten Elemente, mit denen Kulthandlung und Geschehen in der Götterwelt in direkte Beziehung zueinander gesetzt werden, schließen sich eine oder mehrere Götterreden an. Dabei erfolgt die Notierung von Sprecher und Angesprochenem durch ihre Gegenüberstellung am Beginn der Kolumne, der Charakter als Rede wird aus dem dahinter gesetzten *ḏd mdw* erkennbar, das die eigentliche Rede einleitet.

Diese Götterreden sind als eine Art Kommentierung zur jeweiligen mythologischen Ausdeutung zu sehen, mit der die zuvor beschriebene Kulthandlung ihre Sinngebung erfährt. Die Reden präzisieren also den Bezug zwischen rituellem Handeln und mythologischer Ausdeutung. Ohne diese Reden bliebe der verborgene Sinn der Kulthandlungen vielleicht nicht gänzlich unverständlich, würden diese aber keinerlei Begründung erfahren. Sie sind daher von zentraler Bedeutung für die Zusammenführung von Kult- und Götterwelt. Das tertium comparationis, mit dem diese Verbindung hergestellt wird, sind im wesentlichen Wortspiele. Allein der Gleichklang zweier Wörter ist hierbei von Bedeutung, nicht ein möglicher inhaltlicher Bezug, s. dazu Kol. 44/45 in Abb. 2.

Mit der Art ihrer Notierung sind die Reden als eine Ausdrucksform der Götterwelt charakterisiert, die Raum und Zeit gleichermaßen entzogen ist. Durch fehlende narrative Merkmale (außerhalb der Rede) werden diese zu immerwährenden Aussagen über das götterweltliche Geschehen und seine Bedeutung für und seine Auswirkung auf den Menschen[14].

4) *Vermerke*: Im Anschluß an die jeweilige Rede finden sich bis zu drei Vermerke, die zur Rede hin und untereinander durch einen Querstrich abgetrennt sind. Der erste Vermerk hat einen mythologischen Bezug, er kann eine Gottheit nennen (Thot und Seth z.B. wie in Sz. 12, s. zuvor) oder eine Gruppe (Horuskinder, Gefolge des Seth). Der zweite Vermerk greift das Ritualgeschehen auf, indem er handelnde Personen (Ritualisten z.B.) aufführt, einen Kultgegenstand nennt (bestimmte Zweig, Krüge, Speisen oder Schlachtvieh wie in Sz. 12 zuvor) oder die durchzuführende Handlung (das Tragen des Opfertisches etwa oder das Überreichen des Opfers). Durch diese ersten beiden Vermerke werden die beiden Ebenen von Kult- und Götterwelt also noch einmal stichwortartig benannt. Der dritte Vermerk ist in seiner Charakterisierung uneinheitlich, er kann im übrigen auch gänzlich fehlen.

---

14 Vgl. in diesem Kontext auch die Verwendung spezieller Schreibungen der Götternamen, die bei der Benennung der am Gespräch Beteiligten benutzt werden (können), nicht aber in den Reden selbst, dazu schon Sethe, Dramatische Texte (Anm. 2), S. 104 zu Kol. 2a.

Auffällig oft sind an dritter Stelle Örtlichkeiten genannt, die mitunter für mehrere Kolumnen gelten, doch finden sich in diesem dritten Vermerk auch Personen erwähnt. Dabei sind sowohl realweltliche als auch götterweltlich Bezüge erkennbar.
5) *Bild*: Wie bereits erwähnt, werden die in den einzelnen Szenen beschriebenen Kulthandlungen in einem Bildstreifen am unteren Rand des Papyrus illustriert. Dabei handelt es sich um einfache Strichzeichnungen, mit denen das kultische Geschehen dargestellt und eventuell mit einigen erklärenden Wörtern zu den Handelnden oder zur Handlung versehen ist (vgl. Abb. 1). Grundsätzlich ist jede Kulthandlung in einem eigenen Bild festgehalten, doch gibt es Abweichungen und auch Unsicherheiten bei der Zuordnung, so bei Bild 9 (zu Sz. 14/15, dazu noch im folgenden) und Bild 12, dem mehrere Szenen (Sz. 18-20) nur summarisch zugeschrieben werden können. Der Einsatz eines Chores wird in Sz. 21 zwar im Vermerk (Kol. 68) und auch im Bild (Bild 13) genannt bzw. dargestellt, ist aber in der Einleitung der Szene nicht angeführt. Für das Herbeiholen einer schwarzen Locke, wie es in Sz. 28 beschrieben wird (Kol. 87), fehlt möglicherweise eine bildliche Umsetzung.

1.3 Die Handlungssequenzen

Wie zuvor dargelegt, folgen die einzelnen Szenen im Textteil des Papyrus einem recht klaren Aufbau. Jeder Szene ist zudem – auch darauf wurde schon hingewiesen – ein Bild beigefügt, das die verbal beschriebene Handlung in der Art einer Vignette veranschaulicht. Während nun der Textteil mit dem Ablauf der Szenen keine weitere Möglichkeit der Gliederung bietet (die doppelte Setzung einer Handlungsbeschreibung[15] ist dazu nicht geeignet), nimmt der Bildstreifen am unteren Rand des Papyrus genau solche Einschnitte vor. Und zwar läßt sich das immer wiederkehrende Element des Schreins auf der Barke (mit oder ohne Darstellung des Königs darin) in diesem Sinne nutzen. Erkennt man dieses Bild als Fixpunkt innerhalb des Ritualgeschehens und demzufolge auch in dessen Wiedergabe an, so läßt sich die lange Abfolge der Szenen in mehrere größere Abschnitte unterteilen. Ausgangspunkt ist jeweils die Barke mit dem Schrein, zu der die davor (rechts) abgebildeten Handlungen gehören.
Es lassen sich auf diese Weise insgesamt 14 oder 15 Szenenfolgen unterscheiden (I-XV), zu denen jeweils ein oder mehrere Bilder und Szenen zu zählen sind. Im einzelnen ergeben sich aus den Informationen, die über die Beschreibung der Kulthandlung in Wort und Bild zu gewinnen sind, sowie aus den Vermerken in den Szenen folgende Handlungsfolgen:

---

[15] Kol. 1 (Sz. 1), in Sz. 9 (Kol. 29), Sz. 29/30 (Kol. 89) sowie in Sz. 45/46 (Kol. 126), s. dazu bereits zuvor.

Sequenz	Bild	Sz.	Handlung
I	1	1	[Herstellung der Barke?]
		2	Die *rḫ.w-nzw* tragen 8 *mnzꜣ*-Krüge zum Bug der Barke (des Königs)
II	2	3	Ein Opferrind wird ausgewählt
		4	Die Schlachter werden herbeigeholt
		5	Emmer wird auf die Tenne gelegt
III	3	6	Der Vorlesepriester bringt dem König zwei *šꜥ.t*-Kuchen dar
		7	Die beiden Barken, mit *ỉmꜣ*-Zweigen geschmückt, legen an
IV[16]	4[17]	8	Der *rꜣ-nzw* ergreift diverse Stäbe
	5	9	Emmer wird auf die Tenne gelegt, Rinder werden herbeigebracht, damit sie auf dem Emmer springen
V	6	10	Der *ỉrỉ-ỉꜥḥ wpd.w* bringt *ỉmꜣ*-Zweig und Natron zum Bug der Barke (des Königs)
		11	Der *ỉrỉ-ỉꜥḥ wpd.w* bringt drei weitere *ỉmꜣ*-Zweige und 8 *mnzꜣ*-Krüge zum Bug der beiden Barken (der Kinder des Königs)
VI	7	12	Das Zeichen für das *ḥnk.t*-Opfer wird gegeben
	8	13	Dem *ḏd*-Pfeiler wird der Kopf eines Böckchens und der Kopf einer Gans geopfert
	9	14	Die *rḫ.w-nzw* richten den *ḏd*-Pfeiler auf
	(9?)	15	Stricke werden an den *ḏd* -Pfeiler angelegt
	10	16	Die Kinder des Königs besteigen die beiden Barken

[16] Die beiden hier zusammengefaßtem Bilder 4 und 5 sind möglicherweise getrennt zu sehen, dazu noch im .folgenden.

[17] Der Naos ist auf diesem Bild leer.

VII	11	17	Der Vorlesepriester trägt Brot und Bier (herbei)
	12	18	Es wird gekämpft
		19	Die beiden Gefolgschaften werden (herbei)geholt
		20	Die beiden Hackenbewehrten werden (herbei)geholt
	13	21	Die (beiden) Balsamierer tragen einen Opfertisch (herbei) Einsatz des Chores[18]
VIII	14	22	Die Kinder des Königs tragen einen *špn.t*-Krug mit Wein (herbei)
		23	Ein Karneolkranz wird (herbei)geholt
IX	15	24	Ein Brustschmuck aus Türkis wird (herbei)geholt
X[19]	16	25	Der *ỉr.ỉ-ỉʿḥ wdp.w* bringt dem König ein Opfer dar
	17	26	Die *zẖn.w-ꜣẖ* und die *rẖ.w-nzw* umkreisen die beiden Standarten
XI	18	27	Szepter werden geholt und zwei Federn dem König angelegt
	(18?)	28	Eine schwarze Haarlocke wird (herbei)geholt
	19	29/30	Eine *wdn.w*-Opfer wird (herbei)geholt und Worte werden gesprochen Die Großen von Ober- und Unterägypten werden herbeigerufen
	20	31	Der Vorlesepriester holt (u.a.) Augenschminke und Weintrauben (herbei) und überreicht sie dem König
XII	21	32	Den Großen von Ober- und Unterägypten werden Brothälften überreicht
	22	33	Der Vorlesepriester holt einen *qnj*-Latz (herbei)
		34	Bier (und Brot[20]) werden (herbei)geholt
		35	Diverse Gewebesorten werden (herbei)geholt

[18] Dieses Ereignis geht aus Vermerk (Kol. 68) und Bild 13 hervor, wird in der Einleitung der Szene (Kol. 66) aber nicht erwähnt.

[19] In dieser und den folgenden Szenen ist der Naos, in dem zuvor das Bild des Königs zu sehen war, leer.

[20] S. die Vermerke in Kol. 105/106.

XIII	23	36	Die *zḫn.w-ꜣḫ* ergreifen [den König]
		37	Die *ḫn.w-ꜣḫ* tragen den Vater des Herrschers auf ihren beiden Armen
	24	38	Die *ḫn.w-ꜣḫ* agieren mit ihren *m:ꜥꜣ.w*-Hölzern
	25	39	Die beiden Lobpreisenden werden ausgewählt
	26	40	Ein *ḫpš*-Stab und Vierfachgewebe werden überreicht
XIV[21]	27	41	Vierfachgewebe und *ḫpš* -Stab werden dem *zḫn.w-ꜣḫ* überreicht, damit er sie dem König gibt (?)
	28	42	Für die Einführung (?) der *zḫn.w-ꜣḫ* wird Essen (herbei)geholt
		43	Die [ ] des Westens und Ostens wird zum Essen herbeigeholt (?)
	29	44	Personen (Ritualteilnehmer) werden gesalbt
	30	45/46	*iꜣ.t*-Gebäck wird zum Gottespalast gebracht Ein *šp.t*-Krug wird [ ] überreicht
XV	31	[ ]	[ ]

Im linken Bereich des Bildstreifens besteht die Unsicherheit, ob zwischen den beiden Bildern 4 und 5 eine Abtrennung vorzunehmen ist. Der Papyrus ist an dieser Stelle zerstört, und der Platz wäre ausreichend, ein neuerliches Bild der Barke mit Schrein hinzuzufügen. Andererseits kann aber auch nicht ausgeschlossen werden, daß weitere Tiere abgebildet sind. Inhaltliche Kriterien sind nicht heranzuziehen, da eine Anbindung an das zuvor (in Bild 4 und Sz. 8) geschilderte Ergreifen von Stäben durch den *rḥ-nzw* nicht recht deutlich wird.

Im rechten Bereich des Bildstreifens löst sich dessen zunächst sehr klare Struktur etwas auf. So ist in Bild 27 der handelnde *zḫn.w-ꜣḫ* nicht rechts vom Naos und zu diesem gerichtet dargestellt, vielmehr überreicht er Vierfachgewebe und *ḫpš*--Stab, die er nach der Beschreibung der Kulthandlung zuvor (?) erhalten hat (Sz. 41, Kol. 126), von links. In Bild 31 bildet zudem nicht (mehr) die Barke mit Schrein den linken Abschluß der Handlungsfolge, sondern der Vorlesepriester. Wie sich das Bild rechts davon fortsetzt, ist wegen der Zerstörungen bis zum Ende des erhaltenen Papyrus nicht erkennbar.

21 Ob an dieser Stelle ein Einschnitt vorzunehmen ist, bleibt fraglich.

2. Das Geschehen im Ritual

2.1 Die Handlungen innerhalb der Szenenfolgen

Die Aufteilung des Rituals in Szenenfolgen oder Sequenzen – zusätzlich zu der in einzelne Szenen – bietet die Möglichkeit, sich auch den Inhalten des Papyrus auf andere Weise anzunähern. Bedingt durch den formalen Aufbau enthalten diese Szenenfolgen aber auch ein grundlegendes Problem, das vorab zu klären bzw. wenigstens zu besprechen ist.

Der Schrein (mit oder ohne Bild des Königs) auf der Barke ist nicht nur wiederkehrendes Element im Ritual, das der Papyrus wiedergibt, sondern kann auch als jeweiliges Kultziel bestimmt werden. In diesem Fall wäre eine Abfolge der Ereignisse und eine Steigerung der Intensität in Richtung auf den Schrein (und nicht davon weg) zu erwarten. Als Beispiel sei auf das Mundöffnungsritual verwiesen[22]. Auch dieses Ritual enthält eine Vielzahl von Szenen, wobei Mittelpunkt des Rituals die Statue des Verstorbenen ist. An ihr werden verschiedene Handlungen zum Wohl des Verstorbenen vollzogen, wobei sich das Geschehen zur Statue hin entwickelt. Einschränkend, was den Vergleich zum Dramatischen Ramesseumspapyrus anbelangt, muß jedoch angemerkt werden, daß pro Szene nur in einigen wenigen Fällen mehrere Handlungen vor der Statue beschrieben werden. Dazu gehören Sz. 23/24 und Sz. 43/44, die eine Parallele im Dramatischen Ramesseumspapyrus besitzen, s. im folgenden.

Am Beispiel der Szenenfolge VI, die das Aufrichten des *ḏd*-Pfeilers nebst begleitender Handlungen beschreibt (vgl. dazu Abb. 1), läßt sich nun wahrscheinlich machen, daß das Kultgeschehen von links nach rechts angeordnet ist und die Handlung, die direkt vor der Barke stattfindet, als erste erfolgte. Für die Begründung dieser Annahme ist allerdings fast ausschließlich auf allgemeine Überlegungen zurückzugreifen.

Liest man nun die Sequenz VI von links nach rechts, so wird als erstes das Zeichen für das *ḥnk.t*-Opfer gegeben (Bild 7/Sz. 12: *ḫpr.n ḏj=t(w)* (oder *ḏ.t*) *ꜥ(.w) r ḥnk.t*, Kol. 41). Daraufhin werden der Kopf von Böckchen (statt Ziege) und Gans, Bestandteile des *ḥnk.t*-Opfers, dem *ḏd*-Pfeiler dargebracht (Bild 8/Sz. 13: *ḫpr.n ḥnk(.w) n ḏd m ḏp n(.ỉ) ỉb m ḏp n(.ỉ) smn*, Kol. 46). Insbesondere der logische Zusammenhalt zwischen diesen beiden Handlungen, Zeichen für ein Opfer geben und das Opfer selbst, sprechen für einen Ablauf der Handlungen von links nach rechts. Die Vermerke zu den beiden Szenen verdeutlichen dies zusätzlich, da in Sz. 12 Böckchen (Kol. 44) und Gans o. ä. (Kol. 45) genannt sind und in Sz. 13 das Überreichen der Köpfe (Kol. 47).

Das zum Opfer gehörige Bild (Bild 8) zeigt den *ḏd*-Pfeiler zu diesem Zeitpunkt bereits aufgerichtet, doch ist das Aufrichten des *ḏd*-Pfeilers als

[22] Vgl. dazu E. Otto, Das ägyptische Mundöffnungsritual I/II, □A 3, Wiesbaden 1□6□, für einen Überblick op.cit. II, Abb. 1 mit der Wiedergabe des Rituals im Grab des *Rḫ-mẒ-Rꜥ(w)*.

Kulthandlung erst in der nächsten Szene beschrieben (Bild 9/Sz. 14: *ḫpr.n s:ꜥḥꜥ(.w) ḏd ỉn rḫ.w-nzw*, Kol. 48). Lösen läßt sich diese Diskrepanz nicht so recht und nur, wenn man das Aufrichten des Pfeilers bereits in Bild 8 als vollzogen sieht, wogegen allerdings die Beischrift zu Bild 9 spricht (*s:ꜥḥꜥ*). Möglicherweise ist aber zu berücksichtigen, daß sich das Ritualgeschehen aus zwei Handlungssträngen speist, das Opfer die Vorbereitung dazu beinhaltet wie auch das Aufrichten des Pfeilers, und daß für die teilweise zeitliche Parallelität keine andere Möglichkeit der Darstellung bestand. Das Anlegen von Stricken ist Gegenstand der nächsten Szene (Sz. 15: *ḫpr.n (w)dj.w nwḥ=f r ḏd*, Kol. 51), wird aber nicht in einem eigenen Bild dargestellt. Vermutlich hat man es als Teil von Bild 9 zu sehen. Auch diese Abfolge ist nicht ganz zufriedenstellend, da das Anlegen der Stricke dem Aufrichten vorausgehen sollte[23]. Die Szenenfolge endet damit, daß die Kinder des Königs in die beiden Barken einsteigen (Bild 10/Sz. 16: *ḫpr.n hꜣ ms.w-nzw r wỉꜣ.wỉ*, Kol. 53). Dieses letzte Ereignis ist ein weiteres Kriterium dafür, die Szenenfolge von links nach rechts zu lesen, da mit dem Einstieg in die Barke das Verlassen der Kultbühne impliziert sein sollte.

Selbst wenn einige Unsicherheiten bleiben, wird man aus den genannten Kriterien nur den Schluß ziehen können, daß die Szenenfolge VI von links nach rechts zu lesen ist. Dabei hat man sich zu vergegenwärtigen, daß die Handlungen nicht weg vom Schrein orientiert sind, sondern vor dem Schrein stattfinden. Da innerhalb des Papyrus wechselnde Leserichtungen nicht zu vertreten sind, kann man in der Folge also einen Ablauf der gesamten Ereignisse von links nach rechts annehmen. Dieses Ergebnis bleibt weiter zu diskutieren, stellt m.E. zur Zeit aber die einzige Möglichkeit dar, wie mit der Leserichtung des Papyrus zu verfahren ist[24].

2.2. Die Inhalte der Szenenfolgen

Der Dramatische Ramesseumspapyrus stellt bekanntermaßen ein singuläres Dokument dar, die Abfolge ritueller Handlungen, die er wiedergibt, findet sich in dieser Form ansonsten nicht mehr. Einzelne Abschnitte des Papyrus und/oder das in ihnen aufgezeichnete Geschehen sind gleichwohl aus anderen Kontexten durchaus bekannt, d.h. ihr Inhalt ist so variabel bzw. allgemein gesetzt, daß sie als einzelne rituelle Handlung in größere Rituale mit durchaus unterschiedlicher Zielrichtung eingefügt werden konnten.

---

[23] Die Verwendung des Begriffes *nwH* in diesem Zusammenhang weist m.E. darauf hin, daß Stricke gemeint sind, die beim Aufrichten Verwendung fanden, nicht aber eine Art von Schmuckbändern, s.a. Wb II, S. 223.

[24] S.a. Quack, in: ZÄS 133, 2006 (Anm. 3), S. 81-83, der auf anderem Weg zu dem gleichen Ergebnis kommt. In der Sequenz VII (Sz. 17-21 und Bild 11-13) mit den Kampfspielen für *Mḫn.tỉ-ỉr.tỉ* könnte man sich gut einen Aufbau von rechts nach links vorstellen, doch widerlegt dies (allein) eben nicht die Lesung von links nach rechts.

Dies gilt z.B. für das Schlachtritual, das gleich zu Beginn des Papyrus in der Szenenfolge II (mit Bild 2 und Sz. 3-5) wiedergegeben ist. Die Götterreden aus Sz. 3 (Kol. 9 und 10) sind nahezu gleichlautend in Sz. 23 und 43 des Mundöffnungsrituals überliefert[25]. Das Ritual thematisiert die Feindvernichtung und den Triumph des Osiris über seine Feinde und speziell über Seth, der hier allerdings nicht genannt ist, denn in der Rolle des Seth tritt Thot auf: Horus (=Schlachter) nimmt sein Auge (=Schenkel) von Thot (=Schlachttier) entgegen. Ursprünglich ein eigenes Ritual, ist diese Schlachtung in den Ablauf des Rituals auf dem Dramatischen Rameseumspapyrus wie auch in das Mundöffnungsritual eingearbeitet worden[26].

Eine weitere aus anderen Bilderzyklen bekannte Ritualhandlung stellt das Aufrichten des *ḏd*-Pfeilers dar, das in der Szenenfolge VI (mit Bild 7-10 und Sz. 12-16, s. Abb. 1) abgebildet ist. Während das *ḥnk.t*-Opfer, mit dem dieser Zyklus eingeleitet wird, aus dem Gründungsritual bekannt ist[27], wird das Aufrichten des *ḏd*-Pfeilers u.a. in Zusammenhang mit dem Sedfest des Königs begangen, was für die Gesamtdeutung des Dramatischen Ramesseumspapyrus von einiger Bedeutung war, dazu noch im folgenden. Das Aufrichten des *ḏd*-Pfeilers bildet zugleich den Abschluß des Sokarfestes am 30.IV.*ꜣḫ.t*[28], es kann aber auch zu einem anderen Zeitpunkt gefeiert werden, ist auf keinen bestimmten Ort festgelegt und findet textlich sowohl als Tag und als Nacht des Aufstellens des *ḏd*-Pfeilers Erwähnung[29]. Das Ritual ist allerdings überhaupt erst seit dem Mittleren Reich bezeugt, so daß die Darstellung im Dramatischen Ramesseumspapyrus zu den frühesten Bezeugungen dieser Ritualhandlung gehört[30]. Durch die mythologische Ausdeutung der Ritualhandlung und durch die beigefügten Götterreden und Vermerke kann als Hintergrund die Auseinandersetzung zwischen Osiris und Seth und als Thema auch dieser Szenenfolge die Feindvernichtung und wiederum der Triumph des Osiris über seinen Widersacher Seth bestimmt werden.

Für das in Sz. 38 (Kol. 117) beschriebene Hantieren der *zḫn.w-ꜣḫ* mit (jeweils) zwei *m:ꜥꜣ.w*-Hölzern verweist H. Altenmüller auf ein von Herodot (Historien II, 63) geschildertes Kampfspiel (s. Sequenz XIII mit Sz. 36-40 und Bild 23-26).

---

25 Vgl. Otto, Mundöffnungsritual (Anm. 22) I, S. 43-51 und S. 96-101 sowie op.cit. II, S. 73-78 und S. 102-105 und Abb. 1 zu Sz. 23□24 bzw. Sz. 43□44 des Mundöffnungsritual.

26 E. Otto, An Ancient Egyptian Hunting Ritual, in: □NES IX, 1950, S. 164-177, zur Rolle des Thot op.cit., S. 171.

27 Vgl. Sethe, Dramatische Texte (Anm. 2), S. 148.

28 S. Schott, Altägyptische Festdaten, AAWLM 10, Wiesbaden 1950, S. 92.

29 Vgl. dazu schon allein die Belege in □T 337 (□T IV 332b-d) und □T 338 (□T IV 335d□e). Zu einem *ḥrw.w s:ꜥḥꜥ ḏδd* s. H. Junker, Die Stundenwachen (Anm. 12), S. 57.

30 Dazu Anne-Marie Amann, Der Djed-Pfeiler, Tübingen 1992 S. 247-277 zum Aufrichten des Djed-Pfeilers in unterschiedlichen Kontexten. Einen Überblick über die Thematik vermittelt H. Altenmüller, Djed-Pfeiler, in: LÄ I, Wiesbaden 1975, Sp. 1100-1105.

Der Auftritt der *zẖn.w-ꜣḫ* wäre danach mit einem Ritual in Verbindung zu bringen, das im Tempel von Papremis zelebriert wurde, in dem eventuell Letopolis zu erkennen ist[31]. Das rituelle Kampfspiel wurde bei der Vorbereitung eines Festes im dortigen Tempel veranstaltet. Der anschließende erfolgreiche Einzug des Gottes (Ares) in seinen Tempel wird – H. Altenmüller zufolge – in Sz. 37/Bild 23 mit dem Tragen des (Götter-)Bildes durch die *zẖn.w-ꜣḫ* beschrieben und dargestellt, da auf Grund der von ihm vorgenommenen Umstellung der Leserichtung diese Handlung dem Hantieren mit den Hölzern nachfolgt. Trotz aller Plausibilität der Argumentationskette scheint diese Zuordnung doch eher unwahrscheinlich[32]. U.a. trägt sie dem Spezifischen, das in den *zẖn.w-ꜣḫ* zu sehen ist, keine Rechnung (s. noch im folgenden). Zudem ist das im Dramatischen Ramesseumspapyrus festgehaltene Handeln der *zẖn.w-ꜣḫ* auf Osiris ausgerichtet. Möglicherweise würde sich der Bericht bei Herodot sogar besser zu einem anderen Abschnitt des Papyrus fügen, der Sequenz VII (Sz. 17-21 mit Bild 11-13). Auch sie ist – folgt man den Vermerken – zeitweilig in Letopolis angesiedelt, außerdem steht *Mẖn.tỉ-ỉr.tỉ* im Mittelpunkt einer Opferhandlung (Sz. 17 mit Bild 11). Daran schließen sich diverse Kampfspiele an (Sz. 18-20 mit Bild 12), bevor die Balsamierer einen Opfertisch auftragen und ein Chor auftritt (Sz. 21/Bild 13)[33]. Das Tragen des Königs (Sz. 37/Bild 23) erinnert im übrigen eher an das Tragen der Mumie durch die sogenannten Neun Freunde, wie es in verschiedene Ritualabläufe eingebunden sein kann[34].

Es gibt weitere Stichworte im Dramatischen Ramesseumspapyrus, die Assoziationen mit anderen Ritualtexten zulassen. So erschließt sich mit der Erwähnung des *qnj*-Latzes (Sz. 33/Bild 22 in Sequenz XII) ein neuerlicher Bezug zum Mundöffnungsritual, in dem der Sem-Priester, mit einem *qnj*-Latz bekleidet, eine Folge ritueller Handlungen für den Verstorbenen zelebriert: Nachdem der Sem-Priester den *qnj*-Latz angelegt und den *mdw*-Stab ergriffen hat (MÖR Sz. 11), wird die manuelle Herstellung der Statue geschildert, die dann dem Sem-Priester (=Sohn des Verstorbenen) übergeben wird (MÖR Sz. 12-18). Danach legt der Sem den *qnj*-Latz ab und das Leopardenfell an (MÖR Sz. 19-21) und verläßt diese Kultbühne (MÖR Sz. 22)[35].

---

31 H. Altenmüller, Letopolis und der Bericht des Herodot über Papremis, in: JEOL 18, 1964, S. 271-279.

32 S.a. P.A. Piccione, Sportive Fencing as a Ritual for Distroying the Enemies of Horus, in: E. Teeter/J.A. Larson (Hrg.), Gold of Praise: Studies on Ancient Egypt in Honor of Edward F. Wente, SAOC 58, Chicago 1999, S. 335-349 (S. 340-341).

33 S.a. H. Junker, Der sehende und blinde Gott (*Mẖntj-ỉrtj* und *M+ntj-n-ỉrtj*, SBAW 1942, Heft 7, München 1942, S. 51-55.

34 Vgl. Otto, Mundöffnungsritual (Anm. 22), Sz. 73, dazu op.cit. I, S. 199-203 und II, S. 164-166 und Abb. 1, dort auch zum Bezug, der sich zum Bestattungsritual herstellen läßt. S.a. J. Assmann, Tod und Jenseits im Alten Ägypten, München 2001, S. 430-431.

35 Vgl. dazu Otto, Mundöffnungsritual (Anm. 22), s.a. Hans-W. Fischer-Elfert, Die Vision von der Statue im Stein. Studien zum altägyptischen Mundöffnungsritual, Schriften HAW 5, Heidelberg 1998, S. 6 und S. 40ff.

Es ist aber deutlich, daß dieser Vorgang im Dramatischen Ramesseumspapyrus nicht angesprochen sein kann, auch wird nicht der *qnj*-Latz als Kleidungsstück des Verstorbenen gemeint sein, als der er gleichfalls belegt ist[36]. Dies erscheint zum einen wegen des Kontextes fraglich (Überreichen von Brothälften an die Großen von Ober- und Unterägypten in der vorangehenden Sz. 32, Holen von Bier und Brot (Sz. 34) und verschiedenen Geweben (Sz. 35) danach, dann aber auch wegen der Tatsache, daß insgesamt – folgt man dem Bild zu Sz. 33 (Bild 22) – 12 *qnj*-Lätze vom Vorlesepriester (im übrigen nicht vom Sem-Priester) geholt werden. Es kann sich demzufolge nicht um ein einzelnes Kleidungsstück handeln, sondern nur um Teile einer umfangreicheren Ausstattung, die für den König bestimmt war.

Das Auftreten der Großen von Ober- und Unterägypten wie auch das der Abkömmlinge des Königs (zu beiden noch im folgenden) findet eine Parallele im Sedfest[37].

2.3 Die Kultziele im Ritual

Als wiederkehrendes Element im Ritualgeschehen des Papyrus tritt die Barke mit Schrein auf, in dem das Bild des Königs zu sehen ist (Bild 1-3 mit Sz. 1-7 und Bild 6-15 mit Sz. 10-24) bzw. der ohne Bild dargestellt wird (Bild 4-5 mit Sz. 8-9 und Bild 16-30 mit Sz. 25-45/46). Wenngleich Fixpunkt innerhalb der Handlungen des Rituals, ist der Schrein mit oder ohne König auf der Barke unterschiedlich in die Abläufe eingebunden. Neben Szenen--folgen, in denen der König Zuwendungen verschiedener Art erfährt, stehen solche, in denen die Barke Kultziel ist, sowie andere, in denen in Gegenwart des Königs bestimmte Handlungen vollzogen werden[38]. Mitunter sind in einer Sequenz Ritualhandlungen mit unterschiedlicher Zielrichtung zusammengeführt, und nicht bei jeder Sequenz ist eine Zuordnung sicher vorzunehmen.

Direkte Handlungen für den König erschließen sich in einigen Fällen sowohl über die einleitende Beschreibung der Szene als auch über das zugehörige Bild (Sz. 6/Bild 3, Sz. 25/Bild 16 und Sz. 27/Bild 18), in einem Fall allein über den Text (Sz. 20/Bild 31, eventuell auch Sz. 28 ohne Bild).

---

36 Vgl. Sethe, Dramatische Texte (Anm. 2), S. 211-212.

37 Zu den Kindern des Königs, bei denen es sich um weibliche Angehörige bzw. seine Töchter handelt, vgl. den Bilderzyklus auf einem Sarg in Berlin, dazu G. Möller, Das *Hb-šd* des Osiris nach Sargdarstellungen des neuen Reiches, in: ZÄS 39, 1901, S. 71-74 und Tfn. IV-V (Tf. IV), s.a. Sethe, Dramatische Texte (Anm. 2), S. 178.

38 Ich möchte mich dagegen aussprechen, in dem König eine nicht nur anwesende, sondern auch handelnde Person zu sehen. Gerade dies scheint mir nicht der Fall zu sein, anders Quack, in: ZÄS 133, 2006 (Anm. 3), S. 87, der den König als „durchgehend anwesende und agierende Person" sieht.

Dabei sind diese Handlungen mitunter in Szenenfolgen integriert, die noch eine oder mehrere zusätzliche Handlungen beschreiben, die nicht unbedingt auf den König hin ausgerichtet sein müssen. Über die Bilder zu den Szenen lassen sich weitere Zuwendungen, die direkt für den König bestimmt sind, hinzufügen (Bild 14 zu Sz. 22 (und wahrscheinlich auch Sz. 23), Bild 15 zu Sz. 24, Bild 23 zu Sz. 36/37 und eventuell Bild 27 zu Sz. 41).
In Sz. 6/Bild 3 werden dem König zwei *šꜥ.t*-Kuchen überreicht, in der nachfolgenden Szene derselben Sequenz III (Sz. 7/Bild 3) legen die beiden Barken (s. dazu im folgenden) an[39]. In Bild 14/Sz. 22-23 (Sequenz VIII) wird von einem (weiblichen) Abkömmling des Königs ein Weinkrug in Richtung auf den Schrein getragen (Sz. 22), der anschließend herbeigeholte Karneolkranz (*ḥrs.t wꜣḥ.t*[40]) dürfte gleichfalls für den König bestimmt sein (Sz. 23). Auch der Brustschmuck, der in Bild 15/Sz. 24 überbracht wird (Sequenz IX), ist nach Auskunft des Bildes für den König bestimmt. Sz. 25 und Bild 16 (Szenenfolge X) geben ein *ḥtp*-Opfer an den König wieder, dem das Umkreisen der beiden Standarten durch die *zḫn.w-ꜣḫ* und *rḫ.w-nzw* folgt (Sz. 26/Bild 17), und an Bild 18/Sz. 27 (Szenenfolge XI), in der dem König *ꜥbꜣ*- und *sḫm*-Szepter überreicht und ihm zwei Federn angelegt werden, schließen weitere Zuwendungen für den König an (wahrscheinlich Sz. 28, möglicherweise ohne Bild, und Sz. 31/Bild 20) bzw. betreten die Großen von Ober- und Unterägypten die Kultbühne (Sz. 29/30 mit Bild 19). Eine direkte Zeremonie für den König ist auch in Sz. 36/37 mit Bild 23, dem Beginn von Szenenfolge XIII, festgehalten. Sie beinhaltet das Hochheben und Tragen des Königs durch die *zḫn.w-ꜣḫ*. Die nachfolgenden Handlungen, das Hantieren der *zḫn.w-ꜣḫ* mit den beiden *m:ꜥꜣ.w*-Hölzern, der Auftritt der Lobpreisenden und das Überreichen von weiterem Gewebesorten begleiten diese Handlung. Bild 27/Sz. 41 hat als Auftakt einer eigenen Sequenz (XIV) möglicherweise die Darbringung eines *ḫpš*-Stabes und Vierfachgewebes an den König zum Gegenstand[41]. Es schließen sich dann Handlungen an, die für Durchführende des Rituals veranstaltet werden, bei denen der König also nur mittelbar einbezogen ist (Sz. 42-45/46, Bild 28-30).
In zwei Szenenfolgen des Papyrus sind Handlungen auf die Barke hin ausgerichtet, auf der sich in einem Naos das Bild des Königs befindet – mittelbar dürfte also auch in diesen Fällen der König Kultempfänger sein. Zunächst ist auf Szenenfolge I (mit Bild 1 und Sz. 1-2) hinzuweisen.

---

39 Ob es sich tatsächlich um das Anlegen der Barken handelt, ist nicht ganz gesichert, zu dem in diesem Zusammenhang verwendeten Wort *gꜣ* vgl. u.a. G. Burkard, Spätzeitliche Osiris-Liturgien im □orpus der Asasif-Papyri, □AT 31, Wiesbaden 1995, S. 115 mit Anm. 37, R. van der □olen, A hieroglyphic dictionary of Egyptian coffin te□ts, P□ X, Leiden / Boston / Köln 2000, S. 680-681, E. Otto, Sprüche auf altägyptischen Särgen, in□ZD□G 102, 1952, S. 187-200 (S. 189).

40 Abweichend zu Sethe, Dramatische Te□te (Anm. 2), S. 180, der von *ḥ.t* □Kette□ausgeht.

41 Das Auftreten des *zḫn.w-ꜣḫ*. an dieser Stelle paßt nicht allzu gut zu dem sonstigen Schema des Papyrus, wonach die Handlungen rechts von der Barke mit dem Naos des Königs angeordnet sind.

Während Sz. 1 vermutlich die Herstellung der Barke erwähnt, wird in Sz. 2 die Darbringung von acht *mnzꜣ*-Krügen an den Bug der Barke beschrieben, möglicherweise eine Art Weihung oder ein Ritus zur Begrüßung oder vor der Abfahrt. Die Handlungen nehmen die *rḫ.w-nzw* vor (Kol. 5). In Szenenfolge V (mit Bild 6 und Sz. 10-11) überreicht ein *ỉr.ỉ-ỉꜥḥ wdp.w ỉmḫ*-Zweig und Natron an eine Barke, das dürfte gleichfalls die Barke sein, auf der sich das Bild des Königs befindet (Sz. 10).
Davon zu trennen sind die beiden Barken, die offensichtlich die Barke mit Naos und Bild des Königs begleiten. Von ihnen wird in Szenenfolge III gesagt (Bild 3/Sz. 7), daß sie anlegen (Kol. 21, s. aber Anm. 40 zuvor). Dies geschieht offensichtlich, indem ihnen zwei *ỉmꜣ*-Zweige überreichen werden oder sie mit diesen geschmückt sind (Vermerk in Kol. 22). In Sz. 11 wird den beiden Barken bzw. an deren Bug drei *ỉmꜣ*-Zweige und acht *mnzꜣ*-Krüge dargebracht (Kol. 37). Ein weiteres (und letztes) Mal tritt dieses Barkenpaar in Sequenz VI (Bild 10/Sz. 16) auf, als die Kinder des Königs in sie einsteigen.
Bei einer Reihe von Handlungen ist weder aus der Beschreibung in den Szenen noch aus der Darstellung im Bild ersichtlich, daß Kulthandlungen für den König durchgeführt werden. Vielmehr scheint es so zu sein, daß sich das rituelle Geschehen in seiner Gegenwart ereignet. Diese Handlungen besitzen dann ein abweichendes Kultziel, wobei es natürlich so sein wird, daß dem König auch diese mittelbar zugute kommen. Ein Ritualgeschehen in Anwesenheit des Königs, aber nicht unter direkter Einbeziehung seiner Person läßt sich in Szenenfolge II (Bild 2 und Sz. 3-5) mit dem Opferritual feststellen, des weiteren in Szenenfolge VI (Bild 7-10 und Sz. 12-16) mit einem Zyklus, der das Aufrichten des *ḏd*-Pfeilers beschreibt inklusive Opfer und abschließender Abreise der Abkömmlinge des Königs. Auch in Sequenz VII (Bild 11-13 und Sz. 17-21) mit einem Opfer für *Mḫn.tỉ-ỉr.tỉ* und anschließenden Kampfspielen sowie dem Herbeitragen eines Opfertisches und Gesang ist das Geschehen zwar vor dem König angesiedelt, bezieht ihn aber nicht direkt mit ein. Die Speisung der Großen von Ober- und Unterägypten (Sz. 32/Bild 21 aus Sequenz XII) dürfte gleichfalls in diese Kategorie gehören. Daran anschließend bringt der Vorlesepriester den bzw. die *qnj*-Lätze (Sz. 33/Bild 22), und es wird Bier und Brot geholt (Sz. 34/Bild 22) sowie diverse Gewebe (Sz. 35/Bild 22). Daß diese Dinge direkt an den König übergeben werden sollen, wird weder aus verbaler noch bildlicher Beschreibung deutlich.

Weitere Szenen (und Bilder) dieser Art sind mit Zuwendung an den König verknüpft, so in Sequenz X mit dem Umkreisen der Standarte, Sequenz XI mit dem Auftritt der Großen von Ober- und Unterägypten, in Sequenz XIII mit dem Tragen des Königs und in Sequenz XIV mit Handlungen für Ausführende des Rituals (s. jeweils zuvor).

Schwierig gestaltet sich eine Zuordnung bei Szenenfolge IV mit Sz. 8/Bild 4 mit dem Ergreifen diverser Stäbe durch den *rḫ-nzw* und Sz. 9/Bild 5 mit dem Springen der Rinder auf dem zuvor ausgelegten Emmer.

2.4 Die Akteure des Rituals

Wie zuvor dargelegt, ist der König lediglich als Person bzw. Bild anwesend, für den bestimmte rituelle Handlungen vorgenommen werden, sei es nun in direkter Zuwendung oder in seiner Gegenwart. Als eigentlicher Akteur tritt er nicht in Erscheinung, sondern als Nutznießer des Rituals. Durch die beiden Kartuschen, die der Darstellung des Königs in Bild 1 und 2 beigefügt wurde, ist dieser als Sesostris I. *ḫpr-kꜣ-Rꜥ(w)* zu identifizieren[42]. Im weiteren Verlauf des Rituals wird er dann nur noch als *nzw* „König" bezeichnet, s. Bild 6, 7 (-10)?, 15, 16(-17), 18(-20), 21(-22), 23(-26) und 27(-30), doch ist bisweilen noch ein Zusatz angefügt, nämlich *ỉtj ḥqꜣ* „Vater des Herrschers" (Bild 11(-13) und 14). In Bild 23(-27) ist der Naos mit der Bezeichnung *nzw* versehen, das Bild des Königs, das von den *zḫn.w-ꜣḫ* getragen wird, mit *ỉtj ḥqꜣ*[43]. Von K. Sethe wird der Zusatz in dieser Weise übersetzt, dann aber auch als *ḥqꜣ.tỉ=f* „(der König,) der herrschen wird" aufgefaßt[44]. Beide Lesungen und Übersetzungen sind natürlich möglich, beides wechselweise in ein und demselben Text anzunehmen, stellt jedoch nicht so recht zufrieden. Zudem sollte *nzw* den bereits installierten König bezeichnen, der dann nicht als einer, der herrschen wird, charakterisiert werden muß. Am ehesten ist daher an *nzw ỉtj ḥqꜣ* „König, Vater des Herrschers" festzuhalten, womit nur „der (verstorbene) König, Vater (des derzeitigen, noch nicht inthronisierten) Herrschers" gemeint sein kann (s. noch im folgenden).

Als aktiv Handelnde treten in dem rituellen Geschehen des Dramatischen Ramesseumspapyrus eine Handvoll Beamte auf, die auch aus anderen Texten mehr oder weniger gut bekannt sind.

Während ein Sem-Priester fehlt, ist der Vorlesepriester (*ẖr.ỉ-ḥꜣb.t*) in mehreren Handlungen anzutreffen[45]. Dabei handelt er nicht nur für den König. Dem bringt er zwei *šꜥ.t*-Kuchen (Sz. 6/Bild 3 in Szenenfolge III), trägt aber auch Brot und Bier herbei, die nach Auskunft von Ausdeutung und Bild für *Mḫn.tỉ-ỉr.tỉ* bestimmt sind (Sz. 17/Bild 11, Szenenfolge VII).

---

[42] In Bild 1 trägt er die Beischrift *nzw Ḫpr-kꜣ-Rꜥ(w)*, in Bild 2 wird er als *nṯr nfr nb tꜣ.wỉ Ḫpr-kꜣ-Rꜥ(w)* bezeichnet, s. Sethe, Dramatische Texte (Anm. 2), Tf. .12.

[43] In Bild 4/5 ist der Naos ohne Benennung geblieben, in Bild 3 und 31 sind die entsprechenden Stellen zerstört.

[44] Sethe, Dramatische Texte (Anm. 2), S. 95. Dazu auch Helck, in: Or 23, 1954 (Anm. 6), S. 410.

[45] S.a. W.A. Ward, Index of Egyptian Administrative and Religious Titles of the Middle Kingdom, Beirut 1982, S. 140, Nr. 1202 (mit weiteren Hinweisen), Sethe, Dramatische Texte (Anm. 2), passim.

In einer weiteren Szene (Sz. 27 (Kol. 83-86)/Bild 18 aus Szenenfolge XI) werden für den König zwei Szepter geholt, und es werden ihm zwei Federn angelegt. Wie aus dem Bild hervorgeht (Bild 18), obliegt dem Vorlesepriester diese Handlung. Ob auch das zu derselben Sequenz gehörige Holen einer schwarzen Haarlocke (Sz. 28) vom Vorlesepriester vollzogen wird, ist nicht erkennbar. Auch diverse andere Utensilien trägt der Vorlesepriester herbei und überreicht sie dem König. Zum einen sind dies zumindest grüne und schwarze Augenschminke sowie Weintrauben (Sz. 31 (Kol. 91-96)/Bild 20 in Szenenfolge XI), zum anderen ein oder mehrere *qnj*-Lätze (Sz. 33 (Kol. 101-103)/Bild 22 in Szenenfolge XII). Es werden vom Vorlesepriester weitere Gaben gebracht, so Bier und Brot sowie Stoffe (Sz. 34 und 35 mit Bild 22), und er führt, sofern die Textstelle korrekt verstanden ist, die *zẖn.w-ꜣḫ* ein (Sz. 42 und Bild 28). Schließlich holt er das *wdn.w*-Opfer und ruft die Großen von Ober- und Unterägypten herbei (Sz. 29/30 und Bild 19) und überreicht *ꜣꜣ.t*-Gebäck (Sz. 45/46 und Bild 30). Zusammenfassend ist der Vorlesepriester demzufolge mit der Darreichung verschiedenster Gaben an König, Gott und diverse Ritualteilnehmer beschäftigt.

Häufiger sind zudem die *rḫ.w-nzw*, die *(ỉ)r(.ỉ)-ỉꜥḥ wdp.w* und die *zẖn.w-ꜣḫ* im Ritual des Papyrus vertreten. Bei ersterem handelt es sich um einen Rangtitel, der allein die Stellung eines Mannes am Hof beschreibt, aber keinen Rückschluß auf dessen Amtstätigkeit zuläßt[46]. Im Dramatischen Ramesseumspapyrus begegnet er in unterschiedlichen Funktionen[47]. Gleich im ersten Bild werden von den *rḫ.w-nzw* acht *mnzꜣ*-Krüge zum Bug der Barke des Königs getragen (Sz. 2/Bild 1 in Sequenz I). Des weiteren entnimmt der *rḫ-nzw* dem Naos mit dem Bild des Königs verschiedene Stäbe bzw. ergreift diese Stäbe (Sz. 8/Bild 4 in Sequenz IV). Im weiteren Verlauf treten die *rḫ.w-nzw* beim Aufrichten des *ḏd*-Pfeilers auf (Sz. 14 und 15/Bild 9 in Sequenz VI), stellen eines der kämpfenden Paare in Sequenz VII dar (Vermerk zu Sz. 19/Bild 12, Kol. 62), ein *rḫ-nzw* überreicht einen Brustschmuck an den König, was dem Bild zur Szene zu entnehmen ist (Sz. 24/Bild 15 in Szenenfolge IX), und vermutlich umkreisen die *rḫ.w-nzw* anschließend zusammen mit den *zẖn.w-ꜣḫ* die beiden Standarten (Sz. 26/Bild 17 in Sequenz X, Kol. 81).

---

46 Zur Diskussion dieses Titels vgl. D. Franke, Probleme der Arbeit mit altägyptischen Titeln des Mittleren Reiches, in GM 83, 1984, S. 103-124 (S. 106), der sich ausdrücklich dagegen ausspricht, in *rḫ-nzw* einen Ehrentitel zu sehen, so Ward, Index (Anm. 45), S. 1 mit Anm. 3 auf S. 3.

47 Vgl. Sethe, Dramatische Texte (Anm. 2), S. 106-107 und passim.

Der *(ỉ)r(.ỉ)-ỉꜥḥ wdp.w* „Für das *ỉꜥḥ* Verantwortliche und Aufwärter“[48] tritt ein erstes Mal als Verantwortlicher im Schlachtopfer auf, das vor der Barke mit dem Bild des Königs zelebriert wird (Szenenfolge I, Bild 2 zu Sz. 3-5). Danach bringt er der Barke des Königs wie auch den beiden Barken der Kinder des Königs ein Opfer dar (Sz. 10-11/Bild 6 in Sequenz V) – eine Handlung, die zuvor (Sz. 2/Bild 1 in Sequenz I) vom *rḫ-nzw* ausgeführt wurde. Der *wdp.w (ỉ)r(.ỉ)-ỉꜥḥ* ist es außerdem, der dem König ein *ḥtp*-Opfer aufträgt (Sz. 25/Bild 16 in Sequenz X). Die Handlungen, an denen er beteiligt ist, sind demzufolge zu disparat, als daß man sie unter einem allzu engen Gesichtspunkt zusammenfassen könnte[49].

Eine recht prominente Stellung innerhalb der Ausführenden des Rituals nehmen die *zẖn.w-ꜣḫ* ein. Sie treten erst verhältnismäßig spät im Geschehen des Papyrus auf. Nachdem der König ein *ḥtp*-Opfer überreicht bekommen hat, sind es die *zẖn.w-ꜣḫ*, die zusammen mit den *rḫ.w-nzw* die beiden Standarten umkreisen (Sz. 26/Bild 17 in Sequenz X). Die *zẖn.w-ꜣḫ* tragen auch wesentlich die Handlungen in der Szenenfolge XIII, in der sie den König ergreifen und tragen (Sz. 36-37/Bild 23), außerdem mit speziellen Hölzern agieren (Sz. 38/Bild 24). Des weiteren erscheint einer von ihnen zum Ende der erhaltenen Ereignisse hin, als er *ḫpš*-Stab und Vierfachgewebe überreicht bekommt, die er offensichtlich an den König weitergibt (Sz. 41-42/Bild 27-28 in Sequenz XIV).

Während die *rḫ.w-nzw* und die *ỉr.ỉ-ỉꜥḥ wdp.w* häufig belegt sind und zudem recht unspezifisch hinsichtlich ihrer Zuständigkeit erscheinen, möchte man bei den *zẖn.w-ꜣḫ* schon allein wegen ihres seltenen Auftretens einen bestimmten Funktionsbereich annehmen. Es ist allerdings schwierig, in dieser Frage weitere Einsichten zu erlangen. Schon eine Übersetzung des Titels bereitet Probleme, da sich über den Verbstamm verschiedene Bedeutungen ergeben („Der den *ꜣḫ* sucht“, „Der den *ꜣḫ* einführt“)[50].

Belege für diesen (Priester-)Titel stammen bereits aus der Frühzeit, und es ist recht offensichtlich, daß sie mit dem Dienst am verstorbenen König befaßt sind[51].

---

48 Zu dieser Lesung an Stelle von *spr-wdp.w* Ward, Index (Anm. 45), S. 149, Nr. 1285, und H.G. Fischer, Egyptian Titles of the Middle Kingdom. A Supplement to Wm. Ward's Index, New York ²1997, S. 72, Nr. 1285, s.a. Sethe, Dramatische Texte (Anm. 2), S. 140 und passim.

49 Ward, Index (Anm. 45), S. 149, Nr. 1285, spricht von einem Beamten, der mit Nahrung („food“) befaßt war, Sethe, Dramatische Texte (Anm. 2), S. 140.

50 Ward, Index (Anm. 45), S. 156, Nr. 1342 („Seeker of the Spirit (a priest)“), Sethe, Dramatische Texte (Anm. 2), S. 193-194 und passim. Abgesehen vom Wb s. vor allem auch van der Molen, A hieroglyphis dictionary (Anm. 39), S. 539-540 zu der Bedeutungsbreite von *zẖn(.w)*.

51 Sethe, Dramatische Texte (Anm. 2), S. 193, W. Helck, Untersuchungen zur Thinitenzeit, ÄA 45, Wiesbaden 1987, S. 226-227, und J. Kahl, Das System der ägyptischen

Auffällig ist insbesondere der Bestandteil *ꜣḫ*, der einen eindeutigen Bezug auf die jenseitige Existenz dessen herstellt, mit denen sich die *zḫn.w-ꜣḫ* (im weitesten Sinn) beschäftigen. Ist der Zusammenhalt zwischen Titel und Tätigkeit tatsächlich so eng, lassen sich die Abschnitte des Rituals, in denen die „Geistsucher"(?) auftreten, nur auf eine Situation beziehen, die mit dem Tod eingetreten ist oder nach dem Tod angesiedelt. Die Existenz eines „*ꜣḫ*-Mächtigen" setzt dies voraus, doch gestalten sich weitere Einschränkungen schwierig. Einer, der *ꜣḫ*-mächtig ist, kann auf verschiedene Weise aus dem Jenseits heraus wirken, und ein fester ritueller Rahmen ist für einen Austausch mit ihm nicht bekannt[52].
Es treten in den Kulthandlungen des Dramatischen Ramesseumspapyrus weitere Ritualisten oder Ritualteilnehmer auf, die allerdings gegenüber den genannten Gruppen deutlich zurücktreten. Dies sind die *ms.w nzw* Kinder/ Abkömmlinge des Königs, die einmal beim Einsteigen in die beiden Barken genannt sind (Sz. 16/Bild 10 in Szenenfolge VI), womit offensichtlich ein Einschnitt im Ritualgeschehen einhergeht[53], und ein zweites Mal auftreten, als sie einen *špn.t*-Krug mit Wein an den König überreichen (Bild 14 und Sz. 22 in Szenenfolge VIII), s.a. zuvor zu den beiden Barken der Abkömmlinge des Königs). Außerdem sind die *wr.w šmꜥ.w mḥ.w* „Die Großen von Ober- und Unterägypten" zu erwähnen. Sie werden zu einem späteren Zeitpunkt im Ritual herbeigerufen (Sz. 29/30 und Bild 19 in Sequenz XI) und erfahren danach zumindest die Darreichung von Brot (Sz. Sz. 32/Bild 21 in Sequenz XII). Weiteres Personal ist demgegenüber nur am Rande an den Feierlichkeiten beteiligt bzw. tritt nur einmalig auf[54]
Was mit Blick auf die beiden Seinsebenen, die innerhalb des Rituals korrelieren, nicht unberücksichtigt bleiben sollte, ist die Übernahme götterweltlicher Rollen durch diejenigen Priester oder Beamten, die das Ritual durchführen, dazu bereits einleitend. Es läßt sich allerdings schon an einem ersten Beispiel darlegen, daß bestimmte Funktionen im Ritual, ausgedrückt durch das Auftreten einer bestimmten Person, nicht mit einer festgelegten Rolle im götterweltlichen Spiel einherging.

□ieroglyphenschrift in der 0.-3. Dynastie, GOF IV/29, Wiesbaden 1994, passim, jeweils mit weiteren □inweisen.

52 Vgl. in diesem Zusammenhang die Briefe an Verstorbene, aber auch die Geschichte von „□honsemhab und der Geist", dazu G. Burkard/□.J. Thissen, Einführung in die altägyptische Literaturgeschichte II. □eues Reich, Einführungen und □uellentexte zur □gyptologie 6, Berlin 200□, S. □2-□5 mit weiteren □inweisen, s.a. Assmann, Tod und Jenseits (Anm. 34), S. 1□2-1□5.

53 So auch Sethe, Dramatische Texte (Anm. 2), S. 161.

54 Dazu op.cit., S. 101-102.

So übernehmen die *z̲ḥn.w-ꜣḫ̲* einerseits die Rolle von Horus (z.B. Sz. 36-37/Bild 23), d.h. ihr Agieren im Kult wird mit dem Handeln von Horus in der götterweltlichen Sphäre korreliert, sind andererseits aber auch in der Rolle als Thot beschrieben (Sz. 26/Bild 17)[55].

3. Die Bestimmung des Rituals

3.1 Forschungsansätze

K. Sethe hatte seinerzeit nicht nur eine philologische Bearbeitung präsentiert, sondern sich auch mit dem Inhalt des Papyrus auseinandergesetzt und eine Deutung des beschriebenen Ritualgeschehens vorgenommen. Nach seiner Auffassung stellen die Ereignisse „ein Spiel zur Thronbesteigung des Königs“ dar[56], gemeint ist Sesostris I., das zugleich auch auf den Tod bzw. die Bestattung des Vaters und Vorgängers Amenemhet I. Bezug nimmt, indem einige Handlungen nach der Krönung die Beisetzung des alten, verstorbenen Königs beträfen. Diese erste Deutung des Rituals, die erst jüngst wieder aufgegriffen und im wesentlichen bestätigt wurde[57], blieb indes nicht unwidersprochen, und so stehen inzwischen verschiedene Vorschläge dazu im Raum, welches Ritual der Papyrus abbildet.

Abgesehen von der Annahme, es handele sich um ein Ritual, das sowohl Feierlichkeiten zur Beisetzung des verstorbenen Königs als auch solche für die Krönung des neuen Herrschers umfasse, hat man sich insbesondere mit der Deutung als Hebsedritual auseinanderzusetzen. Erstmals hatte W. Helck in diese Richtung argumentiert. Nach seinen Überlegungen soll es sich bei dem Ritual „um Zeremonien handeln, die am Vorabend des Sedfestes durchgeführt wurden“[58]. Allerdings erforderte diese Deutung wegen der Parallelen, die für den Ablauf des Sedfestes existieren, eine Neuordnung der Szenen. H. Altenmüller – in Fortführung, aber auch Revidierung der Überlegungen von W. Helck – erkannte ein „Inthronisationsspiel des Mittleren Reiches, das sich auf das Sedfest Sesostris I. bezieht und nicht auf die erste Thronbesteigung des Königs“[59]. Diese Theorie hat weitere Befürworter gefunden[60].

---

55 Vgl. dazu die Zusammenstellung von Sethe, Dramatische Texte (Anm. 2), S. 99-102.

56 Sethe, Dramatische Texte (Anm. 2), S. 81.

57 Quack, in: ZÄS 133, 2006 (Anm. 3), S. 86-89.

58 W. Helck, in: Or 23, 1954 (Anm. 6), S. 408.

59 H. Altenmüller, Zur Lesung und Deutung des Dramatischen Ramesseumpapyrus, in: JEOL 19, 1965-66, S. 421-442, insbes. S. 442 und S. 421 („Festspiel zu Ehren Sesostris I.“).

60 Vgl. die Ausführungen von W. Barta, Der Dramatische Ramesseumspapyrus als Festrolle beim Hebsed-Ritual, in: SAK 4, 1976, S. 31-43; s.a. U. Rummel, Weihrauch, Salböl und Leinen: Balsamierungsmaterialien als Medium der Erneuerung im Sedfest, in: SAK 34, 2006, S. 381-407 (S. 396-398).

Eine abseits der gängigen Deutungsversuche angesiedelte Erklärung des Dramatischen Ramesseumspapyrus liefert St. Quirke, der „a ritual of kingship for the cult of Senusret I at Thebes“ annimmt[61]. Hintergrund dafür seien die Verdienste um den Amunstempel in Karnak, die sich Sesostris I. mit seiner dortigen Bautätigkeit und dem Ausbau des Tempels erworben hätte. Das Ritual datiere dementsprechend später als die Regierungszeit von Sesostris I., St. Quirke geht von zwei bis drei Jahrhunderten zeitlicher Verschiebung aus.

Was tatsächlich nicht mehr in Erwägung gezogen werden sollte, ist die Deutung des Rituals auf dem Dramatischen Ramesseumspapyrus als Sedfest. Die Argumente dagegen sind verschiedentlich vorgetragen worden, die Kritik an ihr – im wesentlichen in der fehlenden Parallelität zu den Darstellungen von Sedfesten begründet – ist zu gravierend, jedenfalls beim heutigen Stand der Kenntnis, als daß sie unberücksichtigt bleiben könnte[62]. Demgegenüber konnte bislang gegen die Deutung als kombiniertes Spiel zu Bestattung von Amenemhet I. und Thronbesteigung bzw. genauer Krönung von Sesostris I. keine grundsätzlichen Einwände formuliert werden[63]. Die Annahme von Quirke (s. zuvor) ist von ihm zwar vorgetragen worden, doch ohne Begründung, so daß sie keiner Überprüfung unterzogen werden kann.

3.2 Zur Deutung des Rituals

Abgesehen davon, daß in vielen Detailfragen wegen des teilweise doch recht fragmentarischen Zustandes des Papyrus eine Lösung nicht zu finden ist und sich Lesefehler auf dieser Grundlage kaum vermeiden lassen, besteht auch in der Frage einer Gesamtdeutung des Dramatischen Ramesseumspapyrus nach wie vor noch erheblicher Diskussionsbedarf, doch lassen sich Eingrenzungen vornehmen.

Über das Erfassen von Kult- und Götterwelt wurde bereits gesprochen, ebenso über die zwei grundsätzlich unterschiedlichen Sinnschichten, einer gelebten, erfahrbaren sowie einer gedachten Sphäre, die sich im Papyrus niedergeschlagen haben. Was nun den konkreten Ablauf des Ritualgeschehens auf dem Papyrus angeht, so liegt diesem durchaus eine gewisse Dramaturgie und Erzählstruktur zugrunde.

---

61 Dazu W. Forman/St. Quirke, Hieroglyphs and the Afterlife in Ancient Egypt, London 1996, S. 107.

62 S. schon E.F. Wente, in: Hathor at the Jubilee, in: Studies in Honor of John A. Wilson, September 12, 1969, SAOC 35, Chicago 1969, S. 83-91, zuletzt Quack, in: ZÄS 133, 2006 (Anm. 3), S. 83-85.

63 Zum zeitlichen Verhältnis beider Ereignisse s.a. W. Barta, Thronbesteigung und Krönungsfeier als unterschiedliche Zeugnisse königlicher Herrschaftsübernahme, in: SAK 8, 1980, S. 33-53.

Der gesamte vordere Teil der Handlungen, beginnend mit dem Auftritt der Barke des Königs in Bild 1 (Szenenfolge I) bis zur Abfahrt der Königskinder (Sz. 16/Bild 10 am Ende der Szenenfolge VI), ist durch Barkenfahrten geprägt oder zumindest von ihrer Anwesenheit. Inwieweit die Barke mit dem (Bild des) Königs einerseits und die beiden Barken der Königsabkömmlinge andererseits tatsächlich Ortswechsel vornahmen bzw. welche, bleibt allerdings unklar. Regelmäßig werden Opfer vor den Barken veranstaltet (Handlungsfolge I, III und V), dazwischen finden ein Schlachtopfer statt (Sequenz IV), nicht näher zu bestimmende Handlungen am Naos (IV) sowie das Aufrichten des *ḏd*-Pfeilers (Sequenz VI). Mit den Kampfspielen in Sequenz VII, die den König als anwesend, aber nicht direkt beteiligt zeigt, beginnt ein neuer Abschnitt innerhalb des Rituals, dessen Handlungen nun sehr viel stärker auf den König konzentriert sind. Ihm werden zunächst diverse Utensilien überreicht (Sequenz VIII und IX), danach geht das Darbringen von Opfern und unterschiedlichen Gaben mit eigenen Kulthandlungen (Sequenz X) oder dem Auftritt weiterer Ritualbeteiligter einher, die ihrerseits Zuwendungen erfahren (Handlungsfolge und XI und XII). Dabei ist das Fehlen eines Königsbildes im Naos mit Sequenz X sicher nicht zufällig, sondern darin begründet, daß die Handlungen nun direkt an ihm vollzogen werden. Schließlich rückt der König ein weiteres oder letztes Mal in den Mittelpunkt einer Kulthandlung, er wird von den *zẖn.w-ꜣḫ* getragen (Sequenz XIII), bevor sich das Geschehen von ihm ab- und verschiedenen Personengruppen zuwendet (Sequenz XIV).

Als Mittelpunkt des Rituals, das der Dramatische Ramesseumspapyrus abbildet, steht der König. Wenn sich auch nicht sagen läßt, ob Statue oder Mumie des Königs gemeint sind, so läßt sich das Ritual des Dramatischen Ramesseumspapyrus doch als ein Geschehen charakterisieren, das auf einen verstorbenen König ausgerichtet ist, bei dem es sich in diesem Fall um Sesostris I. handelt. Dafür sprechen die Aktanten auf mythologischer Ebene. Nutznießer des Rituals ist Osiris, sein Triumph wird zelebriert. Handelnde im weitesten Sinn sind Horus, Seth und Thot, einmal auch Isis und Nephthys, d.h. „Personen" aus dem Kreis des Osirismythos[64]. Isis ist dabei nicht in ihrer Rolle als mütterliche Helferin gekennzeichnet, was auf den lebenden König zielen würde, sondern als Klagende und somit in ihrem Verhältnis zu Osiris (Sz. 39/Bild 25, s. Kol. 120). Dazu fügt sich, daß der König im gesamten Ritual keinen aktiven Part übernimmt, er tritt nur als Kultempfänger auf oder ist Teilnehmer an einem Geschehen, das vor ihm veranstaltet wird. Auch das Auftreten der *zẖn.w-ꜣḫ* zielt darauf, daß Handlungen am oder für den verstorbenen Herrscher vollzogen wurden.

[64] Vgl. dazu im Detail Sethe, Dramatische Te□te (Anm. 2), S. 99-102.

Mit dieser Charakterisierung rückt der Dramatische Ramesseumspapyrus in die Nähe von Ritualen, die eine entsprechende Programmatik besitzen, und dies ist eben auch beim Sedfest des Königs der Fall. Es besteht ohne Zweifel eine Verbindung des Dramatischen Ramesseumspapyrus zum Sedfest, die aber nicht aus der Parallelität der beiden Rituale resultiert, sondern darin begründet ist, daß im Sedfest und dem Ritual des Dramatischen Ramesseumspapyrus Personen auftreten und Kulthandlungen vollzogen werden, die einen gemeinsamen Kontext und/oder einen gemeinsamen Ursprung besitzen, vgl. das Schlachtopfer aus Sequenz II mit der entsprechenden Szene im Mundöffnungsritual, dazu bereits zuvor. Allein daraus resultiert die Parallelität zwischen einzelnen Episoden oder Stichworten.

Auf dieser Grundlage ist eine Deutung des Papyrus in zwei Richtung zu suchen. Dabei legt der Verlauf der Ereignisse nahe, daß von einem einzigen Ritual auszugehen ist, daß also nicht zwei Handlungsstränge miteinander verbunden wurden, z.B. auch nicht Bestattung des verstorbenen Königs und anschließende Krönung des neuen Herrschers. Ein solcher Umbruch ist weder im Ablauf des Rituals noch im Kultziel oder durch die Akteure begründet.

Was mit dem Ritual des Dramatischen Ramesseumspapyrus wiedergegeben sein könnte, das ist zum einen das Bestattungsritual oder ein Auszug aus dem Bestattungsritual für den verstorbenen König (Sesostris I.). Neben den zuvor bereits angesprochenen Gesichtspunkten, die in diese Richtung weisen, ist auch das Nebeneinander von *nzw* König" und *ỉtj ḥqꜣ* „Vater des Herrschers" zu berücksichtigen. Gemeint ist dieselbe Person, der König, der diese Rolle als *nzw* noch innehat, weil er bislang nicht beigesetzt ist, gleichzeitig Vater des Herrschers, der bereits den Thron bestiegen hat, aber noch nicht gekrönt ist. Daß diese Unterscheidung gemacht werden konnte, zeigt die Bezeichnung des Herrschers vor der Krönung als *ḥqꜣ n(.ỉ) bsj* „ein einzuführender Herrscher"[65]. Es wäre dann keine Regeneration, also zyklische Erneuerung des regierenden Königs zelebriert worden, wie sie im Sedfest gefeiert wird, sondern das einmalige Ereignis der Beisetzung. Fragen bleiben, insbesondere mit Blick auf die bekannten Wiedergaben des Bestattungsrituals, zu denen das Ritual des Dramatischen Ramesseumspapyrus nur indirekt in Beziehung zu setzen ist.

Grundsätzlich hat man sich aber auch die Frage zu stellen, ob mit der Orientierung an bislang bekannten Ritualtexten und der Identifizierung des Ritualgeschehens auf dem Dramatischen Ramesseumspapyrus mit einem der bekannten Rituale tatsächlich der richtige Weg eingeschlagen ist. Insofern scheint auch die Annahme eines Statuenkultes für einen bereits verstorbenen König, wie es St. Quirke vorschlägt, ein Lösungsansatz zu sein.

---

[65] J.F. Quack, Königsweihe, Priesterweihe, Isisweihe, in: J.Assmann/M. Bommas (Hgr.), Ägyptische Mysterien?, München 2002, S. 95-108 (S. 101).

Auch er enthält die Komponenten, die sich im Dramatischen Ramesseumspapyrus ausmachen lassen. Hinzuzuziehen wären eventuell Fragmente, die im Pyramidenkomplex der Chentkaues gefunden wurden, selbst wenn sie einer anderen Zeit angehören[66]. Auch sie scheinen den Kult für eine Statue zu dokumentieren, die in einem Naos abgebildet ist. Davon abgesehen ist darauf zu verweisen, daß die Rituale der früheren 12. Dynastie keineswegs vollständig erfaßt sind[67]. Letztlich hat man sich also zu verdeutlichen, daß sich zwar die für den Dramatischen Ramesseumspapyrus relevanten Konstellationen benennen lassen, daß aber durchaus noch andere Kontexte möglich sind, in denen diese in ein rituelles Geschehen umgesetzt wurden.
Um bei einer genaueren Benennung des Rituals des Papyrus weiterzukommen, müssen einzelne Bestandteile des Textes sicher noch genauer betrachtet werden. Wie bereits dargelegt, beinhaltet der Papyrus neben der Nennung einzelner Ritualhandlungen sowie deren mythologischer Ausdeutung Götterreden, mit denen diese Allegorese erklärt wird, und Vermerke, von denen die ersten beiden einer Kolumne nochmals Kultwelt und Götterwelt einander gegenüberstellen. Damit ist der Papyrus bereits recht ausführlich, andererseits fehlen Übergänge zwischen den einzelnen Handlungen, und es wird an einigen Stellen nur der Hinweis *ḏd mdw* gegeben, wo Rezitationen vorzutragen waren (Sz. 4, Kol. 12-14 und Sz. 39, Kol. 122). Für den vollständigen Ritualablauf muß es also noch zusätzliches Material gegeben haben. Dies verweist auf die Verwendung des Papyrus und auf die Perspektive, aus der heraus das Ritual niedergeschrieben wurde. Diese Frage könnte eine gewisse Relevanz auch für die Vermerke besitzen, die an dritter Stelle gesetzt sind bzw. gesetzt sein können und in denen vielleicht sogar einer der Schlüssel zu einem abschließenden Verständnis des Papyrus vermutet werden darf. Diese (dritten) Vermerke erschließen sich bislang nicht einmal ansatzweise, da sie nicht durchgängig eine Verbindung zum zuvor geschilderten Ritualgeschehen oder zu dessen mythologischer Ausdeutung aufweisen, sich für sie aber auch kein anderer gemeinsamer Bezugspunkt erkennen läßt. Daß auch diese Vermerke einer Gesetzmäßigkeit oder einem gewissen System unterliegen könnten, zeigen einzelne Beispiele. In Sz. 35 und in Sz. 41 finden sich übereinstimmend jeweils als Vermerke zur ersten Rede *ḫpš Stš* „Schenkel des Seth", *ỉfd* „Vierfachgewebe" und *ḥḏ* „Weiße (Kapelle)" (Kol. 108 und Kol. 127), die Vermerke zur zweite Rede bestehen aus *Stš* „Seth" bzw *ḫpš Stš* „(Anderer) Schenkel des Seth", *srs* „Sechsfachgewebe" und *pr(.w)-nfr* „Balsamierungsstätte" (Kol. 109 und Kol. 128).

---

66 Vgl. dazu M. Verner, Abusir III. The Pyramid Complex of Khentkaus, Praha 1995, S. 133-142 und Tf. 27-31.

67 Zum „Kletterm für Min", daß in der Weißen Kapelle in Karnak abgebildet ist, I. Munro, Das Zeltheiligtum des Min. Rekonstruktion und Deutung eines fragmentarischen Modells (Kestner-Museum 1935.200.250), MÄS 41, Berlin 1983.

Der Vermerk *ḥḏ* kann aber auch, so in Sz. 10, mit *Wsỉr* und *bzn* „Natron“ kombiniert sein (Kol. 36) Die ebenfalls in Sz. 10 notierten Zusätze *Wsỉr*, *Ỉmꜣ*-Zweig und *ms.w ḥr.w* „Horuskinder“ (Kol. 35) finden eine Entsprechung in Sz. 7 (Kol. 21). Der innere Zusammenhalt dieser Vermerke bleibt also noch zu klären – und nicht allein aus diesem Grund der Dramatische Ramesseumspapyrus auch weiterhin eine Herausforderung.

Symmetrical Repetition as a Principle of Decoration and the Confirmation of Royal Power in Luxor-Temple

András Gulyás

Although I had the chance to attend the courses of Professor Assmann for only one year, his publications has been a source of knowledge for me, as well as for many others, since the beginning of my Egyptological studies. One of the first monographs of Professor Assmann was dedicated to an inscription of Luxor Temple in hall XVII[1]; it is for this reason that I have chosen to pay tribute to him with this short contribution about a principle of decoration of the temple of Luxor.*

The temple proper at Luxor is divided architecturally in two sections.[2] The decoration of the southern section (see Picture 1, halls XVII, XVIII, XIX, XX) evokes the sole solar god, Amun-Ra. Since I have discussed the decoration of this southern section of the temple in a previous paper, I will concentrate on the principle of decoration of the northern section in my actual paper.[3]

---

* I would like to thank John A. Larson and Margaret Schroeder (Oriental Institute Museum Office) for their helpfulness in preparing the scans of the pictures 3 and 7.

[1] J. Assmann, Der König als Sonnenpriester. Ein kosmographischer Begleittext zur kultischen Sonnenhymnik in thebanischen Tempeln und Gräbern, ADAIK 7, Glückstadt 1970.

[2] P. Lacau, Le Plan du Temple de Louxor, Paris 1941.

[3] The importance of the idea of the sole solar god during the 18th dynasty was demonstrated by J. Assmann: J. Assmann, Re und Amun - Die Krise des polytheistischen Weltbilds im Ägypten der 18.-20. Dynastie, OBO 51, 1983. In English: J. Assmann, Egyptian Solar Religion in the New Kingdom – Re, Amun and the Crisis of Polytheism, (transl. A. Alcock), Kegan Paul, London – New York. 1995. J. Assmann, Liturgische Lieder an den Sonnengott, Verlag Bruno Hessling, Berlin. 1969. On the decoration of these halls, see my paper: A. Gulyás: The unique Amun-Re at Luxor temple In: R. Mairs, (ed.) Current research in Egyptology 6 Proceedings of the Sixth Annual Symposium which took place at the University of Cambridge, 6-8 January 2005, S. 22 - 37 2006.

The decoration of the northern section, compared to the southern section has among others, the following general characteristics:

1. The renewal of royal power (coronation/confirmation of royal power, Sed-festival scenes), unlike in the southern halls, constitute an important topic.
2. Unlike in the southern section of the temple, where on the walls, we see almost exclusively Amon-Ra on the reliefs, in the northern section, beside Amun-Ra, other gods and divine beings are continuously assisting the king during the renewal of royal power.

The position of a given relief on a temple wall is governed by complex principles. One of the principles of decoration of the temple of Luxor, consequently followed on the southern walls of hall V, VIII, XI of the northern section of the temple could be termed as symmetrical repetition. The south-north axis of the temple is the axis of the symmetry and the scenes situated to the east of this axis correspond to the scenes located to the west (Picture 10). Beside the symmetry, the repetition of the scenes on these southern walls also constitutes a fundamental principle of decoration. Symmetry is generally an important principle of decoration in Egyptian art, but the use of symmetry in the decoration of the walls varies from case to case.[4] It rarely arrives, that walls almost entirely are decorated with the same type of scene repeated several times. On the three above mentioned southern walls, the same scene is repeated several times. In this way, a particular emphasis is given to the scene on the southern wall of each hall on the main axis.

Southern Wall of Hall V:
On this wall, the scene of the confirmation of the royal power, the king facing outwards, is repeated several times (Picture 9). On this type of scene, we see Amun-Ra sitting on his throne holding his hand above the crown of the king. The king is kneeling before the god, with his back to Amun-Ra, while a goddess is standing in front of the king, touching his head or crown, and holding in her hand toward the nostril of the king the sign of *ʿnḫ*.
In the actual state of the southern wall of hall V the western half of the wall is partly destroyed; it is difficult to say how many times this scene was repeated. Although the eastern half of the southern wall of hall V is better conserved, partly it is covered by later frescoes.[5] Beside this ritual, which is represented in most of the scenes on this wall and almost completely covers the wall, some other rituals are represented as well, so for example the introduction of the king or the suckling of the king by a goddess.[6]

---

[4] E. Hornung, Zur Symmetrie in Kunst und Denken der Ägypter, SDAIK 1985.
[5] U. Monneret de Villard, The Temple of the Imperial Cult at Luxor, Archaeologia, or Miscellaneous Tracts Relating to Antiquity 45, 1953 S. 85-105.
[6] PM II, 1994, S. 320.

Nevertheless the confirmation of the power of the king was probably repeated approximately 10 times on this wall. The exact number is uncertain, but this evaluation is sufficient to show that in this hall this relief/scene and the ritual it records was particularly emphasized.
The figure of Amun-Ra is close to the axis of the temple, therefore on the eastern half of the wall, he is looking eastward, on the western half of the wall he is looking westward. Temple decoration could have several functions varying from decoration to the evocation of rituals that once took place in a given hall or the evocation of statues that once stood in a given hall. This latest interpretation of the decoration is all the more probable, even if in the Luxor cachette statues with completely the same posture were not found.[7] The position of the king and of the statue of the god can be deduced from the general principles of decoration in Egyptian art. The figure of the god is generally represented on the walls that are parallel to the axis of the temple as facing outward.[8] Probably this is the case with this relief as well. Thus the possible interpretation of this scene on the southern wall of hall V of Luxor temple is a statue of the god with his back to the southern wall, while the statue (or the king himself at the occasion of particularly important festivals) of the king is kneeling facing outward, just like colossi standing before the pylon are represented two dimensionally in profile, facing the entrance of the temple (Picture 2) or with their back to the temple entrance[9]. In statuary, this type of king-god statue is frequently found[10], while we know from Horemheb's Coronation inscription that similar rituals of confirmation of royal power were celebrated in the temple.[11]

Southern Wall of Hall VIII:
the king is introduced to and received by Amun-Ra

The general pattern of this scene is the god sitting on his throne, the king facing him and/or being introduced to him by the gods. In this way, the southern wall of hall VIII describes the transition between the area of the public confirmation of royal power (hall V) and the area of the more intimate confirmation of royal power in the company of gods and divine beings (hall XI) (see below).

---

[7] But there are for example the statues of Amun with Horemheb standing in front of the god, with his back to the god. M. el-Saghir, Das Statuenversteck im Luxortempel, Mazin am Rhein, 1996. S. 62. "Kopflose Statue des Haremhab vor Amun.", S. 65: „Haremhab vor Amun."

[8] Exceptions to this general rule are very rare, but they can be found in the Luxor-temple: Th. Schuller-Götzburg: Der Kultweg in den südlichen Räumen des Tempels von Luxor, VA 2 1986. S. 145-149.

[9] H. Schäfer, Von ägyptischer Kunst, Wiesbaden 1963, S. 224

[10] See for example: H. Sourouzian, Raccords de statues d'Aménophis III entre Karnak-Nord et le musée d'Alexandrie, BIFAO 107 2007 S. 213-242. Fig. 5-8. On royal statuary see also M. Seidel, Die Königlichen Statuengruppen. Band I: Die Denkmäler vom Alten Reich bis zum Ende der 18. Dynastie, HÄB 42 1996.

[11] A. H. Gardiner, The Coronation of King Haremhab, JEA 39 1953.

The scene is repeated six times on this wall, three times on the western half of the wall, three times on the eastern half.
Although the six reliefs on this southern wall are quite similar, they are not completely the same. In every scene, Amun-Ra is sitting on his throne close to the axis of the temple, but the rest of the scene is different. The scenes can be classified into three basic types :

1. The king is directly facing the sitting Amun-Ra (Picture 3, 4).

2. Amun-Ra is sitting on his throne, and the king is introduced to him by two gods (Picture 5)

3. The image of the king is repeated twice in the scene: I. He is introduced by two gods II. He is in the company of Amun-Ra (western half, upper and middle register).

This third type of ritual scene also deserves our attention, as it is not usual to repeat the figure of the king in the same scene.
These three types of scenes are variations of the same topic: the introduction of the king and the interaction between the king and the supreme solar god, Amun-Ra. The reliefs evoke the encounter between god and king. The importance and the meaning of this contact can be understood through the inscription of a relief on the western half of the southern wall of hall VIII in the lowest register (Picture 3).
On this relief Amun-Ra is seated on his throne, close to the axis of the temple; he is holding an *ʿnḫ* and *w3s* in his right hand toward the nostril of the king, standing in front of him, while the left hand of the god is behind the king, embracing him.
This is one of the most intimate contact between king and god. In the temple of Sethi Ist we can see a similar ritual on the innermost wall of the chapel of Osiris, in the innermost part of the temple.[12] Here this scene is not represented in the innermost part of the temple, but on the Southern Wall of hall VIII situated next to the barque sanctuary.
The question arises as to why this intimate scene is not in the innermost hall. We see this scene for two reasons on the southern wall of hall VIII:

1. In the temple of Seti Ist at Abydos the god-king encounter is the crucial point in the ritual sequence in the Chapel of Osiris. In the temple of Luxor, the confirmation of royal power is obviously more important. The most important phase of this ritual is inseparable from the divine ennead; therefore, it is not limited just to Amun-Ra and the king, as in the ritual encounter one sees on the southern wall of hall VIII.

[12] PM VI. 1939 S. 4. hall N, 193.

2. Altough the seated Amun-Ra is present in all the reliefs, actually the introduction of the king is more important than the god and king encounter. :
   a. Western half, upper and middle register: curiously enough, the ritual of the introduction of the king is represented in the same scene as the scene between the king and the god, thus twice repeating the figure of the king.
   b. Eastern half, upper and middle register: on the other type of ritual scene where the introduction of the king is represented, the figure of the king is shown just once, between the two gods introducing him to Amun-Ra, while the god is seated alone.

   In this way, beside the face to face meeting with Amun-Ra, the introduction of the king is also represented in some of these reliefs. In my interpretation, this is because on the southern wall, where these reliefs can be seen, we find the door that leads to the barque sanctuary (hall XI), the innermost hall of the northern section of the temple proper of Amenhotep III at Luxor.[13] Amun-Ra of Karnak resided in the barque sanctuary during his visit to Luxor-Temple at the Opet-festival[14], and the decoration of the southern section of this wall (hall XI) is dedicated to the confirmation/coronation of the king – as we will see below. This can explain why we find on this wall the most intimate ritual happening between god and king and not on the innermost wall of the temple: it is anticipatory of what will be presented in the next hall.

But let us return to the relief on the southern wall of hall VIII. The king with his right hand holds the elbow of the god. Behind the king we see Amonet and Mout. The inscriptions of the relief seem to be rather stereotypical at first sight. The speech of Mut is well preserved and describes the ritual action:

nfr.wj ḥr.k nsw nḫt ẖnm.n.k nfrw jt.k dj.f n.k ḥḥ ḥr ḥḥ m rnpwt ꜥnḫ.tj snb.tj mj Rꜥ

---

[13] M. Abd el Raziq, Das Sanktuar Amenophis, III im Luxor-Tempel, Tokyo 1986.

[14] Égypte, Louqsor, temple du ka royal, Dossiers Histoire et Archéologie, 1986 101. For the reliefs representing the Opet-festival see: Epigraphic Survey, Reliefs and inscriptions at Luxor temple/1 : The festival procession of Opet in the Colonnade Hall ; with translations of texts, commentary, and glossary, 1994 Chicago. B. Franck – L. François: La chapelle Rouge: le sanctuaire de barque d'Hatshepsout/1: Fac-similés et photographies des scènes, Paris 2007.

I will divide the inquiry into the meaning of this sentence in four phases:

I. The ritual action
II. The "object" of the ritual action of the king, the *nfrw* of Amun-Ra
III. The transfiguration of the king
IV. The result of the contact taking

I. The ritual action itself is described by the verb *ẖnm*. This verb is often used in New Kingdom rituals and has been frequently interpreted as describing a kind of unification.
However, looking at the occurrences of the verb, we will not find any inscription where this is explicitly stated. In fact, the meaning of the verb is neither unification, nor simply physical contact, but also includes a transmission of power, as we have been able to deduce it from the use of this verb in other contexts.[15]

II. The object of the verb *ẖnm* also deserves our attention. Different scholars have had various interpretations for *Nfrw,* as one of the key concepts of ancient Egyptian religious thinking.
This basic concept of temple-theology is also frequently used in ancient Egyptian hymns. J. Assmann summarizes the concept of *nfrw* with the following words:
"Parousia is the physical presence of the divinity. I associate this concept with the Egyptian word nfrw, which we (not inappropriately) translate as "beauty", because it indicates the quality corresponding to the emotion *mrwt* "love". It is what Rudolf Otto has called the mysterium fascinans of the sacred. The Amarna texts use the words *nfrw* and *mrwt* as synonyms of *stwt* "rays". This usage, which remains generally characteristic of the new solar theology, reflects the theological interpretation of light as a form of the physical presence of god, in which he reveals his "beauty" and releases the feeling of "love", the enraptured fascination with which "every eye" is fixed on him."[16]
Scholars have suggested various translations. Among others, Zandee translates it as Schönheit[17], H. Wall Gordon as perfectness[18], and I. Shirun-Grumach as visibility of divine power.[19]

---

[15] A. Gulyás, Die Bedeutung des Verbs chenem in Ritualinschriften, SAK 32 2004 159-169.

[16] Transl. Alcock, A. in J. Assmann, Egyptian Solar Religion in the New Kingdom, 1995, London, S. 74-75.

[17] J. Zandee, Der Amunhymnus des Papyrus Leiden I 344, Verso I S. 260, 333, 337-338 etc.

[18] H. Wall-Gordon, A New Kingdom libation basin dedicated to Ptah, MDAIK 1958.

It is clear from this short overview that *nfrw* is a complex concept, uniting in itself various levels of meaning.
Nfrw occurs frequently in solar hymns, it is one of the key concepts of the New Kingdom solar religion to describe the presence of the solar god in the sky. N*frw* possesses the quality of a bright object: Licht, Strahlkraft, splendeur, and *Nfrw* are often the subject in sentences describing the shining of the sun. The *Nfrw* of the solar god fills Egypt with light and life. Therefore, *nfrw* has the general capability of filling anyone who just looks upon it, with life.[20] This capability is also due to the concept of the solar god in the New Kingdom solar religion. It is from the solar god that all life emanates.
Visibility is also inseparable from *nfrw*. A recurrent syntagm in temple inscriptions is *m33 nfrw*: to see the *nfrw* of a god, or of the king.[21] *Nfrw*, therefore, is a physical entity; it is an object apprehensible by the senses.
In the rituals of confirmation of royal power, the ritual of the creation of the *nfrw* of the king has an important place. Gods or goddesses can perform it, but the ritual itself does not refer to the divine birth of the king. It aims at equipping the king with force and power enabling him to rule Egypt. This can be seen from the fact that male deities can also create the *nfrw* of the king, the ritual is not exclusively a prerogative of female deities.
M. Schade-Busch defines the *nfrw* of the king in this context as "Vollkommenheit als Herrschaftsvoraussetzung",[22] and summarizes the concept *ḳm3 nfrw* as follows: "Das 'Schaffen der Volkommenheit' (*ḳm3 nfrw*) steht in Zusammenhang mit der Übermittlung des Königtums; die *nfrw* ist eine Hauptqualität des Königs nach der Krönung." She also gives a short overview of previous translations (R. Moftah: "Licht"; E. Blumenthal: Praesenz).[23] L. Gabolde- V. Rondot translates it as "splendeur".[24]
The cult statue was called *nfrw* as well. The reason for this is that according to the ancient Egyptians, statues were equipped with vital forces. Just like the sun, a statue was capable of filling anyone who touched it with life and health.[25]

---

[19] I. Shirun-Grumach, „Parusie oder die „Gegenwart des Sichtbaren" ist somit eine weitere metasprachliche Definition von Offenbarung. Sie ist sowohl für die Naturtheologie der Sonnenhymnen gültig wie für das Offenbarwerden der Macht des Pharao,...". S. 46.

[20] See the occurences collected by J. Zandee: Der Amunhymnus des Papyrus Leiden I 344, Verso I 1992. S. 46.

[21] B. van de Walle, Le sens du la vue et la vert du regard dans la mentalité égyptienne, Mél. Vercoutter 1985 Paris.

[22] M. Schade-Busch, Zur Königsideologie Amenophis'III. : Analyse der Phraseologie historischer Texte der Voramarnazeit, HÄB 35 S. 58.

[23] M. Schade-Busch, M. op. cit. S. 234, 133a.

[24] L. Gabolde- V. Rondot, Une chapelle d' Hatschepsout remployée a Karnak-Nord, BIFAO 96, 1996.

[25] W. Guglielmi – K. Buroh: Die Eingangssprüche des Täglichen Tempelrituals nach Papyrus Berlin 3055 (I,1 - VI,3) Essays on Ancient Egypt in Honour of Herman te Velde Egyptological Memoirs 1 Groningen 1996 S. 101 – 166.

The king, by touching the *nfrw* of the god, takes unto himself some of the qualities of the *nfrw* of the god, just like in other temple inscriptions, where the verb *ẖnm* is used. In this way, the king becomes equipped with the power of the solar god[26].

III. After having shortly examined the meaning of the term *nfrw*, we may now explore the result of this contact leading to the transfiguration of the king. After having touched the *nfrw* of the god, the king's transfiguration is described at the beginning of the speech of Mut, in seemingly banal words:
nfr.wj ḥr.k
How beautiful is your face! -

nfr ḥr/*ḥr nfr*
Several translations and interpretations were proposed for this syntagm as well. *Nfr ḥr* is an allusion to the crowns and royal insignia on the head of the king, but it describes in other contexts also the gracious nature of a god, or the fact that a god listens to the prayers of his followers.[27]
The most important and most often used expression to characterize the king by a syntagm with *nfr* is obviously *nṯr nfr*. It is all the more appropriate to evoke this concept here, as on the relief in question the king, Amenhotep III, is described as *nṯr nfr*. Probably in *nfr ḥr* and *nṯr nfr nfr* refers to a similar condition of the king. The term has several translations, and various authors have dealt with the problem of the proper meaning of this important expression.[28] I would like to quote here just one author. I. Shirun-Grumach defines the meaning of *nṯr nfr* as follows: "Dabei scheint übrigens weniger die Frage nach Inkarnation oder Sohnschaft, Wesensgleichheit oder Wesensähnlichkeit mit den Göttern sich zu stellen, sondern die nach der "Präsenz" des Pharao, als einem Deutlichwerden, einer Aktualisierung, seiner Göttlichkeit bei der Krönung oder besonderem Machterweis."[29]
Nfr thus describes a distinctive quality of the king that ensures his god-like nature. He is rejuvenated, forceful, and vigorous after having touched the cult statue of the god.

IV. The final part of the speech of Mut evokes well-known and often repeated ideas of temple theology. The king receives millions of years of life and health from the god. This transmission of health and power was due to the physical contact between (*ẖnm*) the king and the *nfrw* of the god.

---

[26] See also M. Schade-Busch, op. cit. S. 84.

[27] For a collection of previous translations see my paper: A. Gulyás, Amenhotep III, *Ḥrw nfr ḫntj ˁḥ* Acta Antiqua XLVI 2006 S. 86-87.

[28] A. Gulyás, Amenhotep III, *Ḥrw nfr ḫntj ˁḥ* Acta Antiqua XLVI 2006 S. 87-88.

[29] I. Shirun-Grumach, Offenbarung, Orakel und Königsnovelle, ÄAT 24 1993 S. 46.

Through this physical contact, the king became *nfr ḥr*, a divine quality within himself. Thus, through the expressions (*ẖnm, ḥr nfr, nfrw*), the relief evokes the fundamental ideas about the solar god.
Far from being a banal inscription, after this comparative analysis, we may conclude that the relief in question evokes and describes fundamental ideas of ancient Egyptian religious thinking and solar theology.

Southern Wall of Hall XI:
coronation/confirmation of the king facing Amun-Ra in the company of the divine Ennead.
Picture 6 and 7[30] both show the eastern half of the lowest register of the southern wall of hall XI. The god is seated on his throne in a building decorated at the top with uraei wearing a solar disc. The king is kneeling facing the god; behind him we see the goddess Sakhmet holding his hand above the crown of the king. Amun-Ra holds an *ʿnḫ* to the nostril of the king. The difference between the similar scenes on the Southern Wall of hall V is the position of the king: here he is facing the god, unlike on the southern wall of hall V where he is kneeling with his back to Amun-Ra. The presence of the divine ennead is also a distinctive feature of the scenes on the southern wall of hall XI: they are completely absent on the southern wall of hall V.
From the eastern part of this wall, only the lowest register and the lower half of the middle register is conserved. The scene in the lowest register follows the pattern described above. From the rest of the scene in the middle register, it is clear that it was a similar ritual of the confirmation of royal power in the company of the divine ennead.
The western part of the wall is better conserved, although the reliefs themselves are badly damaged. In the two lowest registers we find a symmetrically reversed, but similar scene to the one on the eastern half of the wall: the king kneeling before Amun-Ra the divine ennead assisting this scene of confirmation of royal power. On the western half of the wall, the upper register is better preserved, we see two scenes of offering, the king kneeling before Amun-Ra seated on his throne. In the middle of the southern wall of hall XI there was a false door later transformed in a real door leading into the southern section of the temple.
From the actual state of preservation we can thus conclude that the ritual of the confirmation of royal power in the company of the divine ennead was repeated at least four times on the southern wall of hall XI.

[30] It is difficult to take good pictures of the southern wall of hall XI because of the sanctuary of Alexander the Great was built in the middle of hall XI.

Obviously, the fact that these scenes are repeated several times indicates that the rituals are of particular importance in these halls. W. Murnane observed the basic difference between the two types of confirmation rituals visible in the temple (southern wall of hall V and XI): in hall V the king is facing outward, while in hall XI he is facing the god himself.[31] In the interpretation of W. Murnane, this difference is because the public rituals of the confirmation of royal power took place in the outer hall (Hall V). The king is facing outward to demonstrate to the public gathered in the outer part of the temple the confirmation of his power. In the inner halls, this ritual takes place in the company of the gods, thus excluding the members of the court.
The presence of the divine ennead, a distinctive feature of the scenes of the southern wall of hall XI, indicates that the confirmation of royal power on this wall is a crucial phase in the renewal of royal power. It is an acknowledgment of the new king by the most important gods, just like in the 'Contendings of Horus and Seth'.[32]

Conclusion

The principle of decoration I would like to call symmetrical repetition evokes three important phases of the renewal of royal power. Without indicating the chronological order of these three phases, proceeding from the outer halls of the temple to the inner ones we see the confirmation of royal power with the king facing outward (in the interpretation of W. Murnane, the presentation of the king to the participants of the festival); the introduction of the king before Amun-Ra and the interplay between the king and the statue of the god; and the confirmation of royal power in the company of the divine ennead. The bipartite structure of the temple proper of the first temple of Amenhotep III at Luxor evokes the sole solar god in the southern section, in the northern section, beside other topics the various phases of the confirmation of royal power.
It is not the purpose of this paper to go beyond this point in detail, but let me mention some consideration about the relationship and the meaning of these two patterns of decoration and the meaning of the bipartite structure of the temple of Luxor. What is the relationship between the confirmation of royal power and the sole solar god? The answer lies in the inscription published by J. Assmann on the eastern and western walls of the twelve-columned hall in the southern section of the temple. The confirmation of the power of the king depends from the sole solar god based on the ritual knowledge of the king about the true nature of the solar god, who is evoked in the southern section of halls of the temple.

---

[31] L. Bell, Luxor Temple and the Cult of the Royal Ka, JNES 44/4 1986 S. 272.

[32] J. Gwyn Griffiths, The Conflict of Horus and Seth, Liverpool 1960.

The most important phase of the renewal of royal power took place in hall XI. The decoration of the southern wall of this hall was analyzed above, and we must not forget that a false door was carved in this wall in order to enable the communication between the northern and southern sections of the temple. The southern section of the temple of Luxor is also the southernmost point of east Theban cult-topography: the most appropriate site to evoke the solar god who resides in the south and who is also responsible for the inundation of the Nile arriving from the south.[33] The Opet-festival is a kind of pilgrimage to the southernmost point of the east-Theban cult-topography, to the sun god whose local cult statue once stood in the southernmost hall of the temple (Picture 1, Hall XIX). Because of the innermost dependence of the renewal of royal power from the sole solar god, this is also the one of the most important sites for royal renewal.

[33] For how this idea is expressed in the decoration of the temple, see my paper: A. Gulyás: A Cosmic Libation : Researches on the Theology of Luxor Temple, Leuven 2007. Proceedings of the Ninth International Congress of Egyptologists Grenoble, 6 - 12 septembre 2004 1 OLA 150 S. 895 – 905.

Pictures

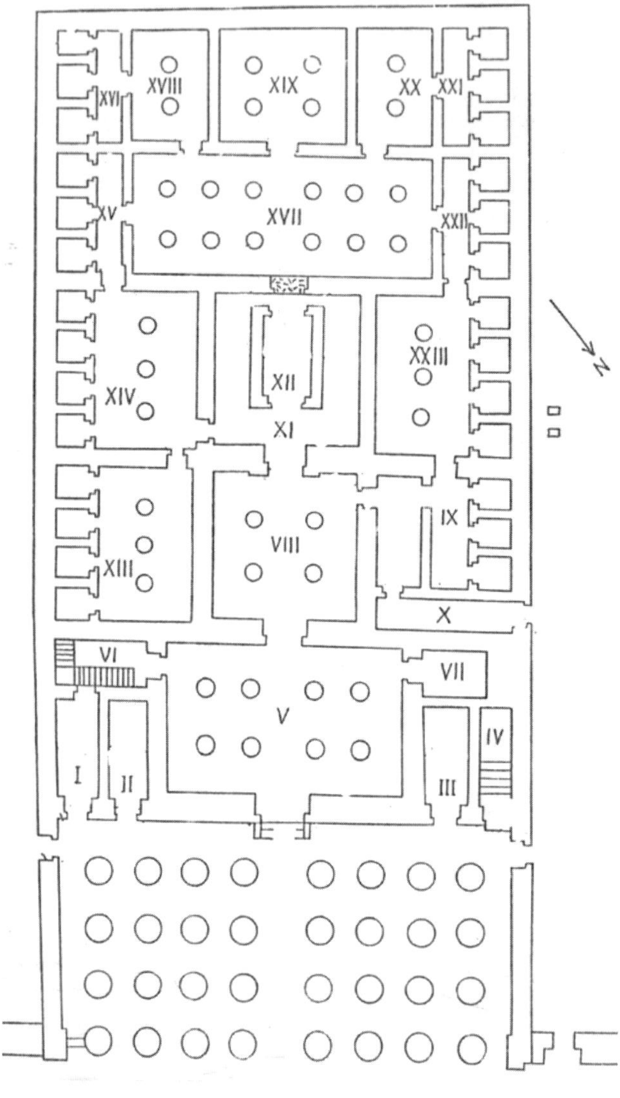

Pic. 1 *n*

Pic. 2

Pic. 3

Pic. 4

Pic. 5

Pic. 6

Pic. 7

Pic. 8

Pic. 9

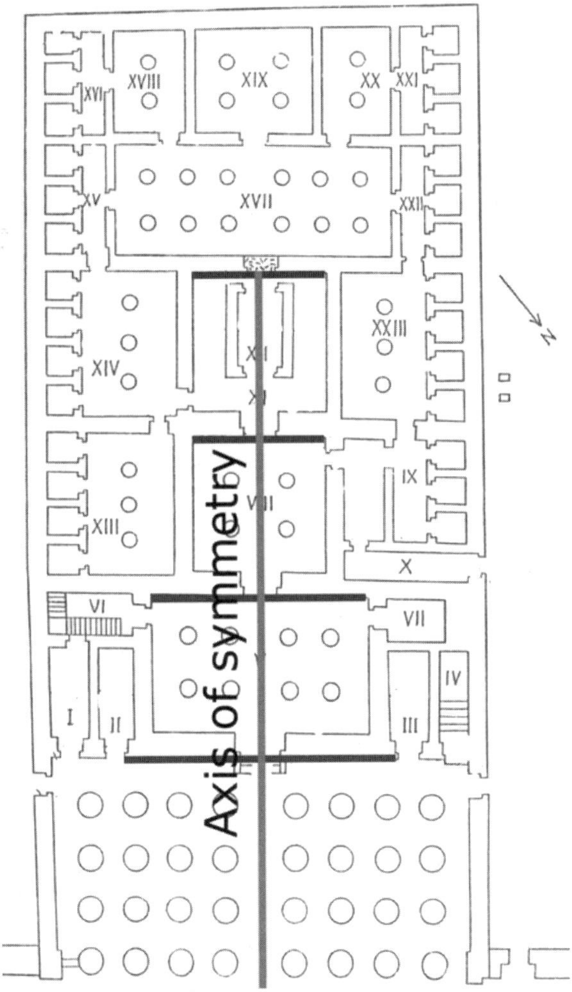
XVI
XVIII
XIX
XX
XXI
XV
XVII
XXII
XIV
XI
XII
XXIII
XIII
VIII
IX
X
VI
VII
IV
I
II
III
Axis of symmetry

Pic. 10

Zur angeblichen musikalischen Notation in einer ägyptischen Osirisliturgie*

Friedhelm Hoffmann

J. ASSMANN hat neben vielen anderen Themen auch zu ägyptischen Liturgien[1] und zu Ägypten in der Musik[2] gearbeitet. Daher hoffe ich, daß diese Zeilen zur Musik in einer ägyptischen Liturgie sein Interesse finden, und verbinde meinen Beitrag mit den besten Glückwünschen zu J. ASSMANNs 70. Geburtstag.

Im Jahre 2002 hat A. v. LIEVEN auf einen hieratisch geschriebenen römerzeitlichen Papyrus hingewiesen, der ihren Ausführungen zufolge eine wenn auch noch rudimentäre musikalische Notation zeigt.[3] 2006 hat v. LIEVEN den Text vollständig publiziert,[4] so daß nun mit dem Vorliegen des gesamten Materials alle Voraussetzungen für eine kritische Würdigung dieses bemerkenswerten Papyrus erfüllt sind. Es handelt sich um den P. Carlsberg 589 + PSI inv. I 104 + P. Berlin 29022, die umfangreichen Reste einer stichisch geschriebenen Osirisliturgie. Der Papyrus stammt aus Tebtynis und läßt sich paläographisch ins 1.–2. Jh. n. Chr. datieren.

---

* Ich möchte H.-W. Fischer-Elfert dafür danken, daß er mein Manuskript gelesen, es mit mir diskutiert und mich auf eine Inkonsequenz hingewiesen hat.

1 *Der König als Sonnenpriester. Ein kosmographischer Begleittext zur kultischen Sonnenhymnik in thebanischen Tempeln und Gräbern.* Glückstadt 1970 (= *Abhandlungen des Deutschen Archäologischen Instituts Kairo. Ägyptologische Reihe* 7); *Egyptian mortuary liturgies.* In: S. ISRAELIT-GROLL (Hg.): *Studies in Egyptology Presented to Miriam Lichtheim*, Bd. 1 Jerusalem 1990, S. 1–45; *Spruch 62 der Sargtexte und die ägyptischen Totenliturgien.* In: H. WILLEMS (Hg.): *The World of the Coffin Texts. Proceedings of the Symposium Held on the Occasion of the 100th Birthday of Adriaan de Buck. Leiden, December 17-19, 1992.* Leiden 1996 (= *Egyptologische Uitgaven* 9), S. 17–30.

2 *Die Zauberflöte. Oper und Mysterium.* München / Wien 2005.

3 A. V. LIEVEN: *Musical Notation in Roman Period Egypt.* In: E. HICKMANN / A. D. KILMER / R. EICHMANN (Hgg.): *Studien zur Musikarchäologie III. Archäologie früher Klangerzeugung und Tonordnung. Vorträge des 2. Symposiums der Internationalen Studiengruppe Musikarchäologie im Kloster Michaelstein, 17.–23. September 2000.* Rahden 2002 (= *Orientarchäologie* 10), S. 497–510. Dort finden sich auch Angaben zur älteren Sekundärliteratur über ägyptische musikalische Notation und auf S. 509 ein Farbfoto der letzten Seite des Carlsbergpapyrus. Zur ägyptischen Musik allgemein siehe u. a. E. HICKMANN, In: W. HELCK / W. WESTENDORF (Hgg.): *Lexikon der Ägyptologie.* Bd. 4 Wiesbaden 1982, Sp. 230–243; H. HICKMANN: *Musicologie pharaonique. Études sur l'évolution de l'art musical dans l'Égypte ancienne.* Baden-Baden / Bouxwiller 1987 (= Nachdruck der Ausgabe Kehl 1956); H. HICKMANN: *Ägypten.* Leipzig [1961] (= *Musikgeschichte in Bildern* Bd. 2 Lieferung 1); L. MANNICHE: *Music and Musicians in Ancient Egypt.* London 1991. Für die ägyptische Musik im Alten Reich jetzt ausführlich R. P. ARROYO: *Egypt. Music in the Age of the Pyramids.* Madrid 2003.

4 A. V. LIEVEN: *Eine punktierte Osirisliturgie (P. Carlsberg 589 + PSI inv. I 104 + P. Berlin 29022).* In: K. RYHOLT (Hg.): *Hieratic Texts from the Collection.* Kopenhagen 2006 (= *The Carlsberg Papyri* 7 = *CNI Publications* 30), S. 9–38.

Weitere Manuskripte derselben Liturgie sind bekannt,[5] aber in V. LIEVENs Edition nur insoweit herangezogen worden, als sie bei der Ergänzung von Lücken des Kopenhagener/Florentiner/Berliner Papyrus helfen können. Eine weitere Verzögerung der Veröffentlichung von P. Carlsberg 589 + ... schien V. LIEVEN zu Recht unangemessen, da dieser Papyrus im Gegensatz zu den Parallelhandschriften punktiert ist. Besonders hervorzuheben ist, daß nicht nur Punkte, sondern auch Kreuze als Zeichen am oberen Zeilenrand vorkommen. Weil erstens also verschiedene Zeichen verwendet werden, zweitens die Punkte für die klassischen „Vers“punkte[6] viel zu zahlreich sind und weil drittens die Rahmentrommel im Osiriskult eine Rolle spielte, schließt die Herausgeberin, daß die am oberen Zeilenrand angebrachten roten Punkte und Kreuze eine musikalische Notation seien, die sich an den Spieler einer Rahmentrommel richteten.

Freilich sieht V. LIEVEN selbst einige Probleme ihrer Deutung:
- Punkte und Kreuze passen nicht zu FECHTs Ansatz für die ägyptische Metrik (S. 19f.).
- Sie lassen sich nicht in „einem zu starren System“ unterbringen (S. 20).
- Außerdem kann V. LIEVEN die Annahme, die Texte des von ihr publizierten Papyrus seien gesungen worden, nur dadurch „retten“, daß sie erklärt, *nis* „rufen“ – es kommt in Z. 19. der vorletzten Seite vor – lasse zwar sonst darauf schließen, daß keine musikalische Begleitung stattfand, aber eben nicht in ihrem Text (S. 22 mit Fn. 81).

Ich kann mich des Eindruckes nicht erwehren, der Wunsch sei Vater des Gedankens gewesen. Angesichts der enormen Bedeutung, die der Nachweis einer musikalischen Notation im römerzeitlichen Ägypten hätte, halte ich es für angebracht, die Grundlagen noch einmal genauer zu prüfen.
Zunächst ist festzustellen, daß die Punkte und Kreuze ebenso wie die Rubren offenbar nachträglich eingesetzt worden sind, nachdem der in schwarze Tinte gehaltene (Grund-) Text schon niedergeschrieben war. Dieses Verfahren hat natürlich die Fehleranfälligkeit erhöht.[7] Daher sind bei der Beurteilung, ob und gegebenenfalls welches System bei der Setzung der Punkte und Kreuze befolgt wurde, die tatsächlich vorhandenen Zeichen relevanter als die, die man aus welchen Gründen auch immer vermissen würde.

---

[5] Vgl. V. LIEVEN, op. cit., S. 10 mit näheren Angaben.
[6] Vgl. N. TACKE: *Verspunkte als Gliederungsmittel in ramessidischen Schülerhandschriften*. Heidelberg 2001 (= *Studien zur Archäologie und Geschichte Altägyptens* 22).
[7] V. LIEVEN op. cit. S. 10 Fn. 4.

Die Punkte sind so häufig, daß sie fast jedes Wort bzw. fast jede enge Wortverbindung[8] (wie z. B. Präposition + Substantiv, Substantiv + Suffix u. ä.) als eine eigene Einheit abgrenzen. Von der Untersuchung ihres Vorkommens wird man daher zumindest in einem ersten Schritt kaum präzise Aufschlüsse gewinnen können, weshalb auch V. LIEVEN sich den Kreuzen zugewandt hat. In ihrer Zusammenstellung aller Vorkommen dieses Zeichens (S. 21), beachtet V. LIEVEN leider nicht, daß eine punktierte deutsche Übersetzung wegen der notwendigerweise gegenüber dem Ägyptischen geänderten Wortfolge im Satz weitgehend wertlos sein muß.[9] Es verwundert daher nicht, daß V. LIEVEN auf dieser Grundlage kein System in der Verwendung der Kreuze entdecken kann.

Beachtet man dagegen den ägyptischen Wortlaut genauer, wird sofort augenfällig, nach welchen Kriterien die Kreuze verteilt sind. (Zur besseren Nachvollziehbarkeit für Nichtägyptologen gebe ich der Umschrift eine deutsche Übersetzung bei, in der die Wortstellung des Ägyptischen auf Biegen und Brechen beibehalten worden ist.)

(1)	PSI inv. I 104 A,x+2	*nṯr.w* x *nwty.w* °	-götter ˣ Stadt- °
(2)	PSI inv. I 104 8. Str., x+9	*ḥ3p*]-*tw*[10] x *i3.t-k(3)k(3).w* °	Es verbirgt] dich x der Hügel der *k3k3*-Pflanzen o [11]
(3)	PC 589 D drittletzte S., 4	...][12] x *ḥr* o *m 3ḫw=f* o	Es ...] ˣ Horus ° mit der Zaubermacht von ihm °

[8] = Akzenteinheit sowohl im Sinne der traditionellen Grammatik als auch nach den metrischen Regeln G. FECHTS (G. FECHT: *Die Form der altägyptischen Literatur: Metrische und stilistische Analyse.* In: *Zeitschrift für ägyptische Sprache and Altertumskunde* 91 [1964] S. 11–63, bes. S. 31–31 und G. FECHT: *Literarische Zeugnisse zur "Persönlichen Frömmigkeit" in Ägypten. Analyse der Beispiele aus den ramessidischen Schulpapyri.* Heidelberg 1965 [= *Abhandlungen der Heidelberger Akademie der Wissenschaften. Philosophisch-Historische Klasse.* Jahrgang 1965. 1. Abhandlung], bes. S. 28–38).

[9] Den Leser für die genaue Position der Punkte und Kreuze lediglich auf die hieroglyphische Umschrift auf den Tafeln zu verweisen (S. 9), schließt alle, die mit dem späten Hieratisch nicht vertraut sind, vom Nachvollziehen V. LIEVENS Argumentation aus. In ihrer älteren Arbeit von 2002 (s. Fn. 3) hat V. LIEVEN das Problem der unterschiedlichen Wortfolge im Ägyptischen und Deutschen durchaus gesehen (S. 498).

[10] V. LIEVEN folgt der Version des P. Bodleian Library (ed. M. COENEN: *New Stanzas of the* Lamentations of Isis and Nephthys, In: *Orientalia Lovaniensia Periodica* 31 (2000-2005), S. 5–23. Dort heißt es *ḥ3p=f.* Ich sehe aber keine Veranlassung, unseren Text nicht so zu nehmen, wie er dasteht: Im „Hügel der *k3k3*-Pflanzen" befindet sich das herakleopolitanische Grab des Osiris (P. KOEMOTH: *Osiris et les arbres. Contribution à l'étude des arbres sacrés de l'Égypte ancienne.* Lüttich 1994 [= *Ægyptiaca Leodiensia* 3], S. 25; vgl. ibid. S. 26–30). Insofern „(ver)birgt" dieser Hügel Osiris.

[11] Nach W. WESTENDORF: *Handbuch der altägyptischen Medizin.* Bd. 1 Leiden / Boston / Köln 1999 (= *Handbuch der Orientalistik.* Erste Abteilung: *Der Nahe und Mittlere Osten* 36), S. 508 vielleicht Rizinus.

[12] Nur noch das Buchrollendeterminativ ist erhalten. Vermutlich hat ein Verb dagestanden.

(4)	PC 589 D drittletzte S., 5	] ° *stš* o *sꜣ* x *nw.t* °	] ° Seth, o Sohn x der Nut °
(5)	PC 589 D drittletzte S., 6	] *wsir-* x *skr* ° *m inb-ḥ*[*ḏ*	] Osiris- x Sokar ° in Memph[is
(6)	PC 589 D drittletzte S., 14	° *mꜣ=k* x *sꜣ=k* ° *ḥr* °	o Sehen mögest du x den Sohn von dir, ° Horus °
(7)	PC 589 D vorletzte S., 14	*sḥtp?*] x *ib n* ° *sḫm.t* °	zufriedenstellen(?)] x das Herz von ° der Sachmet °
(8)	PC 589 D vorletzte S., 17	]=/-*tn*[13] x *nsw* ° *ḥr* [	] ihr/euch x König, ° Horus [
(9)	PC 589 D vorletzte S., 19	*nis* x *rn.w* ° *n.w wsir* ° *m wꜥb.t* °	Ausrufen x die Namen ° von Osiris ° in der Wabet °
(10)	PC 589 D vorletzte S., 22	° *mꜣ=k* x *sꜣ=k* ° *ḥr* °	° Sehen mögest du x den Sohn von dir, ° Horus °
(11)	PC 589 D vorletzte S., 25	*sn.ty=k* ° *r-gs=k* ° *ḥr swꜥb* x *kꜣ=k* °	Die beiden Schwestern von dir ° sind neben dir o beim Reinigen x des Ka von dir. °
(12)	PC 589 D vorletzte S., 26	° *ḥr nis=f* x *n=k*[14] ° *m ꜣḫw=f* °	° beim Rezitieren x von ihm für dich ° mit der Zaubermacht von ihm °
(13)	PC 589 D letzte S., 2	*rꜣ n wꜣḥ* x *ḫ.t qbḥ(.t)* ° *n kꜣ=k* °	Spruch des Darbringens x einer Sache, (die) kühl (ist), ° für den Ka von dir °
(14)	PC 589 D letzte S., 3	° *ḥr* [*s*]*wꜥb* x *kꜣ=k* °	° beim[15] [R]einigen x d. Ka von dir °
(15)	PC 589 D letzte S., 23	° *šsp n=k* x *kꜣ=k* °	° Empfange dir x den Ka von dir! °

Bei dieser Art der Darstellung erkennt man schnell, wann Kreuze gesetzt werden. Sie stehen zwischen:[16]

[1] Substantiv und zugehörigem adjektivischem Attribut: (1)[17]

[13] *tn* kann Suffix (=*tn*) oder abhängiges Pronomen (-*tn*) sein.

[14] So würde ich jedenfalls die Stelle verstehen. Rein oberflächlich betrachtet, steht ° *ḥr nis* ˣ =*f n=k* ° *m ꜣḫw=f* ° da. Man muss aber beachten, daß die Zeichen *f*, *n* und *k* übereinander geschrieben sind. Das (nachträglich!) darüber gesetzte Kreuz kann natürlich nur über die ganze Gruppe gesetzt werden. Es ist offensichtlich ° *ḥr nis=f* ˣ *n=k* ° *m ꜣḫw=f* ° gemeint. Denn im ganzen übrigen Text stehen weder Kreuz noch Punkt jemals vor einem Suffix.

[15] Bei V. LIEVEN op. cit. S. 13 und 21 fälschlich „um zu reinigen". Das wäre aber *r* + Infinitiv.

[16] Die Zahlen in runden Klammern verweisen auf die entsprechend numerierten Einträge in der vorangehenden Belegtabelle.

[17] Es sei betont, daß dies im P. Carlsberg offenbar nicht immer der Fall ist. Mag man auf der vorletzten Seite Z. 8 *stš* ° *ḫsi* ° noch als Folge zweier asyndetisch aufeinanderfolgender Substantive („Seth ° Elender °") verstehen, so bleibt auf der letzten Seite in Z. 6 doch wohl nur übrig, *hꜣy* ° *nfr* ° als „Gatte ° guter °" (= „guter Gatte") zu nehmen. Oder soll man etwa doch „Gatte, ° Guter" verstehen?

[2] zwei univerbierten Substantiven: (5)
[3] Regens und Rectum in einer direkten Genitivverbindung: (4)
[4] Verb in der *sḏm=f*-Form und nominalem Akkusativobjekt: (3), (6), (7), (9), (10), (11), (13), (14); das gilt vielleicht auch dann, wenn unmittelbar nach dem Verb zunächst noch ein Subjektsuffix dasteht (8; sofern als]=*tn* x *nsw* o aufzufassen)
[5] Subjektssuffix am Infinitiv und pronominalem Dativobjekt: (12)
[6] Verb in der *sḏm=f*-Form mit pronominalem Akkusativobjekt und nominalem Subjekt: (2), (8; sofern als]-*tn* x *nsw* o aufzufassen)
[7] Imperativ mit pronominalem Dativ und nominalem Akkusativobjekt: (15).

Damit ist klar, welche Funktion das Kreuz hat: Es steht zwischen zwei Wörtern, die eine Akzenteinheit bilden. Es ist hier nicht der Ort, einen ausführlichen Vergleich mit der bisherigen Forschung zur ägyptischen Metrik anzustellen. FECHT, dem hierzu die grundlegenden Arbeiten verdankt werden,[18] hat in erster Linie die „klassischen" Epochen untersucht. Wir haben es jetzt aber mit der Überlieferung der Spätzeit zu tun, so daß durchaus mit Abweichungen zu rechnen sein könnte.

Umso bemerkenswerter ist die Beobachtung, daß die Regeln für die Setzung der Kreuze in den allermeisten Fällen unmittelbar mit FECHTs Metrikregeln übereinstimmen:

[1]	= Regel C 1	[2]	= Regel B 2
[3]	= Regel E 1	[4]	= Regel N 3[19]
[5]	vgl. Regel N 9[20]		

Im Gegensatz zu den FECHTschen Regeln stehen nur zwei Fälle, auf die lediglich zwei oder höchstens drei Belege entfallen:

[6] gegen Regel N 7:

Beleg (2): *ḥ3p]-tw* x *i͗3.t-k(3)k(3).w* °

„Es verbirgt] dich x der Hügel der *k3k3*-Pflanzen °"

Beleg (8), falls so aufzufassen:]-*tn* x *nsw* ° *ḥr* [

„] euch x (der) König, ° Horus [„

[7] gegen Regel N 9 (vgl. Regel N 12):

Beleg (15): ° *šsp n=k* x *k3=k* °

„° Empfange dir x den Ka von dir! °"

Sie betreffen übereinstimmend die metrische Wertigkeit eines pronominalen Objektes. Der Schreiber des P. Carlsberg ist offenbar der Auffassung, daß sie als Enklitika ein folgendes Substantiv nicht als eigenes Kolon abtrennen.

---

[18] Vgl. die in Fn. 8 angegebene Literatur.

[19] FECHT gibt die Regel nur für die Verbindung *sḏm=f* + Objekt, also mit eingeschobenem pronominalem Subjekt. Aber selbstverständlich bildet auch *sḏm* + Objekt ein einziges Kolon.

[20] *sḏm=f-n=f* als ein Kolon.

Das muß nicht bedeuten, daß die entsprechenden Regeln, die FECHT aufgestellt hat, falsch sind. Wir müssen nämlich bedenken, daß mehr als 1000 Jahre Sprachgeschichte die Aussprache eines in Mittelägyptisch abgefaßten Textes bis zur Römerzeit verändert haben und daß davon u. U. auch die Metrik betroffen sein kann.

Die Funktion des Kreuzes dürfte aber bestimmt sein: Mit ihm werden zwei Wörter als zu einer Akzenteinheit verbunden markiert, während der Punkt im Gegensatz dazu Kola voneinander separiert. Damit handelt es sich bei den Zeichen meiner Meinung nach in erster Linie um Aussprachehilfen für den Rezitator.

Dieselben Zeichen kommen in genau derselben Funktion auch in anderen römerzeitlichen hieratischen Texten aus der Tempelbibliothek von Tebtynis vor, nämlich in dreien der von OSING edierten Handbüchern priesterlichen Wissens.[21] Diese Texte weisen in unterschiedlicher Intensität die Arbeit von Glossatoren auf, die vor allem für Angaben zur Aussprache der vielen alten Wörter gesorgt haben. Und wir dürfen ziemlich sicher sein, daß die nach Sachgebieten zusammengestellten Wortlisten der Handbücher nicht mit Musik begleitet rezitiert wurden.

So darf man also meiner Ansicht nach auch in den Punkten und Kreuzen der Osirisliturgie keine musikalische Notation sehen, sondern muß sie als Aussprachehilfen auffassen, indem mit ihnen Akzenteinheiten verdeutlicht wurden. Eine eingehendere Beschäftigung mit diesen Zeichen läßt neue Erkenntnisse zu den Metrikregeln ägyptischer Texte der römischen Zeit erwarten.[22] Hierin liegt meiner Meinung nach die tatsächliche Bedeutung der punktierten Osirisliturgie des P. Carlsberg 589 samt den zugehörigen Fragmenten.

Natürlich erhielt eine metrisch geformte Liturgie auch eine adäquate musikalische Begleitung, bei der Rezitation und Musik synchronisiert werden mußten. Und von meiner Erklärung der Punkte und Kreuze bleibt auch völlig unberührt, daß die Rahmentrommel im Osiriskult von Bedeutung war. Insofern hat der von V. LIEVEN edierte Text durchaus eine Bedeutung für die Erforschung der ägyptischen Musik. Denn man wird davon ausgehen dürfen, daß eine musikalische Begleitung sich an den vom gesprochenen Text vorgegebenen Kola orientierte, denen meiner Meinung nach die Notation durch Punkte und Kreuze galt.

---

[21] J. OSING: *Hieratische Papyri aus Tebtunis I.* 2 Teile Kopenhagen 1998 (= *The Carlsberg Papyri* 2 = *CNI Publications* 17), Papyri I–III. Zur Funktion von hochgestelltem Punkt und Kreuz in diesen Texten siehe op. cit. S. 35, 43 mit Fn. 157 auf S. 42, S. 220 und S. 260. Der einzige Unterschied zu den Zeichen in der Osirisliturgie ist ihre Farbe: In den Handbüchern sind die Zeichen schwarz, in der Liturgie rot geschrieben. Es mag aber von Interesse sein, daß in Papyrus IV neben einem schwarzen Verbindungskreuz (wie üblich *unten* in der Zeile stehend) (vgl. OSING op. cit. S. 35 mit Fn. 104 und S. 278), auch einmal ein rot geschriebenes Kreuz in C 9.16 zwischen zwei Sternenbezeichungen vorkommt.

[22] Es würde den Rahmen dieses Aufsatzes sprengen, als Gegenprobe zur Eruierung der Regeln für die Setzung der Kreuze auch die Regeln für die Punkte zu untersuchen.

„Visual Images“ Ein königliches Ritual in versprachlichten Bildern

Diana Liesegang

Ich zeige ihnen Deine Majestät als Herrn der Strahlen,
so dass du leuchtest in ihren Gesichtern als mein Ebenbild.

In der Geschichte der ägyptischen Literatur existiert eine Reihe von Inschriften , die der königlichen Propaganda dienten und dabei verschiedene Mittel anwandten, um ihren Inhalt eindrucksvoll zum Ausdruck zu bringen .
In einem Textkorpus von Königsinschriften der 18. bis 20.Dynastie befinden sich Texte, die durch ihre graphische Gestaltung, ikonographische Präsentation und ihre inhaltlichen Aussagen besondere impressiv zur Geltung kommen. Sie übermitteln dem Betrachter eine Botschaft über den ägyptischen Herrscher, seine Leistungen und sein königsideologisches Programm. Durch das Anwenden rhetorischer Stilmittel werden diese Informationen prägnant hervorgehoben.
Es wird mit ihrer Hilfe ein Bild des ägyptischen Königs vermittelt, nämlich das Bild vom Erschlagen der Feinde durch den Pharao. Das Bild vom Erschlagen der Feinde gehört seit der ägyptischen Frühzeit zur königlichen Ikonographie und ist bereits auf der Narmer-Palette dargestellt[1]. Diese Szene spiegelte in früher Zeit ein reales historisches Ereignis wieder und entwickelte sich im Laufe der ägyptischen Geschichte zu einem Emblem[2]. Im Bild des Erschlagens der Feinde drückt sich die Handlung des Königs aus, der im göttlichen Auftrag das Chaos bezwingt und Ordnung herstellt[3]. Es symbolisiert die Macht und Stärke des Herrschers und übt eine starke apotropäische Wirkung aus. Die Pharaonen des Neuen Reiches nutzten dieses Piktogramm in ihren Triumphbildern, die sie im monumentalen Format an ihren Tempeln anbringen ließen. Thutmosis III. ließ diese Szene in einer großformatigen Bild am 7.Pylon in Karnak darstellen, und stellte so das Vorbild für die Ikonographie der Könige im Neuen Reich.

Auf Thutmosis III. geht ebenfalls der Basistext zurück, der als Vorbild für die königlichen Texte diente, welche für die hier zu behandelnde Thematik von Interesse sind. Der Text, der unter dem Namen „Poetische Stele“ bekannt ist, wurde auf einer Stele aufgezeichnet.

---

[1] J. Assmann, Sinngeschichte ,Wien-München, 1996, .279
[2]D. Wildung, in: Lexikon der Ägyptologie II, Wiesbaden 1977, .15
[3]D. Wildung, op.cit.15

Diese Stele wurde am 6.Pylon in Karnak 1859 von Auguste Mariette entdeckt und befindet sich heute im Ägyptischen Museum in Kairo.[4] Sie enthält einen Siegeshymnus des Gottes Amun-Re auf Thutmosis III. und weist eine besondere graphische Präsentation auf.

Der Text ist in drei Abschnitte unterteilt, wobei der mittlere Abschnitt in 10 gleichartig gebaute Strophen unterteilt ist, die untereinander geschrieben sind. Jede Strophe ist jeweils in einer eigenen Zeile geschrieben und in 2 Halbstrophen von jeweils 2 Versen unterteilt. Die Halbstrophen werden durch die hieroglyphische Schreibweise besonders hervorgehoben, da sie zu Beginn von anaphorischen Elementen eingeleitet werden, die in der Zeile direkt untereinander stehen. Durch diese graphische Konzeption wird der mittlere Teil der Poetischen Stele besonders herausgestellt und die darin befindlichen inhaltlichen Aussagen enthalten die Kernmotivik des Textes. Sie verkünden den Sieg und die Herrschaft des Königs über alle Fremdländer, welche durch Amun-Re bestätigt wird. Dabei wird der Aspekt des kriegerischen Herrschers, durch das Präsentieren von Thutmosis III. in metaphorisch höchst eindrucksvollen Bildern hervorgehoben. Gerade dieser Aspekt des siegreichen Kriegerpharaos wurde von den Königen der 19. und 20. adaptiert und in großformatigen Triumphbildern an ihren Tempeln dargestellt. Sethos I., Ramses II. und Ramses III. knüpften an das Vorbild von Thutmosis III. an und recipierten auch die Motivik der Poetischen Stele.

Ein gutes Beispiel für diese Bildpräsentation, die die hier vorliegende Thematik anschaulich macht, ist ein monumentales Triumphbild am 1.Pylon in Medinet Habu. Ramses III. hat sich dort beim Erschlagen der Feinde vor einer Gottheit darstellen lassen.[5] Die Gesamtkonzeption von Bild und Text weist Parallelen zu dem Vorbild aus der 18.Dynastie auf. Ramses III. wird gezeigt, wie er im Begriff ist , eine Gruppe von Feinden, die vor ihm am Boden knien und die Hände im Bittgestus erhoben haben, mit der Keule zu erschlagen. Er wird in dem Moment gezeigt, als er mit der Keule ausholt,um den Feinden, die er am Haarschopf gepackt hat , den tödlichen Schlag zu versetzen. Vor ihm steht Amun-Re der ihm das Sichelschwert überreicht. Unter dem ausgestreckten Arm des Gottes ist ein Texttableau angebracht, dass in 6 Kolumnen aufgeteilt ist. Der Anfang jeder Kolumne ist durch ein anaphorisches Element gekennzeichnet und enthält eine Beschreibung des Herrschers in verschiedenen Erscheinungsformen. Diese haben alle gemeinsam, dass sie alle einen kriegerischen Aspekt aufweisen. Der König kann als Löwe, Stier oder Falke erscheinen und wird immer als siegreicher Kämpfer dargestellt.

---

[4] J. Osing, in: Literatur und Politik im pharaonischen und ptolemäischen Ägypten, le Caire 1998, 75
[5] S.C.Heinz, Die Feldzugsdarstellungen im Neuen Reich, Wien 2001

Dieses Texttableau ist so in die Darstellung integriert, dass es dem Betrachter direkt ins Auge fällt .Es hebt sich durch ihre zentrale Position in der Darstellung von der großen Inschrift, die einen weiten Teil der Wand bedeckt, deutlich ab. So wurde die Aufmerksamkeit des Betrachters geschickt auf eine spezielle Botschaft des Textes gelenkt, die in engem Zusammenhang mit der dargestellten Szene stand. Der Pharao erschlägt die Feinde und demonstriert so seine Macht und Stärke. Das Anbringen solcher Szenen an einer gut sichtbaren Stelle des Tempels, ermöglichte eine Übermittlung der inhaltlichen Botschaften an einen großen Teil der Bevölkerung. Das Bild drückt klar und verständlich die Informationen über den Herrscher in seiner Rolle als Krieger aus. Die Aufgabe der Inschrift, welche in dem Texttableau enthalten war, bestand in der Betonung der ikonographischen Präsentation

Die Anfangszeilen der einzelnen Kolumnen beginnen mit
„*dj.j mꜣ.sn ḥm.k*“ „Ich lasse sie Deine Majestät sehen“,
wobei das „Sehen lassen“ hier im Sinne von „Zeigen“ zu verstehen ist.[6]

Amun-Re lässt Ramses III. in verschiedenen höchst aussagekräftigen Bildern vor den Menschen sichtbar werden. Der König kann die Gestalt einer Gottheit oder einer Naturerscheinung annehmen. Er kann den Menschen als funkelnder Stern, Krokodil oder junger Stier erscheinen, doch er ist immer der siegreiche und unbezwingbare Herrscher.

„ *dj.j mꜣ.sn ḥm.k mj sšd sbꜣ*
stj bs.f m sḏt dj.f jdt.f“
Ich will sie Deine Majestät sehen lassen wie das Auf leuchten eines Sternes, der seine Glut als Feuer versprüht, um seine göttliche Kraft zu zeigen.
„ *dj.j mꜣ.sn ḥm.k m kꜣ rnpj*
mn jb spd ꜥb.wj n ꜥḥꜥ.n.tw.f“
Ich will sie Deine Majestät sehen lassen als jungen Stier, festen Herzens, mit spitzen Hörnern, unangreifbar.
„*dj.j mꜣ.sn ḥm.k m dpy nb snḏw m-m mw n tkn.n.tw.f*“
Ich will sie Deine Majestät sehen lassen als Krokodil, den Herrn der Furcht im Wasser, der nicht angerührt werden darf.[7]

Neben der Verwendung einer speziellen graphischen Präsentation und rhetorischer Mittel wie die anaphorische Schreibung, die dem Text einen Litaneihaften Charakter verleiht, werden metaphorisch höchst aussagekräftige Bilder angewendet. Diese vermitteln beim Lesen und Aufnehmen des Inhaltes eine sehr intensive Vorstellung vom Herrscher und seinen kriegerischen Fähigkeiten.

---

[6] J. Assmann, Ägyptische Hymnen und Gebete, Zürich und München 1975, 636
[7] J. Osing,op.cit. 84

Die Bilder verstärken durch ihre ausgewählte Motivik die Darstellung des Herrschers und verbinden sich in ihrer sprachlichen Ausdruckskraft mit der ikonographischen Präsentation des Erschlagens der Feinde.

Das Verwenden des Begriffes *„rdj mꜣꜣ“* unterstreicht die Intention, den Betrachter ausdrücklich auf einer visuellen Ebene zu erreichen. So werden die, in den künstlerischen wie sprachlichen Bildern enthaltenen Motive, vom Betrachter nicht nur allein durch das bloße Sehen und Betrachten erfasst. Die Botschaft dieser „Visual Images“ wirkt auch auf einer inneren Ebene, wo vor dem inneren Auge des Betrachters das Bild des Herrschers eindringlich und beeindruckend erscheint. Der ägyptische Begriff des „Zeigen“ bzw.„Sehen lassen“ kann m. E. hier so verstanden werden, dass die Vorstellung vom ägyptischen König in seiner Rolle als Krieger besonders eindrücklich gemacht werden sollte. Dafür spricht auch die besondere Gesamtkonzeption von Bild und Text, wo die Szene vom Erschlagen der Feinde und das Texttableau nah zusammengefügt sind, so dass ein Betrachten und Lesen direkt möglich ist. Der Betrachter wird unmittelbar auf einer visuellen, auditiven und mentalen Sinnebene angesprochen. Dabei wird jedoch, durch das Erfassen und Reflektieren der expressiven, lautmalerischen Bilder des Texttableaus, die visuelle Sinnebene ganz speziell berührt. Eine deutliche Botschaft wird über das Sehen von Bild und Text auf eine andere Ebene, die sich im Inneren des Betrachters abspielt, übertragen. Damit wird die Aussage von Bild und Text verinnerlicht und die Intention der Botschaft, nämlich die Macht Pharaos herausragend zu präsentieren, verwirklicht. Das Zusammenspiel von Bild und Text hat hier ein einmaliges Beispiel für die versprachlichte Selbstpräsentation des ägyptischen Herrschers hervorgebracht, das auch heute noch modern erscheint. Sprache und Kunst wirken direkt und unmittelbar auf den Betrachter.

Dabei ist es nicht wichtig, ob der Text leise gelesen oder rezitiert, das Bild alleine oder im Kontext mit dem Text gesehen wird. Die Botschaft wird immer verstanden werden.

Resümee: In der 18.Dynastie, in der Regierungszeit von Thutmosis III. entsteht ein besonderes Konzept zur königlichen Selbstpräsentation , welches zuerst auf einem kleinen Textträger, nämlich der Poetischen Stele umgesetzt wird .Die Könige der Ramessidenzeit adaptierten dieses Konzept und integrierten es in ihre monumentalen Schlachtenreliefs. Sethos I. ist der erste König, der an die Traditionen und Politik der 18.Dynastie, und dort vor allem an das Herrschaftsprogramm von Thutmosis III. anknüpft.[8] Er lässt ebenfalls als Erster Schlachtenreliefs auf die Seitenwände der Tempelhöfe anbringen, integriert also kriegerische Szenen immer mehr in den kultischen Kontext.[9] Seine Nachfolger entwickeln diese Konzeption weiter und erweitern auch das Repertoire der versprachlichten Bildpräsentation, welche unter Ramses III. ihren Zenit erlebt. Mit dem Ende der Regierungszeit Ramses III. verschwinden die so Ausdrucks starken metaphorischen Bilder aus der Tempelarchitektur und dem königlichen Bildprogramm. . Die Verkündigung der Machterweise seitens Amun-Re für den Pharao begann andere Wege zu beschreiten um die Feinde von der Stärke und Unbesiegbarkeit des ägyptischen Königs zu überzeugen.

Meinem Lehrer Jan Assmann gewidmet.

Heidelberg, August 2008

---

[8] J. Assmann, op.cit.279

[9] D. Arnold, Wandrelief und Raumfunktion in ägyptischen Tempeln des neuen Reiches, in: Münchner Ägyptologische Studien 2, Berlin 1962 An dieser Stelle sei Herrn Prof.Dr.Dieter Arnold recht herzlich gedankt , der meine Beo bachtungen zu den ramessidischen Schlachtenreliefs bestätigt hat.

Ein weiterer Ritualtext im Totenbuch Überlegungen zur Funktion des Totenbuches anhand Tb 137

Daniela C. Luft

Im Rahmen dieser Festschrift möchte ich die Gelegenheit für ein persönliches Anliegen nutzen und meinem Lehrer Herrn Prof. Dr. Jan Assmann einmal ganz herzlich für alles danken, was ich von ihm lernen durfte. Die Jahre als Student bei ihm haben mich durch seine wissenschaftliche Herangehensweise sowie thematisch bei meiner ersten Begegnung mit dem Fach der Ägyptologie nachhaltig geprägt und mich auch zu einem Forschungsschwerpunkt auf ägyptische Religion und Totentexte hingeführt. Ihm sei anlässlich seines 70. Geburtstages dieser Artikel gewidmet.

Über die Funktion und Interpretation des funerären Textkorpus, welches heutzutage unter dem Namen „Totenbuch" bekannt ist, liegen bereits seit dessen Bekanntwerden in der Ägyptologie kontroverse Meinungen vor.[1] J.F. Champollion bezeichnete 1827 dieses Textkorpus als *„Grand Rituel funéraire"*[2] und hielt es offensichtlich für ein einziges großes Ritual. C.R. Lepsius, der mit seiner Edition[3] der ptolemäerzeitlichen Turiner Totenbuchhandschrift pTurin 1791 die noch immer gültige Zählung der „Kapitel" (heute treffender „Sprüche" genannt) einführte und auch die Bezeichnung „Totenbuch" für dieses Textkorpus prägte, vertrat eine ganz andere Meinung:

---

[1] Siehe für eine ausführliche Zusammenstellung der Geschichte des Totenbuches und seiner Beurteilung in der Ägyptologie z.B. P. Barguet, Le Livre des Morts, in: Textes et Langages de l'Égypte pharaonique. Cent cinquante années de recherches, Hommage à Jean-François Champollion, BdE 64/3, Kairo 1974, 47-52, sowie A. v. Lieven, Book of the Dead, Book of the Living. BD Spells as Temple Texts, in: St. Seidlmayer (Hrsg.), Religion in Context, Imaginary Concepts and Social Reality in Pharaonic Egypt, Akten der Tagung 29. bis 31. Oktober 1998, Berlin, OBO, Fribourg / Göttingen (in Druck) und J. Gee, The Use of the Daily Temple Liturgie in the Book of the Dead, in: B. Backes / I. Munro / S. Stöhr (Hrsg.), Totenbuch-Forschungen. Gesammelte Beiträge des 2. Internationalen Totenbuch-Symposiums Bonn, 25. bis 29. Sept. 2005, Wiesbaden 2006, 73-86.
Ich möchte mich an dieser Stelle ganz herzlich bei Herrn Prof. Dr. J. Gee und Frau Dr. A. v. Lieven bedanken, die mir ihre obengenannten Artikel vor deren Veröffentlichung zur Verfügung gestellt haben.

[2] J.F. Champollion, Notice descriptive des monuments égyptiens du Musée Charles X (1827), 148.

[3] C.R. Lepsius, Das Todtenbuch der Ägypter nach dem hieroglyphischen Papyrus in Turin, Osnabrück 1969 (Neudr. des Org. v. 1842).

*„Dieser Codex ist kein Ritualbuch, wofür es Champollion's Bezeichnung „*Rituel funéraire*" zu erklären scheint; es enthält keine Vorschriften für den Todtenkultus, keine Hymnen oder Gebete, welche von den Priestern etwa bei der Beerdigung gesprochen worden wären: sondern der Verstorbene ist selbst die handelnde Person darin, und der Text betrifft nur ihn und seine Begegnisse auf der langen Wanderung nach dem irdischen Tode.*"[4] Wie A. v. Lieven beobachtete, vertrat C. R. Lepsius selbst in späterer Zeit eine modifizierte Einschätzung zur Funktion des Totenbuches: *„Das Todtenbuch, oder die Sammlung der auf die Auferstehung, das Gericht, und das jenseitige Leben bezüglichen Texte, war seinem wesentlichen Charakter nach ein Buch praktischer Belehrung. Es sollte den Einzelnen, der auf sein Seelenheil bedacht war, unterrichten über das, was er schon auf Erden wissen und für seinen Tod vorbereiten sollte.*"[5]
Alle drei Einschätzungen sind durch die neueren Forschungen zum Totenbuch in ihrer Fundamentalität zwar längst überholt, zeigen aber die Extreme, zwischen denen sich die Beurteilungen von Funktion und Interpretation des Totenbuches als Textkorpus noch heute oft bewegen.[6]
Bei meiner Bearbeitung von Totenbuchspruch 137[7] hat sich gezeigt, dass sich dieser Spruch aufgrund seiner besonderen Herkunftsgeschichte und seiner strukturellen Form m. E. eignet, einen Beitrag zur Diskussion über die Funktion und Bedeutung des Textkorpus „Totenbuch" in seiner zeitlichen Entwicklung zu leisten; dies soll im Folgenden näher erläutert werden.

Tb 137, der das Anzünden von Fackeln behandelt, erhielt seine Spruchnummer durch C.R. Lepsius' Edition[8] des ptolemäerzeitlichen Totenbuches pTurin

---

[4] C.R. Lepsius, op. cit., 3. Siehe auch A. v. Lieven, op. cit. und P. Barguet, op. cit., 47.

[5] C.R. Lepsius, Aelteste Texte des Todtenbuches nach Sarkophagen des altaegyptischen Reichs im Berliner Museum, Berlin 1867, 8. Siehe hierzu A. v. Lieven, op. cit.

[6] Auch die Deutung des Totenbuches insgesamt als Ritual wurde in der Forschung nach J.F. Champollion nicht gänzlich aufgegeben, siehe z.B. M.E. Matthieu, The Book of the Dead and the Problems of its Study, XXV International congress of orientalists. papers presented by the U.S.S.R. Delegation, Moskau 1960.

[7] Im Folgenden wird „Totenbuchspruch", wie es üblich ist, mit Tb abgekürzt.
Die hier vorgestellten Beobachtungen an Tb 137 basieren auf Teilen der Ergebnisse meiner Magisterarbeit (Heidelberg 2006) mit dem Titel „Das Anzünden der Fackel. Untersuchungen zu Spruch 137 des Totenbuches"; diese wird zur Veröffentlichung in der Reihe SAT vorbereitet, im Folgenden als „D.C. Luft, Tb 137 (in Druckvorbereitung)" zitiert.
An dieser Stelle möchte ich noch einmal dem Totenbuch-Projekt in Bonn danken, seiner Leiterin Frau Prof. Dr. U. Rößler-Köhler, die mir freundlich gestattete, die Bestände des Projektes für meine Arbeit nutzen zu dürfen, und Frau Dr. I. Munro und den übrigen Mitarbeitern für freundliche Aufnahme und hilfsbereite Unterstützung. Gedankt sei an dieser Stelle auch den vielen Museen, Sammlungen und privaten Besitzern, die ihr unveröffentlichtes Material dem Totenbuchprojekt zu Forschungszwecken zur Verfügung gestellt haben. Des Weiteren möchte ich der Herausgeberin Frau Prof. Dr. U. Rößler-Köhler für die Aufnahme meiner Arbeit in obengenannte Reihe danken.

[8] C.R. Lepsius, Das Todtenbuch der Ägypter nach dem hieroglyphischen Papyrus in Turin, Osnabrück 1969 (Neudr. des Org. v. 1842).

1791. Diese späte Version des Spruchtextes steht neben den beiden NR-zeitlichen Versionen dieses Spruches, die E. Naville[9] als Tb 137 A und Tb 137 B bezeichnete und unterschied.
Das als Tb 137 benannte Textmaterial erscheint im Laufe seiner innertotenbuchlichen Geschichte in mehreren verschieden konzipierten Versionen. Für das NR konnte ich in meiner Untersuchung die Einteilung in zwei verschiedene Textversionen bestätigen, die nach wie vor als Tb 137 A und Tb 137 B bezeichnet sind. Bereits im NR jedoch ließ sich eine weitere, die sogenannte „Übergangsversion", ausmachen. Diese weist bereits hin auf die - bislang frühestens ab der 21. Dynastie belegte – ziemlich kanonische späte Textversion von Tb 137, welche ich ihrerseits zur besseren Unterscheidung von den zeitlich früheren Versionen des Spruchtextes als „Tb 137 spät" bezeichnet habe.[10]

Textliche Ähnlichkeit ist das Band, dass diese vier verschiedenen Versionen des Spruches Tb 137 (Tb 137 A, B, „Übergangsversion" und „spät") verbindet, sie scheinen ganz offensichtlich vier einzelne Textkonzeptionen zu sein, die sich in der Textanordnung unterscheiden, jedoch alle auf demselben Textmaterial (bzw. teilweise aufeinander, s. u.) basieren, d.h. generell ähnliche und teilweise gleiche Textpassagen aufweisen.[11]

Textliche Ähnlichkeit zeigt Tb 137 aber auch zu Kompositionen mit ganz anderer Verortung als das Totenbuch, dies führte mich zur Herkunft von Tb 137.

---

[9] E. Naville, Das Aegyptische Todtenbuch der XVIII. bis XX. Dynastie aus verschiedenen Urkunden zusammengestellt, 3 Bde., Bd. „Einleitung", Bd. 1: „Text und Vignetten", Bd. 2: „Varianten", Berlin 1886.

[10] Für den in Synopsen zusammengestellten Text der einzelnen Tb 137-Versionen in ihren zahlreichen einzelnen Varianten, sowie die zugehörigen Texteditionen mit Übersetzung und Kommentar sei auf D.C. Luft, Tb 137 (in Druckvorbereitung) verwiesen, ebenso für die nach den einzelnen Versionen geordnete Auflistung der mir bekannten Tb 137-Textvertreter.

[11] Das Kriterium der textlichen Ähnlichkeit zeigte sich mir bei meiner Untersuchung dieses Spruches als sehr hilfreich, um die Tb 137-Texte von zahlreichen anderen Texten zum Anzünden von Fackeln oder generell zum Lichtmachen abzugrenzen – selbst innerhalb des Totenbuches. Der Spruch zur Fackel in pMilbank, den Th.G. Allen, The Egyptian Book of the Dead Documents in the Oriental Institute Museum at the University of Chicago, ed. by Th. G. Allen, The University of Chicago Oriental Institute Publications, Vol. LXXXII, Chicago (Illinois) 1960, 223 als Tb 137 aufführt, wird nun, da sich der dort vorliegende Text in keiner Weise mit dem über die anderen Tb 137-Textvertreter gegebenen Textmaterial vereinbaren ließ, nicht mehr zu Tb 137 gerechnet, sondern stellt einen der davon unabhängigen Fackelsprüche im Totenbuch dar, denen zumeist bislang keine eigene Nummer vergeben wurde. Mit Ausnahme der Fackeltexte in den Gräbern TT 353 (Senenmut), TT 100 (Rechmire) und TT 39 (Puiemre), die Tb 137 B wiedergeben, sind auch alle weiteren bislang bekannten Fackelsprüche und Fackelspruchvignetten aus Privatgräbern des NRes nicht zu Tb 137 zu rechnen; einige bekannte Fälle sind z.B. diejenigen aus TT 3, TT 5 und TT 218b, die u.a. bei M. Saleh, Das Totenbuch in den thebanischen Beamtengräbern des Neuen Reiches, Texte und Vignetten, Mainz 1984, 75/76 noch als Tb 137 aufgeführt sind.

Tb 137 A weist z.B. große textliche Parallelen auf zur Szene 48 (Zählung N. Tacke)[12] des Täglichen Tempelrituales; des Weiteren bestehen Ähnlichkeiten im Textmaterial zum Spruch für das Schlagen des Feuers im Kultbildritual[13] und zu einer Reihe weiterer Sprüche aus anderen Ritualen.[14] Für vorliegende Untersuchung ist vor allem die offensichtliche Verwandtschaft von Tb 137 A mit *Ritual*texten von Bedeutung. Tb 137 A ist in seiner im Totenbuch vorliegenden Form zudem selbst ein Ritualtext, der in seiner ausführlichen Variante der 18. Dynastie in Titel und Nachschrift Handlungsanweisungen an die Aktanten des Rituals enthält. Die Sprecherkonstellation des Spruchtextes zeigt nicht die von J. Assmann als für (nicht-liturgische) Totenliteratur[15] geradezu üblich bezeichneten interpersonellen Formen, in denen der Verstorbene als Sprecher auftritt,[16] sondern vielmehr die nach J. Assmann für Verklärungen typische interpersonelle Form („*Anrede an den Toten, ihn selbst betreffend*").[17] Übereinstimmend mit diesem Befund wird der eigentliche Spruchtext von Tb 137 A im Titel selbst auch als *s3ḫw* bezeichnet, d.h. als eine Verklärung, dessen Rezitation die Umwandlung des Angesprochenen in einen Verklärten (*3ḫ*) zum Ziel hat.[18]
Auch J. Assmann hat festgestellt, dass im Totenbuch liturgische Sprüche vorhanden sind, wenn auch nur noch Reste und – verglichen mit den liturgischen Elementen in den Sargtexten – stark an Umfang verringert.[19] Zu den von ihm genannten Sprüchen, die als Reste von Totenliturgien anzusprechen sind, gehören u.a. Tb 151, 169 und 172;[20] P. Eschweiler ergänzt diese um Tb 137 A, der – wie auch Tb 151 – ursprünglich in die Gruppe der Ritual- oder Verklärungstexte gehöre.[21]

Das ist sicher richtig, denn die oben angeführten textlichen Parallelen weisen für Tb 137 A auf eine Herkunft aus einem Ritualtextpool[22] hin.

[12] N. Tacke, Das Opferritual des ägyptischen Neuen Reiches, in: C. Metzner-Nebelsick (Hrsg.), Rituale in der Vorgeschichte, Antike und Gegenwart. Studien zur Vorderasiatischen, Prähistorischen und Klassischen Archäologie, Ägyptologie, Alten Geschichte, Theologie und Religionswissenschaft. Interdisziplinäre Tagung vom 1.-2. Februar 2002 an der FU Berlin, Internationale Archäologie. Arbeitsgemeinschaft, Symposium, Tagung, Kongreß Bd. 4, Rahden / Westf. 2003, 27-36.

[13] Kultbildritual für den Gott Amun, pBerlin 3055 (1, 2-5).

[14] Für die ausführliche Untersuchung der Bezüge der Ritualtexte zu Tb 137 sei auf D.C. Luft, op. cit., Kapitel II verwiesen.

[15] Im Sinne J. Assmanns, Tod und Jenseits im Alten Ägypten, München 2003, Kapitel X (z.B. S. 322), der dort Totenliteratur von Totenliturgien abgrenzt.

[16] Nach J. Assmann, op. cit., 326.

[17] Nach J. Assmann, op. cit., 326.

[18] Mit J. Assmann, op. cit., 323.

[19] J. Assmann, op. cit., 337.

[20] J. Assmann, op. cit., 337.

[21] P. Eschweiler, Bildzauber im alten Ägypten. Die Verwendung von Bildern und Gegenständen in magischen Handlungen nach den Texten des Mittleren und Neuen Reiches, Freiburg (CH) / Göttingen 1994, 141.

[22] Bereits N. Tacke, op. cit., 33 äußerte die Idee eines Ritualtextpooles bei seiner Untersuchung über die Sprüche des Opferrituales folgendermaßen: „*Die einzelnen liturgischen Sprüche sind in*

Möglicherweise lässt sich der originale Kontext von Tb 137 A jedoch noch genauer fassen: In der 18. Dynastie wird im Text von Tb 137 A zunächst Osiris Chontamenti als Ritualempfänger genannt, danach werden dieselben Aussagen jeweils für den Verstorbenen wiederholt. Dies könnte ein Hinweis darauf sein, dass für die Formung von Tb 137 A ein Ritualtext aus dem Tempelkult des Osiris Chontamenti für eine Privatperson adaptiert wurde.[23] Die im Text gegebenen Anweisungen geben dann noch einige allerdings wenig zwingende Hinweise auf den Kontext des nun für einen privaten Verstorbenen umgeschriebenen Rituales: Nach den Hinweisen im Text scheint Tb 137 A im Kontext des Einzuges in das Grab zu verorten zu sein, eventuell bei der Einbringung des Verstorbenen in das Grab und / oder bei späteren Riten, die diesen Vorgang symbolisch mittels einer Statue wiederholen.[24]
Bei der Konzeption des Totenbuchspruches wurden die Ritualform und alle Handlungsanweisungen, die zu einer realen Durchführung durch lebende Menschen gehören, beim Text belassen. Hiermit ist Tb 137 A aber natürlich alles andere als ein Einzelfall. Mittlerweile konnten Bezüge zwischen Totenbuchsprüchen und Texten in anderem Kontext vielerorts ermittelt werden;[25] und auch der Umstand, dass Titel oder Nachschriften vieler Totenbuchsprüche sich explizit an Lebende wenden, wurde bereits mehrfach beobachtet und scheint Hinweise zu geben auf die mögliche Herkunft einzelner Sprüche.[26]

ihrer Grundstruktur und meistens auch in ihrer Gesamtfassung kanonische Sprüche. Sie scheinen aus einer Art „Pool“ religiöser Liturgietexte zu stammen, die über Jahrtausende hinweg überliefert werden und immer wieder in unterschiedlichen Ritualen verwendet werden können. Der Pool selbst bleibt dabei immer „lebendig“: Es ist anzunehmen, daß jede Tempelbibliothek ihre eigene Sammlung von alten Spruchtexten hatte und diese ständig durch das Erstellen neuer Fassungen und das Kopieren anderer Versionen gepflegt und weitergeführt hat. So lagen bei der Redaktion eines neuen Ritualbuches wahrscheinlich immer gleich mehrere Versionen desselben Spruches vor, und so bleibt jeder Text individuell und doch kanonisch.“ Dieser Begriff eines „Textpooles“ beschreibt m.E. auch den Befund von Tb 137 sehr angemessen und liefert zugleich eine plausible Erklärung für das – auch beim Textbestand von Tb 137 zu beobachtende – Auftreten ähnlicher Textpassagen in unterschiedlichen Textzusammenstellungen.

[23] Ein solcher Ritualtext für Osiris Chontamenti ist jedoch bislang nicht bekannt und müsste daher postuliert werden. Allerdings entspricht der Befund der doppelten Nutznießernennung Osiris / Verstorbener dem des pKairo CG 58031, für den J.F. Quack nachweisen konnte, dass er die private Adaption eines für Sokar-Osiris geschriebenen Rituals ist, s. J.F. Quack, Fragmente des Mundöffnungsrituals aus Tebtynis, in: K. Ryholt (Hrsg.), The Carlsberg Papyri 7. Hieratic Texts from the Collection, Kopenhagen 2006, 143.

[24] S. hierzu ausführlich D.C. Luft, op. cit., Kapitel III, Punkt 4.5.

[25] Für Bezüge einzelner Totenbuchsprüche zu den Stundenwachen siehe z.B. H. Junker, Die Stundenwachen in den Osirismysterien nach den Inschriften von Dendera, Edfu und Philae, Wien 1910, 23. Bezüge zwischen Tb 125 und einem Priestereid konnte R. Merkelbach, Ein ägyptischer Priestereid, in: *ZPE* 2 (1968), 7-30 ermitteln. Totenbuchsprüche an Tempelwänden wurden zuletzt ausführlich untersucht von A. v. Lieven, op. cit., aber auch von J. Gee, op. cit., passim, einleitend 73-75. Siehe auch die beiden letztgenannten für ausführlichere Zusammenstellungen des Forschungsstandes bezüglich der Herkunft von Totenbuchsprüchen.

[26] Z.B J. Gee, op. cit., passim; A.v.Lieven, op. cit.; M.E. Matthieu, op. cit., 2-4; Zusammenstellung ohne explizite Bezugnahme auf deren Deutungsmöglichkeiten bei P. Eschweiler, op. cit., insbes. 125-159.

A. v. Lieven unterteilte die Sprüche des Totenbuches zuletzt anschaulich in „original funeräre“ und „nicht original funeräre“ Texte und unterschied bei letzteren noch weiter zwischen Texten der kultischen Sphäre und magischen Texten.[27]
Dennoch bleibt zu klären, was es für die Bedeutung dieser Sprüche im Totenbuch bzw. über die Funktion des Totenbuches allgemein verrät, dass diese Anmerkungen, die an die lebenden Ritual-Aktanten gerichtet sind, auch bei der (keineswegs singulären)[28] Hereinnahme der Sprüche ins Totenbuch-Korpus nicht entfallen sind, obwohl die Sprüche als solches oftmals – und so auch bei Tb 137 geschehen – für ihre Übernahme ins Totenbuch anderweitige Kontextanpassungen erfahren haben.
P. Eschweiler interpretiert die Funktion von Tb 137 A im Totenbuch - ohne weiter auf die deutliche Ritualform einzugehen – derart, dass diese im Rahmen der Transposition in die funeräre Literatur (Totenbuch) überlieferte Textfassung nicht mehr als liturgische Verklärung anzusehen sei, sondern dass es sich nunmehr um einen magischen Text handeln würde, der den Toten mit spezifischen Qualitäten für sein nachtodliches Leben versehen solle.[29] J. Assmann fasst die Funktion von Totenliteratur vs. Totenliturgien präziser: Während es sich bei den von ihm als „Totenliteratur“ bezeichneten Texten um die schriftliche Kodifikation eines Wissensvorrates handeln solle, der dem Toten mit ins Grab gegeben wird, um diesen für das Jenseits damit auszustatten, handele es sich bei den Totenliturgien dagegen um die Aufzeichnung kultischer Rezitationen, deren Heilswirkung den Toten ständig umgeben soll.[30]
Dies erscheint mir eine sehr stimmige Erklärung auch für Tb 137 A: Dieses Ritual mit einer Verklärung als Spruchtext und den Handlungsanweisungen an die Aktanten ist nur durch seine Einbettung in das Totenbuch aus dem Kontext „funerärer Kult“ herausgehoben, zu dem es gehört – bzw. im Falle von Tb 137 A zu gehören vorgibt, falls es sich, was nicht ganz ausgeschlossen werden kann, um eine für das Totenbuch eigens geschaffene Komposition ohne realweltliche Nutzung handelt. Auch Tb 137 A erfüllt – so ist anzunehmen – im Totenbuch nun die Funktion aller liturgischen Totensprüche:

Es ist „*dazu bestimmt, die kultische Rezitation auf Dauer zu stellen über die Zeitspanne ihrer rituellen Aufführung hinaus*“[31].

---

[27] A. v. Lieven, op. cit.
[28] Zahlreiche Sprüche, bei denen auch die Anweisungen an Lebende zum festen Textbestandteil gehören, werden dergestalt in den Totenbüchern weitertradiert; hier liegt somit ein ganz anderer Fall vor als z.B. bei der (tendenziell eher einmaligen) Umnutzung von (Ritual-)Handbüchern aus dem Tempelbetrieb zu privaten Funerärtexten.
[29] P. Eschweiler, op. cit., 141 (unter Verweis auf J. Assmann, in: LÄ VI, 1005).
[30] J. Assmann, Tod und Jenseits im Alten Ägypten, München 2003, 335.
[31] J. Assmann, op. cit., 335.

Noch verwischt sich bei Tb 137 die Grenze zwischen Totenliturgie und Totenliteratur, zwischen immerwährender Ritualwirklichkeit und magischer Wissensliteratur, nicht. In der weiteren Entwicklung von Tb 137 A im Totenbuch werden zwar einzelne Aspekte des Ritualcharakters fortgelassen, so fehlen den Tb 137 A-Versionen der 19. bis 21. Dynastie die Handlungsanweisungen im Titel und die Nachschrift ganz, dennoch wird die formale Sprecherkonstellation der Verklärungen beibehalten. Diese späteren Tb 137 A-Versionen kürzen den Text, indem sie nur den Beginn des Spruchtextes bieten und alles Weitere fortlassen, es ist jedoch ungewiss und scheint mir unwahrscheinlich, dass hier bereits eine grundlegende Änderung der Textfunktion einsetzt.[32] Eine solche liegt m. E. erst bei den zeitlich späteren Versionen von Tb 137 vor.

Der Ritualtext, der als Tb 137 A ins Totenbuch gelangt, stellt keine einmalige Übernahme eines korpusfremden Textes dar, sondern er etabliert sich in seiner weiteren Entwicklung im Totenbuch als Totenbuchspruch, wie noch gezeigt wird, und trägt daher völlig zu Recht auch eine Totenbuch-Spruchnummer. Hierin unterscheidet sich Tb 137 A von anderen Texten, die in manchen Papyri zu Totenbuchsprüchen hinzugestellt werden, sich jedoch auf Dauer nicht im Totenbuch halten, wenn sie überhaupt je zu diesem Textkorpus zuzurechnen sind.

In manchen Papyri der 21. Dynastie lässt sich z.B. das Phänomen beobachten, dass dort zum Totenbuch gehörende Sprüche mit „neuen“ Texten aus anderem Kontext kombiniert werden, die z.T. in keinem anderen bekannten Totenbuch wieder auftreten.[33] Wenn auch zeitlich deutlich früher, liegt bei Tb 137 B ein einerseits prinzipiell ähnlich gelagerter Fall vor – und andererseits ein grundverschiedener: Auch dieser Text weist starke Parallelen auf zu Ritualtexten aus verschiedenen Kontexten;[34] als Tb 137 B tritt er dann in drei Privatgräbern im räumlichen Umfeld der Scheintüren auf.

Aufgrund textlicher Hinweise dieser dortigen Spruchvarianten und deren Anbringungsorten lässt sich die in den Gräbern angebrachte Version von Tb 137 B in einem anderen Ritualkontext verorten als Tb 137 A: Sie steht (in gSenenmut) in Zusammenhang mit Texten, die aus dem osirianischen Tempelkult in den Privatkult übergegangen sind und ist (bei gRechmire und gPuiemre) in Rituale zur Totenspeisung eingebettet.

---

[32] Im pNacht-Amun z.B. hat der Schreiber an den Spruchtext von Tb 137 A eine kurze Passage aus dem Täglichen Tempelritual angehängt, was m.E. darauf hindeutet, dass der Ritualcharakter des Textes trotz seiner formalen Kürzung durchaus noch im Bewusstsein war.

[33] Hierzu sei z.B. auf den Libationstext verwiesen, der bislang nur im pGatseschen (JE 95838) sowie im sehr ähnlich aufgebauten pPaennestitaui (BM 10064) bekannt ist, jedoch textliche Parallelen zu den Stundenwachen zeigt. Siehe R. Lucarelli, A libation text in the Book of the Dead of Gatseshen, in: A. Amenta / M.M. Luiselli / M.N. Sordi (Hrsg.), L'acqua nell' antico Egitto. vita, rigenerazione, incantesimo, medicamento, Proceedings of the first international conference for young Egyptologists, October 15-18, 2003, ChiancianoTerme (Italy), Rom 2005, 319-328.

[34] S. hierzu ausführlich die Untersuchung zur Herkunft des Spruches in D.C. Luft, op. cit., Kapitel II.

Entgegen bisheriger Behauptungen und vager Vermutungen aufgrund textlicher Ähnlichkeiten stellt Tb 137 B daher keineswegs eine Kurzversion des längeren Tb 137 A dar; zwar findet sich der Spruchtext von Tb 137 B in ähnlicher Weise in Tb 137 A wieder, aber dies erklärt sich durch die gemeinsamen Wurzeln: Auf das Textmaterial, auf dem Tb 137 B basiert, gehen auch die ähnlich lautenden Passagen in Tb 137 A zurück; trotzdem weisen Tb 137 A und Tb 137 B verschiedene Ritualkontexte auf, bevor sie ins Totenbuch gelangen, und stellen damit zwei voneinander relativ unabhängige Texte dar.[35] Die seltene Übernahme des Spruches 137 B ins Totenbuch ist m.E. sekundär, in beiden bislang bekannten Fällen ergänzt Tb 137 B den ebenfalls in dem betreffenden Totenbuch aufgeführten Tb 137 A.[36] Dennoch – und das unterscheidet Tb 137 B denn doch grundlegend von singulär mit dem Totenbuch zusammengebrachten Sprüchen – wird Tb 137 B ganz offensichtlich neben Tb 137 A (direkt oder indirekt) zur Formung weiterer Tb 137-Versionen verwendet; jedenfalls scheint in der in den Totenbüchern bislang leider nur einmal belegten „Übergangsversion" von Tb 137[37] auch bei Tb 137 A und Tb 137 B verwendetes Textmaterial wieder aufzutreten.

Bereits die Übergangsversion weist auf den Weg hin, den Tb 137 im Totenbuch einschlagen wird und den der Spruch auch nach einer weiteren Überarbeitung beibehält, die zu seiner letzten Fassung führt, die als Tb 137 spät im Totenbuch zu Tage tritt. Alle Ritualcharakteristika sind aus dem Text verschwunden, und auch die Sprecherkonstellation der „Übergangsversion" gestaltet sich derart, dass der Verstorbene als Ich-Sprecher den Gott (Re) anredet und über sich selbst spricht. Damit ist Tb 137 nun wirklich in einen Totentext der Totenliteratur umgearbeitet worden, auf den sich die Bezeichnung als „magischer Wissenstext"[38] dann doch anwenden lässt.
Im Totenbuch der Spätzeit wird jedoch eine andere Textversion von Tb 137 kanonisch, die als „Tb 137 spät" spezifiziert sei.

---

[35] Es ist jedoch m.E. weder notwendig noch besonders sinnvoll, für Tb 137 B eine neue Totenbuch-Spruchnummer vergeben zu wollen. Tb 137 B stellt zwar nicht einfach eine Kurzversion von Tb 137 A dar, dennoch spiegelt die Einteilung in Tb 137 A und B ihre doch vorhandene enge Verwandtschaft – durch die bei beiden Texten jeweils allerdings mehrere Zwischenstufen zurückliegenden gemeinsamen textlichen Wurzeln – wider.

[36] Für eine ausführlichere Darlegung der Verortung von Tb 137 B s. D.C. Luft, op. cit., Kapitel II.

[37] pAmherst 16 (19. Dynastie) – für Text und Übersetzung s. D.C. Luft, op. cit. Möglicherweise ist jedoch bereits schon ein zweites Exemplar einer Tb 137 „Übergangsversion" bekannt: Es handelt sich um pKrakau MNK IX-752 / 1,2,3,4 + pParis Louvre SN 2. Dort sind noch Reste einer Vignette erhalten, die eine archaische Version, sozusagen eine Vorform der Tb 137 spät-Vignette, darzustellen scheint, der zugehörige Spruchtext ist jedoch leider vollständig verloren.

[38] Z.B. J. Assmann, op. cit., 338.

Auch ihr ist die Konstellation eigen, dass der Spruchtext dem Verstorbenen selbst in den Mund gelegt werden soll, jedoch erweist sich Tb 137 spät als hervorragendes Beispiel für die Verfechter eines korrupten Spätzeit-Totenbuches.[39] Denn der immer wieder, offenbar unverstanden abgeschriebene Text weist schließlich keine sinnvoll einteilbaren Sprecherkonstellation mehr auf und reiht mitunter grammatikalisch bedenkliche Formulierungen aneinander, deren Verständnis sich nur durch Kenntnis der früheren Versionen noch ein wenig erhellt. Der Text von Tb 137 spät scheint zitathaft einzelne Fragmente aus den früheren Varianten aneinanderzureihen, um in andeutender Form auf kleinstem Raum ein möglichst umfangreiches Kompendium wichtiger Inhalte der früheren Versionen zu erzielen. Weit entfernt von einem konkreten Ritual und einer Verewigung der Rezitation während der rituellen Aufführung, scheint es bei Tb 137 spät nur noch um Wissensanhäufung und -vermittlung zu gehen.

Die hier angestellten Überlegungen zur Funktion von Tb 137 in seinen einzelnen Versionen im Totenbuch gelten jedoch nur für diesen einen Spruch und sind nicht ohne Weiteres übertragbar. Hier endet die Aussagekraft eines einzelnen Totenbuchspruches, denn man kann von dem speziellen Fall Tb 137 und seiner Entwicklungsgeschichte im Totenbuch nicht auf das Totenbuch allgemein und auf alle dortigen Sprüche schließen. Andere Sprüche haben ihre eigene Funktion und Bedeutung, aufgrund ihrer eigenen Geschichte.
So wird manche Entwicklung im Totenbuch allgemein von der Spruchgeschichte von Tb 137 nicht widergespiegelt. Hierzu gehört z.B. der Umstand, dass der Eintritt neuer Texte nicht mit dem NR abgeschlossen ist, sondern sich auch an späteren markanten Punkten in der Totenbuchentwicklung findet. So werden in einigen Totenbüchern der 21. Dynastie die Totenbuchtexte mit anderen Texten gemischt,[40] oder auch bei der Zusammenstellung und Festlegung der kanonischen Form der Sprüche des spätzeitlichen Totenbuches finden weitere neue Texte Eingang. Ein Beispiel unter vielen ist Tb 128, ein oft als Hymne an Osiris angesprochener Text mit ritualartigen Zügen, der erst nach dem NR ins Totenbuch aufgenommen wird.

---

[39] Als einer von vielen sei hier J.F. Borghouts, Book of the Dead Chapter 39: some Preliminary Remarks, in: B. Backes / I. Munro / S. Stöhr (Hrsg.), Totenbuch-Forschungen. Gesammelte Beiträge des 2. Internationalen Totenbuch-Symposiums Bonn, 25. bis 29. Sept. 2005, Wiesbaden 2006, 11 zitiert: „*it is a known fact that the quality of Book of the Dead copies of that era is regrettably low*".

[40] A. Niwiński, Studies on the Illustrated Theban Funerary Papyri of the 11th and 10th Centuries B.C., OBO 86, Freiburg (CH) / Göttingen 1989; M. Heerma van Voss, Die Totenliteratur der 21. Dynastie, in: JEOL 24, 1976, 48-49; R. Lucarelli, op. cit., insbes. 319/20 und 327/28.

Ein weiterer Punkt sind die Sprecherkonstellationen in den einzelnen Sprüchen, die – mit aller Vorsicht, die bei einer vergleichenden Beurteilung geboten ist, da viele Sprüche noch nicht eingehend untersucht worden sind – insgesamt ein wenig homogenes Bild abgeben, wenn man die Sprüche in ihrer zeitlichen Entwicklung berücksichtigt. Das Beispiel von Tb137 ist auch hier wenig allgemeingültig; insgesamt scheinen z.B. Fluktuationen zwischen Sprecherkonstellationen bei manchen Totenbuchsprüchen gar nicht so selten zu sein.[41]

Wie J. Assmann selbst festgestellt hat,[42] stellen die von ihm untersuchten Totenliturgien, im Gegensatz zu den klassisch definierten Korpora funerärer Texte – Pyramidentexte, Sargtexte, Totenbuch –, ein einheitliches Korpus von Texten einer gemeinsamen „inneren Form" dar. Dies verdeutlicht, was das Totenbuch nicht ist: ein einheitliches Textkorpus. Vielmehr stehen hier Ritualtexte, magische Texte, Hymnen, Texte der sogenannten „Totenliteratur" etc. nebeneinander. Das Totenbuch umfasst – das wird mit jeder Untersuchung zu einzelnen Totenbuchsprüchen immer deutlicher – Texte, die aus ganz verschiedenen Kontexten stammen, die aber auch – wie man am Beispiel von Tb 137 A sehen kann – die Eigenheiten ihres Genres oftmals im Totenbuch beibehalten! Daher müssen m.E. alle Versuche, das Totenbuch als eine einheitliche Textart zu definieren, wie es J.F. Champollion und C.R. Lepsius noch versucht haben, zwangsläufig scheitern. Das Totenbuch ist – ähnlich wie bei Pyramiden-/Sargtexten – ein über die Aufzeichnungsform definiertes Textkorpus. Dabei spiegelt jedoch die Auffassung als umgrenztes Textkorpus durchaus innerägyptisches Verständnis wieder, denn auch die Sprüche des Totenbuches stellten offenbar – wenn auch nicht von einheitlicher „innerer Form" – ein eigenes als zusammengehörend empfundenes Spruchkompendium dar, das sich allerdings durch Überarbeitungen, Neuaufnahme und Aussonderung von Texten mit der Zeit veränderte und auch in beide Richtungen durchlässig war zum allgemeinen Textpool religiöser Texte.

Bei der Frage danach, was das Totenbuch ist und welche Funktion es erfüllt, herrscht wohl zumindest Übereinstimmung darüber, dass es – wie alle aufgeschriebenen Texte – der Speicherung seines Inhaltes dient. Die Frage besteht jedoch weiterhin, *was* hier inhaltlich gespeichert wird. Neben der Speicherung wird das Totenbuch auch bei der Benutzung eine Funktion erfüllen.

---

[41] Vgl. hierzu J.F. Quack, Rezension zu: I. Munro, Das Totenbuch des Nachtamun aus der Ramessidenzeit (pBerlin P.3002), in: BiOr 57 (2000), Sp. 57-59.

[42] J. Assmann, Egyptian Mortuary Liturgies, in: S. Israelit-Groll (Hrsg.), Studies in Egyptology. Presented to Miriam Lichtheim, Bd. I, Jerusalem 1990, 2.

Da die einzelnen Totenbücher, durch die Deponierung beim Verstorbenen im Grab, der Nutzung durch Lebende entzogen sind, ist eine Benutzung ausschließlich durch den Toten möglich. Auch hier bleibt die Frage aufgeworfen, welche Funktion dem Totenbuch für den toten potentiellen Benutzer dann konkret zukommt. Alle Totenbuchsprüche zu allen Zeiten als magische Wissenstexte einzuordnen, greift natürlich zu kurz. Und für das spätzeitliche Totenbuch bliebe zu untersuchen, inwieweit sich hier ein Wandel in der Funktion des Totenbuches insgesamt mit der Folge vollzogen hat, dass die Einordnung als Sammlung magischen Wissens auf diese späte Stufe eher zutrifft als auf die früheren – wie es zumindest bei Tb 137 der Fall ist: Zeigt dieser Spruch hier also eine allgemein gültige Entwicklung oder bleibt er ein Sonderfall?
Ritualartige bzw. magische Sprüche sind im Totenbuch zwar zahlreich,[43] stellen dennoch nur einen Teil des Totenbuchspruchbestandes; daher scheint auch der Versuch, das Totenbuch als Verewigung mehrerer Rituale oder – in einem weiteren Schritt – eines zusammenhängenden großen Rituales[44] zu interpretieren, wiederum nur Teilaspekte des Totenbuches zu berücksichtigen.

Auch diese Auswertung der Geschichte und Funktion *eines* Spruches im Totenbuch zeigt m.E., dass dem Versuch, die Funktion des Totenbuches zu verstehen, nur mit einer differenzierteren Betrachtung beizukommen ist, die die Befunde der einzelnen Sprüche in ihrer eigenen zeitlichen Entwicklung miteinbezieht. Eine Beurteilung des Totenbuches insgesamt müsste idealiter auch jeden einzelnen Fall jedes einzelnen Totenbuchspruches einbeziehen. Zu diesem Vorhaben soll die vorliegende Untersuchung einen kleinen Beitrag leisten.

---

[43] Vgl. die sehr umfangreiche Sammlung bei M.E. Matthieu, op. cit., 2-4.

[44] So hat u.a. M.E. Matthieu, op. cit., 5 versucht, das Totenbuch insgesamt als Verewigung der Durchführung eines Begräbnisrituales zu deuten.

Horus, der «3ḫ der Götter»

Ulrich Luft

Ausgangspunkt der folgenden Zeilen ist eine Stelle in dem vollkommen zerstörten Text der Stele des %n-nfr, Oberpriester des Thot von Hermupolis unter König Thutmose III., die nur in Abschriften des neunzehnten Jahrhunderts erhalten ist.[1] Als ich zuerst die Stele zur Publikation vorbereiten wollte, hinderte mich das *hapax legomena 3ḫ nṯr.w* an der Weiterarbeit. Durch eine Sammlung zur Verbindung des Horus mit *3ḫ* in den Pyramidentexten habe ich versucht, eine Basis für die Verwendbarkeit des Ausdruckes zu gewinnen. Christian Leitz monumentales Werk hat dann eine weitere Parallele, ebenfalls aus dem Bannkreis von Hermupolis, beigesteuert,[2] so dass ich mich in meinen Forschungen bestätigt fühle und diese dem verehrten Kollegen Jan Assmann widme.

Als ich meinen Text nach langen Jahren wieder vorgenommen habe, wurde deutlich, dass in der Zwischenzeit eine Menge Literatur dazugekommen ist, von denen ich zwei herausgreifen möchte, die sich explizit mit der Bedeutung des Wortes *3ḫ* befassen. Florence Friedman hat in einem Aufsatz, basierend auf dem Material ihrer Dissertation, versucht, die Bedeutung von *3ḫ* zu definieren.[3] Sie hat zwischen Effektivität und Luminosität einen Unterschied erkennen wollen, den sie aus den Texten nur herauslesen könnte, wenn sie sich der späteren Argumentation von Karl Jansen-Winkeln[4] bedient hätte. Im Ergebnis hat auch sie die *3ḫ*-Kraft mit dem Sonnengott verbunden. Karl Jansen-Winkeln hat 1996 eine Studie veröffentlicht, in der er die „astronomische“ Erscheinung Dämmerung *3ḫ.t* mit dem Adjektiv *3ḫ* verbinden und den semantischen Kreis „glänzen, scheinen, leuchten“ davon abgrenzen möchte. Alle bei ihm aufgeführten Gelehrten, die einen Zusammenhang zwischen den beiden semantischen Feldern sehen oder sogar die beiden zu einem Feld vereinigen, folgen der „Irrlehre“ von Heinrich Brugsch.[5] Bei dem Abgrenzungsversuch muss er allerdings offen lassen, wie die sichtbare Dämmerung und die postulierte abstrakte Wirkung ohne Grund zueinander verhalten, weil die Ägypter den „Lichtberg“ sichtbar gemacht haben. Außerdem kommt die Wirkung mit dem Licht, und diese kommt von dem sichtbaren Sonnengott nicht nur in der Kunst von Amarna.

---

[1] Grundlegende Ausgabe bei Sharpe 1855, Pl.33 und 47; Urk IV 597 (12)-(16): Nr.190 D.
[2] Leitz 2002, 25.
[3] Friedman 1984-1985, 39-46.
[4] Jansen-Winkeln 1996, 201-215.
[5] Jansen-Winkeln 1996, 205.

Jansen-Winkeln argumentiert vorsichtig mit der Statik des Begriffes, da „ein Bedeutungsunterschied zwischen dem *ꜣḫ*–Konzept der ältesten Texte und dem des Neuen Reiches oder der Spätzeit kaum greifbar“ sei.[6] Ich kann mich beiden Konzepten nicht voll anschließen, sondern greife auf zwei Definitionen zurück, die der historischen Dimension mehr Raum geben.

Es bleibt eine schwierige Aufgabe, die Bedeutung des Wortes  *ꜣḫ* mit einem Wort zu erfassen.[7] Robert Ritner scheint den Begriff auf den machtgeladenen Ausspruch zu beschränken. Er hat dabei freilich vor allem das späte Material im Blickfeld.[8] Jan Assmann spricht vom “strahlkräftigen Lichtgeist”, weil Licht und Leben nach ägyptischem Verständnis eng zusammengehören.[9] Diese Verbindung wird in dem Sonnengesang des Königs Echnaton eindeutig thematisiert:[10]

> “Die Welt entsteht auf deinen Wink, wie du sie geschaffen hast.
> Bist du aufgegangen, so leben sie,
> gehst du unter, so sterben sie.”

Die Worte des Hymnus machen deutlich: Licht ist Leben, die Nacht ist der Tod. Der “strahlkräftige Lichtgeist” wirkt durch seine Strahlen, so wie während der Amarnazeit Aton durch seine Strahlen Leben spendet. Auf diese Ebene zielt Assmann mit der oben zitierten Definition. Er sieht den Ursprung einer spätzeitlichen Theorie, die den einzelnen Gott mit einem Ba, einem Bild und einem Leichnam verbindet, im 13./12.Jh.v.Chr. an, als die Theologie von Amun begründet wurde.[11] Im gleichen Zusammenhang erwähnt er auch den Kult am Gottesbild zu bestimmten Festen im Jahr, an denen das Gottesbild auf das Tempeldach getragen wurde, um durch die Strahlen der Sonne die notwendige Lebensenergie zu erhalten. Im Hathor-Tempel von Denderah ist die architektonische Verwirklichung dieser Theorie evident.

Die Bedeutung „lebenspendender[12] Lichtgeist” müsste allerdings schon vor dem Neuen Reich nachzuweisen sein, um das Epitheton zu begründen. Die Einordnung des Epithetons in den oben aufgezeigten Kontext dürfte kaum anzuzweifeln sein, doch muss der schwierige Beweis geführt werden, dass eine solche Aussage überhaupt möglich gewesen ist.

---

[6] Jansen-Winkeln 1996, 215.
[7] Otto 1975, 49-52.
[8] Ritner 1993, 30-35 mit älterer Literatur.
[9] Assmann 1992, 110.
[10] Deutsche Übersetzung von Hornung 1978, 69-73, das Zitat auf S.73.
[11] Assmann 1992, 54.
[12] Ohne Assmann kritisieren zu wollen, scheint mir die “Strahlkraft” eine zu vorsichtige Qualifizierung des Lichtgeistes. Unter dem Eindruck der Amarna-Sonne mit den lebenspendenen Strahlenhänden habe ich diesem Adjektiv den Vorzug gegeben, vgl. das Relief aus dem Königsgrab von Amarna in Kairo: “Die königliche Familie beim Opfer vor Aton” RT 10.11.26.4, abgebildet in Saleh - Sourouzian 1986, Nr.166.

Der epigraphische Befund der Stele ist nicht eindeutig, weil nur Abschriften aus dem neunzehnten Jahrhundert vorliegen. Henry Sayce hat einen Ibis erkennen wollen, Charles Harris hat sich eindeutig für den *3ḫ*-Vogel entschieden, dem dann auch Mary Sharpe gefolgt ist. Harris muss die Stele zweimal kopiert und jedes Mal das gleiche Zeichen gesehen haben, wenn die Angabe stimmt, dass Mary Sharpe für die Publikation Kopien (casts) von Harris benutzt hat.[13] Demzufolge möchte ich den beiden Abschriften von Harris mehr Gewicht beimessen als der weniger gründlichen Abschrift von Sayce.

Die Formulierung ist im Neuen Reich bisher zweimal belegt. Um eine mögliche Basis für eine solche Formulierung zu finden, habe ich die religiösen Texte seit dem Alten Reich durchgesehen. Der Gott, der in dieser kurzen Passage angesprochen wird, ist Horus, dessen Bezug zum König evident ist. Somit sind als erste Textgattung die Pyramidentexte zu befragen.

Aus den Pyramidensprüchen können mehrere Gesichtspunkte für die Wertung des Begriffes *3ḫ* gewonnen werden. Der tote König tritt als *3ḫ* in verschiedenen Situationen auf. Dank der Sammlung aller einschlägigen Stellen zum *3ḫ* durch Gertie Englund wird eine solche Arbeit im hohen Maße erleichtert.[14] Zur Bequemlichkeit des Lesers gebe ich auch den hieroglyphischen Text.

Im Pyramidenspruch 224 wird der König aufgefordert, selbsttätig alle seine Würden wahrzunehmen, um in den Stätten des Horus, des Seth und des Osiris zu befehlen. Bei der Beschreibung seines äußeren Zustandes wird allerdings deutlich, daß seine Herrschaft sich nur nur auf zwei der drei genannten Orte erstreckt. Denn die *ʿnḫ.w* dürften sich auf die Westlichen und die *3ḫ.w* auf die Östlichen bezogen werden. Dann sind die *nṯr.w* die Götter des Osthorizonts, denen der König als "lebenspendender Lichtgeist" zugesellt wird. Die Götter werden mit den Toten gleichgesetzt (Pyr 220b - 221a):

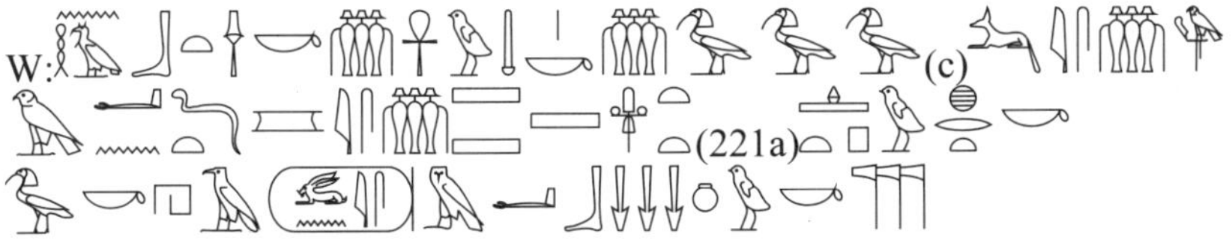

«Dein Lotusknospen-Szepter ist vor den Lebenden, dein Stab vor den *3ḫ.w* wie Anubis vor den Westlichen und Anedjti vor den Ostprovinzen. Wie zufriedenstellend ist dein Zustand. Dein *3ḫ*, o *Wnjs*, ist unter deinen Brüdern, den Göttern.»[15]

---

[13] So bei Sharpe 1855, Pl. 33 und 47.

[14] Englund, G.:  *Akh - une notion religieuse dans l'Egypte pharaonique* (*Boreas*, 11), Uppsala: Institute of Egyptology, 1978, 41.

[15] Faulkner, R.O.: *The Ancient Egyptian Pyramid Texts*, Oxford: Clarendon Press, 1969, 52, übersetzt die Adverbialsätze als Wunsch. Die verbale Form des Stammes *3ḫ* zeigt allgemein das phonetische Komplement *ḫ*, somit scheint ein circumstantialer verbaler Satz unmöglich,

Die Aussage, daß der König *ꜣḫ*-Kraft unter den *ꜣḫ.w* besitzt, wird auch Pyr 880c-d aufgenommen, wo der *ꜣḫ*-Zustand unter den *ꜣḫ.w* mit dem *sḫm*-Zustand unter den Göttern in Parallele gesetzt wird:

«Ihr habt ihn *ꜣḫ* unter den *ꜣḫ.w* sein lassen, ihr habt ihn unter den Göttern mächtig sein lassen.»[16]

Die *nṯr.w* werden in diesem Spruch sprachlich von den *ꜣḫ.w* gesondert behandelt. Trotzdem müssen die *nṯr.w* und die *ꜣḫ.w* eine Einheit gebildet haben, die das existenzielle Universum des Jenseits umschreibt. Unter den *ꜣḫ.w* will der König ein gleichberechtigter *ꜣḫ* sein, über die Götter will er Macht haben. Das zielt auf zwei existenzielle Ebenen, die Existenz unter Gleichen und die Herrschaft über Untertanen. Deutlich spielt der Autor mit den beiden Begriffen in verschiedenen Ebenen, die im Neuen Reich in einem Epitheton vereint erscheinen. Ob sich in diesem Zitat schon die Rangordnung abzeichnet, in deren Rahmen das vorausgesetzte Epitheton eingeordnet werden kann, bleibt in diesem Zitat noch fraglich.

Deutliche Hinweise auf die gewisse Rangordnung bietet das Epitheton "großer Gott", das dem König, doch auch anderen Urgöttern gegeben wird. Der König stellt sich mit diesem Epitheton über den Göttern, wie in Pyr 272a-b:

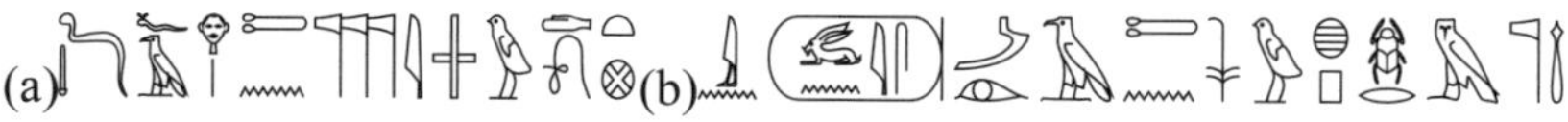

«Spruch. Erhebt euer Gesicht, Götter in der Unterwelt, *Wnjs* ist gekommen. Ihr seht ihn, der zu einem großen Gott geworden ist.»[17]

Die Götter sind in diesem Spruch eindeutig mit der Totenwelt verbunden und scheinen dort zu liegen, wie aus dem Gestus der Kopfhebung herauszulesen ist. Es ist sicher nicht das Ziel des verstorbenen Königs, unter diese Götter eingereiht zu werden.

Die Absicht dieser Texte ist, Parität für den König unter gleichgestellten lebenskräftigen Existenzen und Herrschaft über untergeordnete Mächte und Götter zu fordern.[18]

---

obwohl eine verbale Interpretation genau den gleichen Effekt hat: "weil du *ꜣḫ* bist". Faulkner: *Pyramid Texts*, 53, macht eine Zäsur nach *ḫr.t=k* und läßt mit *ꜣḫ=k* als Substantiv einen neuen Satz beginnen. Englund: *Akh*, 36, faßt die Phrase ohne Unterordnung als konkrete Aussage.

[16] Die beiden parallelen Sätze sind als Teile eines Wechselsatzes auffassen, vgl. Edel, 1955/1964, §480. Die *sḏm.n.f* Form muß ohne Einleitung nicht unbedingt untergeordnet sein, vgl. jedoch Faulkner 1969, 155. Englund 1978, 37, glaubt das Substantiv *ꜣḫ* bzw. *sḫm* an beiden Stellen erkennen zu können. Die phonetischen Komplemente sprechen jedoch dagegen. Die Struktur ist: *rdj* + untergeordnetes *sḏm.f.*

[17] Faulkner 1969, 62, weist zurecht Sethes kontroverse Auffassung zurück, daß der König die Götter ehre.

Dazu verhilft nach Pyr 903b der "liebende Sohn"[19] dem Vater:

«Horus hat dich vor den *3ḫ.w* *3ḫ*-wirksam und vor den Lebenden mächtig sein lassen.»[20]

Der Sohn agiert im Interesse seines Vaters und in seinem eigenen Interesse. Denn nur wenn die Interessen des Vaters gesichert sind, können auch die Interessen des Sohns verwirklicht werden. Englund hat an dieser Stelle auch die Geburt des *3ḫ* erwogen,[21] doch sollte die Aussage im Licht des Palermo-Steins gesehen werden, wo eindeutig "formen"[22] zu verstehen ist.[23]

Der Gedanke der Überlegenheit des toten Königs und sein Anspruch auf Herrschaft auch im Jenseits wird ebenfalls im Spruch 439[24] formuliert, wobei der Beweis mit der Behauptung geführt wird, dass der König auf allen Ebenen jeder anderen Existenzform überlegen sein möchte. Dieses Anspruch wird auch auf die *3ḫ.w* ausgedehnt, von denen bisher als Gleichgestellten gesprochen wurde (Pyr 813d, nach P):

(d) 

«*Ppj* wird mehr *3ḫ* als die *3ḫ.w*,»[25]

In Erweiterung erhebt der tote Königs diesen Anspruch aber auch gegenüber den „Ausgezeichneten" (*jqr.w*) und den „Dauerhaften" (*ḏd.w*) (Pyr 813e-f, nach P):

(e)  (f) 

«ausgezeichneter als die Ausgezeichneten sein,[26] und *Ppj* wird dauerhafter als die Dauerhaften sein.»[27]

---

[18] Englund 1978, 41, stellt die Absicht des Königs in Frage, auch im Jenseits (=Fortsetzung seines bisherigen Status) alle Macht zu besitzen.

[19] Zum Verhältnis von Vater zu Sohn s. Assmann 1976, 39.

[20] Zur Verbalform s. Edel 1955 /1964, §481.1; Englund 1978, 50 hat beide Wörter substantivisch aufgefaßt: «Horus a placé ton *3ḫ* présidant aux *3ḫw*, ta puissance présidant aux vivants.», siehe dagegen Faulkner 1969, 158, als Verba.

[21] Englund 1978, 51.

[22] Vgl. Redford, 1986, 87 mit Anm.55.

[23] Beispiele bei Schäfer 1902, Zl.(2) 1.5.8.9.10., Zl.(3) 11.13., Zl.(5) 4.10.

[24] Faulkner 1969, 146, übersetzt den Spruch in der ersten Person, doch sind alle vier Versionen in der dritten Person abgefaßt. Als Gegenbeweis kann nicht Pyr 812 a (P) angeführt werden: . Der Text ist dort offensichtlich verderbt.

[25] Faulkner 1969, 146, erklärt die Funktion von *wnn*: "an enduring state in present time", aber die Dauer reicht in die Zukunft. So wird im Adverbialsatz das Futur bezeichnet.

[26] Nur in Pyr 813e (P) ist das Subjekt des Adverbialsatzes ausgelassen, ansonsten entweder der volle Name des Königs oder einmal auch das abhängige Personalpronomen gesetzt. *3ḫ, jqr* und *ḏd* würden damit als Partizipia gekennzeichnet, siehe Edel 1955 / 1964, §946.

[27] Mit dem dritten Ausdruck reiht sich P wieder unter die allgemeinen Formulierungen ein.

Die beiden letzten Gruppen werden bei N mit drei Gottesstandarten determiniert. Beide Begriffe sind mit den übrigen vergöttlichten Verstorbenen verbunden, der erste weist auf die Qualität des Verstorbenen, der zweite auf möchte sich der König auch über diese erheben. Denn der König ist nicht tot, doch auch die übrigen Verstorbenen nicht, über die in den Pyramidentexten selbstverständlich nur aus der Sicht des Königs reflektiert wird. Der *ꜣḫ* gehört als potentieller Lebensspender zu den Mächten, mit denen der König über die Götter und Menschen herrschen will.

Der König möchte auch dem Rang nach gewichtiger als Re sein, der ihn stehend empfängt, nachdem der König in den Himmel gekommen ist.

(Pyr 812c-d)

«*Ppj* ist zum Himmel[28] herausgegangen und hat Re stehend gefunden, als er sich ihm näherte.»

Ein gewaltiger Gestus des Sonnengottes ist, dass der Sonnengott den König - ob als seinen Sohn, bleibt ungesagt - stehend empfängt.[29] Doch trotz der Ehrung und dem vielversprechenden Hinweis darauf, dass der König größer sei als der Sonnengott, darf sich der König wohl doch als mächtiger Sohn seines Vaters nur an dessen Seite niederlassen, wobei die Frage ausgeklammert bleibt, ob ihm die rechte Seite zukommt.[30]

(a)  (Pyr 813a)

«..., damit er (=König) an seiner Seite sitze.»

Re läßt den König wie in Pyr Spruch 582 die himmlische Mutter des Königs nicht auf der Erde (Pyr 813b-c):

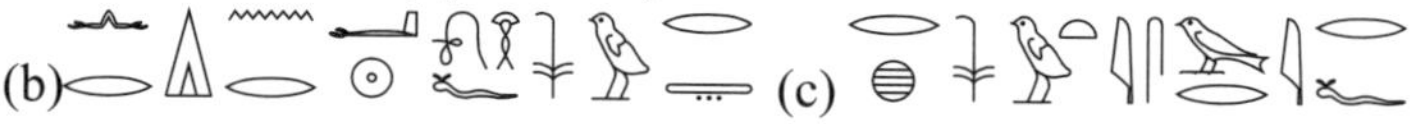

«Re läßt ihn nicht auf der Erde bleiben,[31] wissend, daß er wahrlich größer ist als er.[32]»

[28] Das *j* vor der Kartusche wird wohl mit dem *r* nach der Kartusche zu *jr* zusammengezogen werden müssen.

[29] Die Handlung erinnert an den homerischen Apollon Hymnus.

[30] Luft 2003, 285-305.

[31] Das *=f* kann sich nur auf den Sonnengott beziehen, weil durch die Parallelen die Verbindung des abhängigen Pronomens *sw* zum König eindeutig wird.

[32] In N wird die letzte Aussage erklärt, weil sie offensichtlich nicht mehr eindeutig verstanden worden ist. Der explanatorische Text heißt: *rḫ Nfr-kꜣ-rꜥ js pw sꜣ=f wr wr Nfr-kꜣ-rꜥ pn r nṯr=k* «wissend: Neferkare ist es wahrlich, sein großer Sohn. Neferkare ist größer als dein Gott». Die letzte Wendung fällt aus dem Aufbau des Spruches heraus, wo nirgends ein Gott angeredet wird. Denn in diesem Spruch wird nur konstatiert. Somit muß dem Text bei P und der leicht erweiterten Variante bei M der Vorzug gegeben werden.

Demzufolge kann der König am Schluß des Spruches die Herrschaft über die beiden Länder als König der Götter antreten (Pyr 814c):

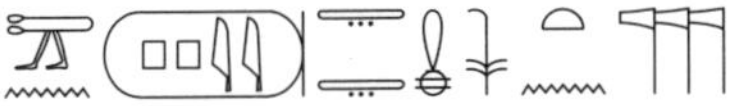

«*Ppj* hat die beiden Länder wie ein König der Götter ergriffen.»[33]

Nach Pyr 1566a - 1567b ist es die Mutter des toten Königs, die ihn unter die Götter im Himmel versetzt:

«Die Mutter des Königs *Ppj*,[34] die große Wildkuh, deren Feder lang ist, deren *ʿfn.t*-Kopftuch leuchtet, deren Euter strotzt, hat ihn zum Himmel erhoben - nicht lässt sie ihn auf die Erde bleiben - unter die Götter, die *ꜣḫ.w* haben.[35] *Ppj* sieht ihre *ꜣḫ.w*, weil er ihnen entsprechend *ꜣḫ* ist.»[36]

Der Platz des Königs als *ꜣḫ* ist unter den Göttern am Himmel. Diese werden ebenfalls als *ꜣḫ.w* angesehen. Damit ist eine hermeneutische Verbindung zwischen den *ꜣḫ.w* und den *nṯr.w* vorgegeben. Die Verbindung an sich ist in Ägypten keine Verpflichtung einmal Gedachtes aufzugeben. So bleiben auch hier die beiden Gruppen vereint getrennt.

In Spruch 357 wird der Bezug der "lebenspendenden Lichtkraft" zum Licht in einem Wortspiel verdeutlicht. Zuerst beendet Geb den Kampfzustand des Götterpaares um die Macht mit einem Opfer für Osiris, was nur aus der Rückgabe der Augen deutlich wird. Doch nicht Geb ist der Handelnde vor Osiris, Geb bleibt passiv im Hintergrund und lässt Horus für sich handeln.

---

[33] Das letzte Zeichen bei Sethe - hier nicht reproduziert - sieht aus wie ein *f* mit einem Haus (?). Die Varianten M und N haben nur *mj nsw*, bei N mit dem Horus auf der Standarte determiniert.

[34] Als Parallele s. Pyr 1370a: «Pepi ist der Sohn der Wildkuh.»

[35] Zur Konstruktion siehe Edel 1955 / 1964, §846. Pyr 1566c ist mit N sicher so zu lesen, nicht wie P *n wꜣḫ.n.j*. Die negative Aussage muß eingeschoben sein, weil der König unter die Götter gelangen will. *ꜣḫ.jw* ist eine Pleneschreibung der dritten Person maskulin Plural des Pseudopartizips, siehe Edel 1955 / 1964, §574 cc.

[36] *Mjj* muß wohl als *mj jrj* «wie entsprechend» verstanden werden.

Die Rückgabe der Augen ist die Restitution der heilen Welt. Dann erst wird die Fundgeschichte angedeutet, bei der die beiden Göttinnen zunächst in Aktion treten.

Doch sehr bald treten sie in den Hintergrund, weil das Zusammenfügen des Leichnams schon Horus zufällt, der von diesem Punkt allein handelt.[37] Dem folgt der Hinweis auf den *ȝḫ* in Pyr 585a:

«Der *ȝḫ* des Horus ist bei dir in deinen Namen Horizont, wo Re aufgeht.»[38]

Der Zusammenhang zwischen Osiris und dem Horizont ist noch in der Spätzeit nachweisbar, wenn beispielsweise im oberen Register der rechten Seitenwand des Naos Louvre D 29 Osiris neben vier Göttern, von denen *Skr* und *Ḫntj-jmn.tjw* sicher als "Totengötter" gelten dürfen, das Epitheton "Herr des Horizonts" erhält.[39]

Der Gedanke der göttlichen Praekonzeption des Königs findet sich auch in dem kurzen Spruch 429 (Pyr 779a-c):

«Spruch des Geb: Nut, du hast einen *ȝḫ*, du hast Macht im Leib deiner Mutter Tefnut, bevor du geboren wurdest. Du sollst *Ppjj* mit Leben und Herrschaftsmacht vereinen, denn er hat keine Mutter.»

Die Analogie ist deutlich. Der König hat keine Mutter, wird aber offensichtlich von einer Mutter mit *ꜥnḫ* und *wȝs* ausgestattet. Nut hat *ȝḫ*[40] und *sḫm* schon im Leib ihrer Mutter Tefnut besessen und ist demzufolge in der Lage, dies dem König weiterzugeben. Dabei tritt *ꜥnḫ* an die Stelle von *ȝḫ* und *wȝs* an die Stelle von *sḫm*.[41] Durch die Gabe von *ꜥnḫ* und *wȝs* erhält der König Zugang zu den lebenspendenden Kräften und auch zur Macht.

---

[37] Zur Analyse des ähnlichen Textes Spruch 364 vgl. Assmann 1977, 22. Bei einem Vergleich der beiden Texte werden auch sofort die Unterschiede deutlich.

[38] In der Parallele Pyr 633a ist der erste Teil so formuliert:  «Du hast *ȝḫ* aus ihm». Die Varianten von Pyr 585a P, M und N verdeutlichen den Bezug noch, indem dort das Suffix =*k* hinzugefügt wird. Die Parallele in Spruch 364, Pyr 621b, erwähnt den *ȝḫ* des Königs im Gegensatz zu dem Zitat Pyr 585a als einen erreichten Zustand in dieser Situation: . «Du bist *ȝḫ* in deinem Namen "Horizont, in dem Re aufgeht".»

[39] Siehe Piankoff 1933, 161-179.

[40] Die Form kann kaum verbal aufgefaßt werden, weil bei dem Verb - so scheint es zumindest - das phonetische Komplement gesetzt wird, während *sḫm* eine solche Kennzeichnung nicht hat. Die deutsche Übersetzung übergeht diese Feinheit

[41] Hannig 1995, 176 gibt als neue Bedeutung oder Bedeutungserweiterung "Herrschaft(sglück)", zu der natürlich "Macht" zu stellen ist.

In Pyr 590b präsentiert Geb Horus noch einmal dem Osiris, nachdem dieser schon bei seinem Vater gewesen ist, ihm den Seth geschlagen und unter ihn gesetzt hat, sowie ihm den Mund geöffnet hat. Der Spruch schließt damit, dass Horus das Auge von Seth zurücknimmt und dieses seinem Vater gibt. Diese Tätigkeit des Sohnes wird im abschließenden Vers des Spruches Pyr 592c zusammengefasst:

«Horus beseitigt den Mangel, den Seth dir verursacht hat.»

Die normale Übersetzung des Verbes *nḏ* ist "schützen, retten, eintreten für jem.".[42] Es ist jedoch daran zu denken, dass eine Mangelsituation wieder in Ordnung gebracht werden soll. Dundes hat die Situation im Märchen als anfängliche Mangelsituation und am Ende als Behebung der Mangelsituation beschrieben.[43] Das ist der Schnittpunkt, an dem sich in den Ritus eingebundene Mythos und das Märchen treffen. Märchen und Mythos formulieren in der Vergangenheit zum Zweck der Vergegenwärtigung. Die Wiederholung des Geschehens wird ins Präsens gesetzt, nicht in eine Erzählform gegossen, wie aus dem Vergleich der Sprüche 357 und 364 hervorgeht, und dient der Verfügbarkeit im Ritual. Diese Situation hat Assmann mit dem Begriff Götterkonstellation,[44] später Ikon[45] umschrieben. Die rituelle Verwendung der Konstellation entspricht in ihrer Vielfältigkeit und vor allem in der Zeitdimension nicht dem Mythos.[46]

In Spruch 450 wird der lebende Status des Königs mit einem Hinweis auf seine *3ḫ* und Machtsituation erklärt (Pyr 833a-b):

(a) 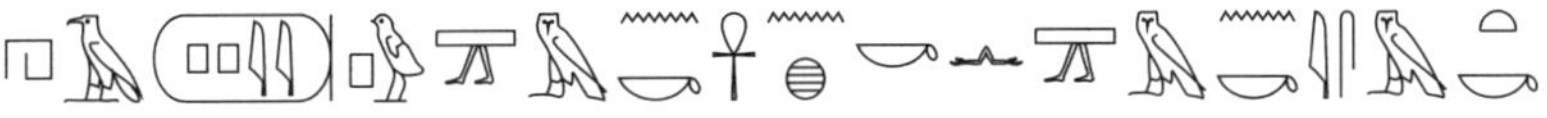

(b) 

«O *Ppj*, du bist gegangen, indem du lebst, du bist nicht gegangen, indem du tot bist. Du bist gegangen, indem du vor den *3ḫ.w 3ḫ*-wirksam und vor den Lebenden mächtig bist.»

Der König erscheint in Spruch 273/4 als der mächtige Gott, der mit allem ausgestattet ist, was seine Macht vergrößern hilft, und der alles an sich reißt, was seine Macht verkleinern könnte.

---

[42] Faulkner 1976, 143; Hannig 1995, 447a-b.

[43] Dundes, 1965, 206-215. Die Struktur des Märchens ergibt sich jedoch nicht immer aus dem Mangel und dessen Beseitigung, vgl. das Märchen vom Fischer und sin fruw, was wie ein negatives Modell der thesierten Struktur wirkt.

[44] Erstmalig in *Assmann* 1977, 23.

[45] Assmann 1982, 39.

[46] Assmann 1977, 20-21.

Seinen Eintritt in den Himmel begleiten Naturereignisse von ungeheurem Ausmaß, so sich wie ein mächtiger Gott ankündigt. Des Königs Handlungsweise wird dadurch begründet, dass er mächtiger als Atum sei (Pyr 395b):

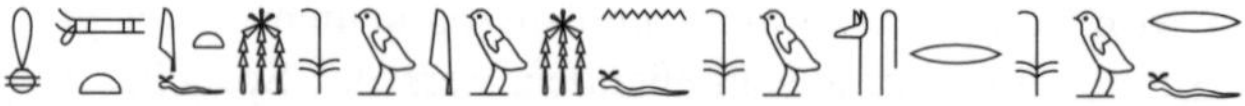

«wie sein Vater Atum, der ihn geschaffen hat. Er hat *Ttj* geschaffen. *Ttj* ist mächtiger als er.»

Das Zitat Pyr 396c beleuchtet die Bedeutung des Wortes *ꜣḫ* in einer spezifischen Weise.

«Die Leitende des *Ttj* ist an seiner Stirn, die Spähende des Ba, die Lebensspendende (=*ꜣḫ.t*) des Feuers.»

Die hier gegebene abweichende Übersetzung[47] fordert Erklärung. Zwar ist die Präposition *m-ḥꜣ.t* seit den Pyramidentexten belegt[48] und sollte auch so in der Übersetzung erscheinen, doch bei zusammengesetzten Präpositionen scheint es vor allem in den älteren Sprachstufen vorteilhafter, die einzelnen Elemente gesondert zu behandeln. Ich habe deshalb die Übersetzung von *m ḥꜣ.t=f* bei Faulkner und Altenmüller übernommen. Schwieriger ist das folgende Partizip *ptr.t* zu erklären, dessen Bezug auf die Schlange offensichtlich ist. Die beiden Augen als Determinativ spielen in einem Wortspiel auf das maskuline Wort *ptr.w* «die Augen des Sonnengottes» an. Allerdings ist darauf hinzuweisen, dass die doppelten Augen bei dem Verb *ptr* nicht nur an dieser Stelle vorkommen.[49] Durch die beiden Augen der Schlange kann der Ba, der räumlich hinter der Schlange platziert werden muss, sehen. Der Ba des Königs musste gar nicht dessen Körper verlassen. Die Frage, ob der Ba den Leichnam verlassen darf, wird offensichtlich erst im Mittleren Reich diskutiert. In den Pyramidentexten sehen die Ägypter den Ba, deutlich an den König gebunden, von dem die Pyramidentexte des Alten Reiches ausschließlich handeln, noch im engen Zusammenhang mit dem Körper, oder der Körper wird als das immobile Teil der Einheit nicht erwähnt, weil der König Ba ist.[50]

Die letzte Aussage schließt sich gedanklich eng an eine vorhergehende

Aussage an:

---

[47] Als Beispiele seien hier zwei gängige modernere Übersetzungen genannt; Faulkner 1969, 80 übersetzt: «The King's guiding-serpent is on his brow, even that which sees the soul, efficient for burning(?);». Ähnlich hat Altenmüller 1977, 20 die Stelle aufgefaßt: «die Führerschlange (*sšmwt*) des WT ist an seiner Stirn, die die Seelen (des Feindes) durchschaut und die wirksam ist mit der Flammenzunge(?).»

[48] WB III 20 (8). Edel 1955 / 1964, §790.

[49] Z.B.Pyr 476a.

[50] Assmann 2001, 116; Allen 2001, 161.

«Er ist mächtig im Horizont wie sein Vater Atum.»

Der König ist der Nachfolger des Atum im Horizont mit all der Machtfülle seines Vaters, und der Autor wird wohl nur mit dem Ausdruck «er ist mächtiger als er (=Atum)» ein wenig übertrieben haben. Auf jeden Fall gehört der König nun zu dem Sonnenkreis. In dem letzten Ausdruck von Pyr 396c scheint die Schlange, die das schützende Feuer speit, mit dem Wort «Lebenskraft» in den Strahlen der Sonne verschmolzen.

Mit Pyramidenspruch 273/274 ist schon der Weg zu den Sargtexten geebnet, in denen die Tradition der Pyramidentexte mit Variationen weiter-lebt. Die Reihe der Belege zu *ꜣḫ* ließe sich in den Pyramidentexten noch beliebig fortsetzen, doch wird damit die Bedeutung von *ꜣḫ* nicht besser abgesichert. Für das Alte Reich kann zusammenfassend gesagt werden, dass der tote König nicht einfach *ꜣḫ* sein möchte, sondern *ꜣḫ* der *ꜣḫ.w* und auch *ꜣḫ* unter den Göttern. Der *ꜣḫ,* der "lebenspendende Lichtgeist" ist aber nur ein Teil der Macht, die der König im Jenseits beansprucht. Es gehören dazu noch die *ḥkꜣ.w*-Mächte, der *kꜣ* und der *bꜣ*. Alle diese Kräfte haben ihren Platz in dem Leib, der nur zusammen mit ihnen am Leben gehalten werden kann.

Für den lebenden König haben die Ägypter diese Vorstellungen nicht so klar umschrieben: Der Horus-König hatte Anteil an der Ewigkeit über seinen verklärten Vater Osiris, doch nur dann wenn er die Rolle des liebenden und geliebten Sohnes voll ausfüllt. Diese Ewigkeit hat einen Beginn, aber kein Ende. Auch die Geburt ist ein Teil der Schöpfung, die mit dem täglichen Aufgang der Sonne, der Thronbesteigung des Königs, der ambivalenten Einbettung in den Raum und der Einbindung in den zyklischen Ablauf der Zeit den Beginn der Endlosigkeit und der Ewigkeit definiert. In einem solchen System, ausgerichtet auf die ewige Dauer, hat der Tod keine Macht über den Sterblichen.

Nach den vorgelegten Zeugnissen wird das Epitheton des Horus auf der Stele von el-Bersha und der Parallele in dem Grab des Nefersecheru[51] durchaus glaubwürdig und kann als Beweis für Veränderung der Göttlichkeit des Königs in Anspruch genommen werden.

[51] Osing 1992, 75 mit der Übersetzung „der Vortrefflichste der Götter", Text auf Tf. 44.

Literatur

Allen 2000 — Allen, J.P., Ba, in The Oxford Encyclopedia of Ancient Egypt, vol.1, Oxford University Press, 2001

Altenmüller 1977 — Altenmüller, H.: Bemerkungen zum Kannibalenspruch, in Fragen an die altägyptische Literatur. Studien zum Gedenken an Eberhard Otto, Wiesbaden: Reichert, 1977, 19-39.

Assmann 1976 — Assmann, J.: Das Bild des Vaters im alten Ägypten, in Das Vaterbild in Mythos und Geschichte, 1976.

Assmann 1977 — Assmann, J.: Die Verborgenheit des Mythos in Ägypten, in GM 25 (1977) 7-43.

Assmann 1982 — Assmann, J.: Die Zeugung des Sohnes. Bild, Spiel, Erzählung und das Problem des ägyptischen Mythosin J.Assmann - W.Burkert -F.Stolz (eds): Funktionen und Leistungen des Mythos. Drei altorientalische Beispiele (OBO, 48), Freiburg/Schweiz: Universitätsverlag, 1982.

Assmann 1992 — Assmann, J.: Ägypten. Theologie und Frömmigkeit einer frühen Hochkultur^2, Stuttgart-Berlin-Köln 1992.

Assmann 2001 — Assmann, J.: Ma^{c}at. Gerechtigkeit und Unsterblichkeit im Alten Ägypten, München 2001.

Dundes 1965 — Dundes, A.: Structural Typology in North American Indian Folktales, in A.Dundes (ed.): The Study of Folklore, Englewood Cliffs, 1965.

Edel 1955 / 1964 — Edel, E.: Altägyptische Grammatik (Analaecta Orientalia, 34/39), Roma: Pontoficium Intitutum Biblicum, 1955/1964.

Englund 1978 — Englund, G.:  Akh - une notion religieuse dans l'Egypte pharaonique (Boreas, 11), Uppsala 1978.

Faulkner 1969 — Faulkner, R. O.: The Ancient Egyptian Pyramid Texts, Oxford 1969.

Faulkner 1976 — Faulkner, R. O.: A Concise Dictionary of the Middle Egyptian, Oxford 1976.

Friedman 1984-1985	Friedman, F.: The Root Meaning of *3ḫ*: Effectiveness or Luminosity, in Serapis 8 (1984-1985) 39-46.
Hannig 1995	Hannig, R.: Großes Handwörterbuch Deutsch – Ägyptisch (2800 – 950 v.Chr.) (Kulturgeschichte der antiken Welt 86), Mainz 1995.
Hornung 1978	Hornung, E.: Meisterwerke altägyptischer Dichtung, Zürich - München 1978.
Jansen-Winkeln 1996	Jansen-Winkeln, K.: „Horizont" und „Verklärtheit": Zur Bedeutung der Wurzel *3ḫ*, in SAK 23 (1996) 201-215.
Leitz 2002	Leitz, Chr. (ed.): Lexikon der ägyptischen Götter und Götterbezeichnungen, Band 1: - (OLA 110), Leuven-Paris-Dudley, MA 2002
Luft 2003	Luft, U.: Rechts und links im gnostischen Denken, in *Acta Ant. Hung.* 43 (2003) 285-305.
Osing 1992	Osing, J.: Das Grab des Nefersecheru im Zawyet Sulṭan (AV 88), Mainz 1992.
Otto 1975	Otto, E.: Ach, in LÄ, Bd. 1, Wiesbaden 1975, 49-52.
Piankoff 1933	Piankoff, A.: Le naos D 29 du Musöe du Louvre, in RdÉ 1 (1933) 161-179.
Redford 1986	Redford,D.B.: Pharonic King-Lists, Annals and Day-Books. A Contribution to the Study of the Egyptian Sense of History (SSEA Publications, IV), Mississauga: Benben Publications, 1986. Schäfer, H.: Ein Bruchstück altägyptischer Annalen (SbBerlin, 1902), Berlin, 1902
Ritner 1993	Ritner, R. K.: The Mechanics of Ancient Magical Practice (SAOC, 54), Chicago, Ill. 1993.
Saleh – Sourouzian 1986	Saleh, M. - Sourouzian, H.: Die Hauptwerke im ägyptischen Museum Kairo, Mainz 1986
Schäfer 1902	Schäfer, H.: Ein Bruchstück altägyptischer Annalen (SbBerlin, 1902), Berlin, 1902
Sharpe 1855	Sharpe, S.: Hieroglyphic Inscriptions, second series from the British Museum and other sources, London 1855.
Urk IV	Urkunden des ägyptischen Altertums IV. 1: Urkunden der 18. Dynastie, Heft 1-4, bearb. und übers. von K.Sethe, Leipzig 1914

Sounds of the Netherworld

Colleen Manassa

Images from ancient Egyptian tombs and temples allow us to recapture the visual aspects of ritual and mortuary activity, but the accompanying sounds and smells remain more elusive. Sound may appear in its direct form - through representations of singing, clapping, and the playing of musical instruments[1] - or can be portrayed in a more subtle fashion. In the tomb of Ahmes at Amarna, a trumpeter blows his instrument into an empty register, while soldiers run above;[2] the blast of the trumpet fills the very space of the register.[3] Smell is even more elusive, and only depictions of burning incense on elaborate braziers[4] and textual descriptions of the "fragrance" of divinity[5] allows us to imagine the rich, pungent odour of the enclosed spaces within Egyptian temples. Egyptian religious *praxis*, particularly as executed within formal temple contexts, would have been a truly multi-sensory experience.[6]

I would like to thank Prof. John Coleman Darnell for discussing several aspects of the present article with me; many of the ideas here could not have been developed with the foundation of his work on the Underworld Books and the goddess of the eye of the sun. A debt of gratitude also goes to Ms. Fran Seay, who introduced me to the work of Wassily Kandinsky, whose writings on synesthesia influenced my interpretations of the Eighth Hour of Amduat.

[1] L. Manniche, *Music and Musicians in Ancient Egypt* (London, 1991); for a rock inscription depicting a man, whose head is raised—probably in song to the goddess Hathor, compare Wadi el-Hol 15 (J. C. Darnell, *Theban Desert Road Survey in the Egyptian Western Desert* I [Chicago, 2002], pp. 126-127) .

[2] N. Davies, *The Rock Tombs of El-Amarna* Part III—*The Tombs of Huya and Ahmes*. London, 1905), pl. 31.

[3] J. C. Darnell and C. Manassa, *Tutankhamun's Armies* (Hoboken, N. J., 2007), pp. 191-193.

[4] For the theological significance of incense, compare among the many possible references L. Žabkar, "A Hymn to Incense in the Temple of Arensnuphis at Philae," in A. B. Lloyd, ed., *Studies in Pharaonic Religion and Society in Honour of J. Gwyn Griffiths* (London, 1992), pp. 236-245.

[5] Among the many possible examples, compare the description of Amun in the Divine Birth scenes (H. Brunner, *Die Geburt des Gottkönigs*, 2nd ed. [Wiesbaden, 1986], p. 51 and pl. 4): *rs.n=s ḥr sty nṯr ... ꜥḥ bꜥḥ.(w) sty nṯr ẖnm=f nb m Pwn.t* "Because of the scent of the god did she awake ... the palace was inundated with the scent of the god, every odor of his was like that of Punt." For an overview of the significance of scent in ancient Egypt, see L. Manniche, *Sacred Luxuries: Fragrance, Aromatherapy & Cosmetics in Ancient Egypt* (Ithaca, 1999).

[6] R. B. Finnestad, "Enjoying the Pleasures of Sensation: Reflections on a Significant Feature of Egyptian Religion," in E. Teeter and J.A. Larson, eds., *Gold of Praise, Studies on Ancient Egypt in Honor of Edward F. Wente* (*SAOC* 58; Chicago, 1999), pp. 111-119; D. van der Plas, "«VOIR» Dieu – Quelques observations au suject de la fonction des sens dans le culte et la dévotion de l'Égypte ancienne," *BSFE* 115 (1989): 4-35. The importance of different senses in Egyptian religious texts may represent an early recognition of synesthesia, the experience of one sense as another—for example, particular sounds may be visualized in some individuals as particular colors. For auditory-visual synesthesia, see C. Tyler, "Varieties of Synesthetic Experience," in L. Robertson, ed., *Synesthesia: Perspectives from*

The ancient Egyptians applied the same multi-sensory perspective to the other world. In one of the most extreme examples, rotting corpses may be so pungent that the sun god maintains his distance while he addresses them.[7] While sight and smell form an integral part of the journey of the sun through the twelve hours of the night, the sacred "illustrated manuscripts" known collectively as the Underworld Books place particular emphasis on sound. In the Book of Gates, each time Re passes through an hour of the night (*wnw.t n.t grḥ*) — an expression of space as well as time[8] — the door to that region falls shut, which instigates a great wailing on behalf of its inhabitants.[9] Baboons sing at the arrival of the sun god in the Book of Amduat,[10] who may appear as the corpse the "Netherworldly baboon" in the Litany of Re,[11] and the king himself imitated these solar creatures in the course of temple rituals.[12]

Cognitive Neuroscience (Oxford, 2004), pp. 37-40. For synesthesia more generally, see K. Dann, *Bright Colors Falsely Seen: synesthesia and the search for transcendental knowledge* (New Haven, CT, 1998). Compare also the work of the expressionist painter Wassily Kandinsky on color as sound in *Über das Geistige in der Kunst,* 10th ed. (Bern, 1973), pp. 57-112.

[7] Piankoff, *Le création du disque solaire*, pl. 14, l. 7-15, l. 1:
nn n nṯr.w m sẖr pn m iꜣ.t=sn
ꜥḥꜥ.y m-ẖnty ḏbꜣ.t=sn ḥwꜣy=sn m iwtyw=sn
iw nṯr pn ꜥꜣ ḏwi=f bꜣ.w=sn
iwty mꜣꜣ=f sn n ꜥꜣ<t n> sti=sn iwtyw=sn
These gods are in this fashion in their mound(s),
standing inside their sarcophagi, while they rot in their efflux.
This great god addresses their bas,
without looking at them, because of their stench and their efflux.
A variant text to the Second Hour of Amduat on the sarcophagus of Nectanebo II shows a similar concern with stench: *sšrt n snṯ.w=ṯn n ḏwi sṯ ḥwꜣ.wt=ṯn nḏmt n nfrw.t=tn*
"Desiccation be to your corpse, because of the evil stench of your putrefaction! May your corporeal remains (*nfrw.t*) smell sweet!"
(C. Manassa, *The Late Egyptian Underworld: Sarcophagi and Related Texts from the Nectanebid Period,* ÄAT 72 [Wiesbaden, 2007], pp. 223-224, note b).

[8] I. Hegenbarth-Reichardt, *Der Raum der Zeit. Eine Untersuchung zu den altägyptischen Vorstellungen und Konzeptionen von Zeit und Raum anhand des Unterweltsbuches Amduat* (AÄT 64; Wiesbaden, 2006).

[9] E. Hornung, *Das Buch von den Pforten des Jenseits nach den Versionen des Neuen Reiches* (*AH* 8; Geneva, 1979-80), vol. 2, pp. 73-74.

[10] E. Hornung, *Texte zum Amduat* (Geneva, 1987), vol. 1, p. 140: *rn.w n.w nṯr.w ḥsi.w n Rꜥ ꜥq=f m dwꜣ.t* "Names of the gods who sing for Re, when he enters into the Underworld." The sarcophagi of Nectanebo II (BM EA 10) and Tjaihorpata (CG 29306) request that the baboons likewise raise their voices in song for the deceased: *ḥsi=sn n Wsir N m dwꜣ.t mi Rꜥ* "May they sing for Osiris N in the Underworld like Re." (Manassa, *Late Egyptian Underworld,* p. 204).

[11] Address 69, E. Hornung, *Das Buch der Anbetung des Re im Westen (Sonnenlitanei) nach den Versionen des Neuen Reiches* (AH 2; Geneva, 1975), p. 78); for commentary and parallel texts in the Underworld Books, see Manassa, *Late Egyptian Underworld,* pp. 86-88.

[12] H. te Velde, "Some Remarks on the Mysterious Language of the Baboons," in J.H. Kamstra, H. Milde, K. Wagtendonk, eds., *Funerary Symbols and Religion* (Kampen: J.H. Kok, 1988), pp. 129-137.

In the egg of Sokar in the lower register of the Fifth Hour is heard the sound of re-creation itself: "the roar of heaven when it storms."[13]

The Seventh Hour of the Book of Amduat relates that in the depths of the Netherworld, the darkness is so complete that Re and his divine compatriots can only locate the chaos serpent Apep through his noisome roars.[14]

In each of the aforementioned examples, the sensory experiences within the Underworld Books relate to specific deities or events within a region of the Netherworld. Each sound or smell reinforces the visual imagery[15] - for example, the chatter of baboons in the First Hour of Amduat would recall the rich iconography of sunrise, thus presaging Re's triumphal exit from the Underworld in the eastern horizon. In one specific case, which will form the core of the present examination, sounds heard within the Underworld appear to be entirely unrelated to the imagery of that region of the nightly journey of the sun. The ten caverns within the Eighth Hour of the Book of Amduat each contain a distinct sound, which are not only unrelated to the deities who inhabit the cavern, but at first glance appear to be unrelated to one another.[16] A careful examination of each sound and its theological allusions suggest an entirely different understanding of the cacophony through which Re sails in the Eighth Hour of the night—all of the sounds allude to a single theological event. Each sound "paints" a different part of a divine tableau: the sexual union of Hathor, in her cosmic manifestation of the goddess of the eye of the sun, with the unified Re-Osiris at the time of the New Year and the inundation.

The interpretation of the sounds within the Eighth Hour of Amduat may in turn be tested against ancient Egyptian commentary on the Underworld Books. Although not as direct as the demotic commentaries on earlier religious compositions, such as the Book of Nut,[17] the juxtaposition of texts and scenes from the Underworld Books, as well the addition of new passages, on Late Period sarcophagi represent a form of ancient textual criticism.[18]

---

[13] Hornung, *Texte zum Amduat,* vol. 2, pp. 444-445; for further discussion of this passage, see pp. 123, 132 below.

[14] E. Hornung, *Texte zum Amduat*, vol. 2, p. 551: *in ḫrw=f sšm nṯr.w r=f* "It is his voice that lead the gods against him." In order to bypass the serpent Apep successfully, Re must conceal his own eye - the solar disk - so that Apep does not swallow it along with the waters on which the solar bark sails; Re's protective measure contributes to the gloom and impenetrable darkness of the Seventh Hour of the night (see further Manassa, *Late Egyptian Underworld,* p. 304).

[15] For the complementary relationship between sound and visual stimuli and the experience of synesthesia, see note 6, above.

[16] The following discussion of the sounds in the Eighth Hour of the Book of Amduat and the "Amduat Cosmogony" is an extended version of commentary that appeared in *The Late Egyptian Underworld,* pp. 157-161, 252-263. Further references and additional discussions of each sound within the cavern, as well as a more detailed discussion of the theology of the goddess of the eye of the sun and her *hieros gamos* with Osiris are provided here.

[17] A. von Lieven, *Grundriss des Laufes der Sterne, Das sogenannte Nutbuch* (*CNI Publications* 31; Copenhagen, 2007), pp. 258-273.

[18] Manassa, *Late Egyptian Underworld,* pp. 9-10, 441-445.

Three Nectanebid through early Ptolemaic Period sarcophagi[19] contain an additional text associated with the middle register of the Eighth Hour, which does not appear in any New Kingdom sources. This Late Period composition finds its closest parallels in New Kingdom hymns to Amun and may be characterized as a cosmogony; this "Amduat Cosmogony" on the Late Period sarcophagi in turn provides corroboration for the interpretation of the sounds within the Eighth Hour of Amduat presented here.[20]
Like the First Hour of the Book of Amduat, the three registers of the Eighth Hour are further subdivided. While the solar bark sails straight through the middle register of the Eighth Hour with the aid of human haulers,[21] the upper and lower registers each consist of five caverns separated by door leaves. In the upper register, each of the five caverns contains three deities seated upon cloth signs, while three to five often diverse deities appear in the caverns of the lower register.[22] Within each cavern is a short annotation that follows a basic template, with the primary difference being the name of the cavern and the sound heard within it. For example, the annotation to the first cavern states:[23]

wnn=sn m sẖr pn ḥr mnḫ.t=sn
  m št3.w n 1r iwꜥ Wsir
nṯr pn ḏwi=f n b3.w=sn
  m-ḫt ꜥq=f m niw.t tn n.t nṯr.w ḥry.(w) šꜥ=sn
iw sḏm=tw ḫrw ḫt m qrr.t tn mi ꜥff ꜥš3 n bit.w
b3.w=sn ḏwi n Rꜥ
št3 rn n qrr.t tn

---

[19] Nectanebo II (British Museum EA 10), Tjaihepimu (Berlin 49), and Djedher (Louvre D9).

[20] The Late Period sarcophagi also confirm that other parallels discovered by modern Egyptologists were recognized by ancient Egyptian scholars (see Manassa, *Late Egyptian Underworld*, pp. 9-10).

[21] The hauling of the bark and the sandy nature of the caverns in the Eighth Hour of Amduat are reminiscent of the desert regions of Rosetau in the Fourth and Fifth Hours of Amduat (Hornung, *Das Amduat*, pp. 90-91; U. Rössler-Köhler, "Königliche Vorstellungen zu Grab und Jenseits im Mittleren Reich, Teil I," in R. Gundlach and W. Seipel, eds., *Das frühe ägyptische Königtum* [*ÄAT* 36,2; Wiesbaden, 1999], pp. 73-96). The diverse decorative schemes of Late Period stone sarcophagi further emphasize the complementary nature of the Fourth/Fifth and Eighth Hours of Amduat. The sarcophagus of Tjaihorpata (CG 29305) contains ten of the twelve hours of the Book of Amduat, omitting only the Fourth and Fifth Hours; the sarcophagus of Wereshnefer (MMA 14.7.1) contains eleven of the twelve hours of Amduat, leaving off only the Eighth Hour.

[22] These visible images of divinity sit upon or near cloth signs, as described in the annotations (Hornung, *Texte zum Amduat,* vol. II, pp. 591-592):
wnn=sn m sẖr pn ḥr mnḫ.t=sn mn.(w) ḥr šꜥ=sn
m št3.w ir.n 1r
They exist upon their clothing,
firm upon their sand
as the mysteries which Horus has made.

[23] Hornung, *Texte zum Amduat*, vol. 2, pp. 588-590.

They exist upon their clothing
as the mysteries of Horus, the heir of Osiris.
This great god calls to their *ba*s,
after he enters into this locale of the gods who are upon their sand.
A sound is heard in this cavern like a swarm of honey-bees.
It is their *ba*s who call to Re.
"Mysterious" is the name of this cavern.

Due to the consistency of the annotations from one cavern to another, a list of the sounds heard within each cavern and the names of the caverns provides the best comparison of the significant aspects of the texts of the upper and lower registers of the Eighth Hour:[24]

Cavern	Sound (*ḫrw*)	Name (*rn*)
1	*ꜥff*[25] *ꜥšꜣ n bit.w* swarm of honey bees	*štꜣ* Mysterious
2	*sqr m biꜣ.wy* striking cymbals	*dwꜣ.t* Underworld
3	*rmṯ iꜣkb=sn* people when they mourn	*is nṯr.w* Tomb of the Gods
4	*nim kꜣ kꜣ.w* the bull of bulls becoming pleased	*iꜣkby.t* Mourning One
5	*nḥw ꜥꜣ nsn=f* demand, whose raging is great	*nb.t ṯꜣw* Mistress of Wind
6	*sbḥ miw ṯꜣy* cry of a tom-cat	*ḥtp nb=s* She who pacifies her lord

[24] Hornung, *Texte zum Amduat,* vol. 2, pp. 589-603, 626-642.
[25] The sarcophagus of Ramesses III is the only example to precede the description of the sound with the word *ḫrw*.

7	*hmhm.t n.t ꜥnḫ.w* roar of the living	*ḥtm.t ḫmy.w* She who destroys those who do not know[26]
8	*hꜣꜣ npr.wt m nwn* banks falling into Nun	*ḥꜣp.t sšm.w=s* She who hides her images
9	*ngg n bi͗k nṯry* screech of the divine falcon	*sḥr.t bꜣ.w=s* She who removes her *ba*s
10	*sbḥ sš dmḏ* the cry of the entire marsh	*ꜥꜣ.t tkꜣ.w* Great of torches

The sounds in the ten caverns of the Eighth Hour of Amduat each differ in the source of the sound, its character, and its volume. Animals (bees, bull of bulls, tom-cat, divine falcon, and the marshes), people, and inanimate objects - natural (banks) and man-made (cymbals) - create the sounds, which can be as quiet as the buzzing of bees or as loud as the roar of mankind. Music-making, such as the striking of cymbals, appears alongside raw, animal sounds, such as the cry of a tom-cat and a rutting bull. Although the numbering of the caverns coincides with the direction in which Re sails through the hour, this does not necessarily imply that the sounds are part of a temporal progression. The caverns of the upper and lower registers of the Eighth Hour should be imagined as existing to either side of the solar bark,[27] thus the physical arrangement of the caverns would suggest a relationship between pairs of caverns in each register.[28] The following analysis will examine the sounds of each individual register, with the theological significance of the ensemble of sounds in all ten caverns remaining the primary focus of the commentary.

In the first cavern, the constant and penetrating noise of a swarm of bees (*ꜥff n bit*)[29] recalls the importance of the insect in the process of creation;[30]

---

[26] On the sarcophagus of Nectanebo II (BM EA 10), the name of this cavern is *ḥtmy.t* "Place of destruction" (Manassa, *Late Egyptian Underworld,* p. 261[the transliteration should reflect the fact that Tjaihorpata follows the New Kingdom version – *ḥtm.t ḫmy.w* "she who destroys those who do not know"] and pls. 185B).

[27] W. Barta, "Der Weg des Sonnengottes durch die Unterwelt in Amduat und Höhlenbuch," *GM* 100 (1987): 7–14.

[28] The resulting pairs of sounds might be explained as follows: solar noises (bees [1] and tom-cat [6]), man-made sounds of celebration (cymbals [2] and roar of the living [7]), violent/destructive sounds (mourning [3] and banks falling into Nun [8]), sounds of powerful animals (bull of bulls [4] and falcon [9]), with no obvious connection other than the volume of the sound existing between the raging demand and the cry of the marsh in the final cavern of each register.

[29] The term *ꜥff* is either an onomatopoetic use of the name of a fly to mean "buzzing noise" (Hornung, *Das Amduat*, vol. 2, p. 143) or more likely—and as suggested by the spelling *ꜥf* in four New Kingdom copies and on the sarcophagus of Tjaihorpata (Manassa, *Late Egyptian Underworld,* vol. 2, pl. 227, First Cavern, l. 6)—an example of *ꜥfi n bi.t*, Coptic ⲁϥⲛ̄ⲉⲃⲓⲱ,

in P. Salt 825, the tears of Re transform into honey-bees:[31]
wn.in Rʿ rmi=f m wḥm
h3i mw m ir.t=f r t3
ḫpr=f m ʿfy
wnn ʿfy.w qdiw
ḫpr wp=f m ḥrr.w(t) n sḫ.wt nb.t
ḫpr mnḥ pw
ḫpr bit pw m mw=f
Then Re weeped again,
with the result that tears descended from his eyes to the earth.
It was into a bee that it transformed.
As soon as all the bees had been fashioned,
its work in the flowers of all the fields came into existence.
It means that beeswax came into being;
it means that honey came into being from its liquid.

"honey-bee" (*Wb.* I 182.11; W. Vycichl, *Dictionnaire étymologique de la langue Copte* [Leuven, 1983], p. 21).

[30] Leclant, "Biene," in *LÄ* I (1973): 786-789; Th. Bardinet, "La mouche et l'abeille: l'utilisation de la propolis d'après les textes médicaux de l'Égypte pharaonique, première partie," *GM* 170 (1999): 16-23; L. Baque Manzano, "Bees and Flowers in Ancient Egypt: A Symbiotic Relationship within the Mythopoeic Concept of Light," in S. Aufrère, ed., *Encyclopédie religieuse de l'univers végétal, croyance phytoreligieuses de l'Égypte ancienne* 2 (*Or. Mons.* 9; Montepellier, 2001), pp. 511-517 (note that the references to P. Leiden I 350 on p. 512 are actually references to other texts, cited by Zandee as parallels to the Amun hymn). On the symbolism of the bee, including Graeco-Roman sources about Egypt, see also B. van der Walle, "La laborieuse abeille dans l'ancienne Égypte," *Acta Orientalia Belgica* 5 (1988): 147-151. The Egyptian symbolism of the bee within the larger context of African belief systems appears in the somewhat speculative article by O. Pfouma, "Á propos de l'Abeille égyptienne et des Textes des Sarcophages," *Cahier Carbibéens d'Egyptologie* 6 (2004): 109-116. From the New Kingdom onward, temples played an important role in honey production and collection (Baqué Manzano, in Aufrère, ed., *Encyclopédie religieuse de l'univers végétal* 2, pp. 498-505; B.J.J. Haring, *Divine Households, Administrative and Economic Aspects of the New Kingdom Royal Memorial Temples in Western Thebes* [Leiden, 1997], pp. 356-357). In addition to its symbolic significance, honey also had numerous practical applications in medical treatments—see *inter alia* E. Rand Nielsen, "Honey in Medicine," *Atti VI Congresso Internazionale di Egittologia* II (Turin, 1993), pp. 415-41; Th. Bardinet, *Les papyrus médicaux de l'Égypte pharaonique* (Paris, 1995), p. 575 s.v. "miel"; F. Poole, "'Cumin, set milk, honey': an ancient Egyptian medicine container (Naples 828)," *JEA* 87 (2001): 175-180 (the vessel is particularly interesting for showing continuity in the use of honey in medical recipes from the New Kingdom through the Late Period).

[31] P. Derchain, *Le papyrus Salt 825 (B.M. 10051), rituel pour la conservation de la vie en Égypte*, 2 vols. (Brussels, 1965), vol. II, p. 2*, col. II, ll. 5-7. Bees are also solar animals in a parable about the insects in the Myth of the Eye of the Sun (col. VI, l. 31 – col. VII, l. 27; F. de Cenival, *Le mythe de l'oeil du Soleil* Demotische Studien 9 [Sommerhausen, 1988], pp. 18-21); the comparison of the bee to the cat as manifestations of Re in col. VII, l. 15 is a particularly appropriate parallel for the Eighth Hour of Amduat, whose sounds include the buzzing of bees and the cry of the tom-cat.

The specific associations between Min, bees, and honey[32] add a sexual connotation to the insect sound.

For example, at Edfu temple, the presentation of honey is linked directly with the sexual potency of an ithyphallic god, here Banebdjed:[33]

sꜥr ꜥ ẖr bity ni rḫ=s
nhp ḏ.t n.t kꜣ sṯy

Raising up the vessel containing honey, which is unknown (i.e. mysterious), making erect the phallus of the ejaculating bull.

In the Daily Temple Ritual for Amun, honey is called the *ir.t Ḥr bnr.t infw n.w ir.t Rꜥ* "sweet eye of Horus, efflux of the eye of Re",[34] and in later temple ritual, this material was deemed particularly appropriate as an offering to ithyphallic creator gods. Both of these features identify honey with the goddess Hathor - who herself comes forth from the solar eye and also sexually arouses the creator deity; honey was so closely associated with Hathor that consuming honey was a *bwt*-abomination during one of her festivals at Dendera.[35] The buzzing bees within the First Cavern also relate directly to the sexually satisfied bull who cries out in the Fourth Cavern of the Eighth Hour of Amduat, as an interesting passage in the "Mut Ritual" demonstrates. As Mut, the goddess of the eye of the sun, travels through the marshes of Egypt, she encounters numerous people and animals; while traversing Bubastis, the celebrants exclaim:[36]

---

[32] The association between honey and Min appears as early as New Kingdom sources of Min processions that include a group of people called the *ꜥfy.w* "those of the honey-bee" (H. Gauthier, *Les fêtes du dieu Min,* RAPH 2 [Cairo, 1931], pp. 246-247; idem., *Les personnel du dieu Min*, RAPH 3 [Cairo, 1931], p. 86). However, honey appears as an offering for Amun and Re-Horakhty in New Kingdom scenes, but not for the god Min—see the examples collected in P. J. Frandsen, "The Bitter Honey at Dendera," in E. Czerny, et al., eds., *Timelines: Studies in Honour of Manfred Bietak,* OLA 149 (Leuven, 2006), vol. 3, pp. 200 n. 29. In Ptolemaic temples, honey is offered primarily to ithyphallic deities, such as Min, bearing strongly sexual epithets—see Zecchi, *Aegyptus* 77 (1997): 72-78; Wilson, *Ptolemaic Lexikon,* pp. 309-310.

[33] E. Chassinat, *Le temple d'Edfou,* vol. III (Cairo, 1928), p. 258, ll. 2-3; translation slightly altered from Zecchi, *Aegyptus* 77 (1997): 76-77.

[34] P. Berlin 3055 VII, ll. 3-4 (*Hieratische Papyrus aus den Königlichen Museen zu Berlin,* Erster Band: *Rituale für den Kultus des Amon und für den Kultus der Mut* [Leipzig, 1901 (repr. 1970)]; for this section of the Amun Ritual, see A. Moret, *Le rituel du culte divin journalier en Égypte* (Paris, 1902), pp. 70-77.

[35] Frandsen, in Czerny, et al., eds., *Timelines*, vol. 3, pp. 197-201; as Frandsen notes (p. 199): "Hathor and honey have the same origin and are therefore consubstantial. This would explain the prohibition against eating honey at Dendara, because such an act would be tantamount to devouring the goddess, thus bringing about a cosmic catastrophe." For the Hathoric festival in the fourth month of Akhet at Dendera, during which eating honey was *bwt,* see E. Chassinat, *Le temple d'Edfou,* vol. V, p. 348, l. 1.

[36] P. Berlin 3053 XIII, ll. 6-7; U. Verhoeven and P. Derchain, *Le voyage de la déesse libyque, Ein text aus dem «Mutritual» des Pap. Berlin 3053.* Rites égyptiens V (Brussels, 1985), pp. 16, 41-42 (noting the connection between the bees and Sais).

mỉ n
ỉry=n n=s tiw [*m*] *bity swhꜣ.n kꜣ m grḥ*
Come!
We should harmonize[37] with the bees, after the bull has cried out in the night.

The worshippers of the goddess accompany the buzzing of bees - who produce the honey, a manifestation of the goddess herself - that follows the "cry" of the bull. The sounds captured within the Mut Ritual are identical to two sounds within the Eighth Hour of Amduat and provide striking confirmation for the Hathoric significance of the netherworldly sounds. The bees and their implied product, honey, also presage the ithyphallic creator deity who appears within the Amduat Cosmogony. Numerous depictions of the ithyphallic Re-Osiris appropriate to the apian imagery appear within the Underworld Books.[38] The name of the first cavern – *štꜣ.f* "Mysterious" - reinforces the location of the buzzing bees within the Underworld.
The lively associations of honey continue into the second and fourth caverns of the upper register, which contain the sounds of clashing cymbals and the cry of sexual satisfaction. The music-making recalls Hathor, while the bull of bulls is an appropriate description of her male consort, who appears as Tatenen in the Amduat Cosmogony (see below). The metal instruments, *biꜣ.wy*[39], may refer to a pair of castanet-like instruments, as the writing  on the sarcophagus of Tjaihorpata (CG 29306) suggests[40] (Figure 1B); similar elongated signs appear in the tomb of Amunhotep II and Amunhotep III (Figure 1A),[41] leading to the reinterpretation as the cloth sign in Nineteenth Dynasty tombs.

[37] Literally "agree with" (*Wb.* V 242.5); the *Belegstellen* cites only two examples—this one from the Mut Ritual and P. d'Orbiney 19, 5. The latter passage simply expresses agreement with a juridical decision: *iw=tw ḥr ir*(*t*) *tiw im=sn* "And one agreed with them."

[38] J. C. Darnell, *The Enigmatic Netherworld Books of the Solar-Osirian Unity, Cryptographic Compositions in the Tombs of Tutankhamun, Ramesses VI, and Ramesses IX* (*OBO* 198; Freiburg, 2004), pp. 398-424. Compare also the headless ejaculating Osiris on the Type II Late Period sarcophagi, who awaits the return of his head, the solar disk (Manassa, *Late Egyptian Underworld,* pp. 37-41).

[39] For the reading of the two metal signs as *biꜣ.wy*, see H. Jenni, *Das Dekorationsprogramm des Sarkophages Nektanebos' II.* (AH 12; Geneva, 1986), pp. 20-22; on the term *biꜣ.wy*, see also St. Grunert, "Ein neuer demotischer Tempeleid (DO Prag P 3904)," *ZÄS* 109 (1982): 124-125. For a collection of passages with the phrase *sqr m biꜣ.wy*, see A. von Lieven, "Eine punktierte Osirisliturgie (P. Carlsberg 589 + PSI Inv. I 1-4 + P. Berlin 29022), in K. Ryholt, ed., *The Carlsberg Papryi 7: Hieratic Texts from the Collection* (*CNI Publications* 30; Copenhagen, 2006), pp. 27-29.

[40] Manassa, *Late Egyptian Underworld,* p. 255.

[41] Hornung, *Texte zum Amduat*, vol. 2, p. 593; The later Eighteenth Dynasty forms (Amunhotep II and Amunhotep III) may also be a confusion based on the unusual form of the sign in hieratic (Möller, *Hieratische Palaographie,* vol. 2, p. 53).

In fact, the apparent metal signs in the versions of Thutmose I, Useramun, and Thutmose III[42] may depict castanets as they are known in more recent Spanish and Moorish music.

A.

B.

[42] If the Eighteenth Dynasty versions do represent a form of Gardiner N34 (), they are not based on Old Kingdom prototypes. Although the forms of the signs in Thutmose I and Thutmose III resemble one form of N34 in use during the Old Kingdom (H. Junker, "Die Hieroglyphen für 'Erz' und 'Erzarbeiter'," *MDAIK* 14 [1956]: 92-94), considering the possibility of an ideographic writing for "cymbals/castanets" in the Amduat, one cannot use this as evidence for dating the *Vorlage* of the Book of Amduat to the Old Kingdom (*contra* von Lieven, in K. Ryholt, ed., *The Carlseberg Papyri* 7, p. 27, whose dating of the Underworld Books the Old Kingdom shows a lack of understanding of the religious concepts underlying the texts. For the date of the various compositions within the corpus, some of which (e.g. the Book of Amduat) most likely originate in the Middle Kingdom, see Manassa, *Late Egyptian Underworld,* p. 3 n. 9, 443 and references therein, particularly Darnell, *Enigmatic Netherworld Books,* pp. 467-471; A. Baumann, *The Suffix Conjugation of Early Egyptian as Evidenced in the Underworld Books* (unpublished Ph.D. dissertation, The University of Chicago, 1998), pp. 449-453 (the Old Kingdom grammatical forms are more consistent with intentional Middle Kingdom archaisms, since the language of the Underworld Books has little in common with the Pyramid Texts); for a Middle Kingdom date, see also U. Rössler-Köhler, "Königliche Vorstellungen zu Grab und Jenseits im Mittleren Reich, Teil I," in R. Gundlach and W. Seipel, eds., *Das frühe ägyptische Königtum* (*ÄAT* 36,2; Wiesbaden, 1999), pp. 73-96.

In Coffin Text Spell 24 (*CT* I 74g), the playing of the *bỉꜣ.wy* celebrates the appearance of the deceased and the opening of the portals of heaven and earth:[43]

> *ỉw ḥꜣ n=k ỉn ḏr.ty Ỉs.t pw ḥnꜥ Nb.t-ḥw.t*
> *ỉw sqr n=k bỉꜣ.wy* (ƆƆ) *m-bꜣḥ nṯr.w*
> The two kites (they are Isis together with Nephthys) mourn[44] for you.
> The two cymbals are struck for you before the gods.

The striking of the cymbals accompanies a similar divine appearance in Spell 60 (*CT* I 248a-b):

> *ḫꜥ nṯr m-ẖnw kꜣr=f sḏm=f sqr m bỉꜣ.wy* (ƆƆ)
> The god appears in glory in his shrine, he hearing the striking of the cymbals.

Although music and even raised voices were forbidden in certain Osirian sanctuaries in specific circumstances,[45] instrumental music was appropriate to the revivification of Osiris and the celebration thereof.[46]

The striking of percussion instruments could have an apotropaic function, protecting the corpse of Osiris from the depredations of Seth.[47] The name of the second cavern is *dwꜣ.t* "Underworld," emphasizing the role of music in realm of the dead.[48]

---

43 The introduction of this short spell emphasizes the sounds heard when the deceased triumphantly enters the Underworld and also provides a parallel for the falcon screech heard in Cavern 9 (see below).

44 The translation in Manassa, *Late Egyptian Underworld,* p. 255 n. 241 should be emended. The striking of the *bỉꜣ.wy* is also accompanied by the mourning cries of Isis and Nephthys on the lid of the sarcophagus of Merneptah (J. Assmann, "Die Inschrift auf dem äusseren Sarkophagdeckel des Merenptah," *MDAIK* 28, 1 [1972]: pl. 1, ll. 15-16).

45 P. Frandsen, "Certain Forms of Loud Voices and Access to the Sacred," in W. Clarysse, A. Schoors, and H. Willems, eds., *Egyptian Religion, the Last Thousand Years (Studies Dedicated to the Memory of Jan Quaegebeur)* (*OLA* 85; Leuven, 1998), vol. 2, pp. 975-1000. For the specificity of prohibitions on music-making in Osirian sanctuaries, see S. Emerit, "À propos de l'origine des interdits musicaux dans l'Égypte ancienne," *BIFAO* 102 (2002): 189-210

46 J. C. Darnell, "Hathor Returns to Medamud," *SAK* 22 (1995): 57 n. 58; Emerit, *BIFAO* 102 (2002): 207-210; similar arguments appear in A. von Lieven, in Ryholt, ed., *The Carlsberg Papryi 7*, pp. 22-27. The music-making in the Eighth Hour of Amduat may also presage the birth of the divine heir, Horus (the first and sixth caverns of the Eighth Hour of Amduat call Horus *iwꜥ Wsir* "heir of Osris," an epithet otherwise fairly uncommon in the Underworld Books—see Manassa, *Late Egyptian Underworld,* p. 254). For music-making at the birth of a divine child, compare the description of the gods at the birth of the kings of the Fifth Dynasty in Papyrus Westcar (Col. 9, l. 17-Col. 10, l. 3; A. M. Blackman, *The Story of King Kheops and the Magicians* [Reading, 1988], p. 13):
ir.n=sn ḫprw.w=sn m ḫnyw.t . . .
wn.in=sn ḥr mzi n=f mni.t=sn sḫm<=sn>
Into musicians did they (the goddesses) make their transformations. . . .
Then they presented to him their *menat*-necklaces and <their> sistra.

47 A. von Lieven, in Ryholt, ed., *The Carlsberg Papryi 7*, pp. 30-33.

48 For music making in the Book of Amduat, one may also compare the goddess called *ḫnt.t Rꜥ* "the (female) musician of Re" (no. 644) in the upper register of the Ninth Hour (Hornung, *Texte zum Amduat*, vol. 3, p. 667).

The musical sounds of the second cavern become the sound of mourning in the third cavern, whose name is appropriately *is nṯr.w* “tomb of the gods.”[49] The “people” who mourn in the Eighth Hour of Amduat mimic the divine mourners, such as those within the Second Division of Caverns, whose names evoke various aspects of weeping and physical manifestations of mourning rituals.[50] Although mourning in ancient Egypt was a noisy and often violent expression of grief, the very acts of wailing, crying, and even pulling the hair aided in the resurrection of the deceased.[51] In the corpus of Underworld Books, one of the many examples of the beneficial results of mourning appears in the Litany of Re:[52]

i͗ꜣbky.w nwn=sn ḥr=k . . .
ḥʿʿ bꜣ=k hwt=sn
ꜣḫ ẖꜣ.t=k
The mourners pull their hair because of you . . .
That your *ba* rejoices, is when they scream
with the result that your corpse becomes effective.

It is this positive aspect of mourning that ties together the sounds in the first three caverns, which acknowledge the death of Osiris through mourning, but arouse him through the product of the solar bees and celebrate his arrival through the clapping of metal instruments. Although bees and music clearly relate to the Hathoric sphere, mourning is often presented as antithetical to Hathoric celebrations, and indeed some aspects of mourning are specifically *bwt* for the goddess.[53] However, Hathor could act as *pyschopomp* in western Thebes,[54] and as the “mistress of the West,”[55] she bridges the gulf between

---

[49] For *is* referring to the underground chambers of a tomb, rather than the entire tomb complex with memorial chapel, see I. Régen, “Aux origines de la tombe *js* , Recherches paléographiques et lexicographiques,” *BIFAO* 106 (2006): 261-267.

[50] Manassa, *Late Egyptian Underworld,* pp. 337-338. For recent research on mourning rituals in ancient Egypt, see J. Assmann, “Totenriten als Reuerriten im alten Ägypten,” in J. Assmann, F. Maciejewski, and A. Michaels, eds., *Der Abschied von den Toten, Trauerrituale im Kulturvergleich* (Göttingen, 2005), pp. 307-325; L. Coulon, “Trauerrituale im Grab des Osiris in Karnak,” in *ibid.,* pp. 326-341; A. Kucharek, “70 Tage – Trauerphasen und Trauerriten in Ägypten,” in *ibid.,* pp. 342-358.

[51] Darnell, *Enigmatic Netherworld Books*, pp. 183-185; Smith, *Mortuary Texts of Papyrus BM 10507*, pp. 21-22 and n. 53; Barta, *Komparative Untersuchungen*, pp. 82-83; Cauville, *Dendara* X, vol. 2, pp. 70-71; Manassa, *Late Egyptian Underworld,* pp. 30-32 (discussing the *nwn*-gesture).

[52] Hornung, *Anbetung*, vol. 1, pp. 223-24. Numerous parallels in other texts exist; compare the description of mourning in the 2nd Chamber of Sokar in Edfu Temple (M. de Rochemonteix and É. Chassinat, *Le temple d’Edfou,* 2nd ed., ed. S. Cauville and D. Devauchelle [Cairo, 1984], vol. I:2, p. 216, l. 7): *sꜣḫ=n sw m i͗ꜣkb=n* “Let us transfigure him with our mourning!”

[53] P. J. Frandsen, “On Fear of Death and the Three *Bwt’s* Connected with Hathor,” in E. Teeter and J.A. Larson, eds., *Gold of Praise, Studies on Ancient Egypt in Honor of Edward F. Wente* (*SAOC* 58; Chicago, 1999), pp. 131-134.

[54] G. Pinch, *Votive Offerings to Hathor* (Oxford, 1993), pp. 179-182; P. Barthelmess, *Der Übergang ins Jenseits in den thebanischen Beamtengräbern der Ramessidenzeit* (*SAGA* 2;

death and rebirth - the latter accompanied by musical celebration and sexual revivification. All three sounds in the first register of the Eighth Hour of Amduat thus presage and may even have a causal relationship with the sound of the sexually potent god in the next cavern.

In the fourth cavern, the bull of bulls cries out in pleasure. Numerous deities possess the epithet "bull of bulls" in Egyptian texts,[56] and in the Amduat Cosmogony at the end of the Eighth Hour, Tatenen appears as the "bull of bulls" who creates the cosmos (see below). In the context of the other sounds within the Eighth Hour, the bull in the fourth cavern, like Tatenen, is a creator deity, whose ithyphallic form unites with the divine cow.[57] Book of the Dead Chapter 148, which depicts the "bull of bulls" and the seven heavenly cows provides a close parallels to a Osirian bull accompanied by Hathoric bovids.[58]

The verb *nỉm* "to become pleased (e.g. sexually satisfied)" (*Wb.* II 203.6) is uncommon in ancient Egyptian texts.[59] One of the few other examples of the verb appears in the Litany of Re, in a passage that explicitly connects the sexual pleasure of the bull with the goddess of the eye of the sun:[60]

Heidelberg, 1992), pp. 127-128. For the worship of Hathor in Western Thebes, see E. Bernhauer, "Hathor 'an der Spitze von Theben' und ihre Tempelarchitektur," *GM* 164 (1998): 15-20; J. C. Darnell, *Theban Desert Road Survey I: Rock Inscriptions of Gebel Tjauti Part I and Rock Inscriptions of the Wadi el-Hol* Part I, *OIP* 119 (Chicago, 2002), pp. 65-67.

[55] H. Refai, *Die Gottin des Westens in den thebanischen Gräbern des Neuen Reiches, Darstellung, Bedeutung und Funktion* (Berlin, 1996), pp. 28-30; Ch. Leitz, et al., eds., *Lexikon der ägyptischen Götter und Götterbezeichnungen* (Leuven, 2002), vol. IV, p. 17.

[56] Leitz, et al., eds., *LGG,* vol. VII, p. 273 (e.g. Amun, Montu, Hor-Behdety, Sobek, and Geb); in light of the following discussion Osiris and certainly Tatenen should be added to Leitz's references.

[57] Bulls, fecundity, and creation are often linked in Egyptian religious literature—see *inter alia* J.-L. Simonet, *Le collège des dieux, maitres d'autel* (*OrMons* 7; Montpellier, 1994), pp. 147-163; L. Goldbrunner, *Buchis, Eine Untersuchungen zur Theologie des heiligen Stieres in Theben zur griechisch-römischen Zeit* (*Monographies Reine Élisabeth* 11; Brepols, 2004), pp. 142-147; "'Same des Stieres' und 'Same', Zwei Bezeichnungen der Maat," in *Studien zu Sprache und Religion Ägyptens zu Ehren von Wolfhart Westendorf*, vol. 1: *Sprache* (Göttingen, 1984), pp. 273-281.

[58] R. El Sayed, "Les sept vaches célestes, leur taureau et les quatre gouvernails," *MDAIK* 36 (1980): 364; in Chapter 148, as in the Eighth Hour of Amduat, the bull may be a manifestation of Osiris, just as the cows are manifestations of Hathor (*ibid.,* pp. 384-385; on the sexual union of Osiris and Hathor, see also below, p. 129). For Osiris as a bull, see C. Eyre, *The Cannibal Hymn, A Cultural and Literary Study* (Liverpool, 2002), pp. 145-146; compare also Osiris' common epithet *kꜣ ỉmnt.t* "Bull of the West"—see the examples collected in Leitz, et al., eds., *LGG,* vol. VII, pp. 251-252.

[59] Outside of the Underworld Books, one of the only other examples of the word appears in the Coronation Text of Hatshepsut. Unlike the example in the Book of Amduat, the verb *nỉm* in the Coronation Text of Hatshepsut appears to express pleasure without an added sexual nuance (*Urk.* IV 260, l. 17 – 261, l. 1):

isk ḥm.t=s m ỉnpw nỉm ỉn ỉb n ḥm=f ỉm r ḫt nb

Meanwhile, her Majesty was as a royal child. The heart of his Majesty took pleasure therein more than anything.

[60] Hornung, *Anbetung,* vol. 1, p. 157 (= Meeks, *ALEX*, 77. 1993). The Underworld Books contain two further examples of the verb *nỉm*: 1) in the upper register of the Sixth Hour of Amduat, an

*ḫ*ᶜ *R*ᶜ *m ḫnty dw*ꜣ*.t nim rf k*ꜣ *m knst*
*ntk R*ᶜ *ḥtp=k ẖ*ꜣ*.wt=k*

May Re appear in the foremost part of the Underworld,
with the result that the bull becomes pleased in Kenset.
You are Re, may you rest (upon) your corpses!

The solar bull in this passage from the Litany of Re experiences sexual pleasure and unites with his corpse, suggesting that the bull of bulls in the fourth cavern is similarly related to the union of Re and Osiris.[61] The toponym Kenset is associated with the east as early as the Pyramid Texts,[62] and later becomes an important locale in the theology of the goddess of the eye of the sun - it is a land in the far southeast where Hathor in her many forms sojourns and from whence she must be coaxed back to Egypt.[63]
The "bull in Kenset" appears several times as a solar Heliopolitan deity in the Coffin Texts.[64] The rarity of the verb *nim* provides a strong link between the satisfied bull in Kenset from the Litany of Re with the bull of bulls in the fourth cavern of the Eighth Hour of Amduat, suggesting that in the latter instance the wandering goddess Hathor is also the reason for the bull's cry. The fourth cavern of the Eighth Hour and the passage from the Litany of Re link sexual satisfaction of the bull to the union of Re and Osiris in the Underworld; the name of the fourth cavern *i*ꜣ*kby.t* "Mourning One" emphasizes the Osirian presence.

---

annotation to the recumbent lion with *udjat*-eyes (for transliteration and translation, see note 78 below), and 2) in the Third Hour of the Book of Gates, the *k*ꜣ*.wy* "two bulls" who appear atop the bull-headed *wi*ꜣ *t*ꜣ "bark of the earth" are said to be *nim* when *ḥtp nṯr m qm*ꜣ*t.n=f* "the god goes to rest in all that he created." (Hornung, *Pfortenbuch,* vol. 1, p. 67; vol. 2, pp. 84-89).

[61] The associations of Kenset with the east suggests that the passage from the Litany of Re may also allude to the sexual union of Re and Osiris within the eastern horizon (Darnell, *Enigmatic Netherworld Books,* pp. 390-397.

[62] H. Junker, *Die Onurislegende* (Vienna, 1917), pp. 78-79.

[63] Hornung, *Anbetung,* vol. 2, p. 134 n. 369, citing Junker, *Die Onurislegende*, pp. 78-81 and *idem., Der Auszug der Hathor-Tefnut aus Nubien* (Berlin, 1911), pp. 24-34; L. Pantalacci and C. Traunecker, *Le temple d'El-Qal*ᶜ*a* (Cairo, 1990), vol. 1, p. 40 (Text 15, an offering scene where a goddess wearing a double crown, whose name is damaged, is labeled *ir.t R*ᶜ *ḥry-ib Kns.t*), pp. 67, 69 (Texts 55 and 69, both of which describe Isis as the goddess of the eye of the sun who *h*ꜣ*i m Kns.t* "descends from Kenset"); D. Inconnu-Bocquillon, *Le mythe de la Déesse Lointaine à Philae* (*BdE* 132; Cairo, 2001), pp. 182-183, charting the passages that describe the goddess of the eye of the sun (e.g. Hathor, Tefnut, and Mut) as *pri*(*t*)/*ii*(*t*) *m Kns.t* "the one who comes from Kenset". The actual location of Kenset, as opposed to its theological significance, is more difficult to establish—compare K. Kitchen, "Further Thoughts on Punt and its Neighbors," in A. Leahy and J. Tait, eds., *Studies on Ancient Egypt in Honour of H.S. Smith* (London, 1999), p. 178; K. Zibelius, *Afrikanische Orts- und Völkernamen in hieroglyphischen und hieratischen Texten* (Wiesbaden, 1972), pp. 161-162. For an extensive discussion of other toponyms in the far south-east associated with Hathor, see Darnell, *SAK* 22 (1995): 64-79.

[64] Compare Spell 166 (*CT* III 14b), Spell 181 (*CT* III 75a), Spell 217 (*CT* III 194k), and Spell 906 (*CT* VII 111p).

Once the sexual satisfaction of the god is complete, the sound heard in the fifth cavern proclaims his vitality and the continuance of creation.[65]

The final sound in the upper register of the Eighth Hour of Amduat is "a demand (*nḥw*),[66] whose raging is great (*ꜥꜣ nšny=f*)." The name of the cavern, "Mistress of Wind,"[67] supports a meteorological reading of *nšny*, and the sound of creation itself may be likened to "the roar of heaven when it storms (*nšny*)."[68] Storm-wind accompanies the destruction of rebels in the upper register of the Third Hour of the Book of Amduat;[69] parallels between the Third and Eighth Hours of Amduat—including their juxtaposition on one long wall of the sarcophagus of Nectanebo II (BM EA 10)—suggest that the raging demand in the Fifth Cavern is also linked to the inundation and goddess of the eye of the sun that appear so prominently in the upper register of the Third Hour (see further p. 131 below).

Before considering the sounds in the lower register of the Eighth Hour, one may linger briefly in the middle register, whose annotations describe the physical affects of sound on the Datians. Since the corpses of the deities are hidden beneath the sand of each cavern and only their images are visible, sound becomes the most important link between Re and the gods of the Eighth Hour:[70]

> *ḫrw iry.w pw sḏm nṯr pn m-ḫt ḏwi=f r=sn*
> *iw sšm=sn n ḏ.t=sn mn.(w) ḥr ḫꜣ.t=sn ḫr.t šꜥ=sn*
> It is the voices thereof that this god hears after he calls to them.
> The images of their bodies remain over their corpses which are under their sand.

---

[65] The constellation of the bull in the fourth cavern and wind in the fifth cavern (whose name is "Mistress of Wind") along with inundation imagery also appears in a Middle Kingdom hymn to Sobek (A. Gardiner, "Hymns to Sobk in a Ramesseum Papyrus," *RdE* 11 [1957]: pl. 2, ll. 12-13):
ḥqꜣ itrw sr ṯꜣw kꜣ styw
Ruler of the river, controller of wind, virile bull.

[66] Normally the term *nḥw* refers to a mild "request," but the description "great in its raging" suggests a more violent reference; compare the Bab el-Amra from Karnak (*Urk.* VIII, p. 75, no. 89, g), which also uses *nḥ* to mean something more insistent than a simple request: *ni wn nḥ m hꜣw wḏt=k* "No demand exists in the vicinity of your command."

[67] For wind in the Underworld, compare also part of a hymn to the bas of Amun at Hibis temple, describing Shu (N. de Garis Davies, *The Temple of Hibis in El Khargeh Oasis. Part III. The Decoration* (New York, 1953), pl. 31, l. 28): *pḫr štꜣ.w n [W]rḏw-ib m ṯꜣw nḏm n mḥ.w* "Who perambulates the mysterious regions for the One-Weary-of-Heart, as the sweet north wind." (see also Klotz, *Adoration of the Ram*, pp. 62-63).

[68] Fifth Hour of Amduat, lower register, label to the Egg of Sokar—Hornung, *Texte zum Amduat*, vol. 2, p. 445; on this passage, see also p. 132 below.

[69] Hornung, *Texte zum Amduat*, vol. 1, pp. 281-282:
prr ḏꜥ m tꜣ di=sn ḫrw nḏ=sn sbi
When the storm-wind comes forth from the earth beneath them, hey cry out,
and pulverize the rebel.

[70] Hornung, *Texte zum Amduat*, vol. 2, pp. 607-608.

The sun god speaks to the denizens of the Eighth Hour - and the solar speech, which is consubstantial with the solar light,[71] enlivens the gods, who reply through speech as well. Just as light releases *ba*-souls from their corpses,[72] so too does sound release the heads from a series of *sšm*-signs in the middle register of the Eighth Hour:[73]

ḏwi nṯr pn ꜥꜣ r=sn ꜥnḫ imy.t=sn pr tp.w m sšm.w=sn
It is when this great god calls to them,
that what is within them lives, and the heads emerge from their images.

Sound in the Eighth Hour of Amduat serves as a physical stimulus and response for the deities who populate the middle register, while in the caverns above and below the solar bark, the various noises allude to a larger theological cycle of the returning of the goddess of the eye of the sun and resulting sexual union with the creator god. Although not apparent in the New Kingdom versions of the Book of Amduat, the four crowned rams at the end of the middle register relate to that same theological cycle of creation, as will be further discussed below.

The diversity of sounds heard within the caverns of the upper register continues into the lower register, which emphasizes the cacophony of the world created by the "bull of bulls" in the Fourth Cavern. The Sixth Cavern contains a sound produced by another virile creature - the cry of a tom-cat (*sbḥ miw ṯꜣy*). Although many of the caverns have names that relate to their sounds, albeit tangentially, the name of the Sixth Cavern, "She who pacified her lord (*ḥtp.t nb=s*)," allows one to identify the deity whose feline manifestation cries out in the Underworld. The name of the Sixth Cavern appears to be a word-play on the name of the goddess Nebethetepet "mistress of pacification" or "mistress of the vulva," a personification of the sexual desire of the creator deity.[74]

---

71 For the interchange of light and speech, see Darnell, *Enigmatic Netherworld Books*, pp. 106, 364-365.

72 Manassa, *Late Egyptian Underworld,* p. 60 and n. 335.

73 Hornung, *Texte zum Amduat,* vol. 1, p. 616; for speech similarly enlivening serpents, compare an annotation to the Fourth Hour of Amduat (*ibid.*, vol. 2, pp. 360-361) and the Twelfth Hour of Amduat (*ibid.*, vol. 3, p. 828):
wnn=f m sḫr pn r s.t=f n.t mṯn dsr n wꜣ.t n.t rꜣ-sṯꜣw
iwty šm.n=f r s.t nb rꜥ nb
ꜥnḫ=f m ṯꜣw tp-rꜣ=f
He exists in this fashion at his place of the sacred way, of the road of Rosetau,
without his ever going to (any) place any day.
He lives from the (fiery) breath of his utterance.
ꜥnḫ=f m mdw hmhm.t n.t imꜣḫy.w imy.w imꜣḫ=f pr m rꜣ=f rꜥ nb
He lives on the bellowing of the honored ones who are among his vertebrae, who come forth from his mouth every day.

74 J. Vandier, "Iousaas et (Hathor)-Nébet-Hétépet," *RdE* 16 (1964): 55-146, *RdE* 17 (1965): 89-176, *RdE* 18 (1966): 67-142, *RdE* 20 (1968): 135-148; Brunner, *Die Geburt des Gottkönigs,* p. 100; L. Troy, *Patterns of Queenship in Ancient Egyptian myth and history* (*Boreas* 14; Uppsala, 1986), pp. 28-29. For the goddess Hathor-Nebethetepet, see E. El-Banna, "Une

Nebethetepet, like many Hathoric eye goddesses, can manifest as a female cat,[75] and two felines often surmount sistra associated with Nebethetepet.[76] The female cat as Hathor-Nebethetepet is the consort and daughter of the sun god Re-Atum, who appears as a tom-cat in Heliopolis when he combats Apep.[77]

The cry of the tom-cat in the Sixth Cavern thus alludes to the feline manifestation of the solar god and contains a more specific reference to the sexual mode of creation within the Heliopolitan cosmogony.
Within the Seventh Cavern one hears the "roar of the living (*hmhm.t n.t ꜥnḫ.w*)," which, like the mourning in the Third Cavern, indicates mankind's reaction to the actions of the divine. The term *hmhm.t* has numerous applications, including the roar of a divine lion,[78] the related "war cry" of the king,[79] and the violent bellowing of Apep.[80]

---

stèle inédite d'un prêtre-ouâb d'Hathor-Nébet-Hétépet," *GM* 124 (1991): 7-20; Pinch, *Votive Offerings to Hathor*, pp. 193-196, 241-244.

[75] E. Miller and R. Parkinson, "Reflections on a gilded eye in 'Fowling in the Marshes' (British Museum, EA 37977)," in W. V. Davies, ed., *Colour and Painting in Ancient Egypt* (London, 2001), pp. 50-51; Pinch, *Votive Offerings to Hathor,* pp. 184-197; E. Warmenbol and F. Doyen, "Le chat et la maîtresse: les visages multiples d'Hathor," in L. Delvaux and E. Warmenbol, eds., *Les divins chats d'Égypte: un air subtil, un dangereux parfm* (Leuven, 1991), pp. 55-67.

[76] Vandier, *RdE* 18 (1966): 76-84; D. Wildung, "Zwei Stelen aus Hatschepsuts Frühzeit," in W. Müller, ed., *Festschrift zum 150jährigen Bestehen des Berliner Ägyptischen Museums* (Mitteilungen aus der ägyptischen Sammlung 7; Berlin, 1974), pp. 262-263.

[77] J.-P. Corteggiani, "La «butte de la Décollation», à Héliopolis," *BIFAO* 95 (1995): 145-48; M. Broze, "Le chat, le serpent et l'arbre-ished (Chapitre 17 du Livre des Morts)," in Delvaux and Warmenbol, eds., *Les divins chats,* pp. 109-115; J. Malek, *The Cat in Ancient Egypt* (London, 1993), pp. 83-90. The cat who slays Apep can also be female—the daughter of Re, see H. te Velde, "The Cat as Sacred Animal of the Goddess Mut," in in M. Heerma van Voss, E.J. Sharpe, and R.J.Z. Werblowsky, eds., *Studies in Egyptian Religion dedicated to Professor Jan Zandee* (Leiden, 1982), pp. 133-134.

[78] Compare the annotation to a recumbent lion with two *udjat*-eyes in the upper register of the Sixth Hour of the Book of Amduat (Hornung, *Texte zum Amduat*, vol. 2, pp..477-478; for commentary to this image, see Manassa, *Late Egyptian Underworld,* pp. 229-230):
nṯr.t n.t Rꜥ
wnn=s m ḥry kꜣ hmhm.t m dwꜣ.t
nim kꜣ hmhm.t ḥtp Rꜥ ḥr nṯr.t=f
The divine eye of Ra:
It exists above the lord with roaring voice in the Underworld
The lord with roaring voice is pleased, when Re rests upon his divine eye.
Amun is described similarly in the Leiden Hymn: Leiden I 350, III, l. 3): *rwi štꜣ ꜥꜣ hmhm.t* "mysterious lion, great of roar."

[79] N. Grimal, Les Termes de la Propagande Royal Égyptienne de la XIXe dynastie à la conquête d'Alexandre (Paris, 1986), p. 84 n. 182, 89 n. 201, 692.

[80] See most recently, L. Morenz, "Apophis: On the Origin, Name, and Nature of an Ancient Egyptian Anti-God," *JNES* 63 (2004): 201-205 (although his derivation of the name Apep remains highly speculative); it should also be noted that his translation (p. 202) of the Ankhtify inscription mentioning the "sandbank of Apep" is erroneous in several respects—

The "roar" of mankind in the Book of Amduat may be more closely related to festival celebrations, such as the description of the Abydene realm as *wʿr.t ʿ3.t hmhm.t* "district 'great of roar'" in several Middle Kingdom stelae.[81] The "roar of the living" contrasts sharply with the roar of corpses in the Book of the Creation of the Solar Disk[82] and indicates that the events in the Underworld affect the inhabitants of this world.[83]

The remaining three caverns of the Eighth Hour describe sounds related to events on earth, particularly the inundation of the Nile and the teeming life within the marshes along its banks, although such events can be transposed into the netherworldly sphere. The Eighth Cavern describes the sound of the inundation undermining the banks of the river, which crash into the raging waters.[84] The term for banks, *npr.wt*, can be used for the mythological "banks of turquoise,"[85] but appears on the sarcophagus of Iouya as the banks of the flooded Nile.[86] The sound of the banks crashing into the Nun-waters thus serves as another allusion to the return of the wandering goddess of the eye of the sun.[87]

---

for a correct translation with commentary, see J. C. Darnell, "The Message of King Wahankh Antef II to Khety, Ruler of Heracleopolis," *ZÄS* 124 (1997): 106.

[81] See W. K. Simpson, *The Terrace of the Great God at Abydos: The Offering Chapels of Dynasties 12 and 13* (New Haven, 1974), p. 13 for a list of ANOC stelae with this toponym; for the context of the designation, compare the following passage from Leiden V, 3:

ii.n=i grt r is pn
r rd n nṯr
wʿr.t ʿ3.t hmhm.t
iḫ m33=i wp-w3w.t m ḥb.w=f nb m nmt.wt=f nb.t

To this tomb (i.e. cenotaph) did I come,
to the terrace of the god,
the district "great of roar."
Then I witnessed Wepwawet in all of his festivals and all of his processions.

[82] Piankoff, *La création du disque solaire*, p. 49: *ẖ3.wt hmhmy ḫt Rʿ* "the corpses who roar behind Re."

[83] For earthly rituals mimicking Netherworldly events, see Manassa, *Late Egyptian Underworld*, pp. 468-475.

[84] No parallel expressions appear in the Hymn to Hapi in the edition of D. van der Plas, *L'hymne à la crue du Nil* (*Egyptologische Uitgaven* IV; Leiden, 1986); for a similar description of the inundation exerting violence upon the landscape, compare the statement in O. Deir el-Medina 1675, col. 1, ll. 9-12 (H.-W. Fischer-Elfert, *Literarische Ostraka der Ramessidenzeit in Übersetzung* [Wiesbaden, 1986], p. 31): [...]=*f r ẖnw ḥr-tp q3y.t hnw (ḥr) ʿḥ3 mrw* "It [...] in order to rest upon the heights, the waves battling the desert."

[85] *Wb. Blgst.*, vol. II, p. 356 (*Wb.* II 249.7), citing several examples of the expression *nprw.t n.t mfk3.t*; for the term *npr.t*, see also Wilson, *Ptolemaic Lexikon*, pp. 511-512. S. Aufrère, *L'univers minéral dans la pensée égyptienne*, 2 vols.; *BdE* 55 (Cairo, 1991), vol. 2, pp. 498-499 discusses the related term *š n mfk3.t* "lake of turquoise."

[86] T. M. Davis, *The Tomb of Iouiya and Touiyou* (London, 2000 [reprint 1907]), p. 3: *swr ḥr npr.wt bʿḥ* "drinking from the flooded banks."

[87] For references to the wandering goddess, see p. 116, note 36.

The inundation also appears prominently in the Third Hour of Amduat, which refers to the flooding waters as both Nun and Hapi:[88]

ir.t=sn pw m imn.t
nḏ sbi
sḫpr Nwn
ir.t nmt.wt m ḥꜥpi
What they do in the west is
pulverize the rebel,
cause Nun to develop,
stride forth in the inundation waters.

This passage describes the various deities in the upper register of the Third Hour, three of whom carry pupils and bear names related to the goddess of the eye of the sun: *in.ty* "He of the One who is brought" (no. 198), *in.tyt* "She of the One who is brought" (no. 199), and *in ir.t=s ḥtp-nṯr* "Who brings her eye, and thus pacifies the god" (no. 203).

Neither the name of Hathor nor any of her specific divine manifestations appears in the Third or Eighth Hours of Amduat, but their connection to myth of the goddess of the eye of the sun is nonetheless unmistakable.

The "cry of the divine falcon (*ngg n bik nṯry*)" heard in the Ninth Cavern resumes the animal sounds in previous caverns. In Pyramid Text Utterance 668 (PT §1959), the king transforms into a screeching falcon that flies around the Underworldly regions:

NN pw bik ngg
dbn ir.(t) Ir ḥry-ib dwꜣ.t
NN is a screeching falcon,
who circles around the eye of Horus within the Underworld.

Falcons are not the only birds that utter a *ngg*-cry, and the verb is most often associated with the call of the goose.[89]

---

[88] Hornung, *Texte zum Amduat,* vol. 1, pp. 280-281. For Nun and Hapi in the Underworld, see the passages collected in Manassa, *Late Egyptian Underworld,* p. 251 n. 227, to which H.-W. Fischer-Elfert, *Lesefunde im literarischen Steinbruch von Deir el-Medineh;* KäT 12; (Wiesbaden, 1997), p. 100 text note 3 should be added. For Hapi and funerary texts, see also the extensive discussion in E. Meyer-Dietrich, *Nechet und Nil, Ein ägyptischer Frauensarg des Mittleren Reiches aus religionsökologischer Sicht* (Uppsala, 2001), pp. 236-300.

[89] For one of the many examples, compare the two bird cries in Coffin Text Spell 24 (*CT* I 73d-74b; one variant, T1C, replaces the goose in the second sentence with the *bik*-falcon):
iw ḥꜣ.n n=k bik iw ng.n n=k smn
The falcon has screamed for you. The goose has cackled for you.
In Greco-Roman texts, the verb *ngg* can also refer to the sound of a sistra—see Wilson, *Ptolemaic Lexikon,* pp. 553-554, citing Rochemonteix and Chassinat, *Edfou* I, 2nd ed., p. 101, l. 9 (*mn n=t zšs.t n.t nbw ... sḫ n=t st wdi=sn dniwt ḥꜥꜥ=ṯ m ngg=sn* "Take to yourself the two golden sistra, they are struck for you, so that they give out their sounds, so that you might

The *ngg*-cry of the goose is the sound of creation itself,[90] and similar cries describe the creative act of Amun as the *smn*-goose.[91]

The sound of the Tenth Cavern is the noise of an "entire marsh," the loudest of the sounds of the natural world within the Eighth Hour. The cacophony of the insects, birds, and mammals that inhabit the marshes should be understood as a celebration of the return of the goddess Hathor as she journeys through the swampy areas at the beginning of the New Year.[92]
Rattling the papyrus stalks,[93] the goddess Hathor makes her way to the flooding Nile, and all of Egypt is there to greet her - the pithy text of the Tenth Cavern captures this precise moment. The return of the goddess is also part of the drunken celebration of the *hieros gamos*[94] and the birth of the divine heir.

---

rejoice at their *ngg*-noise.") and a similar passage in *ibid.*, vol. I, p. 372, l. 9 (*hꜥꜥ ib=t m ngg=sn* "May your heart rejoice at their (the sistra's) *ngg*-noise!").

[90] P. Leiden I 350, col. IV, ll. 5-6 (Zandee, *De Hymnen aan Amon van Papyrus Leiden I 350* (Leiden, 1948), pl. IV): *ngg=f ḫrw m ngg wr* "He cried out loudly as the 'Great Crier'."

[91] See the commentary of J. C. Darnell in Epigraphic Survey, Reliefs and Inscriptions at Luxor Temple 1: The Festival Procession of Opet in the Colonnade Hall, Translation and Commentary (OIP 112; Chicago, 1994), p. 26; see also J. C. Darnell, The Rock Shrine of Pahu, Gebel Akhenaton, and Other Rock Inscriptions from the Western Hinterland of Naqada, commentary to inscription no. 13, the Prayer of Pahu in the Midst of the Flood (forthcoming).

[92] See Darnell, *SAK* 22 (1995): 80-93 for the animal world worshipping Hathor.

[93] P. Munro, *Der Unas-Friedhof Nord-West I , Topographisch-historische Einleitung, Das Doppelgrab der Königinnen Nebet und Khenut* (Mainz am Rhein, 1993), pp. 95-118, noting the connection between the rattling of the papyrus stalks and the celebration of the *hieros gamos*; for a less convincing interpretation of *zšš wꜣḏ* as "splitting the papyrus" as part of the journey through the boundary between this world and the next, see H. Altenmüller, "Der Himmelaufstieg des Grabherrn. Zu den Szenene des *zšš wꜣḏ* in den Gräbern des Alten Reiches," *SAK* 30 (2002): 1-42.

[94] See Kessler, *SAK* 15 (1988): 171-196; Darnell, *SAK* 22 (1995): 89-91; M. Depauw and M. Smith, "Visions of Ecstasy. Cultic Revelry before the goddess Ai/Nehemanit. Costraca Faculteit Letteren (K.U. Leuven) dem. 1-2," in F. Hoffmann and H. J. Thissen, *Res Severa Verum Gaudium, Festschrift für Karl-Theodor Zauzich zum 65. Geburtstag am 8. Juni 2004* (Leuven, 2004), pp. 67-94. Compare also the Hathoric imagery of fishing and fowling scenes in Theban tombs—see M. Hartwig, *Tomb Painting and Identit, in Ancient Thebes, 1419-1372 BCE* (Turnhout, 2004), pp. 103-106. The papyrus marshes are an appropriate setting for the ithyphallic deity Min, who at the Temple of Kom Ombo appears before the king in a papyrus boat, granting him all of the fauna of the marshes, while the king in return gives Min all the birds of the papyrus thicket and, in a Noah's-ark-like expression, all the birds within the papyrus boat; on this scene see W. Wettengel and E. Winter, "Der Text der Kom Ombo-Szene von der Fahrt im Papyrusdickicht," in U. Verhoeven and E. Graefe, eds., *Religion und Philosophie im Alten Ägypten* (*OLA* 39; Louvain, 1991), pp. 363-374.

The name of the Tenth Cavern "Great of Torches" alludes to Hathor as a flaming uraeus[95] or the Reret-goddess, who carries a torch to protect the deceased;[96] in other contexts, torches serve to guard the new-born divine child.[97] If the sound of the marsh recalls the celebration of the New Year, then the torches could also be those that accompanied the nocturnal vigil of the festival.[98]

The totality of sounds heard within the caverns of the Eighth Hour of Amduat portrays the revivification of Osiris through the sexual union with Hathor[99] at the New Year.

Although mourners cry out at Osiris' death, the unified Re-Osiris himself utters a cry of sexual satisfaction as both a bull and mighty tom-cat. The pacified goddess — who herself may be cow or feline — returns to Egypt at the time of inundation and her arrival is marked by the jubilation of her worshippers awaiting her in the marshes. The sounds of each of the caverns provide a temporal setting and create multiple allusions to Hathoric and solar theology. The sounds within the Underworld in the Eighth Hour of Amduat represent an auditory complement to other iconographic combinations of Hathoric theology, such as the New Year's flasks, whose various decorative elements heighten the Hathoric symbolism of a container intended to hold a portion of the inundation itself.[100]

---

[95] Inconnu-Bocquillon, *Le mythe de la Déesse Lointaine à Philae*, pp. 237-295.

[96] A. Gutbub, "Un Emprunt aux textes des pyramides dans l'hymne a Hathor, dame de l'ivresse," in *Mélanges Maspero I orient ancien*, 4th fascicle, MIFAO 66 (Cairo, 1961), pp. 41-46.

[97] Compare the use of torches in the Divine Birth scenes—see Brunner, *Die Geburt des Gottkönigs*, pp. 104-105 (with additional paragraph on p. 228) and pl. 9; for flames and the protection of non-royal children, see R. Ritner, "O. Gardiner 363, A Spell Against Night Terrors," *JARCE* 27 (1990): 37-39.

[98] Torches are prominently associated with the "festival of drunkenness," but can also appear as part of the celebration of the epogomenal days, linking torches with the New Year's celebration—see Gutbub, in *Mélanges Maspero I orient ancien*, pp. 46-53 (and pp. 48-49, n. 3 for the epogomenal days); torches in the Opet Festival are also implied by the presence of the milk-filled receptacles in which they are extinguished—see the commentary of Darnell in Epigraphic Survey, *Luxor Temple* 1, p. pp. 5-6, commentary to pl. 14.

[99] Troy, *Patterns of Queenship*, pp. 41-43. The sexual power latent within the Eighth Hour of Amduat also appears prominently in one of the addresses from the Litany of Re before the Eighth Hour on the Late Period Type II sarcophagi; the address to the female ithyphallic mummiform being called the "Engenderer (*ꜥꜣꜥy*)" alludes to the Heliopolitan creation theology, much like some of the sounds in the Eighth Hour of Amduat (see Manassa, *Late Egyptian Underworld*, pp. 152-153).

[100] See *inter alia* F. D. Friedman, *Gifts of the Nile, Ancient Egyptian Faience* (Providence, 1998), pp. 229-230; C.-H. Blanquet, "Typologie de la bouteille de nouvel an," in C. Obsomer and A.-L. Oosthoek, eds., *Amosiadès. Mélanges offerts au Professeur Claude Vandersleyen* (Louvain-la-Neuve, 1992), pp. 49-54; for an interesting collection of Saite flasks from Dakhla Oasis, see S. Yamani, "New Year's bottles from Tell Marqula (Dakhla Oasis)," *BIFAO* 102 (2002): 425-436.

The juxtaposition of Osirian and Hathoric theology within the sounds of the Eighth Hour of Amduat at first appears surprising and at odds with traditional interpretations of either religious tradition. However, fundamental principles of the theology of Osiris and Hathor demonstrate a remarkable overlap in their divine spheres.[101] The time of the New Year, the heliacal rising of Sothis, and the inundation all herald Hathor's return to Egypt, and this final aspect - the flood-waters - are themselves identified with the efflux of Osiris. The rotting corpse of Osiris is the source of the life-giving inundation[102] that coincides with the arrival of the goddess.[103]

---

[101] See the comments in Troy, *Patterns of Queenship*, pp. 41-43. For connections between Hathoric and Osirian festivals, see Germond, *Sekhmet et la protection du monde*, pp. 148-163; S. Cauville, *Dendara – Les fêtes d'Hathor* (Leuven, 2002), pp. 8, 25; Graindorge, *JEA* 82 (1996): 91-95; F.-R. Herbin, *Le livre de parcourir l'éternité* (*OLA* 58; Leuven, 1994), pp. 157-159; C. Desroches-Noblecourt and C. Kuentz, *Le Petit Temple d'Abou Simbel* I (Cairo, 1968), p. 223 n. 525. Goyon, *Le Papyrus d'Imouthès*, p. 84 n. 7 rejects Kuentz's arguments, but several passages within the text "The raising up of the multitudes on the last day of Tekh" describing the sexual prowess of Osiris may have Hathoric overtones (e.g. Col. 44, l. 9, *bꜣ nk mri ḥm.wt* "copulating *ba* who loves women"). In the Coptos version of the Khoiak rituals for Osiris, Hathor can replace Isis; see Yoyotte, "Religion de l'Égypte ancienne," *AEPHE* 86 (1977-1978): 163-169; *idem.*, *AEPHE* 88 (1979-1980): 194-197. Hathor can also interchange with Isis in images of the deceased worshipping Osiris and his consort in Eighteenth Dynasty Theban tombs - see the brief discussion in Hartwig, *Tomb Painting and Identity in Ancient Thebes*, pp. 112-113. Hathor, like Isis, can also protect the corpse of Osiris (Junker, *Der Auszug der Hathor-Tefnut aus Nubien,* p. 35):
wnn Tfnt m ḥw.t-ḥr wr.t nb snm.t im
r gs=s iw=s sḥr nbḏ r bw nty ḥm Wsir im
Tefnut as Hathor the great, mistress of Senmet exists therein,
beside her, while she drives away the Evil One from the place in which the majesty of Osiris is.

[102] For two of the many statements tracing the source of the inundation to the efflux of Osiris, compare Pyramid Text Spell 536 (§1291a): *mw=k n=k bꜥḥ=k n=k rḏw=k n=k pr m Wsir* "Your flood is yours! Your inundation is yours! Your efflux which came forth from Osiris is yours!" More general discussions include: J. C. Goyon, "Momification et recomposition du corps divin: Anubis et les canopes," in J.H. Kamstra, H. Milde, K. Wagtendonk, eds., *Funerary Symbols and Religion* (Kampen, 1988), pp. 34-44; J. Kettel, "Canopes, *rḏw.w* d'Osiris et Osiris-Canope," in *Hommages à Jean Leclant, BdE* 106/3; (Cairo, 1994), vol. 3, pp. 315-330; Žabkar, in Lloyd, ed., *Studies in Pharaonic Religion and Society*, pp. 240-241; B. Claus, "Osiris et Hapi: crue et régénération en Égypte ancienne," in A. Amenta, M. M. Luiselli, and M. N. Sordi, eds., *L'Acqua nell'Antinco Egitto* (Rome, 2005), pp. 203-210; J. Assmann, "Das Leichensekret des Osiris: Zur kultischen Bedeutung des Wassers im alten Ägypten," in N. Grimal, A. Kamel, and C. May-Sheikholeslami, eds., *Hommages Fayza Haikal* (*BdE* 138; Cairo, 2003), pp. 5-16.

[103] For the emphasis on Osiris and the New Year, compare Žabkar, *ZÄS* 108 (1981): 142— "Gleaming child, he is the inundating water, being born on the First of the Year, when the efflux of (his) body is absorbed." At Edfu, annotations to Osiris often describe how he gives yearly inundations—compare among the many possible examples, Rochemonteix and Chassinat, *Edfou* I, 2nd ed., p. 60, l. 11; see the translation in Cauville, *Le théologie d'Osiris à Edfou,* pp. 61-62 (similar epithets appear in *ibid.*, pp. 15-16, 94, 101-105); for similar epithets applied to the goddess Hathor, compare Dendara 6, 32, l. 8; 21, ll. 7-8, and 22, ll. 6-7 (all collected and translated in Derchain, *Hathor Quadrifrons,* p. 21). See also Desroches-

The goddess Hathor, although most typically associated with song, dance, and the celebration of love, also guides the dead in the afterlife[104] and has a surprisingly large role to play within the Underworld Books.
In addition to the allusions to the goddess of the eye of the sun in the Third and Eighth Hours of the Book of Amduat, Hathor as *nb.t wỉꜣ* stands at the prow of the solar bark in almost every hour,[105] warding off nefarious forces as Re travels through the hours of the night. A scene in the Book of the Creation of the Solar Disk may similarly express the protective role of Hathor; in Section D, the head of Hathor - wearing her heavy wig and adorned with cow ears - emerges from a solar disk while restraining an inimical serpent.[106] Unfortunately, no annotation accompanies this fascina-ting scene, but it serves as a pictorial summary of Hathor's role as protective solar goddess in the Underworld. The Underworld Books also contain the diverse manifestations of the goddess of the eye of the sun. For example, uraei named Wepset and Nesert, frequent epithets of the goddess, appear within the Book of the Creation of the Solar Disk and the Book of Caverns.[107] In the Tenth Hour of Amduat, lioness-headed and human-headed goddesses protect the eye of Horus, accompanied by a baboon,[108] an animal whose role in the solar-eye myth is well attested. On the Second Shrine of Tutankhamun, a large cat faces headless deities, into whose necks pour rays of light;[109] as Darnell explains: "the cat is the eye of the sun, the pupil to whom the heads of these beings belong."[110] Within the Underworld Books, the ancient Egyptians combined the daily and annual cycles of solar rebirth — the latter of which led to the incorporation of Hathoric theology into the phenomenology of the Netherworld.
Ultimately, the specific allusions to the inundation, the return of the goddess, and solar rebirth at the New Year within the sounds of the Eighth Hour all capture a moment of re-creation - the promise of the chaotic waters that rose over the fertile land each year.

Noblecourt, *Amours et fureurs de La Lointaine*, pp. 157-178 for the connection between the Underworld, Inundation, and goddess of the eye of the sun.

[104] See pp. 120sq above.

[105] Hornung, *Das Amduat,* vol. 2, pp. 20-21; in the Seventh Hour, Isis replaces Hathor at the prow of the solar bark to combat Apep (*ibid.* p. 130-131)

[106] Piankoff, *La création du disque solaire*, pl. D.

[107] Inconnu-Bocquillon, *Le mythe de la Déesse Lointaine à Philae*, pp. 238-295, the evidence from the Underworld Books appears on pp. 290-291.

[108] Upper Register of the Tenth Hour, Scene 3 (Hornung, *Texte zum Amduat,* vol. 3, pp. 708-713); for an important Late Period variant to this scene, see Manassa, *Late Egyptian Underworld,* pp. 345-346. Two of the names of the lioness-headed goddess are particularly closely tied to Hathoric theology—Sakhmet (no. 701) and Menkeret (no. 702; for Menkeret as a uraeus serpent, see Goyon, Le Rituel du *sḥtp 4ẖmt* au changement de cycle annuel, p. 25, citing *Edfou* III, p. 290, l. 12: *Mnkr.t nḏr ꜥwꜣy* "Menkeret who seizes the robber (e.g. Apcp)").

[109] Darnell, *Enigmatic Netherworld Books*, pp. 108-117.

[110] *Enigmatic Netherworld Books,* p. 113.

The event itself was noisy, as was its ritual celebration, but the sounds also signal presence of divinity and the process of re-creation itself. As early as the Pyramid Texts, the noisy trembling of the heavenly vaults signals a divine epiphany.[111] In the Fifth Hour of Amduat, Re descends into the Nun waters of the egg of Sokar and a loud noise signals the solar rebirth:[112]

ỉw sḏm=tw ḫrw ḫt m nw.t tn
m-ḫt ꜥpp nṯr pn ꜥ3 ḥr=sn
mi ḫrw hmhm.t n.t ḥr.t m nšny
The sound of something is heard in this oval,
when the great god passes over them,
like the sound of the roaring of heaven when it storms.

The *hmhm*-roar also appears as the sound of creation in the hymn to Amun in P. Leiden I 350:[113]

ỉw=f wꜥ.w wp=f md.wt m ẖnw n gr...
š3ꜥ=f sbḥ ỉw t3 m sg3 hmhm.t=f pẖr.tỉ nn snw=f
He was alone, when he commenced speaking in the midst of silence... when he began to cry out. The land was in silence — but his roar went around, without its equal.

Thus, the diverse sounds within the Eighth Hour of Amduat not only describe the process of creation, but provide proof of its very success—the roar of mankind and the cry of an entire marsh.

Confirmation of the creative forces at work within the Eighth Hour of Amduat appears in a Late Period text added to the middle register of the hour, specifically related to the four rams of Tatenen at the end of the register.[114] The final line of the annotation describing these rams states:

šsp=sn ḫꜥ.w n Rꜥ
ḥtp=f m 63-tnn m t3
As soon as they receive the solar crowns,
he rests in Tatenen, in the earth.

The Late Period theologians expanded on the reception of regalia and the setting of the sun within Tatenen, creating a short text that may be appropriately termed the "Amduat Cosmogony."

---

[111] Eyre, *The Cannibal Hymn*, pp. 76-78.

[112] Hornung, *Texte zum Amduat*, vol. 2, pp. 444-445; for loud noises signaling rebirth, see also Darnell, *Enigmatic Netherworld Books*, pp. 366-368.

[113] Col. IV, ll. 6-7 (= Zandee, *De Hymnen aan Amon*, pl. IV).

[114] No specific sounds are associated with the rams, but the annotation does describe how pleasing their voices are to the solar deity (Hornung, *Texte zum Amduat*, vol. 2, pp. 621-622):
ḏwỉ=sn n nṯr pn ꜥ3 m ḫrw=sn sr.w št3.w
ḥkn=f m ḫrw=sn
They call to this great god in their voices of mysterious rams,
so that this god takes pleasure in their voices.

This text combines the creative forces of Tatenen, the Ogdoad, Atum, Re, and Ptah in a powerful expression of rebirth through sexual imagery and divine transformation (Figure 2):[115]

A.

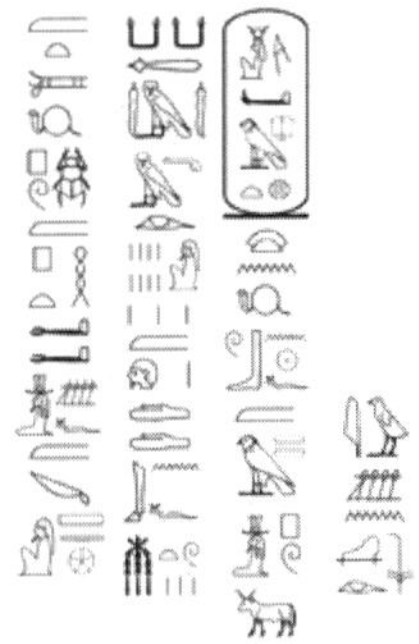

B.

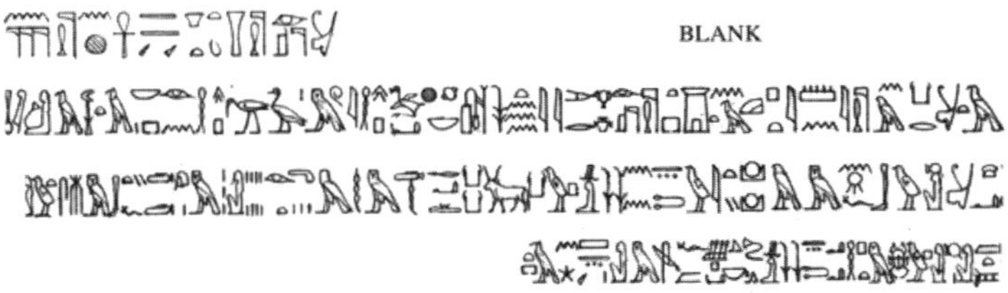

C.

[115] The superscripts delineate the differences between the three Late Period versions: the sarcophagus of Tjaihepimu (Berlin 49), Djedher (Louvre D9), and Nectanebo II (British Museum EA 10). For commentary to this text, see Manassa, *Late Egyptian Underworld*, pp. 157-161.

iw šsp.n Wsir N ḫˁ n Rˁ wbn=f m Ir-3ḫ.ty
iw 63-tnn pw k3 k3.w ˁ3 nḏmnḏm ir 2mnw m tp ḏr.ty
wḥm.n=f ms.wt m Ỉtm
Rˁ pw ḫpr m Ptḥ
Berlin 49/Louvre D9 *ˁ.wy Ỉtm (ḥr) pḫr=k (ḥr) šsp=f m sšm št3.t n dw3.t*
Nectanebo II *ˁ.wy Ỉtm (ḥr) šsp=f m sšm št3 dw3.t(y) 63-tnn*

The Osiris N has received the solar regalia, so that he might rise as Horakhty.
He is Tatenen, the bull of bulls, great of sexual pleasure,
who created the Ogdoad in the palms of his hands.
He has repeated births as Atum.
He is Re who has become Ptah.
Berlin 49/Louvre D9 The arms of Atum surround you and receive him
Berlin 49/Louvre D9 as the secret image of the Underworld.
Nectanebo II The arms of Atum receive him as the secret,
Nectanebo II underworldly image of Tatenen.

The most obvious connection between the Amduat Cosmogony and the sounds in the Eighth Hour is the sexual act of the "bull of bulls" that appears in both (see further above, pp. 121, 124).
The description "great of sexual pleasure," like the taurine epithet, can apply to Osiris as well as solar objects, such as the *wi3 nḏmnḏm*,[116] and emphasizes the creative power unleashed by the union of Re and Osiris in the Netherworld. After the explosive descent into the waters of Nun in the Fifth Hour and the indwelling of Re and Osiris the corpse of Khepri in the Sixth Hour, the sun god triumphs over Apep in the Seventh Hour. With the cosmic disaster averted, the otherwise unassuming caverns of the Eighth Hour proclaim the noisy recreation of the cosmos. The Late Period Amduat Cosmogony, with its manifold allusions to creation theologies,[117] affirms the interpretation of the more subtle New Kingdom text. The Amduat Cosmogony informs us that the creator deity Tatenen in his various manifestations - including solar forms[118] — and the sexually regenerated Re-Osiris are two aspects of a single divine entity that both creates and recreates the universe through sexual means. The "Amduat Cosmogony" and the annotations to the Eighth Hour of Amduat use not only the power of the initial creation of the cosmos but also the annual cycle of the Nile inundation to fuel the rebirth of the deceased.

[116] Manassa, *Late Egyptian Underworld,* pp. 158-159, note a.
[117] E.g. Heliopolitan (Re-Horakhty and Atum), Memphite (Ptah and Tatenen), and Hermopolitan (Ogdoad).
[118] The density of divine forms within the Amduat Cosmogony is reminiscent of hymns to Amun-Re as cosmic deity - for specific parallels, see Manassa, *Late Egyptian Underworld,* pp. 159-160.

Although as philologists and archaeologists, we cannot hear the rich sounds that were so fundamental to the ancient Egyptian world-view,[119] I hope that this foray into Netherworldly sounds, offered in tribute to a scholar who has studied ancient ritual practice from so many different perspectives, encourages further investigation into ancient auditory experiences.

Figure Captions

Figure 1: Section of the annotation from the Second Cavern of the Eighth Hour of Amduat, showing the variation in the form of the *bỉ3.wy* hieroglyphs.
A) New Kingdom sources (after Hornung, *Texte zum Amduat,* vol. 2, p. 593)
B) Sarcophagus of Tjaihorpata (CG 29306, photograph by the author)

Figure 2: The "Amduat Cosmogony" on Late Period sarcophagi.
A) Sarcophagus of Nectanebo II (BM EA 10)
B) Sarcophagus of Tjaihepimu (Berlin 49, after J. Dümichen, *Der Grabpalast des Patuamenap in der thebanischen Nekropolis*, vol. 3)
C) Sarcophagus of Djedher (Louvre, D9, after Sharpe, *Egyptian Inscriptions,* vol. 2, pls. 14-19 with collations by the author)

---

[119] For one of many possible examples of sound defining the Egyptian view of the world, compare the following passage in the Admonitions of Ipuwer (col. 5, l. 14- col. 6, l. 1 = R. Enmarch, *The Dialogue of Ipuwer and the Lord of All* [Oxford, 2005], pp. 35-37):
ḥ3 rf grḥ pw m rmṯ nỉ ỉwr nỉ ms(ỉ).t
ỉẖ gr t3 m ẖrw nn ẖnw
"Would that it was the end of mankind—without conception, without birth!
Then the land would be entirely silent, without uproar."
Here noise is a negative expression of chaos, rather than the positive "roar of the living"—for more on the dichotomy of noise, see Darnell, *Enigmatic Netherworld Books*, pp. 366-368

Zur Tradition der Technik der Verleumdung in Theben - ein Nachtrag

Alexander Manisali

ḫr ḫpr tꜣ ỉp.t n pꜣ ẖry-tp n pꜣ sšl e-ḏbꜣ ḳlf
Das Wirken des Magiers vollzieht sich am Dämon aufgrund von List.[1]

Soeben hat J. Quack einige Passagen des pJumilhac einer vertiefenden sprachlichen Analyse unterzogen.[2] Aufgrund des Sprachzustandes datiert er die Vorlage des Abschnitts mit der „Suche nach den Gottesgliedern" (III,19-IV,28) in die 19. bis 22. Dynastie,[3] die der Episode um die Verleumdung Thots durch Baba (XVI,9-22) „eher in die 19. als in die 20. Dynastie".[4] Ab dem Neuen Reich bilden Verleumdung und Motiv der offenbarten Gottesglieder bzw. des geöffneten Reliquienschreines/Sarges als Umkehrung der Gliedersuche einen Topos,[5] der eng mit Baba und Maga verbunden ist.
Der lange magische Spruch pChester Beatty VIII vs. 4,1-7,5[6] ist maßgeblich von der Liturgiefolge CT [30]-[41][7] beeinflußt,[8] die, vollständig nur in Berscheh belegt, später nach Theben gelangt. Darin wird der Übergang des Verstorbenen als (unterweltliche) Reise zu Osiris beschrieben, Ziel ist der Eingang in dessen „großen Schrein" (*ḫm wr*) bzw. „Verborgenheit" (*štꜣ.w*).[9]

---

[1] In Anlehnung an pInsinger 12,7.
[2] J.F. Quack, Corpus oder membra disiecta ? Zur Sprach- und Redaktionskritik des Papyrus Jumilhac, in: W. Waitkus (Hg.), Diener des Horus. Festschrift für Dieter Kurth zum 65. Geburtstag, Aegyptiaca Hamburgensis 1, Gladbeck 2008, 203-228.
[3] Quack, in: Diener des Horus (FS Kurth), 213; vgl. auch 221.
[4] Quack, in: Diener des Horus (FS Kurth), 215; 226f. mit Neuübersetzung.
[5] Vgl. zur rituellen Bestattung von Feinden von den Ächtungstexten bis in spätzeitliche Ritualpapyri (Bremner-Rhind) R.K. Ritner, The Mechanics of Ancient Egyptian Magical Practice, SAOC 54, Chicago [2]1997, 175.
[6] Vgl. jetzt H.-W. Fischer-Elfert, Altägyptische Zaubersprüche, Stuttgart 2005, 50ff. Nr. 18.
[7] H. Willems, The Social and Ritual Context of a Mortuary Liturgy of the Middle Kingdom (*CT* Spells 30-41), in: ders. (Hg.), Social Aspects of Funerary Culture in the Egyptian Old and Middle Kingdoms. Proceedings of the international symposium held at Leiden University 6-7 June, 1996, OLA 103, Leiden 2001, 253ff.; J. Assmann, Tod und Jenseits im Alten Ägypten, München 2001, 172ff.
[8] Verf., Zur *calumnia princeps* des Seth in PT 477- eine Art Klarstellung hinsichtlich des ägyptologischen Verständnisses von Iamblichs De Mysteriis VI, 5, in: GM 205, 2005, 71ff. Vgl. auch J. Assmann, Altägyptische Totenliturgien (unter Mitarbeit von M. Bommas), I, Totenliturgien in den Sargtexten des Mittleren Reiches, Suppl. Schriften der HAW 14, Heidelberg, 2002, 451f. zu PT [477].
[9] Willems, in: ders. (Hg.), Social Aspects, 297.

Im ramessidischen pChester Beatty, der sich an Osiris wendet, beschuldigt der Aktant einen Dämonen mehrfach, „Reliquienkästen" (*ꜥfḏ.t*) an Kultorten des Osiris geöffnet (*wn*) zu haben.[10] Der Text bietet „la pemière liste qui associe a plusieurs grands centres religieux des collections de parties du corps d`Osiris".[11]

Die Anschuldigung, einen Schrein geöffnet zu haben, trifft im ebenfalls ramessidischen magischen pHarris auch Maga,[12] Sohn des Seth. Bezeichnenderweise wird er erstmals zu dem Zeitpunkt textlich fassbar,[13] an dem auch genannter Topos aus Verleumdung in Verbindung mit geöffnetem Reliquienschrein/Sarg hervortritt: in Spruch „V" des Papyrus, der sich gegen Krokodile richtet,[14] wird Maga, Sohn des Seth, beschuldigt, einen *kꜣr*-Schrein mit einer Figur des Thot[15] geöffnet (*wn*) zu haben.[16]
Ein expliziter Bezug zu Osiris bzw. seinen Gliedern fehlt noch. Obwohl auf den Text verschiedene Einflüsse eingewirkt haben,[17] kann gleichermaßen eine Beeinflussung durch die Totenliturgie aus Berscheh nicht ausgeschlossen werden.[18]

---

[10] Vgl. auch die Formulierung *ḥḥ-iz* innerhalb des Rituals „Treiben der vier Kälber" bei A. Egberts, In Quest of Meaning. A Study of the Ancient Egyptian Rites of Consecrating the Meret-Chests and Driving the Calves, EU 8, Leiden 1995, 345ff.; zu den NR-Bezeugungen 207ff.

[11] L. Pantalacci, A propos de reliques osiriennes, in: CdÉ 62, 1987, 110; Literatur zu den "Osirisgliedern" bei Quack, in: Diener des Horus (FS Kurth), 214 Anm. 49. Vgl. zur „Mummifizierung" als *neuem* Thema auf Sargtexten auch H. Willems, The Embalmer Embalmed, in: J. v. Dijk (Hg.), Essays on Ancient Egypt in Honour of Herman te Velde, EM 1, Groningen 1997, 358.

[12] P. Wilson, in: S. Quirke (Hg.), The Temple in Ancient Egypt, Dorchester 1997, 193f. u. dies., A Ptolemaic Lexicon. A Lexicographical Study of the Texts in the Temple of Edfu, OLA 78, Löwen 1997, 472f.; G. Takács, Etymological Dictionary of Egyptian III: m-, HdO 48.3, Leiden/Boston, 2008, 677f.

[13] Aufgrund der vermuteten Nephthys-Sohnschaft geht A. v. Lieven von einer längeren Tradition aus (Grundriß des Laufes der Sterne. Das sogenannte Nutbuch, Textband, CNI 31, Kopenhagen 2007, 197; vgl. auch dies., Seth ist im Recht, Osiris im Unrecht!, in: ZÄS 133, 2006, 146.

[14] M. Bommas, Die Heidelberger Fragmente des magischen Papyrus Harris, Schriften der HAW 4, Heidelberg, 1998, 33ff.; C. Leitz, Magical and Medical Papyri of the New Kingdom; HPBM VII, London 1999, 46; Fischer-Elfert, Zaubersprüche, 69f. Nr. 46.

[15] Vgl. J.F. Borghouts, The Evil Eye of Apopis, in: JEA 59, 1973, 145. Vgl. auch die Drohung gegen Thots *hn*-Kasten im Fährmannspruch CT [397] V 105a-b; *hn* auch in PT [309] § 491a.

[16] Vgl. *wn kꜣr* in PT [627] §1173c, hier allerdings mit Bezug zu Re; vgl. R. .J. Leprohon, "Opening" in the Pyramid Texts, in: Z.A. Hawass/J. Richards (Hgg.), The Archaeology and Art of Ancient Egypt. Essays in Honor of David. B. O`Connor, ASAE Suppl. 36,2, Kairo 2007, 84. Zum Thema "Öffnung" auch J. Assmann, Altägyptische Totenliturgien (unter Mitarbeit von M. Bommas und A. Kucharek), II Totenliturgien in Grabinschriften des Neuen Reiches, Suppl. Schriften der HAW 17, Heidelberg 2005, 178ff.

[17] Vgl. den engen, nicht geklärten Bezug der Sprüche „M", „U" und „V" des mag. pHarris zum etwa zeitgleichen pBudapest 51.1960 und deren vorderasiatisches Gepräge; Fischer-Elfert, Zaubersprüche, 44f. Nr. 13. Vgl. daneben die Anklänge an das Mundöffnungsritual Sz. 73, Titel a und b (Statuentransport zur Kapelle; bei Butehamun als *kꜣr*).

[18] Obwohl der krokodilgestaltige Maga für die Gattung Krokodil steht und nicht direkt angesprochen wird wie der Dämon im pChester Beatty, folgt doch in beiden Texten die sog. „Nichtidentitätsformel" auf die Verleumdung.

Im Tagewählkalender des Neuen Reiches wird Maga aufgrund seiner Krokodilgestalt schließlich mit Sobek gleichgesetzt,[19] dem die Zunge herausgeschnitten wurde, weil er sich an den Leichenteilen des Osiris vergangen hatte.[20] Im saitenzeitlichen pBrooklyn 47.218.84 wird berichtet, daß Maga den linken Arm von Osiris verschluckt habe.[21]
Die Anschuldigung, sich an den Gliedern des Osiris vergangen zu haben, trifft im Neuen Reich neben Maga (bzw. Sobek) auch Baba[22] und Thot. Der I. *3ḫ.t* 19 des erwähnten Tagewählkalenders berichtet vermutlich von Babas Versuch, sich am Leichnam des Osiris zu vergehen,[23] ein Vorwurf, der in einer Inschrift des Bücherhauses von Edfu wiederkehrt.
Daß Baba in dieser Tradition „als Täter gegen Osiris auftritt",[24] trägt zu seinem zunehmend schlechten Ruf bei,[25] der seine eigentlich *maaterhaltende* Funktion in der erwähnten Episode des pJumilhac verdeckt. Die hier geschilderte Feindschaft zwischen Baba und Thot mag teilweise[26] in der astralmythologischen Opposition Thots zum Sonnengott Re begründet liegen, dem Baba eng verbunden ist: Baba ist Mitglied der Sonnenbarke des Re, wird später als dessen Sohn bezeichnet.[27] Auf dem steinernen Statuenkasten Louvre 25475 aus dem Mittleren Reich wird eine *rrk* –Schlange verleumdet, das Auge des Sonnengottes „verschlungen" und das des Baba „geleckt" zu haben.[28]

[19] C. Leitz, Tagewählerei, 325 (IV. *pr.t* 25); vgl. auch 30f. (I. *3ḫ.t* 17, wo nur Sobek genannt ist); ferner 121 m) (III. *3ḫ.t* 13, wo die genannte „Zunge des Anti/Nemti" wohl mit der von Sobek verwechselt wurde; vgl. zu diesem Datum auch die Rezension von J.F. Quack, in: LingAeg 5, 1997, 282).
[20] Leitz, Tagewählerei, 16.
[21] Kol. XV,2; D. Meeks, Mythes et légendes du Delta d`après le papyrus Brooklyn 47.218.84, MIFAO 125, Kairo 2006, 33; eine Herkunft des Papyrus (des gesamten, nicht dokumentierten Fundes ?) aus Heliopolis hält J.F. Quack aufgrund der Papyruserhaltung für „wenig wahrscheinlich" (Rezension in: Or 77, 2008, 106).
[22] Zu Baba vgl. jetzt G. Meurer, Die Feinde des Königs in den Pyramidentexten, OBO 189, Freiburg (Schweiz) /Göttingen, 2002, 214ff.; außerdem G. Takács, Etymological Dictionary of Egyptian, II: *b-*, *p-*, *f-*, HdO 48.2, Leiden/Boston/Köln 2001, 70.
[23] Leitz, Tagewählerei, 32f.; C. Leitz, Auseinandersetzungen zwischen Baba und Thot, in: H. Behlmer (Hg.), ...quaerentes scientiam. Festgabe für Wolfhart Westendorf zu seinem 70. Geburtstag, Göttingen 1994, 114f.; vgl. auch Meurer, Feinde, 50 zur möglichen Verbindung von Baba und den „Gliedern" in PT [320] § 516b-c.
[24] Leitz, in: ...quaerentes scientiam (FS Westendorf), 114.
[25] Vgl. zum I. *3ḫ.t* 19, wo schon die Gleichsetzung Baba/Seth erfolgt Leitz, Tagewählerei, 33f).
[26] Vgl. Leitz, in: ...quaerentes scientiam (FS Westendorf), 107ff.
[27] CT [560] VI 161g (nur Berscheh); vgl. auch die Bezeichnung „Kater in Heliopolis" für Baba (CT[674] VI 303q) und Re (C. Manassa, The Late Egyptian Underworld: Sarcophagi and Related Texts from the Nectanebid Period, I, ÄAT 72,1, Wiesbaden 2007, 263).
[28] J.F. Borghouts, The Victorious Eyes: A Structural Analysis of two Egyptian Mythologizing Texts of the Middle Kingdom, in: Studien zu Sprache und Religion Ägyptens. Zu Ehren von Wolfhart Westendorf überreicht von Freunden und Schülern, Bd. 2, Göttingen 1984, 703ff.; Leitz, in: ...quaerentes scientiam (FS Westendorf), 108 u. 116f.

In den gleichen Kontext gehört wohl auch Babas vermeintlicher Anwurf gegen Re in der ramessidischen Erzählung von *Horus & Seth* 3,9-10 wonach dessen „Schrein leer“ sei (*ỉw=f ḥr ḏd n pꜣ Rꜥw-ḥr.w-ꜣḫ.tỉ kꜣr=k šw*).[29]
Wenn Baba in dieser Episode die Funktion einer „Schlüsselfigur im Erhalt des Kosmos und des Sonnenzyklus“ zukommt,[30] dürfte die Stelle im pJumilhac ein Nachhall[31] dieser Rolle sein: die Anschuldigung gegen Thot, die „Sachen des Re“ genommen zu haben, ist berechtigt, da Thot durch Wegnahme der „Sachen des Re“,[32] d.h. seiner Strahlen, eine Sonnenfinsternis verursacht.[33] Daß Thot, der Baba am I. *ꜣḫ.t* 19 an der Schändung des Osirisleichnams hindert, selbst des Vergehens gegen die Osirisglieder geziehen wird,[34] ist daher vielleicht mit der Assoziation von *ỉḫ.wt* „Strahlen“ und *ỉḫ.wt* „Glieder“ [35] zu erklären.
Die Anschuldigung, die Osirisglieder „enthüllt“ > „geschändet“ zu haben, ist im NR als prominentes Thema eng verbunden mit der Bezichtigung, einen (die Glieder bergenden) „Schrein geöffnet“ zu haben, [36] die in Kombination mit der Verleumdung den neuen, anfangs genannten Topos bildet.
In der Totenliteratur ist die „Kajüte“ des Sonnengottes, der „Schrein“ des Osiris bzw. der „Sarg“ von Re/Osiris Ziel des Aufstiegs bzw. der (unterweltlichen) Reise des Verstorbenen; allgemein kommt „Kästen“/„Schreinen“, die *jenseitiges* Wissen für eine Weiterexistenz bergen, zentrale Bedeutung zu, wie sie auch die letzte Erzählung des Papyrus Westcar widerspiegelt.[37] In CT [38] der eingangs erwähnten Totenliturgie CT [30]-[41] dient ein (sonst unbekannter) „Kasten des Sia“ *ꜥfḏ.t n.t sỉꜣ* (CT I 160b),[38] dessen Inhalt er zu kennen suggeriert, dem Ritualisten, d.h. dem Sohn des Verstorbenen, als Argument bei der „Kommunikation“ mit dem Vater, besitzt hier einen *diesseitigen* Nutzen. [39]

---

[29] Vgl. Meurer, Feinde, 24 Anm. 3

[30] K. Reinhardt, Babas Drohung, in: JAC 15, 2000, 58. Vgl. auch M. Broze, Mythe et roman en Égypte ancienne. Les aventures d`Horus et Seth dans le Papyrus Chester Beatty I, OLA 76, Löwen 1996, 234ff.

[31] Vgl. die scheinbar vertauschte Perspektive als “ironic echo“ bei Ritner, Mechanics, 97.

[32] Etwa pJumilhac XVI, 12; vgl. auch v. Lieven, Nutbuch, 189.

[33] Leitz, in: ...quaerentes scientiam (FS Westendorf), 115f.

[34] Leitz, in: ...quaerentes scientiam (FS Westendorf), 114; vgl. zu Thots verblassenden negativen Zügen auch Meurer, Feinde, 59f.

[35] J.F. Quack, Das Pavianshaar und die Taten des Thot (pBrooklyn 47.218.48+85 3,1-6), in: SAK 23, 1996, 310.

[36] Als Türhüter stünde wiederum Baba unmittelbar mit einem *geöffneten Schrein* in Zusammenhang: „Öffnen der Türflügel des Himmels“ (*wn ꜥꜣ.wỉ p.t*) > „Öffnen des Schreins“ (PT [313] § 502a-503b); sein Phallus wird im „Täglichen Tempelritual“ zum „Finger des Seth“; zur Formulierung *wn ꜥꜣ.wỉ p.t*„ die in vielerlei Kontext vorkommt, vgl. J.F. Quack, Fragmente des Mundöffnungsrituals aus Tebtynis, in: K. Ryholt (Hg.), Hieratic texts from the collection, The Carlsberg papyri 7, CNI 30, Kopenhagen 2006, 81.

[37] Vgl. jetzt A. Spalinger, Osiris, Re and Cheops, in: ZÄS 134, 2007, 173ff.

[38] Vgl. dazu Willems, in: ders. (Hg.), Social Aspects, 326 Anm. 280.

[39] J.F. Borghouts, The Enigmatic Chests, in: JEOL 23, 1973-74, 359f; Willems in: ders. (Hg.), Social Aspects, 337ff.

Aus dieser Form der „Briefe an Tote“ - [40] vgl. das *sỉꜣ* in pChster Beatty VIII vs. 7,3 - ist nach einem Transfer des Sargtextmaterials aus Berscheh[41] in thebanischen Archiven in Kombination mit CT [37][42] bzw. einer thebanischen Tradition der Verleumdung, [43] die in Berscheh noch nicht gegeben ist, sehr wahrscheinlich der Text des pChester Beatty VIII vs. 4,1-7,5 entstanden,[44] der den neuen Topos aus „geöffnetem Schrein“ und Verleumdung in den außerfunerären Bereich einführt.

Aufgrund seiner Wirkung kommt dem Spruch pChester Beatty VIII vs. 4,1-7,5 – der Papyrus vermerkt seine Herkunft aus dem Tempelkontext -,[45] zentrale Bedeutung zu: der Ausdruch *wn ꜥfḏ.t* bleibt bis in spätzeitliche Ritualpapyri verbindlich (Urkunden VI), der Topos beeinflußt die (wiederum private) Magie der griechisch-römischen Zeit, etwa den pBritish Museum 10588 aus dem 3. Jahrhundert n. Chr.[46] Daneben formt genannter CT [38] mit dem Begriff *ꜥfḏ.t* (vermittels des pChester Beatty VIII) eine Variante der „Briefe an Tote“ bis zu den Särgen der 21. Dynastie.[47]

---

[40] Zum Verhältnis von Totenliturgie und den „Briefen an Tote“ Willems, in: ders. (Hg.), Social Aspects, 344ff.

[41] Trotz CT [38] kommt man ohne die Prämisse eines Transfers von Lischt nach Berscheh *vor* dem von Berscheh nach Theben wohl nicht aus; vgl. ferner Willems, in: Essays on Ancient Egypt (FS te Velde), 356 zum frühen Sarg L4Li; vgl. neben der CT [182]-Vorlage bei Verf., in: GM 205, 2005, 74ff. auch den Wechsel von *ꜥfḏ.t* (Lischt) und *ꜥff* „Fliege“ (Berscheh) in CT [457] (L. Gestermann, Die Überlieferung ausgewählter Texte altägyptischer Totenliteratur („Sargtexte“) in spätzeitlichen Grabanlagen, Teil 1:Text, ÄA 68, Wiesbaden, 2005, 308 Anm. 1302; die Verbindung mit *sṯꜣ* „ziehen“ legt hier einen Zshg. mit dem „Ziehen der vier Meret-Kästen“ nahe). Zur „Fliege“ als Regenerationssymbol (vgl. Gestermann, Überlieferung, 309 Anm. 1306) C. Leitz, Tagewählerei. Das Buch *hꜣt nḥḥ pḥ.wy ḏt* und verwandte Texte, Textband, ÄA 55, Wiesbaden 1994, 44 Anm. 52. Vgl. zur (späten Schreibung von *ꜥfḏ.t* „Sarkophag“ mit der „Biene“ (Gardiner Sign-List L 2) J.-C. Goyon, Le Papyrus d`Imouthès Fils de Psintaes (Papyrus MMA 35.9.21), New York 1999, 46 Anm. 105; ferner Manassa, Late Egyptian Underworld, I, 254 u. 262f.
Vgl. zu Cheraha in pCB VIII vs. 5,2 auch CT[1137] VII 483b-c (nur Berscheh), hier allerdings *hn*.

[42] Verf., in: GM 205, 2005, 75f.

[43] Als Argument einer Verleumdung scheint ein “Kasten” vor dem Anstoß aus Berscheh nicht belegt. Vgl. zur thebanischen Tradition etwa Quack, in: SAK 23, 1996, 331; zum singulären CT [656] in TT 319 jetzt Gestermann, Überlieferung, 18 u. L.D. Morenz, Literature as a Construction of the Past in the Middle Kingdom, in: J. Tait (Hg.),“Never Had the Like Occured“: Egypt´s view of its past, London 2003, 115.

[44] Vgl. zu den „z.T. schwer verständlichen“ (Fischer-Elfert, Zaubertexte, 138) Schlußpassagen des pChester Beatty VIII-Spruches, die Apophis nennen, vielleicht auch pImouthes col. 32,2, wo Seth (in col. 30,2-3 beschuldigt, die *ꜥfḏ.t-štꜣ.w* geöffnet (wn) und den *kꜣr*-Schrein zertrümmert zu haben) bezichtigt wird, *Apophis* zur *ḥw.t-bnbn* in Heliopolis geführt zu haben.

[45] Ritner, Mechanics, 206 Anm. 954.

[46] PGM LXI, 39-71; H.D. Betz (Hg.), The Greek Magical Papyri in Translation. Including the Demotic Spells, Chicago ^{2}1996, 291f.

[47] Dazu demnächst Verf.

Der Kranz der Rechtfertigung

Marcus Müller-Roth

1. Einleitung

Seit etwa 40 Jahren widmet sich der Jubilar inzwischen der altägyptischen Religion. Neben der Sonnentheologie, die er besonders zu Beginn seiner Laufbahn erschloss, fesselten ihn während der gesamten Zeit die Rituale.[1]
Informationen über den Inhalt und den Ablauf eines Rituals liefern unterschiedliche Quellen. Das Mundöffnungsritual überliefern beispielsweise reine Textquellen, die uns auf Papyri erhalten sind.[2] Bebilderte Versionen in Gräbern wie dem Sethos' I.[3] oder Nebsumenus[4] erweitern die Kenntnisse über die Handlung und die beteiligten Personen. Letztlich lassen sich die Ritualgegenstände sogar archäologisch nachweisen und belegen dadurch, dass die Überlieferung authentisch ist.[5] Zu den Quellen, die sowohl Text- als auch Bildinformationen zum Mundöffnungsritual liefern, zählen auch die Kapitel 21-23 des Totenbuchs. Analog zu den Grabdekorationen zeigen die Vignetten dieser Sprüche ebenfalls Szenen des Rituals und unterscheiden dabei sogar verschiedene Geräte zur Mundöffnung.[6]
Obwohl die Untersuchung dieser Vignetten sicherlich lohnend wäre und den Jubilar erfreuen würde, soll sich die folgende Studie einer anderen Vignette widmen, die bisher weit weniger beachtet wurde als die Szenen der Mundöffnung.

---

[1] Zuletzt u.a. J. ASSMANN, Isis und Osiris. Geschlechterdifferenz im ägyptischen Totenritual, in: E. KLINGER/ST. BÖHM/TH. FRANZ (Hgg.), *Paare in antiken religiösen Texten und Bildern*, Würzburg 2002, 9-28; DERS., Ägyptische Totenriten, in: D. HARTH/G.J. SCHENK (Hgg.), *Ritualdynamik. Kulturübergreifende Studien zur Theorie und Geschichte rituellen Handelns*, Heidelberg 2004, 261-274 sowie DERS., Totenriten als Trauerriten im Alten Ägypten, in: DERS./F. MACIEJEWSKI/A. MICHAELS (Hgg.), *Der Abschied von den Toten. Trauerrituale im Kulturvergleich*, Göttingen 2005, 307-325. Riten bilden auch einen Schwerpunkt in seinem grundlegenden Werk *Tod und Jenseits im Alten Ägypten*, München 2001.

[2] Vgl. J.F. QUACK, Fragmente des Mundöffnungsrituals aus Tebtynis, in: K. RYHOLT (Hg.), *Hieratic texts from the collection*, The Carlsberg papyri 7, CNI-Publications 30, Kopenhagen 2006, 69-150.

[3] Vgl. E. HORNUNG, *Das Grab Sethos' I.*, Düsseldorf/Zürich 1999, 137-164, Abb. 97-124.

[4] Vgl. J. ASSMANN, The Ramesside Tomb of Nebsumenu (TT 183) and the Ritual of Opening the Mouth, in: N. STRUDWICK/J. TAYLOR (Hgg.), *The Theban Necropolis. Past Present and Future*, London 2003, 53-60.

[5] Vgl. N. STRUDWICK, True "ritual objects" in Egyptian private tombs?, in: B. BACKES/M. MÜLLER-ROTH/ S. STÖHR (Hgg.), *Ausgestattet mit den Schriften des Thot* (FS I. Munro), SAT 14, Wiesbaden 2009.

[6] Siehe U. VERHOEVEN, *Das saitische Totenbuch der Iahtesnacht (P. Colon. Aeg. 10207)*, PTA 41.3, Bonn 1993, Beilage 5, Kol. 13. Zu den Geräten vgl. E. OTTO, *Das ägyptische Mundöffnungsritual*, ÄA 3, Wiesbaden 1960, 16-26.

Es handelt sich um die Vignetten zu Tb 19 und 20, in denen der Verstorbene den Kranz der Rechtfertigung erhält. Der Text stellt klar, dass auch dieser Abschnitt des Totenbuchs einem rituellen Kontext entstammt.

2. Übersetzungen[7]

2.1 Übersetzung Tb 19

[Titelzeile] *rꜣ n mꜣḥ.w mꜣꜥ-ḫrw*	
[1] *ḏd-mdw jn Wsjr NN mꜣꜥ-ḫrw*	[1] Von Osiris NN, gerechtfertigt, zu sprechen:
ṯz n=k jtj=k Jtm.w m(ꜣ)ḥ pfy nfr n mꜣꜥ-ḫrw m ḥꜣ.t twy	Dein Vater Atum knüpft dir jenen schönen Kranz der Rechtfertigung an jene Stirn.
ꜥnḫ mr.y nṯr.w [2] *ꜥnḫ=k ḏ.t*	Lebe, Götterliebling! [2] Ewig sollst du leben!
smꜣꜥ Wsjr-ḫnt.j-jmn.tt ḫrw=k r ḫftj.w=k	Osiris-Chontamenti rechtfertigt dich gegen deine Feinde.
jw wḏ n=k jtj=k Gbb jwꜥ{ꜥ}=f nb	Dein Vater Geb überweist dir all sein Erbe.
mj ḥkn.w r=k m mꜣꜥ-ḫrw	Komm und jubele doch in Rechtfertigung,
Ḥr.w zꜣ ꜣs.t zꜣ Wsjr	Horus, Isis Sohn und Osiris Sohn,
ḥr ns.t [3] *jtj=k Rꜥ.w ḥr sḫr ḫftj.w=k*	ist auf dem Thron [3] deines Vaters Re und wirft deine Feinde nieder.
jw wḏ=f n=k ṯꜣ.wj tm.wj	Er überweist dir die Bd Länder insgesamt.
jw wḏ.n{t} Jtm.w jw wḥm.n psḏ.t	Atum hat überwiesen und die Neunheit hat bestätigt („wiederholt“)
{ꜥꜥwj}<jwꜥ.w> nfr n mꜣꜥ-ḫrw	das schöne Erbe für den Gerechtfertigten,
Ḥr.w zꜣ ꜣs.t zꜣ Wsjr ḏ.t [4] *nḥḥ*	Horus, Isis Sohn und Osiris Sohn, unendlich [4] und ewig,
Wsjr NN mꜣꜥ-ḫrw ḏ.t nḥḥ	(und) Osiris NN, gerechtfertigt, unendlich und ewig.
jw Wsjr-ḫnt.j-jmn.tt jt{w}r.tj dmḏ.tj	Osiris-Chontamenti, die Beiden Kapellenreihen insgesamt,
nṯr nb nṯr.t nb(.t) n.tj m p.t n.tj m tꜣ	jeder Gott und jede Göttin, der im Himmel ist und der in der Erde ist,
ḥr smꜣꜥ-ḫrw Ḥr.w zꜣ ꜣs.t zꜣ Wsjr r ḫftj.w=f	rechtfertigen Horus, Isis Sohn u. Osiris Sohn, gegen seine Feinde
m-bꜣḥ [5] *Wsjr-ḫnt.j-jmn.tt*	vor Osiris-Chontamenti
ḥr smꜣꜥ-ḫrw Wsjr NN mꜣꜥ-ḫrw r ḫftj.w=f	und rechtfertigen Osiris NN, gerechtfertigt, gegen seine Feinde
m-bꜣḥ Wsjr-ḫnt.j-jmn.tt wnn-nfr.w zꜣ Nw.t	vor [5] Osiris-Chontamenti-Wennefer, Nuts Sohn,
hrw pfj n smꜣꜥ-ḫrw =f r Štš ḥnꜥ zmꜣ.yw=f	an jenem Tag seiner Rechtfertigung gegen Seth und dessen Kumpane

[7] Übersetzung von BURKHARD BACKES nach pTurin 1791 im Thesaurus Linguae Aegyptiae. URL: http://aaew.bbaw.de/tla/ (Stand: 1. Juni 2008). Einige Verbesserungen von B. BACKES wurden nachträglich eingearbeitet. Mündliche Mitteilung vom 3. Juni 2008.

m-bꜣḥ [6] *ḏꜣḏꜣ.t ꜥꜣ.t jm.j.w Jwn.w*	vor [6] dem großen Gerichtshof, der in Heliopolis ist,
grḥ n ꜥḥꜣ-ꜥ sḫr sbj pf	jener Nacht des Kampfes und des Niederwerfens jenes Rebellen;
m-bꜣḥ ḏꜣḏꜣ.t ꜥꜣ.t jm.j.w ꜣbḏ.w	vor d. großen Gerichtshof, der in Abydos ist,
grḥ pfj n smꜣꜥ-ḫrw Wsjr r ḫftj.w=f	jener Nacht der Rechtfertigung des Osiris gegen seine Feinde
[7] *smꜣꜥ-ḫrw Wsjr NN mꜣꜥ-ḫrw r ḫftj.w=f*	[7] und der Rechtfertigung des Osiris NN, gerechtfertigt, gegen seine Feinde;
m-bꜣḥ ḏꜣḏꜣ.t ꜥꜣ.t jm.j.w ꜣḫ.t jmn.t(j).t	vor dem großen Gerichtshof, der im Westhorizont ist,
grḥ pfj n ḥ(ꜣ)b h(ꜣ)kr	jener Nacht des Haker-Festes;
m-bꜣḥ ḏꜣḏꜣ.t ꜥꜣ.t jm.j.w Ḏd.w	vor d. großen Gerichtshof, der in Busiris ist,
grḥ [8] *pfy n sꜥḥꜥ ḏd jm.j Ḏd.w*	in jener Nacht [8] der Aufrichtung des Djed-Pfeilers, der in Busiris ist;
m-bꜣḥ ḏꜣḏꜣ.t ꜥꜣ.t jm.j.w wꜣ.t.w mt.w	vor dem großen Gerichtshof, der in den Wegen der Toten ist,
grḥ pfj n sjp m jw.tj=sn	in jener Nacht der Abrechnung mit den „Nicht-Seienden“;
m-bꜣḥ ḏꜣḏꜣ.t ꜥꜣ.t jm.j.w Ḫm	vor dem großen Gerichtshof, der in Letopolis ist,

Spruch der Rechtfertigungskränze:

[9] *grḥ pfy n (j)ḫ.t-{ḥr-}ḫꜣw m Ḫm*	[9] in jener Nacht d. Abendopfers in Letopolis;
m-bꜣḥ ḏꜣḏꜣ.t ꜥꜣ.t jm.j.w Pj Dp	vor dem großen Gerichtshof, der in Pe und Dep ist,
grḥ pfj n smn jwꜥ{ꜥ} n Ḥr.w m (j)ḫ.t jtj=f Wsjr	in jener Nacht der Festsetzung von Horus Erbe aus dem Besitz seines Vaters Osiris;
m-bꜣḥ ḏꜣḏꜣ.t ꜥꜣ.t [10] *jm.j.w ḫbs-tꜣ ꜥꜣ{.t} jm.j Ḏd.w ky-ḏd ꜣbḏ.w*	vor dem großen Gerichtshof, [10] der in der großen Erdaufhackung ist, die in Busiris – Variante: Abydos – ist,
grḥ pfj n wḏꜥ-md.t ky-ḏd wḏꜥ snm{m}	in jener Nacht des Richtens – Variante: der Aufhebung („Trennung“) der Trauer;
m-bꜣḥ ḏꜣḏꜣ.t ꜥꜣ.t jm.j.w N-jr=f ḥr s.t=f	vor dem großen Gerichtshof, der in Naref ist, auf seinem Thron,
grḥ pfj n šzp Ḥr.w msḫn nṯr.w	in jener Nacht, da Horus den Aufenthaltsort der Götter empfing;
[11] *m-bꜣḥ ḏꜣḏꜣ.t ꜥꜣ.t jm.j.w jdb.w-rḫt.j*	[11] vor dem großen Gerichtshof, der in den Wäscher-Ufern ist,
grḥ pfy n sḏr ꜣs.t rs.tw ḥr jrj(.t) j(ꜣ)kb ḥr sn=s	in jener Nacht, da Isis wachend die Nacht mit der Durchführung der Trauer um ihren Bruder zubrachte;

m-bꜣḥ ḏꜣḏꜣ.t ꜥꜣ.t jm.j.w Rꜣ-sṯꜣ.w	vor d. großen Gerichtshof, der in Rasetjau ist,
grḥ pfj n smꜣꜥ-ḫrw Wsjr r ḫftj.w=f [12] *nb(.w)*	in jener Nacht der Rechtfertigung des Osiris gegen [12] alle seine Feinde.
jw wḥm.n Ḥr.w ḥkn.w zp-4	Horus hat den Jubel viermal wiederholt.
jw ḫftj.w=f nb(.w) ẖr(.w) sḫr.w bḥn(.w)	Alle seine Feinde sind gestürzt, niedergeworfen und zerstückelt.
jw wḥm.n Wsjr NN mꜣꜥ-ḫrw ḥkn.w zp-4	Osiris NN, gerechtfertigt, hat den Jubel viermal wiederholt.
jw ḫftj.w=f nb(.w) ẖr(.w) [13] *sḫr.w bḥn(.w)*	Alle seine Feinde sind gestürzt, [13] niedergeworfen und zerstückelt.
jw wḥm.n Ḥr.w zꜣ ꜣs.t zꜣ Wsjr ḥḥ.w n ḥbs	Horus, Sohn der Isis und Sohn des Osiris, hat Millionen Jubiläen begangen.
jw ḫftj.w=f nb(.w) ẖr(.w) sḫr.w bḥn(.w)	Alle seine Feinde sind gestürzt, niedergeworfen und zerstückelt.
ḏꜣj s.t jm=sn r ḫb.t n.t jꜣb.tt	Der Platz mit ihnen(?) ist zur Richtstätte des Ostens übergesetzt.
ḥsḳ tp.w=sn [14] *dr nḥb.t=sn*	Ihre Köpfe sind abgeschnitten. [14] Ihr(e) Nacken sind entfernt.
dr nḥb.t=sn stp ḫpš=sn	Ihr(e) Nacken sind entfernt. Ihr(e) Schenkel sind herausgeschnitten.
ḏj=sn n ḥtm wr jm.j jn.t	Sie sind dem großen Vernichter übergeben, der sich im Tal befindet.
nn prj=sn ẖr zꜣw(.t) Gbb ḏ.t	Unter der Bewachung des Geb können sie ewig nicht entkommen.
ḏd =tw rꜣ pn ḥr mꜣḥ.w [15] *n nṯr.t*	<u>Man spreche diesen Spruch</u> über einen Kranz [15] aus der *nṯr*-Pflanze,
rḏj(.w) m ḥr n z	indem er dem Manne über („in") das Gesicht gelegt ist.
js rḏj.n=k snṯr ḥr sḏ.t n Wsjr NN mꜣꜥ-ḫrw	Hast du für Osiris NN, gerechtfertigt, Weihrauch auf die Flamme gelegt,
mꜣꜥ-ḫrw=f r ḫftj.w=f [16] *m mt m ꜥnḫ*	so ist er [16] als Toter und als Lebender gegen seine Feinde gerechtfertigt.
wnn=f m šms.w Wsjr	Er wird in Osiris Gefolge sein.
jw ḏd n=f t ds pzn m-bꜣḥ nṯr pn	In Gegenwart dieses Gottes wird ihm Brot, ein Maß Bier („Krug") und Kuchen gegeben.
ḏd ḥr=k m dwꜣ.w zp-2	Sprich (es) über dich zweimal am Morgen.
mk.t ꜥꜣ.t pw m šs-mꜣꜥ{.t} ḥḥ n zp	Das bedeutet großen Schutz, als etwas millionenfach wirksam Erwiesenes.
mk.t ꜥꜣ.t pw m šs-mꜣꜥ{.t} ḥḥ n zp	Das bedeutet großen Schutz, als etwas millionenfach wirksam Erwiesenes.

2.2. Übersetzung Tb 20

[Titelzeile] *ky rꜣ n mꜣḥ.w n mꜣꜥ-ḫrw*	Anderer Spruch für den Kranz der Rechtfertigung:
j Ḏḥwtj smꜣꜥ Wsjr NN mꜣꜥ-ḫrw r ḫftj.w=f [zwei Zeilen über Spalte 1a-7a]	Oh Thot, mögest du Osiris NN, gerechtfertigt, gegen seine Feinde rechtfertigen,
mj smꜣꜥ Wsjr r ḫftj.w=f	wie du Osiris gegen seine Feinde gerechtfertigt hast
[1a] *m-bꜣḥ ḏꜣḏꜣ.t ꜥꜣ.t jm.j.w* [*Jw*]*n.w*	[1a] vor dem großen Gerichtshof, der in [Helio]polis ist,
grḥ pfj n ꜥḥꜣ-ꜥ sḫr sbj.w	in jener Nacht des Kampfes und des Niederwerfens der Rebellen!
[2a] *m-bꜣḥ ḏꜣḏꜣ.t ꜥꜣ.t jm.j.w Ḏd.w*	[2a] vor dem großen Gerichtshof, der in Busiris ist,
grḥ pfj n sꜥḥꜥ ḏd jm.j Ḏd.w	in jener Nacht der Aufstellung des Djed-Pfeilers, der in Busiris ist!
[3a] *m-bꜣḥ ḏꜣḏꜣ.t ꜥꜣ.t jm.j.w Ḫm*	[3a] vor dem großen Gerichtshof, der in Letopolis ist,
grḥ pfj n (j)ḫ.t-{ḥr-}ḫꜣwj m Ḫm	in jener Nacht des Abendopfers in Letopolis!
[4a] *m-bꜣḥ ḏꜣḏꜣ.t ꜥꜣ.t jm.j.w Pj Dp*	[4a] vor dem großen Gerichtshof, der in Pe und Dep ist,
grḥ pfj n smn jwꜥ{ꜥ} n Ḥr.w m (j)ḫ.t jtj=f Wsjr	in jener Nacht der Festsetzung des Erbes für Horus aus dem Besitz seines Vaters Osiris!
[5a] *m-bꜣḥ ḏꜣḏꜣ.t ꜥꜣ.t jm.j.w N-jr=f*	[5a] vor dem großen Gerichtshof, der in Naref ist,
grḥ pfj n šzp Ḥr.w msḫn	in jener Nacht, da Horus den Aufenthaltsort entgegennahm!
[6a] *m-bꜣḥ ḏꜣḏꜣ.t ꜥꜣ.t jm.j.w jdb.w-rḫt.j*	[6a] vor dem großen Gerichtshof, der in den Wäscher-Ufern ist,
grḥ pfj n j(ꜣ)kb ꜣs.t ḥr sn=s Wsjr	in jener Nacht, da Isis um ihren Bruder Osiris trauerte!
[7a] *m-bꜣḥ ḏꜣḏꜣ.t ꜥꜣ.t jm.j.w Rꜣ-sṯꜣ.w*	[7a] vor dem großen Gerichtshof, der in Rasetjau ist,
grḥ pfj n smꜣꜥ-ḫrw Wsjr r ḫftj.w=f	in jener Nacht der Rechtfertigung des Osiris gegen seine Feinde!
j Ḏḥwtj smꜣꜥ Wsjr NN mꜣꜥ-ḫrw r ḫftj.w=f [zwei Zeilen über Spalte 1b-7b]	Oh Thot, mögest du Osiris NN, gerechtfertigt, gegen seine Feinde rechtfertigen,
mj smꜣꜥ Wsjr r ḫftj.w=f	wie du Osiris gegen seine Feinde gerechtfertigt hast

[1b] *m-bꜣḥ ḏꜣḏꜣ.t ꜥꜣ.t jm.j.w ꜣbḏ.w*	[1b] vor dem großen Gerichtshof, der in Abydos ist,
grḥ pf n jbj ṯnw mt.w	in jener Nacht des Tanzens und der Zählung der Toten!
[2b] *m-bꜣḥ ḏꜣḏꜣ.t ꜥꜣ.t jm.j.w wꜣ.t.w mt.w*	[2b] vor dem großen Gerichtshof, der in den Wegen der Toten ist,
grḥ pfj n jrj(.t) sjp m jw.tj.w=sn	in jener Nacht der Durchführung der Abrechnung mit den Nicht-Seienden!
[3b] *m-bꜣḥ ḏꜣḏꜣ.t ꜥꜣ.t jm.j.w ḫbs-tꜣ m Ḏd.w*	[3b] vor dem großen Gerichtshof, der in der Erdaufhackung in Busiris ist,
grḥ pfj n ḥtp ḥr=s	in jener Nacht der Zufriedenheit deswegen![8]
[4b] *m-bꜣḥ ḏꜣḏꜣ.t ꜥꜣ.t jm.j.w Rꜥ.w*	[4b] vor dem großen Gerichtshof, in dem Re ist!
[5b] *m-bꜣḥ ḏꜣḏꜣ.t ꜥꜣ.t jm.j.w Wsjr*	[5b] vor dem großen Gerichtshof, in dem Osiris ist!
[6b] *m-bꜣḥ ḏꜣḏꜣ.t ꜥꜣ.t jm.j.w p.t jm.j.w tꜣ*	[6b] vor dem großen Gerichtshof, der im Himmel oder in der Erde ist!
[7b] *m-bꜣḥ ḏꜣḏꜣ.t ꜥꜣ.t n.t nṯr nb nṯr.t nb(.t)*	[7b] vor dem großen Gerichtshof jedes Gottes und jeder Göttin!
[8] *ḏd z rꜣ pn wꜥb=f sw m mw n.w ḥzmn*	[8] Ein Mann spreche diesen Spruch, wenn er sich mit Natron-Wasser gereinigt hat!
prj(.t) pw m hrw m-ḫt mnj jrj.t-ḫpr.w nb rḏḏ jb=f	Das bedeutet am Tage herauszugehen nach dem Sterben und jede Gestalt anzunehmen, die sein Sinn eingibt.
prj(.t) pw m ḫ.t m šs-mꜣꜥ ḥḥ n zp	Das bedeutet aus der Flamme zu entkommen als etwas millionenfach wirksam Erwiesenes.
prj(.t) pw m ḫ.t m šs-mꜣꜥ ḥḥ n zp	Das bedeutet aus der Flamme zu entkommen als etwas millionenfach wirksam Erwiesenes.

[8] oder: "...in jener Nacht des Niederlassens auf ihr/darauf." Anm. B. BACKES.

3. Inhalt
Tb 19 und 20 thematisieren das Bestehen des Verstorbenen vor den Tribunalen und den Triumph über seine Feinde. Als Zeichen seiner Rechtfertigung wird ihm anschließend ein Kranz überreicht und ihm auf sein Haupt gelegt. Diese Handlung scheint im Rahmen der Bestattungszeremonie nachvollzogen worden zu sein.[9] Beide Sprüche überliefern dazu nämlich konkrete Handlungsanweisungen:
„Ein Mann spreche diesen Spruch, wenn er sich mit Natron-Wasser gereinigt hat!" (Tb 20, 8)
„Man spreche diesen Spruch über einen Kranz aus der *nṯr*-Pflanze, indem er dem Manne über das Gesicht gelegt ist." (Tb 19, 14-15)

4. Vignette
4.1 Quellensituation
Der Thebanischen Rezension ist die Vignette noch völlig fremd. Selbst die Texte sind äußerst selten belegt. Tb 19 wird erst in der Dritten Zwischenzeit auf pVatikan 38592 (Nesamun) überliefert.[10]
Tb 20 ist zwar bereits in der 18. Dynastie auf pLondon BM 9900 (Nebseni) bezeugt, wird aber bis zur 26. Dynastie ebenfalls nie wieder aufgegriffen.[11] Da beide ohne Vignette auskommen, fehlt deren Besprechung in der Arbeit von Henk Milde, der sich ausgehend von pNeferrenpet besonders den Vignetten der frühen Totenbücher widmet.[12]

[9] Vgl. E. HASLAUER, Eine Mumienmaske mit dem „Kranz der Rechtfertigung", in: *Jahrbuch des Kunsthistorischen Museums Wien* 6/7, Mainz 2006, 233-239. Zu den Szenen der ptolemäischen Tempel, in denen der König Göttern den Kranz der Rechtfertigung darreicht vgl. PH. DERCHAIN, La couronne de la justification. Essai d'analyse d'un rite ptolémaïque, in: *CdE* 30, 1955, 225-287. Zur älteren Literatur siehe B. BACKES/M. MÜLLER-ROTH/I. MUNRO/S. STÖHR, *Bibliographie zum Altägyptischen Totenbuch*, 2. erweiterte Aufl., SAT 13, Wiesbaden 2008. Zur Rechtfertigung gegen Feinde in den Sargtexten vgl. J. ASSMANN, *Totenliturgien in den Sargtexten des Mittleren Reiches*, Supplemente zu den Schriften der Heidelberger Akademie der Wissenschaften, Philosophisch-Historische Klasse, 14, Heidelberg 2002.

[10] Vgl. A. GASSE,Les papyrus hiératiques et hiéroglyphiques du Museo Gregoriano Egizio, Vatikanstadt 1993, 28 mit Tf. XXI. W. BUDGE, The Chapters of Coming Forth by Day or the Theban Recension of the Book of the Dead, Band I, London 1910, 104-109 führt einen weiteren Text als Tb 19 (A). Dabei handelt es sich um eine Passage auf pLondon BM 10490 (Nedjmet), einem anderen Text zum Kranz der Rechtfertigung, der von Tb 19 unterschieden werden muss. ST. QUIRKE, Owners of Funerary Papyri in the British Museum, BMOP 92, London 1993, 47, Nr. 126 kennzeichnet ihn dementsprechend als „N" für „not identified/new text".

[11] Siehe G. LAPP, *The Papyrus of Nebseni*, Catalogue of the Books of the Dead in the British Museum III, London 2004, Tf. 33-34.

[12] Vgl. H. MILDE, The Vignettes in the Book of the Dead of Neferrenpet, EU 7, Leiden 1991.

In der Saitischen Rezension sind Tb 19 und 20 zwar zahlreicher verbreitet und verstärkt auch auf Sarkophagen belegt.[13] Trotzdem ist die Vignette keine Selbstverständlichkeit. Selbst pTurin 1791, der seit seiner Edition durch Richard Lepsius sowohl für die Spruchabfolge als auch für die Vignetten als Referenz gilt, besitzt keine Vignette zu den beiden Sprüchen.[14] Vielleicht sah man in Tb 19 und 20 zwei Ergänzungen zu Tb 18, der beiden vorangeht und die gleiche Thematik etwas ausführlicher behandelt. Dies lässt insbesondere pParis BN 141-148 vermuten, wo die Titel von Tb 19 und 20 nicht wie bei allen anderen Sprüchen des Papyrus in der Titelzeile stehen, sondern unauffällig am Anfang des Textblocks.[15]

Trotzdem sind inzwischen etwa 50 Quellen bekannt, die V 19 und V 20 zusammen über 60 Mal belegen. Dabei überliefern etwa 10 Handschriften zu beiden Sprüchen eine separate Vignette. Da die Vignetten beider Sprüche prinzipiell aber identisch sind, werden sie im Folgenden weder getrennt behandelt noch angesprochen. Dies tut hingegen Macolm Mosher, der seine Dissertation zur gleichen Zeit wie Milde verfasste und analog zu ihm die Vignetten der späteren Totenbücher untersuchte. Er kennt jedoch nur 13 Quellen mit insgesamt 19 Vignetten.[16] Nach heutigem Kenntnisstand, den wir vornehmlich der über zehnjährigen Arbeit des Totenbuch-Projekts der Universität Bonn verdanken, hat sich die Menge mehr als verdreifacht.[17]

4.2 Beschreibung

Die Vignette ist in zahlreichen Varianten belegt. Unterschiede bestehen in der Konstellation und der Gestik der beteiligten Personen, der Verwendung und der Struktur des Kranzes der Rechtfertigung sowie anderer Objekte. Im Folgenden werden die Belege in mehrere Typen unterteilt, damit die Vignette künftig in all ihren Facetten bekannt ist. Die Verteilung der Quellen auf diese Klassifikation wird gleichwohl untersucht.

---

[13] Dem Verfasser bekannt sind die Sarkophage Kairo 4/12/20/5, Kairo 3/5/11/1 + 10/8/15/4 + 8/11/14/23, Kairo CG 41037, Kairo CG 41044, Kairo CG 41058, Kairo CG 41068, Kopenhagen AEIN 923, London BM 22940, Paris Louvre D. 39, Paris Louvre D. 40, Rio de Janeiro 528 + 531, Theben A.70034 und Wien ÄS 4.

[14] Siehe R. LEPSIUS, *Das Todtenbuch der Ägypter*, Leipzig 1842 (Neudruck Osnabrück 1969), Tf. XIII-XIV.

[15] Unpubliziert.

[16] Vgl. M. MOSHER, The Ancient Egyptian Book of the Dead in the Late Period: a Study of Revisions Evident in Evolving Vignettes and Possible Chronological and Geographical Implications for Differing Versions of Vignettes, Unveröffentlichte Dissertation Berkeley 1989, 201-205 sowie 671f. mit Tf. 40-41. Einziges mir bekanntes Exemplar ist auf Mikrofilm in der Universitätsbibliothek Heidelberg einsehbar (Signatur: 2006 RA 3).

[17] Zur Geschichte des Projekts H. KOCKELMANN, From One to Ten: The Book of the Dead Project after its First Decade, in: B. BACKES/I. MUNRO/S. STÖHR (Hgg.), *Totenbuch-Forschungen. Gesammelte Beiträge des 2. Internationalen Totenbuch-Symposiums 2005*, SAT 11, Wiesbaden 2006, 161-165.

Um Typen zu definieren, wird den Unterscheidungsmerkmalen unterschiedliches Gewicht verliehen. Sie können dazu dienen, eine Trennung auf erster Ebene zu erzeugen (Typen) oder auf zweiter Ebene (Untertypen). Viele untergeordnete Merkmale werden nur tabellarisch registriert, ohne die Belege weiter aufzuteilen. Die Klassifizierung würde ansonsten zu kleine Gruppen erzeugen. Die Aussagekraft würde schwinden und die Übersichtlichkeit verloren gehen.

a) Der Kranz der Rechtfertigung wird im Text nur an zwei Stellen erwähnt. In Tb 19, 1 erfahren wir, dass es Atum ist, der den Kranz knüpft und ihn dem aufgebahrten Verstorbenen auf den Kopf legt. Tb 19, 14-15 erläutert, dass der Kranz aus der *nṯr*-Pflanze geflochten ist. Obwohl der Kranz im Text hinter die Bedeutung des Tribunals zurücktritt, bildet er das Leitmotiv der Vignette. Immerhin zeigen 80 Prozent der Quellen und 90 Prozent der Belege dieses Objekt.
Der Kranz liegt entweder auf einem Podest oder wird dem Verstorbenen von einem Offizianten überreicht. Manchmal erscheint er als ringförmiger Leinenstreifen oder wie in Tb 19, 14-15 erwähnt als geflochtener Blätterkranz.[18] In zwei Sonderfällen wird der Kranz durch einen Halskragen ersetzt, der nochmals in einer Variante von V 158 belegt ist.[19]
b) Als Podest dient eine einfache rechteckige Kiste, ein miniaturisierter Torbau oder ein Tisch.
c) Der Verstorbene erscheint entweder mit einem Stab in der Hand oder preisend. In Ausnahmefällen sitzt er auf einem Stuhl.
d) An der Seite des Verstorbenen steht meistens Atum. Er wird in Tb 19, 1 als derjenige identifiziert, der dem Verstorbenen den Kranz knüpft und überreicht. Außerdem bestätigt er laut Tb 19, 3 das Erbe des Verstorbenen in seiner Funktion als Horus. Atum erscheint anthropomorph und trägt einen kurzen Götterschurz.[20] Er trägt eine Doppelkrone auf seinem Haupt und hält ein *wꜣs*-Zepter in einer Hand. Nur in pWien ÄS 3861 trägt er die Rote Krone (Abb. 1).
e) Zusätzlich erscheint manchmal eine dritte Gestalt, in der Regel eine Frau. Sie preist den Verstorbenen oder spielt das Sistrum. Bei dieser Darstellung ist allerdings Vorsicht geboten. Begleitet den Verstorbenen eine Frau, während der Kranz fehlt, handelt es sich trotz Nachbarschaft zu Tb 19 oder 20 bereits um die Vignette zu Tb 24![21]

---

[18] Zur Darstellung in den ptolemäischen Tempelreliefs vgl. DERCHAIN, in: *CdE* 30, 1955, 226-228. Der Leinenstreifen ist dort als Nr. I gelistet, der geflochtene Reif ist auf den Tempelreliefs unbekannt.
[19] Siehe Anm. 42.
[20] In pParis Louvre N. 3209 ist die Göttergestalt falkenköpfig. Unpubliziert.
[21] Verwechslung bei mehreren Mumienbinden: mAberdeen ABDUA 84105, mBerlin P. 3073, mBesançon 849.3, mGenf 22541 a+b, mUppsala VM MB 98, mWien Vindob. Aeg. 8354 +

f) Zwischen den Akteuren kann in jeder Konstellation ein Opfertisch stehen. Er wird in Tb 19, 16 erwähnt und trägt demnach Brot, Bier und Kuchen. Die Künstler ergänzen diese Gaben häufig durch Pflanzen. In pWien Vindob. Aeg. 65 liegen sogar zwei Enten auf dem Tisch.[22]

Die Kriterien erhalten für die Typenunterteilung folgendes Gewicht: Die erste Trennung erfolgt anhand der Personenkonstellation. So steht die Präsenz des Atum (Typ A) den Ausführungen gegenüber, die den Verstorbenen allein (Typ B) oder mit einem Offizianten darstellen (Typ C). Die Art der Kranzpräsentation als Flechtwerk (a) oder Leinenstreifen (b) dient anschließend als Unterscheidungsmerkmal der zweiten Ebene.[23] Alle weiteren Unterschiede werden als Merkmale innerhalb einer Tabelle registriert. Diese Zusatzmerkmal sind:

1.	Verstorbener:	• preisend, ○ mit Stab
2.	Podest:	• rechteckige Kiste, ○ Torbau, ◙ Tisch
3.	Dritte Person:	• preisende Frau, ○ Frau mit Sistrum, ◙ Mann ohne Attribute und besondere Geste
4.	Opfertisch:	• vorhanden, •• doppelt vorhanden
5.	Stuhl:	• vorhanden

4.3 Klassifikation

4.3.1 Typ A

Der Verstorbene steht Atum gegenüber. Der Gott ist anthropomorph und mit einer Doppelkrone auf seinem Haupt dargestellt. In seiner Hand hält er ein *wꜣs*-Zepter. Zwischen Atum und dem Verstorbenen steht ein Podest, auf dem der Kranz der Rechtfertigung abgelegt ist. Die aspektivische Darstellung vermittelt den Eindruck, dass der Kranz aufrecht auf dem Podest steht.

8356. Zur räumlichen Diskrepanz zwischen Spruch und Vignette und anderen Problemen bei der Bestimmung von Vignetten vgl. H. MILDE, Vignetten-Forschung, in: B. BACKES/I. MUNRO/S. STÖHR (Hgg.), *Totenbuch-Forschungen. Gesammelte Beiträge des 2. Internationalen Totenbuch-Symposiums 2005*, SAT 11, Wiesbaden 2006, 221-231.

[22] Unpubliziert.

[23] Vgl. MOSHER, *Vignettes*, 202 und 204.

Aa: Kranz als geflochtener Reif

Abb. 1: pWien ÄS 3861 (Aa)

Typ Aa

Handschrift	Verst.	Podest	Person	Opfer	Stuhl	Herkunft
pBerlin P. 3026 A-P	○	●		●●		Theben
pBerlin P. 3026 A-P	○	●		●●		Theben
pBerlin P. 3026 A-P	○	●		●		Theben
pDublin 1670	●	●				[Theben][24]
pLondon BM 74127	○	●				[Theben]
pLondon BM 75044	○	●	◙[25]			[Theben]
pMünchen Mon. script. hierogl. 1	●	○				[Theben]
pParis Louvre E. 3232	○	○				[Theben]
pParis Louvre N. 3079	●	●				Armant
pParis Louvre N. 3079	●	●				Armant
pParis Louvre N. 3152	○	○				[Theben]
pParis Louvre N. 3153	●	●				[Theben]
pParis Louvre N. 3209[26]	○	○		●		[Theben]
pVatikan 38571	○	[...]				Theben
pWien ÄS 3861	●	●		●		[Theben]

[24] [Theben] = Theben durch Titel oder Vergleichsmaterial als Herkunftsort erschlossen.
[25] Ein Mann mit Stab in der Hand.
[26] Der Gott ist falkenköpfig.

Ab: Kranz als Leinenstreifen
Abb. 2: pParis Louvre E. 7716 (Ab)

Typ Ab

Handschrift	Verst.	Podest	Person	Opfer	Stuhl	Herkunft
pBerlin P. 3151 A-E	○	○				[Theben]
pBoston MFA 92.2582	○	○				[Theben]
pBrüssel MRAH E.8388	○	○				[Theben]
pCologny CIV	○	○				[Theben]
pCologny CIV	○	○				[Theben]
pGenf 23464/ 1-6	○	●				[Theben]
pKairo CG 40029	○	◙	●			Memphis
pLondon BM 10086	●	●				[Theben]
pLondon BM 10086	●	●				[Theben]
pLondon BM 10088	○	○				[Theben]
pMailand E. 1023[27]	○	○				Theben
pMainz Landesmus. PJG 103 [a]	[...]	[...]				unbekannt
pParis Louvre E. 3232	○	○				[Theben]
pParis Louvre E. 7716	○	●				[Theben]
pParis Louvre N. 3086	●	○				[Theben]
mParis Louvre N. 3058	[...]	○				[Memphis]
pParis Louvre N. 3144	○	●				[Theben]

[27] Die Göttergestalt ist zerstört. Deshalb könnte es sich genauso um Typ Ba handeln. pMailand E. 1023 gehört aber zur gleichen Werkstatt wie pParis Louvre N. 3079, pParis Louvre N. 3144 und pKairo J.E. 97249 (Papyrus 17), von denen zumindest die ersten beiden eine Vignette des Typs A besitzen. Auf pKairo J.E. 97249 (Papyrus 17) sind keine Rest von V 19/20 erhalten. Vgl. G. BURKARD, *Die Papyrusfunde*, Grabungen im Asasif 1963-1970 III, AV 22, Mainz 1986, 68-71 mit Tf. 50-66.

pParis Louvre N. 3152	○	○				[Theben]
pSydney ohne Nr.	[...]	○				Theben
pSydney ohne Nr.	○	○				Theben
pVatikan 38609	○	○				[Theben]
pWien ÄS 3854	○	○		●		[Theben]
pWien ÄS 3862	●	◙				[Memphis]

Zwei weitere Handschriften gehören zu Typ A, passen aber nicht in das aufgestellte Schema. In pParis Louvre N. 5450 sind der Verstorbene und der Kranz zerstört, so dass offen ist, ob es sich um Typ Aa oder Ab handelt. Vom Verstorbenen ist noch ein Arm erhalten, der herunterhängt. Da dies mit der preisenden Haltung nicht übereinstimmt, hielt er in der anderen Hand wohl einen Stab (○). Erhalten ist hingegen eine preisende Frau, die hinter dem Verstorbenen steht (●).[28]

Auch pParis BN 141-148 führt V 19/20 mit Atum aus und ist prinzipiell unter Typ A einzuordnen. Ausnahmsweise fehlt der Kranz jedoch. Lediglich ein Opfertisch ist zwischen Atum und dem preisenden Verstorbenem ausgeführt (●). Hinter Atum steht dafür *ṯz m(ꜣ)ḥ mꜣꜥ-ḫrw* „Knüpfen des Kranzes der Rechtfertigung". Diese Ersetzung des Kranzes ist singulär.[29]

4.3.2 Typ B

Der Verstorbene steht alleine vor dem Podest mit dem Kranz der Rechtfertigung.

Ba: Kranz als geflochtener Reif

Bb: Kranz als Leinenstreife

Abb. 3: pWien ÄS 3862 (Bb)

Typ Ba

Handschrift	Verst.	Podest	Person	Opfer	Stuhl	Herkunft
pTübingen 2012	○					[Theben]
mFlorenz Inv. 3681	○	◙			●	[Memphis]

Typ Bb

Handschrift	Verst.	Podest	Person	Opfer	Stuhl	Herkunft
pKairo CG 40029	●	◙				Memphis
pParis Louvre N. 5450	●	○[1]		●		[Memphis]
pWien ÄS 3862	●	◙		●		[Memphis]
pWien Vindob. Aeg. 10.110	●	◙	○			[Memphis]
mPrag K 249	○	◙	○			unbekannt

pTübingen 2012 ist zwar unter Typ Ba gelistet, besitzt im Grunde aber eine Sonderform. Das Podest fehlt, so dass der Kranz vor dem Verstorbenen zu schweben scheint. Außerdem steht hinter dem Verstorbenen ein großes tjt-Amulett (Gardiner V 39).[30]

4.3.3 Typ C

Ein Offiziant reicht dem Verstorbenen den Kranz der Rechtfertigung.
Ca: Kranz als geflochtener Reif
Cb: Kranz als Leinenstreifen
Cc: Kranz als Halskragen

Abb. 4: pParis N. 3081 (Ca)

[28] Siehe MOSHER, *Vignettes*, Tf. 40.
[29] Unpubliziert.
[30] Siehe H. BRUNNER/E. BRUNNER-TRAUT, *Die ägyptische Sammlung der Universität Tübingen*, Mainz 1981, Tf. 151.

Typ Ca

Handschrift	Verst.	Podest	Person	Opfer	Stuhl	Herkunft
pParis Louvre N. 3081	○					[Memphis]
pWien Vindob. Aeg. 65	●			●		[Memphis]

Typ Cb

Handschrift	Verst.	Podest	Person	Opfer	Stuhl	Herkunft
pKairo J.E. 32887[31]	○					[Memphis]
pLeiden T 17	○			●		Memphis
pParis Louvre E. 6130	●				●	unbekannt
pParis Louvre E. 6130	○					unbekannt

Typ Cc mit Halskragen

Handschrift	Verst.	Podest	Person	Opfer	Stuhl	Herkunft
pTurin 1792[32]	○			●	●	[Theben]
mLos Angeles 83.AI.47.2.1	●		○	●		unbekannt

4.3.4 Nicht zugeordnete Vignetten

Beschädigte Handschriften besitzen oft zu wenig Reste, um sie einem Typ sicher zuzuweisen. So sind auf pBerlin P.3161 A+B nur noch die Haare und auf einem Papyrus einer Hamburger Privatsammlung nur noch die Beine und der untere Rockansatz des Verstorbenen erhalten.[33]

Einige Handschriften besitzen für Tb 19 und 20 keine spezielle Vignette und bringen bei den Texten eine Darstellung an, die den Verstorbenen ohne weitere Personen oder Objekte zeigt.

[31] Der Verstorbene steht auf einem Podest, was auf eine Statue wie beim Mundöffnungsritual schließen lässt. Siehe OTTO, *Mundöffnungsritual*, Abb. 1.

[32] Obwohl diese Form des Halskragens mehrfach auch bei V 158 begegnet, führt pTurin 1792 dort den Halskragen normal aus! Unpubliziert.

[33] Beide unpubliziert.

Diese Wahl, die ich als Verlegenheitslösung bezeichne, wird für eine ganze Reihe von Vignetten getroffen, von denen generell kein spezielles Motiv existiert.[34] Im vorliegenden Fall der V19/20 entscheidet sich nur eine einzige Mumienbinde aus einer Hamburger Privatsammlung für diese Ausführung. Dafür erscheint der Verstorbene gleich doppelt, wahrscheinlich je einmal als V 19 und als V 20.[35]

pCambridge E. 1-1951, pChicago OIM 10486 (pMilbank), pNew York MMA 35.9.20 und pVatikan 48832 ergänzen das Motiv, indem sie dem Verstorbenen einen Stab in die Hand geben.[36] pLondon BM 10558 erweitert dieses Bild zusätzlich durch eine preisende Frau, die in Typ A auch pKairo CG 40029 und pParis Louvre N. 5450 aus Memphis einfügen. Obwohl in pKairo J.E. 95841 (S.R. IV 939) nur ein Verstorbener wie in den anderen vier Handschriften erhalten und der Bereich dahinter verloren ist, muss die Szene dort sicherlich mit einer solchen Frau ergänzt werden. pLondon BM 10558 und das Set um pKairo J.E. 95841 (S.R. IV 939) stammen nämlich aus der selben Werkstatt.[37] Obwohl von pTheben/Ramesseum (1) keine V 19/20 bekannt ist, da bisher nur Ausschnitte dieses Papyrus veröffentlicht sind, ist dort Vergleichbares zu erwarten. Die Handschrift gehört nämlich ebenfalls zu dieser Werkstatt.[38]

5. Auswertung

Mit etwa 60 Belegen aus 50 Handschriften wurden mehr als dreimal so viele Quellen berücksichtigt wie bei Mosher. Etwa 80 Prozent wählen ein Motiv mit dem Verstorbenen und dem Kranz der Rechtfertigung (Typ A-C). Die diachrone Betrachtung zeigt, dass gerade die älteren Handschriften aus der 26. Dynastie den Kranz noch nicht verwenden: pKairo J.E. 95841 (S.R. IV 939), pLondon BM 10558 und pVatikan 48832.

---

[34] Siehe LEPSIUS, *Todtenbuch*, Tf. XX (V 46), XXI (V 48, 49, 51), XXV (V 65, 66, 67), XXVII (V 73) und XXVIII (V 76). MOSHER, *Vignettes*, 203 meint dagegen, dass der Künstler den Rest der Vignette vergessen hätte.

[35] Unpubliziert.

[36] Die Vignette ist in pMilbank von zwei leeren Feldern umgeben, so dass ein Raumproblem ausgeschlossen werden kann. Siehe T.G. ALLEN, *The Egyptian Book of the Dead Documents in the Oriental Institute Museum at the University of Chicago*, OIP 82, Chicago 1960, Tf. LXIII. Vgl. MOSHER, *Vignettes*, 671.

[37] Publ. durch Irmtraut Munro i. Vb. Siehe einstweilen ihre Vorberichte: I. MUNRO, Die Entwirrung eines „Papyrusknäuels" im Museum Kairo – Rekonstruktion zweier Totenbuch-Papyri der 26. Dynastie, in: M. ELDAMATY/M. TRAD (Hgg.). *Egyptian Museum Collections Around the World. Studies for the Centennial of the Egyptian Museum Cairo*, Vol. II, Kairo 2002, 831-841 sowie DIES., From Nine to One: Scattered Manuscripts Rejoined, in: B. BACKES/ I. MUNRO/S. STÖHR (Hgg.), *Totenbuch-Forschungen. Gesammelte Beiträge des 2. Internationalen Totenbuch-Symposiums Bonn, 25. bis 29. Sptember 2005*, SAT 11, Wiesbaden 2006, 241-243.

[38] Vgl. CHR. LEBLANC/M. NELSON, Répertoire onomastique des propriétaires des tombes de la Troisiéme Période Intermédiaire du Ramesseum [I], in: *Memnonia* 8, 1997, 74-76 mit Tf. XX-XXIV.

Er begegnet erstmals in den Handschriften pTurin 1792 und pVatikan 38571, die momentan in die Übergangszeit von der 30. Dynastie zur Ptolemäerzeit datiert werden.[39]
In der Verteilung zeichnet sich eine deutliche Bevorzugung des Typs A ab, in dem Atum dem Verstorbenen gegenüber steht. Fast zwei Drittel entscheiden sich für diese Ausführung, darunter aber nur vier Quellen aus Memphis. Der Rest stammt wahrscheinlich komplett aus dem thebanischen Raum.
Ein umgekehrtes Bild herrscht bei Typ B. Bis auf pTübingen 2012, der zu den spätesten Totenbüchern überhaupt gehört und ein Sonderfall ist,[40] stammen die meisten anderen aus Memphis. Die Herkunft von mPrag K 249 ist unbekannt.

Der etwa gleich oft belegte Typ C zeigt die gleiche Verteilung wie Typ B. Auch hier überwiegen die memphitischen Quellen, während Theben höchstens durch pTurin 1792 vertreten ist. Auch hier handelt es sich um einen Sonderfall, der zusammen mit mLos Angeles 83.AI.47.2.1 auch als gesonderter Typ geführt werden könnte. Beide ersetzen den Kranz nämlich durch einen Halskragen in einer Form, die mehrfach als Variante von V 158 begegnet (Abb. 5).[41]

Abb. 5: Halskragen

Es liegt nahe, in dem eigenwilligen Halskragen ein thebanisches Merkmal zu vermuten. Zum einen ist dafür aber die Argumentationsgrundlage mit nur zwei Belegen für V 19/20 zu dünn. Zum anderen liegt in V 158 gerade der umgekehrte Befund vor. Nur eine Minderheit aus pLeiden T 18 und pLondon BM 10983 ist thebanisch, während die meisten anderen Handschriften mit dieser Variante memphitisch sind. Außerdem dominieren memphitische Handschriften Typ C, dem die beiden Belege unterzuordnen sind.

[39] Vgl. J.S. GESELLENSETTER, *Das Sechet-Iaru. Untersuchungen zur Vignette des Kapitels 110 im Ägyptischen Totenbuch*, Würzburg 1997, 263 (Kat. Nr. 169) und 265 (Kat. Nr. 182). URL: http://www.opus-bayern.de/uni-wuerzburg/volltexte/2002/375/ Zu pVatikan 38571 vgl. GASSE, *Les papyrus hiératiques et hiéroglyphiques*, 38.

[40] Vgl. M. COENEN, The Dating of the Papyri Joseph Smith I, X and XI and Min Who Massacres His Enemies, in: W. CLARYSSE/A. SCHOORS/H. WILLEMS (Hgg.), *Egyptian Religion. The Last Thousand Years*, Part II, OLA 85, Leuven 1998, 1104-1111; DERS., Horos, Prophet of Min Who Massacres His Enemies, in: *CdE* 74, 1999, 257-260; DERS., The Funerary Papyri of the Bodleian Library at Oxford, in: *JEA* 86, 2000, 94; DERS., On the Demise if the Book of the Dead in ptolemaic Thebes, in: *RdE* 52, 2001, 74-79; DERS., The Funerary Papyri of Horos son of Estneteretten in the Kunsthistorisches Museum in Vienna, in: *ZÄS* 130, 2003, 166f.

[41] So pKairo J.E. 32887 (S.R. IV 930), pLangres, pLeiden T 18, pLondon BM 10983, pParis Louvre N. 3084, pParis Louvre N. 5450, pSt. Gallen, pWien ÄS 3862 + 10159, pWien Vindob. Aeg. 10.110, mBerlin o. Nr. (*Psmṯk-mrj-Nt*), mPrinceton, Pharaonic Rolls, No. 8, mUppsala o. Nr. (*Nfr.t-jw*), mSydney R 397. Siehe URL: http://libweb2.princeton.edu/rbsc2/papyri/BookoftheDeadRoll8.html (mPrinceton, Pharaonic Rolls, No. 8).

Auch der Befund der mittelägyptischen Quellen ist bemerkenswert. Wie die Memphitischen verzichten sie auf Atum und verwenden wie die Quellen der 26. Dynastie auch nicht das Motiv des Kranzes. Da neben Chicago OIM 10486 (pMilbank), pNew York MMA 35.9.20 und mPrivatsammlung Hamburg keine andere mittelägyptische Schrift den bisherigen Typen zugewiesen werden konnte, kann davon ausgegangen werden, dass in diesem Raum eine standardmäßige V 19/20 mit dem Kranz der Rechtfertigung (Typ A-C) als Motiv fremd war.

Obwohl eine Reihe von Merkmalen unabhängig vom jeweiligen Typ tabellarisch festgehalten wurde, häuft sich keines bei einem speziellen Typ. Es ist auch keine Relevanz hinsichtlich ihrer Provenienz ersichtlich. Die Ausführung des Verstorbenen preisend oder mit Stab (Merkmal 1), die Ausführung des Podests als Kiste oder Torbau (Merkmal 2), die Existenz eines Opfertischs (Merkmal 4) oder eines Stuhls (Merkmal 5), sie besitzen anscheinend allesamt keine Bedeutung. Selbst die Trennung in die Untertypen mit dem Kranz als geflochtener Reif (a) auf der einen und dem Leinenstreifen auf der anderen Seite (b) zeigt keinen Befund. Lediglich der Tisch als Variante des Podests (Merkmal 2), vornehmlich in Typ B und einmal in Typ Ab verwendet, offenbart sich als memphitisches Stilmerkmal. Da Mosher keinen Beleg für den Tisch besitzt und nur die beiden anderen Ausführungen kennt, kommt er zu dem voreiligen Schluss: „The plinth is variously represented as a simple rectangular shape in some ... and as a pylon in the others. ... these differences seem to be of little consequence."[42]

Als Beispiel einer Vignette mit einer zusätzlichen dritten Person kennt Mosher auch nur pParis Louvre N. 5450.[43] Obwohl der aktuelle Bestand mehr Belege aufweist, ist die Anzahl trotzdem zu gering, um einen aussagekräftigen Befund zu erhalten (Merkmal 3).

Die doppelte Verwendung der Vignette für V 19 und V 20 ist häufig. pBerlin P. 3026 A-P, pCologny CIV, pLondon BM 10086, pParis Louvre E. 3232, pParis Louvre N. 3079, pParis Louvre N. 3152 und pSydney (o. Nr.) verwenden dabei beide Male die gleiche Ausführung. Dabei handelt es sich immer um Typ A, und alle stammen aus Theben. pParis Louvre E. 6130 und pParis Louvre N. 5450 wählen dagegen unterschiedliche Ausführungen. Diese verteilen sich auf Typ A, Bb und Cb. Obwohl die Herkunft von pParis Louvre E. 6130 ungeklärt ist, handelt es sich wie bei pParis Louvre N. 5450 wahrscheinlich um eine Handschrift aus Memphis.

---

42 Vgl. MOSHER, *Vignettes*, 202.
43 Siehe MOSHER, *Vignettes*, Tf. 40.

6. Fazit

Die oben festgestellten Befunde und lokalen Traditionen können dazu dienen, die Herkunft von Handschriften zu ermitteln, wenn diese bisher ungeklärt war. Von den behandelten Quellen betrifft dies mPrag K 249. Da die Mumienbinde Typ Bb verwendet, wo der Verstorbene alleine vor dem Kranz der Rechtfertigung in Form eines Leinenstreifens steht, und das Podest als Tisch ausgeführt ist, kann mPrag K 249 Memphis zugeschrieben werden. pParis BN 141-148 stammt dagegen wahrscheinlich aus Theben, weil sie trotz singulärer Ausführung Typ A mit Atum verwendet.

Natürlich ist der Befund einer einzigen Vignette nur bedingt aussagekräftig. Wenn aber nur eine einzige Vignette erhalten ist, wie es bei mPrag K 249 der Fall ist, gewinnt man anhand der Ikonografie der Vignette einen wertvollen Hinweis. Ist mehr Material erhalten, sollten natürlich mehrere Befunde ermittelt werden, um die Argumentation zu festigen.[44]

Obwohl die Analyse zeigt, dass ikonografische und stilistische Merkmale als lokale Indikatoren identifiziert werden können, wird zugleich deutlich, dass es sich um keine klaren Gesetze handelt. Dies zeigen die vielen singulären Sonderformen. So steht dem Verstorbenen in pParis Louvre N. 3209 statt Atum der falkenköpfige Sonnengott gegenüber. So liegt der Reif in pTübingen 2012 nicht auf einem Podest, sondern schwebt vor dem Verstorbenen, während in seinem Rücken ein *tjt*-Amulett steht. So führt pParis BN 141-148 zwar keinen Kranz aus, ersetzt ihn aber durch einen überdimensionalen Schriftzug. Auf der einen Seite helfen standardisierte Typen und deren Herausarbeitung also, Handschriften mit bisher unbekannter Provenienz zuzuordnen. Auf der anderen Seite wird deutlich, dass lokale Eigenheiten und persönliche Individualität kein starres System erzeugt haben wie es gerade für die Vignetten der spätzeitlichen und ptolemäischen Totenbücher propagiert wird.

Während die Vignetten also wertvoll sein können, um die Herkunft von Handschriften zu erschließen, ist ihr Nutzen für die Erschließung des Rituals fraglich. Am ehesten hätte man vielleicht in der Darstellung des Kranzes lokale Unterschiede erwartet. Hier zeigt sich jedoch, dass beide geografischen Pole sowohl die natürliche Darstellung als Geflecht als auch den einfachen Leinenstreifen verwenden. Verbergen sich hinter dem Auftreten des Atum in den thebanischen Quellen und seinem weitgehenden Fehlen in den memphitischen lokale Unterschiede in der Durchführung des Rituals? Welche Funktion hat die dritte Person, die manchmal abgebildet wird? Diese Fragen sind allein anhand von Tb 19 und 20 nicht zu beantworten. Die Vorstellung der Vignetten regt solche Fragen aber an und kann Ausgangspunkt für weitere Studien sein.

---

[44] Vgl. M. MÜLLER-ROTH, Papyrusfunde aus dem Asasif: Nachträge, in: *MDAIK* 59, 2009, i. Dr. sowie DERS., Lokalkolorit in Schwarz-Weiß, in: B. BACKES/M. MÜLLER-ROTH/S. STÖHR (Hgg.), *Ausgestattet mit den Schriften des Thot* (FS Irmtraut Munro), SAT 14, Wiesbaden 2009.

7. Zusammenfassung

Folgende Ergebnisse können stichwortartig zusammengefasst werden:

- in der Thebanischen Rezension existiert noch keine Vignette zu Tb 19/20
- in der 26. Dynastie ist der Kranz der Rechtfertigung als Motiv noch unbekannt

- thebanische Handschriften wählen fast ausschließlich Typ A
- memphitische Handschriften wählen fast ausschließlich Typ B und C
- mittelägyptische Handschriften wählen immer nur die Verlegenheitslösung mit dem Verstorbenen allein

- Typ A wird fast ausschließlich in Theben verwendet
- Typ B wird fast ausschließlich in Memphis verwendet
- Typ C wird fast ausschließlich in Memphis verwendet

- die Ausführung des Podests als Tisch ist ein memphitisches Merkmal
- mPrag K 249 stammt wahrscheinlich aus Memphis
- pParis BN 141-148 stammt wahrscheinlich aus Theben

Abbildungsnachweis:

Abb. 1: Zeichnung nach HASLAUER, in: *Jahrbuch des Kunsthistorischen Museums Wien* 6/7, Mainz 2006, 237, Abb. 8.

Abb. 2: Zeichnung nach MOSHER, *Vignettes*, Tf. 40.

Abb. 3: Zeichnung nach HASLAUER, in: *Jahrbuch des Kunsthistorischen Museums Wien* 6/7, Mainz 2006, 237, Abb. 7.

Abb. 4: Zeichnung nach MOSHER, *Vignettes*, Tf. 40.

Abb. 5: Zeichnung nach URL: http://libweb2.princeton.edu/rbsc2/papyri/BookoftheDeadRoll8.html (mPrinceton, Pharaonic Rolls, No. 8).

„Psychoanalytische Rituale“ in den biblischen Psalmen Eine Auslegung von Psalm 15

Manfred Oeming

Die in den biblischen Psalmen bewahrten Rituale haben viele Funktionen, die besonders im Gefolge der Psalmenstudien von Sigmund Mowinckel[1] und seiner konsequent „kultischen“ oder „kultgeschichtlichen“ Methode herausgearbeitet wurden: Sie stiften Gemeinschaft und schaffen eine starke Gruppenidentität.[2] Sie festigen Hierarchien und stabilisieren die politische Ordnung in Krieg und Frieden.[3] Sie begleiten und aktualisieren den Kreislauf der Natur von Jahres- und Erntezeiten.[4] In diesen Ritualen leben Menschen symbolisch Aggressionen aus, weshalb Rituale zu friedlichen Lösungen in Gruppenkonflikten beitragen können.[5] Sie begleiten den Lebensrhythmus des Individuums von der Wiege bis zur Bahre. Vor allem aber bekämpfen biblische Rituale alle Formen der Angst[6]: sie schaffen Schuld aus der Welt und stärken die Hoffnung auf eine heilvolle Zukunft, indem sie die Kultteilnehmer eines Sieges des Guten vergewissern. Mowinckel ging es primär um die historisch korrekte Auffassung der biblischen Psalmen, wobei für ihn das „Thronbesteigungsfest Jahwes“, das er in Analogie zum babylonischen *akitu*-Fest rekonstruierte, den Generalschlüssel darstellte. Dieser Theorie zufolge hätten die in den Psalmen im Hintergrund stehenden Rituale darum gekreist, dass vor allem im herbstlichen Festzyklus der Kampf Gottes gegen Chaosmächte und historische Feinde dramatisch dargestellt sowie der Sieg über alle widergöttlichen Mächte wirkungsvoll inszeniert und gefeiert wurden.

---

[1] S. Mowinckel, Psalmenstudien, Bd. I: Awän und die individuellen Klagepsalmen; Bd. II: Das Thronbesteigungsfest Jahwäs und der Ursprung der Eschatologie; Bd. III: Kultprophetie urnd prophetische Psalmen; Bd. IV: Die technischen Termini in den Psalmenüberschriften; Bd. V.: Segen und Fluch in Israels Kult und Psalmdichtung; Bd. VI: Die Psalmdichter, Kristiania 1921-1924 [Nachdruck in 2 Bd.en mit neuem Vorwort, Berichtigungen und Ergänzungen, Amsterdam 1961 / 1966].

2 Besonders die Hymnen und die Wallfahrtspsalmen.

[3] V.a. die Königspsalmen.

[4] Besonders die Schöpfungspsalmen.

[5] V.a. in den Klagespsalmen.

[6] F. Riemann, Grundformen der Angst, München [1]1961.

Mit diesem Beitrag möchte ich als alttestamentlicher Theologe den „ägyptologischen Theologen“[7] und somit Kollegen Jan Assmann anlässlich seines 70. Geburtstags herzlich grüßen und ihm für das intensive (und bisweilen freilich kontroverse) Gespräch mit der alttestamentlichen Wissenschaft und die zahlreichen Impulse für unser Fach danken[8]. Das Thema sucht somit drei Bereiche miteinander zu verbinden, die in den Werken Jan Assmanns mit theologischem und religionswissenschaftlichen Bezug eine bedeutende Rolle spielen: Psalmen, Psychoanalyse und Ritualtheorie.

Bereits in seiner Dissertationsschrift verweist Jan Assmann auf eine Arbeit zum Vergleich biblischer und ägyptischer Gebetsausdrucksformen[9]; in seiner Heidelberger Antrittsvorlesung von 1971 ist eine tiefer gehende Beschäftigung mit biblischen Psalmen zu finden[10]. Kurz darauf betätigt er sich selbst als „Psalmenredaktor“, wenn er sein Werk „Ägyptische Hymnen und Gebete“[11] als „Zusammenstellung verschiedenster Anbetungstexte“[12] mit dem Hinweis, dass es im Alten Ägypten eben gerade keine solche redigierte Zusammenstellung gegeben hätte, nun eben als „eine Art ägyptischen Psalter“ bezeichnet. Weitere Erwähnungen biblischer Psalmen finden sich bei den Themen, die Jan Assmann von ägyptologischer Seite aus bearbeitet, wie etwa Psalm 6 oder Psalm 88 im Zusammenhang ägyptischer Todes- und Jenseitsvor-stellungen[13] oder Psalm 51 und 115 im Kontext der Diskussion um den Monotheismus[14];

---

[7] Man beachte in diesem Zusammenhang Jan Assmanns theologische Ehrenpromotion durch die Westfälische Wilhelms-Universität Münster am 12.01.1998 sowie seine derzeitige Honorarprofessur für Religionsgeschichte und Kulturtheorie an der Universität Konstanz.

[8] Der verstorbene alttestamentliche Kollege Hans-Peter Müller hat diese in seiner Laudatio anlässlich Jan Assmanns Ehrenpromotion (vgl. o. Anm. 7) die vier Bereiche „Mythische Konstellationen“, „Primäre und Sekundäre Religionserfahrung“, „Theologisierung von Religion“ und „Das kulturelle Gedächtnis“ eingeteilt (H.-P. Müller, Laudatio, in: Jan Assmann: Fünf Stufen auf dem Wege zum Kanon. (…), Münstersche Theologische Vorträge 1, Münster 1999). Anzufügen wäre in jedem Falle die Diskussion um die „Mosaische Unterscheidung“, ausgelöst durch Jan Assmanns Publikation *Moses der Ägypter* (1998) und fortgeführt mit *Die mosaische Unterscheidung oder der Preis des Monotheismus* (2003).
Eine Aufarbeitung der alttestamentlichen und allgemein christlich-theologischen Bezüge des Oeuvre Jan Assmanns entsteht im Rahmen eines von Jens Oliver Jacobi durchgeführten Promotionsprojektes an meinem Lehrstuhl. Ihm ist auch für Hinweise zu den Bezügen zwischen dem Thema des vorliegenden Beitrags und dem Oeuvre Jan Assmanns zu danken.

[9] A. Barucq, *L'Expression de la louange divinet de la prière dans la Bible et en Égypte* (1962); in Anm 4. (S. 1) besagter Dissertationsschrift *Liturgische Lieder an den Sonnengott* (1969) von Jan Assmann als „besonders wichtig (…) für meine Arbeit“ (ebd.) erwähnt.

[10] Vgl. Jan Assmann, *Die „Häresie“ des Echnaton: Aspekte der Amarna-Religion*, Saeculum 23 (1972), 109-126; mit Bezug zu Psalm 104 (ebd. 122).

[11] J. Assmann, Ägyptische Hymnen und Gebete, Zürich u.a. 1. Aufl. 1975 (2. Au. Fribourg u.a. 1999).

[12] A.a.O., V.

[13] J. Assmann, *Tod und Jenseits im Alten Ägypten*, München 2001, 524.

[14] J. Assmann, *Heiden: der religiöse Unterschied*, Merkur 558f. (1995), 957-962 (hier 958 mit der Erwähnung von Psalm 115); ders., *Monotheismus und die Sprache der Gewalt*, Wien 2006, 37 (Psalm 51).

auch eine weihnachtliche interreligiöse Auslegung von Psalm 36 soll an dieser Stelle nicht unangeführt bleiben[15].

Zu Psalm 15 scheint es bisher keine Arbeit Jan Assmanns zu geben – so soll in diesem Beitrag ein Aspekt der in den biblischen Psalmen reflektierten Rituale besonders hervorgehoben werden, der mir bei der Interpretation dieser Texte eher unterbewertet, wenn nicht verdrängt zu sein scheint: die psychoanalytische Dimension. Hiermit ist ein weiteres Thema benannt, zu welchem Jan Assmann mit theologischem Bezug publiziert hat: Der Titel seiner Monographie *Moses der Ägypter* (1997) ist an denjenigen der ersten Abhandlung in Sigmund Freuds Opus *Der Mann Moses und die monotheistische Religion* (1939) unter der Überschrift *Moses, ein Ägypter* angelehnt[16]; Freuds psychoanalytisch-mnemonische Lektüre der Moses-Überlieferungen dient Assmann als (ein) Ausgangspunkt für seine eigene „Entzifferung einer Gedächtnisspur“[17] zur abendländischen Rezeption der Mosesgestalt. Bemerkenswert ist in diesem Zusammenhang die Wandlung in Jan Assmanns Freud-Rezeption bis hin zur Publikation von *Die mosaische Unterscheidung oder der Preis des Monotheismus* (2003): Dient in *Moses der Ägypter* Freud noch als Gewährsmann für eine Überwindung der Mosaischen Unterscheidung im Sinne seines Begriffs des „Fortschritts in der Geistigkeit“, so konstatiert Jan Assmann 2003: „Mir scheint nun, daß es Freud ganz im Gegenteil darum ging, die Mosaische Unterscheidung in der Form des Bilderverbots als eine entscheidende, unaufgebbare und überdies als eine zutiefst jüdische Errungenschaft darzustellen, an der es unter allen Umständen festzuhalten gilt, und daß seine eigene Psychoanalyse sich ge-radezu als die Fortführung dieses jüdischen Fortschritts verstehen konnte.“[18] Der vorliegende Beitrag nimmt den Zusammenhang von „Psychoanalyse“ und „jüdischem Fortschritt“ insoweit auf, dass begrifflich noch einmal einen Schritt hinter Freud zurückgetreten wird, indem Psycho-Analyse wortgetreu (und damit verallgemeinert) als Seelen-Auseinander-Setzung verstanden wird – als die Kunst, sehr genau die eigenen seelischen Regungen zu beobachten und gerade die unbewussten, stark angst- und triebgesteuerten Anteile des Denkens und Handels aufzuspüren. Diese Kunst lässt sich schon im basalen Gebetbuch der altisraelitischen und jüdischen Religion, dem Psalmenbuch, finden.

---

[15] J. Assmann, *In deinem Lichte wechselt uns das Licht. Wir steh'n an seiner Sonne hier: Eine ägyptische, eine jüdische und eine christliche Psalmenlektüre*, Frankfurter Allgemeine Zeitung Nr. 298 vom 22.12.2001, 40.

[16] Sigmund Freud, G.W. Bd. 16, Frankfurt a.M. 1950, 101-246; vgl. Jan Assmann, *Moses der Ägypter. Entzifferung einer Gedächtnisspur*, München u.a. 1998, 220.

[17] So der Untertitel der Monographie (vgl. Anm. 16).

[18] Jan Assmann, *Die mosaische Unterscheidung oder der Preis des Monotheismus*, München u.a. 2003, 120f.

Der dritte Aspekt unseres Themas schließlich, der sich auf einen Arbeitsbereich Jan Assmanns bezieht, die Ritualistik, nimmt Gedanken aus seinen Publikationen *Das kulturelle Gedächtnis* (1992) sowie *Religion und kulturelles Gedächtnis* (2000) auf: Jan Assmann zeichnet dort[19] u.a. einen Weg von der Kult- zur Buchreligion mit Hilfe der Kategorien „rituelle Kohärenz" und „textuelle Kohärenz" nach: „War zunächst der Text in das Ritual eingebettet und diesem untergeordnet, so wird der Text jetzt in der Form kanonisierter Schriften das Entscheidende, und das Ritual hat nur noch rahmende und begleitende Funktion."[20] In diesem Beitrag nun lautet die These, dass es im Psalter Text-Rituale gibt, die aus vormaligen Ritual-Texten herausgewachsen sind und die jetzt genau den psycho-analytischen Blick, das tief gehende, eindringliche Hinschauen auf sich selbst fördern und fordern – in Erweiterung von Jan Assmanns genannter These soll also gezeigt werden, dass das ursprüngliche „äußere" Ritual nicht zurückgedrängt, sondern in ein „innerliches" transformiert wird.[21]

Als exemplarischen Text möchte ich Ps 15 auslegen. Dieser kurze Psalm ist außerordentlich breit diskutiert worden; die überbordende Fülle der Aufsatzliteratur[22] bis hin zu zwei Monographien[23] ist kaum noch zu überblicken.[24]

---

[19] Jan Assmann, *Das kulturelle Gedächtnis. Schrift, Erinnerung und Politische Identität in frühen Hochkulturen*, München 1992, 87-103 („Von ritueller zu textueller Kohärenz"); ders. *Religion und kulturelles Gedächtnis. Zehn Studien*, München 2000, 148-166 („*Text und Ritus. Die Bedeutung der Medien für die Religionsgeschichte*").

[20] Jan Assmann, *Religion und kulturelles Gedächtnis* (s. Anm. 19), 148.

[21] In diesem Zusammenhang sei auch auf Jan Assmanns Mitarbeit im kulturwissenschaftlichen Sonderforschungsbereich 619 der Deutschen Forschungsgemeinschaft mit dem Überthema „Ritualdynamik" an der Universität Heidelberg verwiesen.

[22] Neben den zahlreichen Psalmenkommentaren vgl. J.-N. Aletti / J. Trublet. Approche poétique et théologique des Psaumes (Paris, 1983) 65-66. - P. Auffret, Essai sur la structure du Psaume XV, VT 31 (1981) 385-99. - ders., La Sagesse a bâti sa maison: Études de structures littéraires dans l'Ancien Testament et spécialment dans les Psaumes (OBO 49), (Fribourg and Göttingen, 1982). - ders. YHWH, qui séjournera en ta tente? Étude structurelle du Psaume XV, VT 50 (2000) 143 - 151.Y. Avishur, Psalm XV- A Liturgical or Ethical Psalm?" Dor le Dor 5 (1977) 124-27. - L. M. Barré, Recovering the Literary Structure of Psalm 15, VT 34 (1984) 207-211. - L. M. Barré, Recovering the Literary Structure of Psalm XV, VT 34 (1984) 207 - 211. - M. A. Barredo, Culto y etica: su conexion en el Salmo 15, Cart. 5 (1989) 3-17. - J. Begrich, Die priesterlich Tora., in: Ders., Gesammelte Studien zum Alten Testament (ThB 21), München, 1964, 232-260. - R. E. Clements, Worship and Ethics: A Re-examination of Psalm 15, in: P. Graham, R. Marrs, and S. McKenzie (eds.), Worship and the Hebrew Bible. (JSOT.S 284) Sheffield: Sheffield Academic Press,1999, 78-94. - M. J. Dahood, A Note on Psalm 15,4 (14,4), CBQ 16 (1954) 302. - B. Eerdmans, Sojourn in the Tent of Jahu, OTS 1 (1941) 1-16. - K. Galling, Der Beichtspiegel., ZAW 47 (1929) 125-130. – R.P. Gordon, A syriac exposition of Psalm 15, in: Le Muséon 94 (1981) 231 - 233. - O. Garcia de la Fuente, Liturgias de entrada, normas de asilo o exhortaciones proféticas. Augustinianum 9 (1969) 266-298. - B. Gemser, Gesinnungsethik im Psalter. OTS 13 (1963) 1-20. - F. James, Thirty Psalmists (New York, 1938) 239-244. - A.S. Kapelrud, Salme 15 en Paktsformyelsessalme, NThT 66 (1965) 39-46. - J. L. Koole, Psalm 15- eine königliche Einzugsliturgie, OTS 13 (1963) 98-111. - T. Lescow, Die dreistufige Tora, ZAW 82 (1970) 362-379. - N. W. Lund, Chiasmus in the Psalms, AJSL 49 (1932-33) 281ff. – L. Maloney, A Portrait of the Righteous Person, Restoration Quarterly 45 (2003) 151-164. - P.D. Miller, P. D., Poetic Ambiguity and Balance in Psalm XV, VT 29 (1979)

Er lautet: 1 *Ein Psalm. Im Gedenken an David.*
JHWH, wer darf sich in deinem Zelt als Gast (Fremder) aufhalten?
Wer darf wohnen auf deinem heiligen Berg?

2 Der, der andauernd makellos wandelt
und Gerechtigkeit tut
und Wahrheit redet in seinem Herzen,
3 nicht übel nachredet mit seiner Zunge,
kein Übel tut seinem Gefährten
und keine Schmähung bringt auf seinen Nächsten,
4 in dessen Augen der verachtet ist, der verworfen ist,
der aber die ehrt, die JHWH fürchten;
der, hat er zum Schaden geschworen, es nicht ändert;
5 sein Geld gibt er nicht auf Zins,
und kein *Bestechungs*-Geschenk nimmt gegen den Unschuldigen.

Wer solches andauend tut, der wird nicht wanken in Ewigkeit.

416-424 (= ders., Israelite Religion and Biblical Theology. Collected Essays. (JSOT.S 267), Sheffield: JSOT-Press 2000, 259 – 268. - ders., Kingship, Torah Obedience, and Prayer: The Theologie of Psalms 15-24, in: K. Seybold / E. Zenger (Hg.), Neue Wege der Psalmenforschung [FS Walter Beyerlin] (Herders biblische Studien 1), Freiburg: Herder, 1994, 127-142. - S. Mowinckel, The Psalms in Israel's Worship (New York and Nashville, 1962). - E. Otto, Kultus and Ethos in Jerusalemer Theologie, ZAW 98 (1986) 161-179. - Th. Podella, Transformationen kultischer Darstellungen: Toraliturgien in Ps 15 und 24, SJOT 13 (1999) 95-130. - V.W. Rabe, Israelite Opposition to the Temple, CBQ 29 (1967) 228-33. - N.M. Sarna, Songs of the Heart (New York, 1992) 97-135. - J. A. Soggin, Psalm 15 (Vulgate 14): Philological and Exegetical Notes, BiOr 29 (1975) 143-151. - H.C. Thomson, The Right of Entry to the Temple in the Old Testament. Transactions of the Glasgow University Oriental Society 21 (1965-66) 25-34.- G. von Rad, 'Gerechtigkeit' und 'Leben' in der Kultsprache der Psalmen." in: [FS Alfred Bertholet] (Tübingen, 1950) 418-437. J. T. Willis, Ethics in a Cultic Setting. in: In Memoriam J. Ph. Hyatt (New York, 1974), 145-170. – Y. Zakovitch, Juxtapositionen im Buch der Psalmen („Tehillim“), in: F.L. Hossfeld – L. Schwienhorst-Schönberger (Hg.), Das Manna fällt auch heute noch. Beiträge zur Geschichte und Theologie des Alten, Ersten Testaments. von [FS Erich Zenger] (Herders biblische Studien 44). Freiburg [u.a.]: Herder 2004, 660 - 673. - E. Zenger, Einsatz für die Gerechtigkeit: Sozialgeschichtliche Bibelauslegung zu Psalm 15, JK 57 (1996) 93 – 96. –ders., "Ich finde Wohlgefallen an Liebe, nicht an Opfer" (Hos 6,6). Ersttestamentliche Stellungnahmen zum Verhältnis von Kult und Ethos, in: B. Kranemann – Th. Sternberg (Hg.). Die diakonale Dimension der Liturgie (Quaestiones disputatae 176). Freiburg i. Br. [u.a.]: Herder 2006, 16-30. ders., Geld als Lebensmittel? Über die Wertung des Reichtums im Psalter (Psalmen 15.49.112), JBTh 21 (2006) 73 - 96.

23 Ö. Steingrimsson, Tor der Gerechtigkeit: Eine literaturwissenschaftliche Untersuchung der sogenannten Einzugsliturgien im Alten Testament (Bd. 23, Text u. Sprache im AT), St. Ottilien, 1984. – W. Beyerlin, Weisheitlich-kultische Heilsordnung: Studien zum 15. Psalm (BThS 9) Neukirchen, 1985).

24 Vgl. die Forschungsüberblicke von F. L. Hossfeld, Nachlese zu neueren Studien der Einzugsliturgie von Ps 15, in: J. Zmijewski (Hg.), Die alttestamentliche Botschaft als Wegweisung [FS Heinz Reinelt] (Stuttgart: Katholisches Bibelwerk, 1990) 135-156. - C. C. Broyles, Psalms Concerning the Liturgies of Temple Entry, in: P.W. Flint – P.D. Miller (Hg.), The Book of Psalms. Composition and Reception (Vetus Testamentum. Supplements 99). Leiden [u.a.]: Brill 2005, 248-287.

Der *Aufbau* des Psalms ist simpel: Die Überschrift V. 1a bringt den Psalm mit König David in Verbindung. V. 1b richtet eine bange *Frage* direkt an Jahwe: Wie müsste eine Person beschaffen sein, dass sie sich in der Nähe Jahwes aufhalten *darf*. Eine Reihe von elf Verben in VV. 2-5a gibt die *Antwort* - in Gestalt von drei Partizipien (V. 2) und acht finiten Verben (drei V.3, drei V. 4. zwei V. 5), welche *„Aufenthaltsbedingungen"* erfüllt sein müssen. V. 5b fasst den ganzen Normenkatalog zusammen und weitet die *Folgen* der Einhaltung der geforderten Verhaltensmuster *in die Ewigkeit* aus.
Traditionell wird der Text zur *Gattung* der Toreinlassliturgien gerechnet, wonach man sich also vorstellen soll, dass sich im Palm ein Ritualablauf spiegelt. „Der Alte Orient (Ägypten. Mesopotamien) kennt rituell-moralische Einlaßbedingungen für die Tempelbezirke. Das AT kann die Zulassung zur ‚Gemeinde JHWHs' regeln Dtn 23,2-9 oder Nachrichten über Prüfung am Tempeltor übermitteln 2 Chr 23,19; Ps 118,19-20. Demnach wurden auch in Israel Kultteilnehmer auf ihre kultisch-moralische Integrität befragt. Der spezifische Dialog, der die Struktur von Ps 15 24,3-5 Jes 33,14-16 bestimmt, ist zu Recht immer wieder mit obiger Prüfung in Verbindung gebracht worden."[25] Für Ägypten ist das Phänomen durchaus breiter bezeugt.[26] Manche Forscher sehen in dieser Abfragung derer, die in den Tempel hinein wollen, den Ursprung des dekalogischen Tafelethos.[27]
Aber ist diese Deutung als Prüfung textgemäß? Die Vorstellung, dass ein Torwächter einen ethischen Katechismus abfragt, den bei starkem Zustrom zum Tempel gegebenenfalls viele hunderte Kultteilnehmer rasch „aufsagen" müssen, bevor sie ins Heiligtum eingelassen werden, wird durch den Text gerade nicht bestätigt. Die Analyse der Sprecher zeigt etwas ganz anderes: Nicht ein Priester prüft das ethische Wissen, sondern ein frommer Beter will etwas von Gott wissen (V. 1b). Wie diese Befragung Gottes konkret funktioniert, bleibt jedoch unklar. Handelt es sich um ein mystisches Gebet? Um eine weisheitliche Meditation? Um eine prophetische Unterredung mit Gott im himmlischen Thronrat? Die unmittelbar Gott vorgelegte Frage legt es jedenfalls nahe, dass die Antwort in V. 2-5a keine Antwort ist, die der Fragende sich selber gibt, sondern vielmehr eine Rede Gottes. Die abschließende Verheißung V. 5b klingt wie ein göttliches Dekret und verstärkt die Deutung von V. 2-5a als Gottesrede.

---

[25] F.-L. Hossfeld, Ps 15: Die Bedingungen für den Eintritt ins Heiligtum, in ders./E. Zenger, Die Psalmen I: Psalm 1-50 (NEB), Würzburg 1993, 103-107, hier 103.

[26] Vgl .M Weinfeld, Instructions for Temple Visitors in the Bible and in Ancient Egypt, in: S. I.-Groll (Hg.) Egyptological Studies (Scripta Hierosolymitana 28). Jerusalem: The Magnes Pr. 1982, 224-250.

[27] Vgl. S. Mowinckel, Le décalogue, Paris, 1927. - K. Koch, Tempeleinlassliturgien und Dekaloge, In R. Rendtorff /K. Koch (eds.), Studien zur Theologie der alttestamentlichen Überlieferungen, Fs G. von Rad (Neukirchen, 1961) 45-60. (= ders., Spuren des hebräischen Denkens. Beiträge zur alttestamentlichen Theologie. Gesammelte Aufsätze Band 1. Hg. von Bernd Janowski - Martin Krause. Neukirchen-Vluyn: Neukirchener Verl. 1991, 169 – 183).

Zumal die Vertreter der Deutung als Einzugsliturgie immer wieder zugestehen müssen, dass der Text nur noch ein recht schwacher Reflex der als Hintergrund anzunehmenden Schwellensituation sei. Die richtige Feststellung, „dass wir hier keine rubrikengetreue Widerspiegelung der Einzugsliturgie vor uns haben“[28], sollte zu der Einsicht führen, dass wir es gar nicht (mehr) mit einer Element der realen Vollzüge am Tempel zu tun haben, sondern mit einem transformierten, ganz anderen „Ritual“. Die intime Gebetssituation des Textes als Text führt uns in den Bereich der privaten „Andacht“ im Sinne der persönlichen Bewusstmachung dessen, was Gott vom Beter, der sich ihm nahen will, erwartet. Ob diese Erwartungen erfüllt werden oder nicht, kann nur eine eindringliche kritische Selbstbeobachtung erweisen.

Ein kurzer Durchgang durch den Text soll diese Zuweisung zur Gattung „Anleitung zur Selbstanalyse“ zunächst befestigen:
Die Überschrift ist vermutlich sekundär. לְדָוִד war – zumindest ursprünglich - keine Autorenangabe, sondern eine Art Regieanweisung, den Psalm „auf David hin", d.h. im Lichte seiner Biographie zu lesen, um so in der Meditation in eine Art Schicksalsgemeinschaft mit dem paradigmatischen Beter David einzutreten.[29] Die Überschrift will also nicht den Text als Herzensergießung eines bestimmten Individuums, des Autors, festschreiben, sondern vielmehr öffnen.
Ein Modell-Beter wie David ist in all seiner Herrlichkeit und mit all seinen dunklen Seiten geängstigt von der Frage, ob er den Ansprüchen Gottes zu genügen vermag und sucht in seiner Gewissensnot eine Auskunft Gottes zu erlangen. In der Wendung „in deinem Zelt“ klingt die Vorstellung an, dass Jahwe einst (und immer wieder?) ein herumziehender, mitziehender Gott war (und ist?), der aber auf einem ganz besonderen, überaus bedeutungsvollen Berg, eben seinem „heiligen Berge“ einen festen Wohnsitz genommen hat[30]. Gott wird also in dialektischer Spannung von Mobilität und Immobilität, von nomadischem Wandergott und städtischem Palastbewohner angeredet. Wie auch immer, der Beter ahnt, dass man den gleichsam privaten Bereich der Gastfreundschaft Gottes (Zelt oder Haus) nicht ohne entsprechende innere und äußere Haltung betreten darf.
Die Antwort Gottes konkretisiert seine Erwartungen: exemplarisch werden drei Grundwerte bzw. Grundforderungen Gottes benannt:

> הוֹלֵךְ תָּמִים וּפֹעֵל צֶדֶק וְדֹבֵר אֱמֶת בִּלְבָבוֹ׃
> 2 Der, der andauernd makellos wandelt und Gerechtigkeit tut
> und Wahrheit redet in seinem Herzen,

---

28 Hossfeld, a.a.O. 104.

29 vgl. *M. Kleer*, „Der liebliche Sänger der Psalmen Israels". Untersuchungen zu David als Dichter und Beter der Psalmen: BBB 108 (1996) 78-86.

30 Vgl. R. J. Clifford, *The Cosmic Mountain in Canaan and the Old Testament*, HSM 4, 1972.

Die drei Substantive Vollkommenheit, Gerechtigkeit und Wahrheit haben sowohl in der Torafrömmigkeit als auch in der Weisheitstradition eine feste Verwurzelung.

> נֹחַ אִישׁ צַדִּיק תָּמִים הָיָה בְּדֹרֹתָי אֶת־הָאֱלֹהִים הִתְהַלֶּךְ־נֹחַ׃
> Noah war ein gerechter, untadeliger Mann unter seinen
> Zeitgenossen; er ging seinen Weg mit Gott. (Gen 6,9)
> וְאַתָּה תֶחֱזֶה מִכָּל־הָעָם אַנְשֵׁי־חַיִל יִרְאֵי אֱלֹהִים אַנְשֵׁי אֱמֶת שֹׂנְאֵי בָצַע
> Sieh dich aber unter dem ganzen Volk um nach redlichen Leuten,
> die Gott fürchten, wahrhaftig sind und dem ungerechten Gewinn
> feind. (Ex 18, 21)
> הוֹלֵךְ תָּמִים יִוָּשֵׁעַ
> Wer untadelig seinen Weg geht, dem wird geholfen. (Spr 28,18)[31]
> וְהָיָה הָאִישׁ הַהוּא תָּם וְיָשָׁר וִירֵא אֱלֹהִים וְסָר מֵרָע׃
> Und dieser Mann war vollkommen und redlich und gottesfürchtig
> und mied das Böse. (Hiob 1,1.8)

Die drei Verben „wandeln, tun, reden" machen deutlich, dass die Grundtugenden nicht als Abstracta verstanden werden, sondern eingebunden in das soziale Verhalten. Lebenswandel und Redenswandel werden radikal von Gott beansprucht. Die Formulierung ist aber so weit. dass ein nomistisch-kasuistisches Verständnis ausgeschlossen ist. Die semantische Unschärfe macht es schwer, sich aus der Verantwortung herauszustehlen. Während der Gegenbegriff „Übeltuer" (z.B. Ps 14,4) Menschen bezeichnet, die sich gegen Gottes Forderungen entschieden haben und entscheiden
Die genannte *lex generalis* wird von allgemeinen Oberbegriffen her exemplarisch auf konkrete Einzelgebote hin zugespitzt.

> 3 nicht übel nachredet mit seiner Zunge,
> kein Übel tut seinem Gefährten
> und keine Schmähung bringt auf seinen Nächsten,

Dieses Begriffspaar bezieht sich auf den Bereich der Wahrheitspflege. Im Unterschied zu den Frevlern, die mit *zwei* Herzen reden (Ps 12,3) und die Macht ihrer Zunge rhetorisch geschickt zum Verdrehen der Wahrheit benutzen, betont Ps 15,2b.3a die Kardinaltugend der Ehrlichkeit. Die Wahrhaftigkeit hat Folgen in das zwischenmenschliche Verhalten. Die Kombination der „Tugenden" in V. 4 ist schwierig, es gibt aber ein missing link, nämlich den Gedanken, dass Wahrhaftigkeit Konsequenzen hat.

> 4 in dessen Augen der verachtet ist, der verworfen ist,
> der aber die ehrt, die JHWH fürchten;
> der, hat er zum Schaden geschworen, es nicht ändert;

---

31 Vgl. auch die Bergpredigt Mt 5,48: :Εσεσθε οὖν ὑμεῖς τέλειοι ὡς ὁ πατὴρ ὑμῶν ὁ οὐράνιος τέλειός ἐστιν.

Gott erwartet, dass sein Frommer sein Verhalten gegenüber anderen Menschen auch davon bestimmen lässt, wie diese Menschen jeweils ihr Verhältnis zu Gott bestimmen. Wer Gott leugnet („der Verworfene" im Singular offenbar als Ausnahme), den soll der Fromme „verachten", den Gottesfürchtigen (im Plural eher der Regelfall) aber ehren. Hier wird keine Toleranz gefordert, sondern eine klare Wertung und Verurteilung. Die „mosaische Unterscheidung" von (zumindest innerer) Brandmarkung von Gottesverachtung und Hochschätzung von Rechtgläubig ist hart.[32] Das wird eben durch die Kombination mit dem zweiten Gedanken ausgedrückt: Was man geschworen hat, muss man auch halten, selbst dann, wenn sich zwi-schenzeitlich unvorhergesehene Nachteile eingestellt haben sollten. Die Jeftaherzählung könnte den traditionsgeschichtlichen Hintergrund dieser Formulierung bilden (Ri 11,29-40): Jeftah hatte für den Fall eines Sieges über die Ammoniter geschworen, dass die erste Person, die aus seiner Haustür treten würde, als Dankopfer für Jahwe dargebracht werden sollte. Als es ausgerechnet seine einzige Tochter war, wehklagte er heftig, änderte aber seinen Schwur nicht.[33] „Und er vollzog an ihr sein Gelübde, das er gelobt hatte." Es wurde in Israel sogar zur festen Satzung. Wahrhaftigkeit gegenüber dem eigenen Schwur kann bittere Konsequenzen haben, die man im Zweifelsfall tragen muss.

> 5 sein Geld gibt er nicht auf Zins,
> und kein *Bestechungs*-Geschenk nimmt gegen den Unschuldigen.

Dazu passt sehr gut die Fortsetzung, die ebenfalls schmerzliche Verzichtleistungen um des Glaubens willen beschreibt, konkret das Verbot, Zinsen für verliehenes Geld zu nehmen.

Manche Übersetzungen schwächen ab, indem sie „Zinsen" mit ‚Wucher' übersetzen; Aber nach Dtn 23,20f. sind Zinsen für Volksgenossen überhaupt verboten und dürfen nur von Ausländern genommen werden (vgl. Ex 22,24; Lev 35,36; Ez 18,17; 22,12). (Übrigens ist die Grundbedeutung der Wurzel נֶשֶׁךְ ‚Zinsen'/‚Wucher' ‚beißen'/‚Biß'!) Dieses Gebot trennt Israel von den üblichen Usancen des altorientalischen Geschäftslebens. Ein Stück sozialromantische Utopie: Wie der Schuldenerlaß, den Nehemia gegen Widerstände durchdrückte (Neh 5,1-13), zeigt, waren Zinsen auch in Israel allgemein üblich.

---

[32] Vielleicht ist das „Zitat" der Bergpredigt „Ihr habt gehört, dass zu den Alten gesagt ist: Du sollst deinen Nächsten lieben und deine Feinde hassen" (Mt 5,43), das so nirgends im AT vorkommt, aus Ps 15,4 gezogen.

[33] Allerdings hat er ja eher zum Bösen für seine Tochter geschworen, so dass man durchaus Sachkritik an diesem Eid üben könnte.

archaische Vorstellung
כִּֽי־לְעוֹלָ֥ם לֹֽא־יִמּ֑וֹט

Denn er wird ewiglich bleiben; der Gerechte wird nimmermehr vergessen. Ps 112,6

ELB **Psalm 125:1** *Ein Wallfahrtslied.* Die auf den HERRN vertrauen, sind wie der Berg Zion, der nicht wankt, der ewig bleibt.

Psalm 125:1 WTT שִׁ֗יר הַֽמַּ֫עֲל֥וֹת הַבֹּטְחִ֥ים בַּיהוָ֑ה כְּֽהַר־צִיּ֥וֹן לֹֽא־יִ֝מּ֗וֹט לְעוֹלָ֥ם יֵשֵֽׁב׃

ELB **Proverbs 10:30** Der Gerechte wird in Ewigkeit nicht zum Wanken gebracht, aber die Gottlosen werden im Land nicht wohnen bleiben.

Proverbs 10:30 WTT צַדִּ֣יק לְעוֹלָ֣ם בַּל־יִמּ֑וֹט וּ֝רְשָׁעִ֗ים לֹ֣א יִשְׁכְּנוּ־אָֽרֶץ׃

ELB **Proverbs 12:3** Keinen Bestand hat ein Mensch durch Gottlosigkeit, aber die Wurzel der Gerechten wird nicht ins Wanken gebracht.

Proverbs 12:3 WTT לֹא־יִכּ֣וֹן אָדָ֣ם בְּרֶ֑שַׁע וְשֹׁ֥רֶשׁ צַ֝דִּיקִ֗ים בַּל־יִמּֽוֹט׃

Und er befestigt es mit Nägeln, daß es nicht wackelt.

Isaiah 41:7 WTT וַיְחַזֵּ֤ק חָרָשׁ֙ אֶת־צֹרֵ֔ף מַחֲלִ֥יק פַּטִּ֖ישׁ אֶת־ה֣וֹלֶם פָּ֑עַם
אֹמֵ֤ר לַדֶּ֙בֶק֙ ט֣וֹב ה֔וּא וַיְחַזְּקֵ֥הוּ בְמַסְמְרִ֖ים לֹ֥א יִמּֽוֹט׃ ס

Der übliche Name für diese Gesetzmäßigkeit lautet: „Tun-Ergehen-Zusammenhang“. Danach entsprechen sich das Tun eines Menschen und sein Ergehen: Im Guten wird aus der Guttat Wohlergehen, im Negativen aus der Untat Unglück. „Die Tat kehrt zum Täter zurück“[34].

Solidaritätsbegriffe [35]

Wer dies tut – vollkommene Gerechtigkeit, Nächstenliebe, Ehrlichkeit, Entschiedenheit – der wird nicht „wanken *in Ewigkeit*“. EÜ schwächt m.E. unglücklich ab, wen sie übersetzt: „wird niemals wanken“. „Wanken“ begegnet im Psalter öfters, ca. 25 mal. Dabei geht es häufig um eine Beständigkeit und Festigkeit. Wenn man nicht annimmt, dass der Beter übertreibt, dann bedeutet „in Ewigkeit“ sehr viel mehr, als die Kommentare hier wahrnehmen: Das Gebet weitet im vertrauten Gespräch mit Gott den zeitlichen Horizont: Das Dasein dessen, der so handelt, wird nicht aufhören – wie auch immer.

In der neueren Diskussion haben daher Jan Assmann und in seinem Gefolge Bernd Janowski eine neue Kategorie einzuführen versucht, nämlich die die sogenannte „konnektive Gerechtigkeit“[36]. Danach ist es vor allem die Solidarität einer geschlossenen Gesellschaft,

---

[34] B. Janowski, Die Tat kehrt zum Täter zurück. in Ders, Die rettende Gerechtigkeit, Neukirchen 199, 167-191.

[35] G. Freuling, “Wer eine Grube gräbt”: der Tun-ergehen-Zusammenhang und sein Wandel in der alttestamentlichen Weisheitsliteratur (WMANT 102) Neukirchen 2004.

[36] J. Assmann, Ma’at. Gerechtigkeit und Unsterblichkeit im Alten Ägypten, München 1990, bes. 58ff.

durch die der Handelnde entsprechend seinem Verhalten belohnt oder bestraft wird. Dabei spiele das soziale Gedächtnis der Gemeinschaft eine entscheidende Rolle. Ziel der Vorstellung ist die Bewahrung bzw. Wiederherstellung der gerechten Ordnung des Lebens. Das Gericht Gottes soll gemeinschaftsförderndes verhalten sinnvoll machen.

Der Psalm illustriert sehr schön, was mit der dritten Bitte des Vaterunsers gemeint sein könnte: „Dein Wille geschehe!“

Allgemeine Formulierungen öffnen einen weiten Raum. Das ist eine schwäche, zugleich aber eine Stärke. Die Latte wird sehr hoch gelegt; man muss sich permanent prüfen, ob man sie reißt.
Davon hängt das Sein bei Gott ab.

> 5 sein Geld gibt er nicht auf Zins,
> und kein *Bestechungs*-Geschenk nimmt gegen den Unschuldigen.
>
> Wer solches andauend tut, der wird nicht wanken in Ewigkeit.

Agus: Tempel ist nicht geographischer Punkt, sondern Metapher.

Bleiben auf dem Berg des Herrn gibt einen ganz anderen Sinn.
Dieses Ritual ist eine Art Selbstprüfung mit dem Ziel der Versicherung, in der Nähe Gottes zu bleiben.
Der Beter ist jetzt unterrichtet:
Jetzt liegt es an ihm, das zu realisieren, was Gott von ihm fordert.

Verwandtschaft zu Hiob 31.
Innenschau , Introspektion
Tafelethos
Martin Ravndal Hauge (ein zeitgenössischer norwegischer Alttestamentler) hat die von ihm so genannten „I-psalms“ *in extenso* analysiert, und zwar unter dem Aspekt ihrer *Raumvorstellungen*.[37] Die Hauptthesen der Untersuchung sind folgende: a) Die Raumausdrücke in den Ich-Psalmen verweisen nicht auf reale Gegebenheiten, sondern sie sind (hier macht sich der Einfluss des New Literary Criticism deutlich) eine Welt für sich („interpretative symbol-system of conceptual charakter“, 281). b) Es gibt eine Metaphorik, die das menschliche Leben gleichsam auf „Ursymbole“ oder „Grundmetaphern“[38] hin verdichtet: „humanity is set in a sacred topography of contrast localities. ‚Temple‘, ‚Sheol‘ and ‚way‘ seem to represent the basic conceptual structure“ (281),

---

[37] *Between Sheol and Temple: motif structure and function in the I-Psalms (JSOT 178), Sheffield 1995.*
[38] Der Ausdruck stammt nicht von H., sondern von mir.

das bedeutet: Der ‚Tempel' ist der Ort der Gottesgemeinschaft, ist Metapher für ein Leben in und aus dem Bekenntnis, ‚Scheol' ist der Ort der Trennung von Gott, d.h. Bild eines Lebens im Kontrast zum Glauben. Symbol für die von Gott trennenden Mächte sind die ‚Feinde'. Das Leben vollzieht sich als Wanderung zwischen den beiden Polen Tempel und Scheol; Ziel ist der „Tempel". c) Die Ich-Form der Psalmen stellt den Versuch dar, die allgemeine religiöse Grundstruktur auf die jeweiligen persönlichen Erfahrungen hin anzuwenden. d) Die beiden Lokalitäten Tempel und Scheol sind mit Typen von Menschen besetzt: Gerechte und Frevler; die Frevler erscheinen zudem als „Feinde" der Gerechten. e) Das Paradigma ‚Weg aus der Ferne in die Nähe' realisiert sich in unterschiedlichen Milieus: sowohl in priesterlichen als auch weisheitlichen und prophetischen Kontexten findet sich die einschlägige Motivstruktur. f) Der Bewegung des Volkes von Ägypten (und sonstwo) her hin zum Wohnort Jahwes entspricht umgekehrt die Bewegung Gottes herab von seinem Heiligen Berg hinein in das Zelt in der Mitte seines Volkes. Die Arbeit von Hauge ist m.E. sehr gewichtig. Sie stellt erstmals klar heraus, dass die räumlichen Vorstellungen in den Psalmen (zumindest auch) Metaphern sind, und entfaltet damit eine neue Sichtweise, die sehr ernsthaft bedacht werden muss. Der von der Literaturwissenschaft inspirierte weitgehendste Verzicht Hauges auf historische Verortungen ist in dieser Hinsicht angemessen. Als Problem empfinde ich die Reduktion auf das *eine* Schema: dort allgemeines Paradigma (auf dem Weg von der Scheol zum Tempel) – hier persönliche Anwendung. Was hat es mit diesem religiösen Bild auf sich? Ist das (im Sinne Heideggers) eine existentiale Struktur? Oder eine Grundfunktion von Religion? Sind die Ausdrücke „Leben im Glauben" und „Leben im Zweifel" und „Wandern zwischen den beiden Zuständen" nicht recht blass?

Was die Wahrnehmung der fundamentalanthropologischen Bedeutung der Psalmen angeht, dürfte Aharon Agus mehr gesehen haben als mancher Fach-exeget. Die Psalmen beschrieben ihm zufolge grundlegende Strukturen des Menschseins, des Verhältnisses des Menschen zu Gott, die über die konkrete Individual- oder Gruppenerfahrung antiker Menschen weit hinausreichen bis in die Gegenwart hinein. In gewisser Weise kann man sagen, dass Agus eine existentiale Interpretation der Psalmen (und des Judentums insgesamt) bietet. In seiner letzten Monographie „Das Judentum in seiner Entstehung. Grundzüge rabbinisch-biblischer Religiosität (Judentum und Christentum 4), Stuttgart 2001" untersucht Agus gegen Ende die theologische Verarbeitung der Tempelzerstörung durch die exilisch-nachexilische Gemeinde bis hin zu den Rabbinen und kommt zu der These, dass der geographische Ort, an welchem JHWH wohnte, zunehmend metaphorisiert wurde. *Der äußere Ort sei zum inneren Ort geworden.* „Der aufrechtstehende Tempel wird in der Innerlichkeit des Menschen entdeckt" (216).

Die Klage über die Abwesenheit Gottes ist von tiefer Bedeutung. „Solche Psalmen schaffen die Voraussetzung zur Entdeckung eines anderen Raumes beziehungsweise eines anderen ‚Daseins‘, welches nicht im Sinne einer bloßen Gegebenheit oder Substanz existiert, sondern sich wesentlich in der Seinskategorie des ‚Ich‘ (im Zusammenhang mit den Psalmen auch des ‚du‘ und des Anderen) und damit in den Handlungen einer konkreten Person entfaltet. Aus diesem Grund kann der Psalmist sehr wohl fragen. ‚mein Gott, mein Gott, warum hast du mich verlassen?‘ Die *Anwesenheit* Gottes wird in dem überzeugenden Handeln des Menschen gemessen; und die Abwesenheit ist genauso überzeugend wie die Verzweiflung der religiösen Person – eine Verzweiflung, die genauso tief wie ihr Gaube an Gott ist.“ (217) So schließt Agus mit einem Kapitel, das überschrieben ist: „Die Nichtörtlicheit des rabbinischen Judentums – eine neue Anthropologie“ (S. 231-246). In einer befremdenden (und für viele Juden vermutlich anstößigen) Form plädiert Agus für ein Judentum, das sich vom Tempel löst und ganz auf der Tun und Denken des einzelnen Menschen abhebt. Die „Reinterpretation der Tempel-Religiosität“ ist entscheidend wichtig, „insofern dieser [der Tempel, M.O.] mit einem spezifischen, einzigen und absoluten Ort identifiziert werden kann, sondern überall, an jedem Ort entdeckt werden kann“ (246).

nachspüren der geheimen Triebfedern des Handelns in radikaler Offenheit;

Die Religion befähigt zu Wahrhaftigkeit; der Geist Gottes leitet regelmäßig zur Analytik der Psyche an.

> וְהִתְהַלַּכְתִּי֙ בְּת֣וֹכְכֶ֔ם וְהָיִ֥יתִי לָכֶ֖ם לֵאלֹהִ֑ים וְאַתֶּ֖ם תִּהְיוּ־לִ֥י לְעָֽם׃
> Und ich werde in eurer Mitte leben und werde euer Gott sein, und *ihr* werdet mein Volk sein. (Lev 26,12)

.

Thot und die Versiegelung des Grabes

Joachim Friedrich Quack

Angesichts der Bedeutung, welche Fragen der Funerärkultur im Œuvre von Jan Assmann einnehmen, scheint es mir passend, ihm als Geburtstagsgabe die folgende Studie zu widmen, mit der ein Ritualbrauch im Rahmen der Unterbringung fertig initialisierter Statuen sowie rituell versorgter Leichname sowie seine Folgen in der Dekoration hoffentlich etwas mehr erhellt werden können.

Vor kurzem konnte ich im Rahmen einer Edition römerzeitlicher Papyrusfragmente des Mundöffnungsrituals durch eine verbesserte Lesung des Hieratischen erstmals etablieren, daß die abschließende Szene 75 des Mundöffnungsrituals als Handlung eine Setzung des Siegels (*wꜣḥ čbꜥ.t*) beinhaltet.[1] Nunmehr scheint es angemessen, auf diesen Punkt nochmals zurückzukommen, da ein Objekt aufgetaucht ist, daß den Text eben dieser Szene bietet und realiter als Siegel verwendet wurde.[2] Konkret handelt es sich um eine bronzene Figur eines Pavians, der die Siegelplatte vor sich hält. Eine Öse am Rücken könnte dafür sprechen, daß das Objekt an einer Schnur um den Hals getragen werden konnte. Auf der Siegelplatte ist in drei Kolumnen eine hieroglyphische Inschrift angebracht.

Schlüssel zum Verständnis des Textes ist, daß es sich dabei um eine abgekürzte und adaptierte Version des Rezitationstextes von Szene 75 des Mundöffnungsrituals handelt,[3] konkret sind Szene 75 a-d hier genutzt. Dies ermöglicht auch eine verbesserte Übersetzung. Den Hieroglyphentext würde ich mit nur leichten Veränderungen gegenüber der Edition folgendermaßen lesen:

Čḥw.tỉ mỉ(?) ỉr.t-Ḥr.w n=f m rn=f <n> ḥtp
ỉni̯<.n> Čḥw.tỉ n Ḥr.w m rn=f <n> ỉni̯
šṯi̯.n Čḥw.tỉ n Ḥr.w m rn=f n šṯi̯
s:ḥtp.n Čḥw.tỉ n Ḥr.w m rn=f <n> ḥtp

---

1 J. F. Quack, Fragmente des Mundöffnungsrituals aus Tebtynis, in: K. Ryholt (Ed.), The Carlsberg Papyri 7. Hieratic Texts from the Collection, CNI Publications 30 (Kopenhagen 2006), S. 69-150, dort S. 128.

2 G. Dreyer et al., Umm el-Qaab. Nachuntersuchungen im frühzeitlichen Königsfriedhof. 16./17./18. Vorbericht, Mitteilungen des Deutschen Archäologischen Instituts Kairo 62 (2006), S. 67-129, dort S. 90-92, Taf. 19f. Die Bearbeitung des Stückes stammt von Vera Müller.

3 Textedition E. Otto, Das ägyptische Mundöffnungsritual, Ägyptologische Abhandlungen 3 (Wiesbaden 1960), Teil 1: Text, S. 208f.

„Thot, gib(?)[a]) das Auge des Horus ihm in seinem[b]) Namen[c]) ‚Zufriedener“,[d])
das, was Thot dem Horus gebracht hat[e]) in seinem Namen ‚Bringer‘,[f])
das was Thot für Horus gerettet hat in seinem Namen ‚Retter‘,
das, was Thot für Horus besänftigt hat[g]) in seinem Namen ‚Zufriedener‘.

Anmerkungen

a) Hier findet sich eine stärkere Abweichung gegenüber dem Mundöffnungsritual, das an dieser Stelle eindeutig *nḥm* schreibt. Das gravierte Schriftzeichen sieht am ehesten nach  aus. Unsicher ist auch die Sprachstruktur. Die in der Erstpublikation vorgeschlagene Version „Thot hat ihm das Horusauge gegeben“ kann ich nicht nachvollziehen; da müßte mindestens das *č̣i̯* vor statt hinter *Č̣ḥw.tỉ* stehen. Im Mundöffnungsritual steht an dieser Stelle bei Rechmire wohl ein Imperativ, bei Petamenope *sč̣m.n=f* und bei Sais *sč̣m=f*. In der Annahme, daß die Schreibung des Siegels auch für  gemeint sein kann, möchte ich den Imperativ für die Version des Siegels ansetzen, da dies am wenigsten Eingriffe erfordert.

b) Ein wesentlicher Unterschied dieses Siegels besteht darin, daß im Ritual alle Namensformeln im Femininum stehen, somit auf das Horusauge zu beziehen sind. Das Siegel formuliert dagegen durchgehend im Maskulinum, deutet also den Gott Thot selbst religiös aus.

c) In den Namensformeln schreibt das Siegel meist ohne *n*, das allerdings sprachlich erforderlich sein dürfte und deshalb überall restituiert ist.

d) Die Versionen des Mundöffnungsrituals geben hier *č̣bꜥ.t* „Siegel“, teilweise in rein logographischen Schreibungen wie  bei Petamenope. Auf dem Siegel scheint epigraphisch tatsächlich 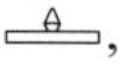, also *ḥtp*, zu stehen, auch wenn man vermuten kann, daß dies eine sekundäre Entwicklung eben aus einer logographischen Schreibung des Siegelzeichens ist. Andererseits ist die Veränderung hier nicht einfach eine Korruptele, sondern ergibt sich mit einiger interner Logik auch schon daraus, daß hier in der Namensformel grundsätzlich auf Thot umformuliert wird, den selbst man kaum als „Siegel“ hätte bezeichnen können.

e) Nicht nur die Parallelen des Mundöffnungsrituals, sondern auch auf dem Siegel selbst der Parallelismus der weiteren Zeilen spricht dafür, hier die *sč̣m.n=f*-Form zu restituieren.

f) Ich lese im stark abgeriebenen Bereich nicht , sondern , was vom Photo her ebenso möglich erscheint. Die Parallelen des Mundöffnungsrituals haben durchgängig *ỉn.t* u.ä. ohne irgendein ein Element *č̣ꜣ*.

g) Statt 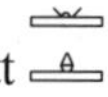 ist m.E. epigraphisch mit wenigstens ebensoviel Berechtigung 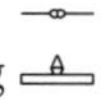 zu lesen, und die Parallelen des Mundöffnungsrituals zeigen einhellig *s:ḥtp*.

Hinfällig sind mit der Textidentifizierung die Bemerkungen zur Datierung des Objektes. In der Erstbearbeitung wurde auf Hinweis von A. Effland argumentiert, der Text weise sprachlich und inhaltlich große Ähnlichkeit zu den Edfu-Texten auf, daher liege eine Datierung in die Nähe des Übergangs von der pharaonischen zur ptolemäischen Zeit nahe.[4] Nun scheint mir der Argumentationsgang so per se nicht korrekt. Die „Edfu-Texte" sind ja keineswegs ein abgeschlossenes und homogenes Korpus, sondern beruhen auf Vorlagen sehr verschiedenen Alters und sehr unterschiedlicher Sprachstruktur, wobei es neben klassischen, d.h. alt- oder mittelägyptischen Kompositionen auch einzelne sprachlich neuägyptische oder sogar demotische Passagen gibt.[5]

Gerade bei Ritualsprüchen, die ganz notorisch traditionellen Modellen verpflichtet sind bzw. teilweise sogar nachweislich Spruchgut aufgreifen, das viel älter ist, teilweise bis hinauf zu den Pyramidentexten belegt,[6] scheint mir ein Versuch, Ähnlichkeit zu ihnen als Datierungskriterium zu benutzen, methodisch verfehlt. Im konkreten Fall ist die Version des Spruches des Mundöffnungsrituals konkret bei Rechmire, Petamenope, Sais und im pCarlsberg 395 belegt, die Bezeugungsspanne geht also von der 18. Dynastie über die 26. Dynastie[7] bis in die Römerzeit. Zu einer klaren Datierung kann man damit nicht gelangen. Wohlbemerkt kann die vorgeschlagene Datierung, da sie im Einklang mit dem Keramikbefund steht,[8] durchaus korrekt sein, sie müßte aber im Zweifelsfall anhand des Stiles der Pavianfigur erfolgen.

Man wird annehmen dürfen, daß im Pavian, dessen Gestalt konkret verwendet wurde, um die Siegelfläche zu halten, eben Thot zu erkennen ist, der sich im Rezitationsspruch um das Siegel kümmert. Gleichzeitig ist ebenso stimmig wie relevant, daß hier auf einem Objekt, daß zum Siegeln verwendet wurde, konkret ein Ritualspruch niedergeschrieben ist, der in einem wichtigen Ritual eben zum Akt des Versiegelns gesprochen wird.

---

4 Dreyer et al., Mitteilungen des Deutschen Archäologischen Instituts Kairo 62, S. 92.

5 Auf einige Fälle habe ich in J.F. Quack, Monumentaldemotisch, in: L. Gestermann, H. Sternberg-el Hotabi (Hrsg.), Per aspera ad astra. Wolfgang Schenkel zum neunundfünfzigsten Geburtstag (Kassel 1995), S. 107-121, dort S. 109; ders., Die Welt des Orients 31 (2000/2001), S. 198f. u. 201 hingewiesen.

6 Eine relevante Einzelstudie ist etwa E. Graefe, Über die Verarbeitung von Pyramidentexten in den späten Tempeln (Nochmals zu Spruch 600 (§1652a - § 1656d: Umhängen des Halskragens), in: U. Verhoeven, E. Graefe (Hrsg.), Religion und Philosophie im Alten Ägypten. Festgabe für Philippe Derchain zu seinem 65. Geburtstag am 24. Juli 1991, Orientalia Lovaniensia Analecta 39 (Leuven 1991), S. 129-148.

7 Zur Frage der Datierung des Petamenope vgl. K. Jansen-Winkeln, Zur Datierung und Stellung des „Vorlesepriesters" Petamenophis, Wiener Zeitschrift für die Kunde des Morgenlands 88 (1998), S. 165-175; E. Graefe, Zur Spätdatierung des Vorlesepriesters Petamenope durch K. Jansen-Winkeln, Göttinger Miszellen 203 (1999), S. 203-204.

8 Dreyer et al., Mitteilungen des Deutschen Archäologischen Instituts Kairo 62, S. 92.

Dies lädt zu weiteren Überlegungen über die reale Funktion des Objektes ein. Es wurde in einem größeren Depot in Umm el-Qaab gefunden, also in dem Bezirk, in dem man traditionell das Grab des Osiris angesiedelt hat.[9] Das Depot insgesamt enthielt zwei Miniaturgefäße sowie zwei mit Gips verschlossene Amphoren. In den Amphoren befanden sich Überreste einer Bestattung, insbesondere Teile eines Sarges mit Resten von Goldblech und Einlagen aus Edelsteinen sowie harzgetränkte Mumienbinden. Das Mundöffnungsritual, von dem hier eine Szene textlich verwendet wurde, ist in der Spätzeit insbesondere für die osirianischen Figurinen im Tempelkult regelmäßig verwendet worden, und von dieser Anwendung hängt auch seine späte Nutzung in Privatgräbern oder als Funerärpapyrus ab.[10] Unabhängig davon, ob die Bestattungsreste zu einer menschlichen Bestattung oder zu einer Osiris-Mumie gehören, kann man das Auftauchen des Siegels also kontextuell gut nachvollziehen.

Weiterhin ist eben diese Szene 75 des Mundöffnungsrituals auch im Grab des Petosiris in Tuna el-Gebel zu identifizieren, und zwar konkret in der Inschrift Nr. 97, die Lefebvre in seiner Publikation als völlig unverständlich angesehen hat.[11] Tatsächlich handelt es sich vor allem um ein kompliziertes Layout des Textes mit gespaltenen Zeilen unter Teilverwendung von Kolumnen.

Im oberen Teil ist folgender Text zu lesen:

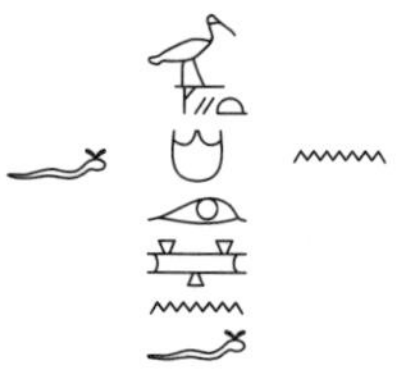

Hier ist mutmaßlich als Kolumne *Čḥw.tỉ nḥm=f ir.t-Ḥr.w n=f* „Thot, er möge das Auge des Horus für ihn retten“ zu erkennen, was hinsichtlich des zusätzlichen Suffixes *f* der Version der Sais im Mundöffnungsritual entspricht.

Es folgt eine rein horizontale Zeile 

m rn=s p(w)y n čb^{c}*.t* „in diesem seinem Namen ‚Siegel‘“.

9 Dreyer et al., Mitteilungen des Deutschen Archäologischen Instituts Kairo 62, S. 85-92.

10 Vgl. die Detailnachweise bei Quack, in: Ryholt (Ed.), Hieratic Texts, S. 136-143.

11 G. Lefebvre, Le tombeau de Petosiris (Kairo 1923-24), Band 1, S. 200, Band 2, S. 73, Band 3, Taf. LII; Photo der Szene auch bei N. Cherpion, J.-P. Corteggiani, J.Fr. Gout, Le tombeau de Pétosiris à Touna el-Gebel. Relevé photographique (Kairo 2007), S. 156.

Anschließend folgt der Bereich, in dem die scheinbare erste und letzte Kolumne tatsächlich gespalten zu lesen sind, während die zweite und dritte gleichartig für alle Verse gelten, d.h. auf der obersten Hierarchieebene ist der Text horizontal (zeilenartig) zu lesen, erst in zweiter Ebene für Teilbereiche als Kolumne. Zu lesen ist also:

	ỉni̯ *šṯi̯* *ś:ḥtp* *(ś:)mꜣꜥ*	*čḥw.tỉ n Ḥr.w m rn=s p(w)y (n)*		*ỉni̯(.t)* *šṯi̯(.t)* *ś:ḥtp.t* *mꜣꜥ.t*
„Das Thot für Horus	geholt gerettet zufrieden gestellt dargebracht	hat in diesem seinem Namen		‚Geholtes' ‚Gerettetes' " ‚Befriedigtes' ‚Wahrheit'

Es dürfte sinnvoll sein, die Szene in ihren größeren Zusammenhang einzubetten. Vom Mundöffnungsritual an sich hat Petosiris erhebliche Teilbereiche in der Dekoration des Grabes aufgenommen,[12] und zwar speziell in dem Bereich, der seinem Vater Nes-Schu gewidmet ist. Konkret handelt es sich um die Szenen 2,[13] 4, 25, 26A, dann außerhalb des eigentlichen Mundöffnungsrituals stehende Sprüche zum Bringen von Ka, Herz, Ba und Mumie durch die vier Horussöhne,[14] dann vom Mundöffnungsritual Szene 72A und 72B. Von diesem Ritual sind also einige der einleitenden Reini-gungen, zentrale Szenen der Mundöffnung selbst mit dem Schenkel und der Dechsel, sowie Opfer an Osiris, Re, Thot und Maat mit anschließender Rezitation aufgezeichnet. Von diesen gehören gerade die Szenen 2, 4 und 25 sowie 26A zum essentiellen Grundbestand des Mundöffnungsrituals, der auch in stark abgekürzten Fassungen meist präsent ist,[15] während Szene 72A und 72B sonst fast nur in ausgesprochenen Langfassungen vorkommen.

---

[12] Otto, Mundöffnungsritual, Band 2, S. 182.

[13] Die erste Passage (Szene 2 a) in Ottos Edition) ist dabei zu einer eigenen kurzen Räucherungsszene entwickelt worden und von der eigentlichen Szene 2 (Reinigung mit 4 Krügen) getrennt worden.

[14] Diese Handlung ist auch bildlich dargestellt (Lefebvre, Tombeau de Petosiris, Taf. XXIX; Cherpion, Corteggiani, Gout, Le tombeau de Pétosiris, S. 130).

[15] Vgl. J.F. Quack, Ein Prätext und seine Realisierungen. Aspekte des ägyptischen Mundöffnungsrituals, in: H. Roeder, B. Dücker (Hrsg.), Text und Ritual. Essays und kulturwissenschaftliche Studien von Sesostris bis zu den Dadaisten (Heidelberg 2005), S. 165-185.

Immerhin liefern sie aber eine sehr schöne Linienführung für die Repräsentierung des Rituals insgesamt, indem somit von diesem die einleitenden Reinigungen, die zentrale Mundöffnungsszene mit der Dechsel sowie noch diejenigen Szenen präsent sind, die als letzte Rezitationen vor dem Abtransport der Statue stehen.[16]
Es folgt bei Petosiris ein Vermerk zur Rezitation durch den Vorlesepriester vor „diesem Gott", sowie Anrufungen durch die Töchter und die Diener (beiderlei Geschlechts) des Nes-Schu.[17] Diese Szenen sind im obersten Register der linken (östlichen) Seitenwand angebracht. Dabei spricht die Tatsache, daß im Rezitationsvermerk nur „dieser Gott" steht und in Szene 72B e) die Formulierung *ỉ nčr pn špsi̱* „oh dieser edle Gott" vor der Nennung des Nes-Schu als Ritualempfänger steht, zumindest tendenziell dafür, daß für das Mundöffnungsritual eine Vorlage aus dem Götterkult verwendet wurde.
Die relevante Stelle mit Szene 75 befindet sich dagegen räumlich von diesen Texten etwas entfernt zwar ebenfalls im hinteren Raum des Grabes, dort aber genau im Zentrum der rückwärtigen (südlichen) Wand im untersten Register. Dabei liegt sie auch nahe an der Öffnung des Schachtes zum unterirdischen Bestattungstrakt, der in der Mittelachse dieses Raumes nahe bei dieser Wand abgeht.[18] Ich würde postulieren, daß es sich somit in einer möglichst nahen Position um eine reale Umsetzung des Konzeptes handelt, nach Abschluß des Mundöffnungsrituals den Schrein zu versiegeln, in dem das Ritualobjekt, also die fertige Statue oder Mumie, ihren Platz einnimmt. Gleichzeitig ist zu vermuten, daß das auf den ersten Blick etwas merkwürdige Layout der Inschrift nicht einfach nur auf die Verwendung einer Vorlage mit kompliziertem Layout zurückgeht, sondern bewußt in der Nutzung der Fläche an ein Arrangement auf einem Siegel anklingen soll, somit also der Akt des Siegelns und Verschließens des Grabes nicht nur textlich im sprachlichen Sinne, sondern auch im Erscheinungsbild der Inschrift selbst zum Ausdruck kommt.

---

[16] Eine ganz ähnliche Szenenauswahl findet man auch im Grab des Neferrenpet, genannt Kel, s. E. Hofmann, Das Grab des Neferrenpet gen. Kenro (TT 178), Theben 9 (Mainz 1995), S. 68-70, Taf. XXXV, wo die Mundöffnung mit der Dechsel bildlich präsent ist, während textlich einerseits Formeln der einleitenden Reinigungen präsent sind (Text 144), andererseits (von Hoffmann noch nicht identifiziert) eine Kurzform der Szene 72B (Text 141), speziell eine Vermischung von Szene 72B b) und e)-f); vgl. J.F. Quack, Bilder vom Mundöffnungsritual – Mundöffnung an Bildern, in: P. Rösch (Hrsg.), Bild und Ritual, iDr.

[17] Diese Anrufungen zeigen in Teilbereichen, wie etwa der Verwendung des Suffixes =w für die 3. Pl., Einflüsse jüngerer Sprachstufen, wobei die Konstruktion des Präsens I *sw (ḥr) ỉri̱t* in Inschrift 82, Kol. 101 distinktiv neuägyptisch und nicht demotisch ist und ein Indiz für die Verwendung einer Vorlage aus dem Neuen Reich darstellt.

[18] Vgl. den Plan bei Lefebvre, Tombeau de Petosiris, Band 3, Taf. II.

Die vierzehn Kas[1] des Re

Benedikt Rothöhler

Es ist wohl ein seltenes Glück, für eine Festschrift auf einen Beitrag zurückgreifen zu können, von dem man bereits im voraus sagen kann, daß der Jubilar ihn zu schätzen weiß. Als ich bei Jan Assmann über das Denkmal memphitischer Theologie promovierte, wollte ich die Stelle:

św jr kꜣ.w, mtn ḥmś.wt -

„So werden die Kas gemacht und die Hemsut bestimmt…“,

in einen größeren Zusammenhang stellen und untersuchte daher insbesondere die sonst selten belegten Hemsut (*ḥmś.wt*). Die Hemsut () sind weibliche Wesen, die zusammen mit den (männlichen) Kas () auftreten, und zwar hauptsächlich in zwei Kontexten: In den bekannten Geburtsdarstellungen (göttliche Geburt des Königs, Geburt des Gottes in den Mammisi) und eben in den viel weiniger gut erforschten Listen der *14 Kas des Re*.
Die Beschäftigungen mit letzteren brachte erstaunliche neue Ergebnisse. Da ich in der Doktorarbeit auf diese Bezug nahm (und sie ja noch nicht anderweitig veröffentlicht hatte), fügte ich einen Anhang *Die 14 Kas des Re* bei. In der Druckfassung der Arbeit ließ ich diesen Anhang wegfallen - der thematische Abstand zum DMT war denn doch zu groß. Dieser Meinung war auch Jan Assmann, doch er bat mich dringend, dieses Kapitel, das ihm besonders gefallen hatte (besser, wie ich zugeben muß, als der Hauptteil der Arbeit), als eigenen Artikel zu veröffentlichen. Ich freue mich, diesen Beitrag (in nur leicht überarbeiteter Form) nun hier ihm selbst widmen zu können.

Während Re, wie andere Götter auch, zu allen Zeiten mehrere Kas haben kann, wird erst ab der 19. Dynastie explizit die Zahl 14 genannt[2].
Später, besonders in der griechisch-römischen Zeit, haben seine einzelnen Kas *Namen*. Meist begegnen sie prozessionsartig aufgestellt in der Tempeldekoration. Wir werden sehen, daß die Namen der Kas es uns erlauben, nicht nur die Funktion dieser Wesen (und auch ihrer Zahl von gerade 14) besser zu verstehen, sondern auch die der Kas von Göttern im Allgemeinen.

---

[1] Der deutsch Plural von „Ka“ ist nicht einheitlich, man kann „die Kas“, „die Kau“ und „die Ka“ finden. Ich verwende hier „die Kas“, auch wenn es etwas „unelegant“ wirkt, da ich Singular und Plural unterscheiden möchte und „Kau“ im Deutschen wie der Diphthong aussieht.

[2] Erstmals auf einer Stele Ramses’ II. in Abu Simbel (U. Schweitzer, in: ÄgFo 19, 1956, S. 73).

Die 14 Kas des Re sind nicht unbekannt, es gibt eine Reihe von einschlägigen Untersuchungen, meist im Rahmen größerer Werke über die Kas. Hauptsächlich sind hier zu nennen:

- K. Sethe, Dramatische Texte, S. 62f (der wie ich vom DMT ausgeht),
- W. v. Bissing, Versuch einer neuen Erklärung des Ka'i der alten Ägypter[3],
- U. Schweitzer, Das Wesen des Ka, a. a. O.,
- A. H. Gardiner, Some Personifications II[4],

Alle Untersuchungen stellen eine (und zwar stets die gleiche) Liste der Kas des Re mit ihren Namen vor. Auf diese Liste stützen sie ihre Analyse, andere überlieferte Listen werden nur ergänzend herangezogen. Diese „Standardliste" übernehmen sie (ausdrücklich) von E. A. Wallis Budge, *The Gods of the Egyptians*[5], der schreibt: „ ... we know that the souls of Rā were seven in number, and his doubles fourteen. The names of the latter were: "

Name Budge	Umschrift Budge[a]	Übers. Budge	v. Bissing S. 5f und 12ff.	Schweitzer (S. 74f)	Bonnet[b]	Ringgren
	*ḥk3*	intelligence	Zaubermacht	Zauber	Zauberkraft	Magic
	nḫ.t	strength	Stärke	Kraft	Stärke	Victory
	*3ḫ*□ (?)	splendour	Glanz	Leuchten	Strahlen	Brightness
	*wśr*	power	Macht	Stärke	Macht	Strength
	*w3ḏ*	vigour	frische Kraft	Gedeihen	Gedeihen	Prosperity
	*ḏf3*	abundance	Speise	Nahrung	Speisung	Abundance
	*špś*	wealth	Herrlichkeit	Herrlichkeit	Ehrwürdigkeit	Glory
	*śnm*	interment	Mästung (*wš*ᶜ)	Ansehen (*w3š*)	Ruhm (*w3š*)	Honour (*w3š*)
	*spṯ*	provision	Proviant	Tüchtigkeit	Glanz(?)	Preparedness
	*ḏd*	stability	Beständigkeit	Dauer	Lebensdauer	Brillance (*pśḏ*)
	m33	sight	Sehen	Schöpferkraft(?) (*jr*□)	Sehen	Seeing[c]
	*śḏm*	hearing	Hören	Hören (?)	Hören	Hearing
	śj3	intelligence	Erkennen	Erkenntnis	Erkennen	Sia
	ḥw	taste	Geschmack	Ausspruch	Wort	Hu

[a] Ich habe die jeweils von Budge „gemeinte" Transkription der heute üblichen Schreibweise angepaßt. Er verwendet eine „anglisierte" Form: Nekht, Tchefa etc.

[b] H. Bonnet, Reallexikon der ägyptischen Religionsgeschichte, Berlin 1971 (2. aufl.), S. 359. Bonnet schreibt gar: „Sie lauten mit gelegentlichen, geringfügigen Variationen: ...", und gibt dann die Liste nach Budge, die ja eine absolute Ausnahme darstellt.

[c] Ringgren übersetzt das *jr(i)* in den Standardlisten richtig mit „Making (or: *jr-k3.w*, food-making)", führt aber für die Liste nach Budge nochmals „*m33*, Seeing" auf.

---

[3] Sitzungsb. der Kgl. Bayerischen Akademie der Wissenschaften, Philosophisch-philologische Klasse, München 1911, 5. Abh..

[4] PSBA 38S. 83ff.

[5] London 1904, Bd. 2, S. 300 – Die Liste ohne Quellenangabe, vgl. jedoch unten.

Diese Liste vermittelt den Eindruck, die Kas des Re seien schlicht „Verkörperungen“ seiner diversen göttlichen Eigenschaften, ohne daß dabei eine spezifische Funktion im Vordergrund stünde: Als persönlicher Gott kann er „sehen und hören“ (was man auch schon als „Zuwendung“ an den Frommen verstehen kann), als Sonne „leuchtet“ er, und daß er über Hu und Sia, „Machtwort und Gedanke“, verfügt, wissen wir schon aus den Unterweltsbüchern. Er besitzt „Kraft“, „Herrlichkeit“ und „Zauber“. Diese Liste scheint zwar in ihrer umfassenden Weite zum Allgottcharakter des ramessidenzeitlichen Re zu passen, führt aber auch ins Unverbindliche und bleibt jeder Interpretation offen, was sich dann auch in den Schlußfolgerungen der Bearbeiter niederschlägt.

Wie aber kommt die Namensliste bei Budge zustande, und warum erlangte gerade diese Liste eine so prominente Stellung?

Verständlicherweise wollten die Bearbeiter ihre Forschungen auf die älteste erhaltene Fassung stützen, um der „Urfassung“ so nahe wie möglich zu kommen, die in den Augen der damaligen Wissenschaft die einzig „authentische“ Form war. Peter Le Page Renouf erwähnt in einer kurzen Notiz in seinen *Egyptological Essays II* (S. 291) eine Liste der 14 Namen des Re im *„Totenpapyrus“ der Nedjemet* aus der 21. Dynastie als „die älteste bekannte“ (tatsächlich ist dies die zweitälteste).

Nun hat Budge tatsächlich den „Totenpapyrus“ der Nedjemet veröffentlicht[6], und so zitieren alle Bearbeiter[7] seit v. Bissing die knappe Angabe bei Renouf und *vermuten*, daß die Liste bei Budge eben diese aus dem Papyrus der Nedjemet ist, und damit - als die älteste - auch als „Standard” zu gelten hat.

Was dabei jedoch übersehen wurde: Die Dame *Nḏm.t* hat *zwei* „Totenpapyri” mit auf den Weg bekommen:

- Der von Budge veröffentlichte ist ein „mythologischer Papyrus”, die Texte entstammen zum Großteil dem Amduat. In diesem Buch ist von den Kas des Re nirgends die Rede.
- Der *andere* (der *nicht* von Budge veröffentlicht wurde) ist ein mehr oder minder „gewöhnliches” Totenbuch[8]. In Kap. 15 schließt an eine Re-Hymne die Liste der Namen der 14 Kas an. *Dies* ist die „älteste” Liste, die Renouf meint. Sie stimmt jedoch *nicht* mit der von Budge in seinem *Gods of the Egyptians* vorgestellten überein, vielmehr gleicht sie weitgehend den Listen der griechisch-römischen Tempel.

---

[6]E. A.W. Budge, The Book of the Dead, Facsimiles of the Pap. of Hunefer, Ànhaj, Ķerāsher and Netchemet, London 1899.

[7]Gardiner bemerkt in *□ome □ersonifications II* (PSBA 38S. 83ff) immerhin: „Eight lists ... seem to have been published ..., in seven of which the names are exactly identical”, und bezeichnet die Mariette-Liste als „exotic”. Doch zieht er nicht in Erwägung, daß sie falsch sein könnte und stützt seine folgende Untersuchung ausschließlich auf diese eine „exotische” Liste. Auch hat kein späterer Bearbeiter den Ansatz aufgegriffen oder auch nur erwähnt.

[8]Shorter, Copies of the Book *Pr*(*t*)-*m□hrw*, London 1938, S. 69f.

Budge hat die Liste in seinem populären Buch (auch wenn er dies nicht angibt) offensichtlich aus Mariette, Dendera[9] übernommen[10]:

Mariette stellt in einer Anmerkung zu seiner T. IV, 26 (meine Liste Dendera c) eine scheinbar „kanonische" Namensliste vor. Diese hat er (nach eigenen Angaben) zusammengestellt aus einer *fragmentarischen* Liste in Philae mit den ersten acht Kas (die den „kanonischen" griechisch-römischen Listen entsprechen), ergänzt durch sechs Kas ohne Herkunftsangabe: „*mꜣꜣ*" (das Auge), *śpd*, *ḏd*, *śdm*, *śiꜣ* und *ḥw*.
Sehr wahrscheinlich stammen diese Namen aus einer (von Mariette selbst veröffentlichten) Götterliste im Sanktuar von Dendera[11], die aber nichts mit Kas zu tun hat und auch mehr als 14 Personen umfaßt. In dieser Liste stehen Hu, Sia, „Auge" und *śḏm*-Ohr hintereinander, an anderer Stelle kommt auch Sopdu vor. An *ḏd* dürfte sich Mariette aus anderen Listen erinnert haben (Dendera a, b, d, vielleicht auch Edfu).

Diese „klassische" Liste ist also ein reines ägyptologisches Kunstprodukt.
Damit entfällt aber auch die Grundlage der bisherigen Untersuchungen, die sich vor allem auf diese Liste stützten, und gerade die Namen, die den Bearbeitern besonders wichtig erschienen, nämlich Hören (*śḏm*) und Sehen (*mꜣꜣ*), Befehl (*ḥw*) und Verstand (*śiꜣ*), sind nicht nachzuweisen – sie kommen in *keiner* überlieferten Liste vor!

Tatsächlich befindet sich die älteste mir bekannte (wenn auch fragmentarische) Liste mit Namen in Medinet Habu[12].
Eine vollständige Sammlung aller mir bekannten erhaltenen Listen findet sich auf den nächsten Seiten (mit Anmerkungen bis einschl. S.191).

---

[9] A. Mariette-Bey, Dendérah, Description générale (Textband), Paris / Kairo 1875, S. 220 Anm.1.
[10] Die gleiche Liste auch bei H. Brugsch, Hieroglyphisch-demotisches Wörterbuch VII, Leipzig 1882, S. 997. Im Gegensatz zu Budge gibt er seine Quellen an: Mariette und De Rougé, a. a. O. (Liste Edfu b). Allerdings übernimmt auch er Mariettes Liste unhinterfragt und erwähnt die korrekte Liste bei De Rougé nur am Rande.
[11] ibid, Tafelband III, Paris 1871, T. 12.
[12] Für diesen Hinweis habe ich Jan Assmann zu danken.

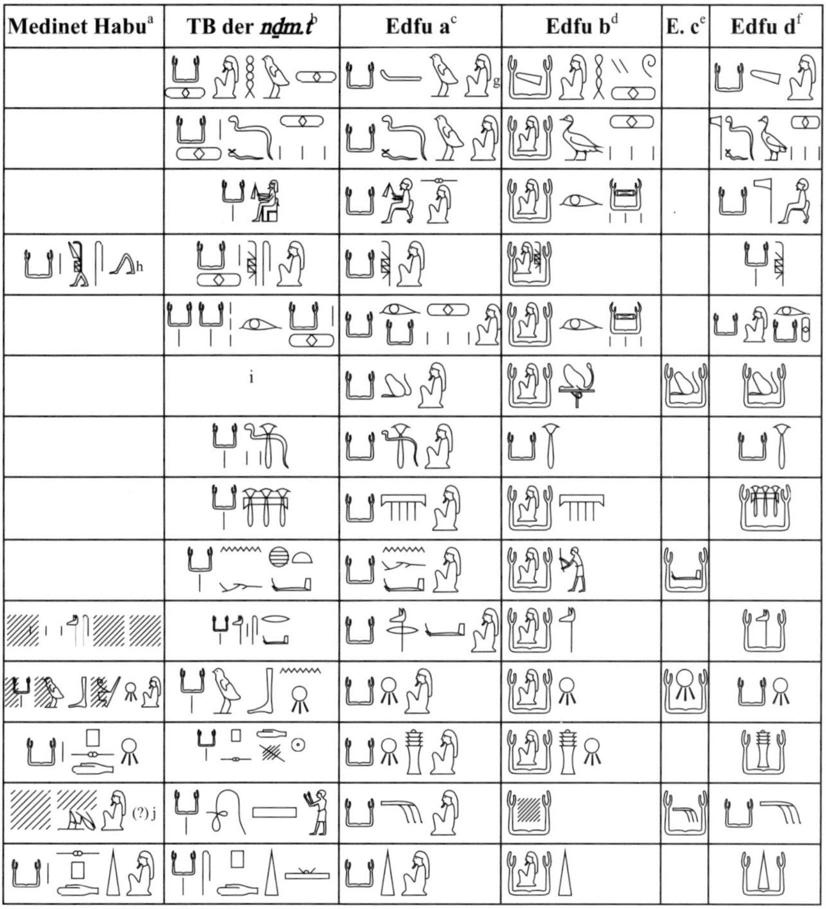
Medinet Habu[a]
TB der *nḏm.t*[b]
Edfu a[c]
Edfu b[d]
E. c[e]
Edfu d[f]
g
h
i
(?) j

[a] Kapelle des Re (Medinet Habu 6, The University of Chicago Oriental Institute Publications Volume LXXXIV, T. 418 - 420). Die Kas sitzen hintereinander, der König opfert vor jedem einzelnen. Gegenüber sind die Bas dargestellt. Beide Listen sind unvollständig (wenn man 14 Kas und 7 Bas annimmt) - abgebildet sind sechs Kas und vier Bas. Die Namen stehen *nicht* - wie sonst meist - auf den Köpfen der Kas, sondern nur jeweils in einer Beischrift. Im Register darüber steht ein Text (T. 424), der die Namen der Kas noch einmal aufführt, allerdings an dieser Stelle stark zerstört ist (lesbar sind noch drei Namen, die Größe der Lücken spricht für insgesamt sechs). →

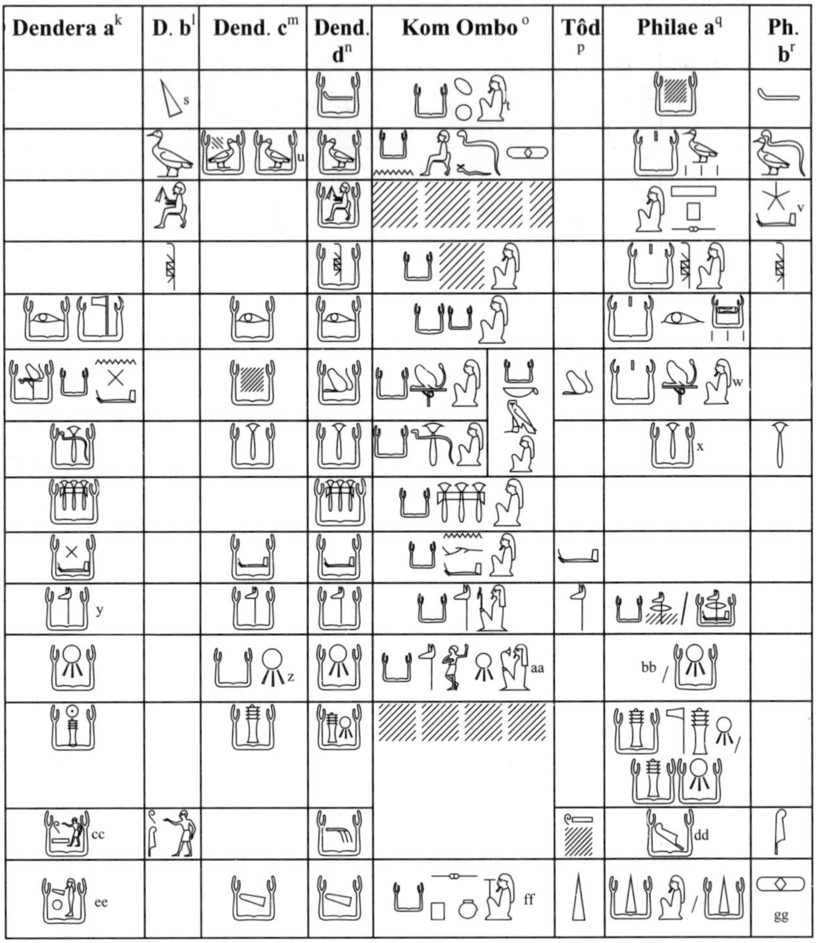

Die Reihenfolge habe ich hier an den „Standard" (d. h. nḏm.t und die meisten ptol. Listen) angepaßt, um den Vergleich zu ermöglichen. In Medinet Habu lautet sie: *śpd*, □□, *w*□(?), *pś*□, *wbn*, □*ś*□ Die übliche Reihenfolge ist also gerade umgekehrt. Zwischen *śpd* und □□steht ein zerstörter Name, der „eigentlich" nicht an diese Stelle gehört. Es könnte □□ sein, dann würde die Liste Edfu a entsprechen.

[b] Nur 13 Namen, dies ist jedoch offensichtlich ein Flüchtigkeitsfehler, da sie Überschrift ausdrücklich „die Namen der 14 Kas“ nennt. Der fehlende Name ist , wie der Vergleich mit den ptolemäischen Listen zeigt. *nḏm.t* soll als älteste (fast) vollständige Liste hier die Standardreihenfolge vorgeben (die allerdings ohnehin mit der der meisten ptol. Listen übereinstimmt).

[c] Pronaos, 3. Architrav (Edfou III, S. 320, T. LXXX = Champollion, Monuments de l'Égypte et de la Nubie, Notices descriptives I, S. 279). Es sind sieben Kas abgebildet, die jeweils zwei Namen tragen. Die Namen stehen jeweils in abgekürzeter Form in einem  über dem Kopf und in ausführlicher Form als Beischrift neben der Figur. Die Kas sind hier nicht Gabenbringer, sondern -empfänger (vom König). Ich gebe hier die ausführliche Schreibung wieder. Die Reihenfolge ist wieder angepaßt. In Edfu steht *ṯḥn* zwischen *wꜣš* und *špd*,

[d] Pylon, rechter (= östl.) Turm, außen, Soubassement (Chassinat, Edfou VIII, S. 112ff). Eine Reihe von Figuren bringt Gaben vor Horus, Hathor und Ihi: König und Königin, sechs niedere Gottheiten, und die 14 Kas. Sie gehen in der Haltung von Nilgöttern, auf ihren Armen Tabletts mit Naturalien, an denen Lotusstränge hängen. Wie in Edfu a tragen sie ihre Namen in abgekürzter Form in einem  über dem Kopf und in ausführlicher Form innerhalb einer Beischrift neben der Figur. Die Reihenfolge ist die kanonische.

[e] J. Dümichen, Geographische Inschriften altägyptischer Denkmäler 4 = H. Brugsch, Recueil de monuments égyptiens 6, Leipzig 1885, T. CLVIII - CLXI, „von einer Wand des Edfutempels“, es handelt sich ausdrücklich *nicht* um die Liste Edfu b! Die vier Kas *ḥkꜣ, nḫt, wbn* und *wꜣš* (jeweils mit der entsprechenden Hemset) sollen offenbar nur als Beispiele dienen, im Original steht (wenn ich Dümichen richtig verstehe) eine vollständige Liste. Die Beischriften hat Dümichen aus Edfu b übernommen, deshalb gebe ich hier die abgekürzten Namen von den Köpfen der Figuren wieder. Die Tatsache, daß (nach der üblichen Reihenfolge) jeder zweite Name fehlt, weist darauf hin, daß die Kas und Hemsut im Original wahrscheinlich auf zwei Reihen verteilt waren (vielleicht auf gegenüberliegenden Wänden).

[f] Edfou III, S. 97ff, 153ff, T. LXVI, LXVIII. Die Liste ist auf zwei Szenen verteilt: jeweils ein Zug von Opferträgern, angeführt von König und Königin, dahinter die Kas. Jeder Ka wird von seiner Hemset begleitet. Zwischen je drei Paaren (mit Ausnahmen) ein Nilgott und eine Feldgöttin. Die „ungeraden“ Kas (*ḥw, špś, jr-kꜣ.w* etc.) stehen auf der Osthälfte, die „geraden“ (*ḏfꜣ, šmś* etc.) auf der Westhälfte. Fügt man beide Listen abwechselnd zusammen, so erhält man die kanonische Reihenfolge.

[g] So bei Chassinat, gegen Champollion, der  hat (nach diesem auch Schweitzer, a. a. O., S. 75).

[h] Die Beischrift einer Figur ist zerstört, hier ist die Schreibung aus dem Text im oberen Register gegeben. *šmś* ist dort der einzige Name, der in den erhaltenen Figurenbeischriften nicht vorkommt.

[i] *ḥkꜣ* ist der Name, der bei *nḏm.t* fehlt. Deren Liste entspricht ansonsten ganz der kanonischen Reihenfolge der späteren Listen, so daß wir die „Leerstelle“ für *ḥkꜣ* ohne Bedenken am entsprechenden Platz einfügen können.

[j] Vogelbauch mit Füßen. Sieht eher aus wie ein Adler als wie eine Gans (*ḏfꜣ*), wohl das *ꜣ* in *wšꜣ*, das nach der Reihenfolge hierher gehört (zur Schreibung *wꜣš / wšꜣ* vgl. S. 201)?

[k] Hypostylensaal, westl. Außenwand (J. Dümichen, Geographische Inschriften altägyptischer Denkmäler 4 = H. Brugsch, Recueil de monuments égyptiens 6, Leipzig 1885, T. CXXXI - CLV. Schweitzer S. 74 führt diesen Text als „Dendera Pronaos A“. Beide meinen offensichtlich die selbe Liste, wie die Auswahl der Kas und einige Schreibungen zeigen. Dümichen spricht von „nördl.“, Schweitzer von „südl. Außenwand“, tatsächlich ist die Nordwand des Hypostylensaals die Eingangsfront [wo keine Liste steht], und im Süden schließt der Haupttempel an. Die Liste steht auf der *westl.* Außenwand. Dieses „Durcheinander“ liegt natürlich in der unorthodoxen Orientierung des Denderatempels begründet).

Wie in Edfu b dienen die Kas hier als Gabenbringer. Jedem Ka folgt eine Hemset gleichen Namens. Die Reihe wird angeführt vom König und zwischen je zwei Paaren von Kas u. Hemsut stehen ein Nilgott und eine Feldgöttin (ausgenommen die letzten Paare *wsr* bis *śpd*). Am Ende folgen noch div. Nile und Felder. Wie üblich gebe ich die „ausführliche" Schreibung aus der Beischrift wieder, die in diesem Fall jedoch mit wenigen Ausnamen der Kurzform (auf dem Kopf) gleicht. Die Reihenfolge entspricht dem Standard.

[l] Schweitzer, a. a. O, S. 74, nach eigenen Notizen, auf der „nördl. Außenwand" des Hypostylensaals, nach Schweitzers Nomenklatur also eigentlich die Ostwand. Zu Dümichens Zeit war diese Wand noch bis weit ins Hauptregister hinein verschüttet. Ich gebe hier die Liste nach Schweitzer wieder, da die Stelle anderweitig nicht publiziert ist. Daher kann ich leider weder den Kontext noch die genauen Schreibungen rekonstruieren. Schweitzer gibt in den anderen Listen gewöhnlich nur die „abgekürzten" Namen (von den Köpfen der Figuren), mit mindestens einer Ausnahme (*jr-kꜣ.w* in Edfu a), zudem läßt sie stets die Schreibung für *kꜣ* und die Deterinative fort.
Es ist bemerkenswert, wie diese Liste die „Leerstellen" in Dendera a ergänzt.

[m] Dachkiosk (Mariette, Dendera 4, T. 26 - 29). Ich gebe hier ausnahmsweise die „abgekürzte" Schreibweise (von den Köpfen der Figuren), da die Namen in den Beischriften nicht erwähnt sind. Die Reihenfolge ist an den Standard angeglichen, bei Mariette lautet sie: *wꜣḏ, jr,* ▨▨, *śpd, ḏfꜣ, ḏfꜣ, wśr, nḫt,* ▨▨, *pśḏ*, ist also völlig „durcheinander".

[n] Dümichen, a.a.O, T.CLVI, „abgebildet in einem der Innenräume des Denderatempels". Auf der Südwand die Kas *ḥw* bis *wꜣḏ*, auf der Nordw. *nḫt* bis *śpd*. Beide Reihen werden jeweils von König, Königin und Thot angeführt. Dümichen gibt nur die Figuren, ob im Original Beischriften stehen, weiß ich nicht. Daher hier nur die „abgekürzten" Namen.

[o] J. de Morgan, Ombos I (=Catalogue des monuments et inscriptions de l'Égypte antique II, Wien 1895), T. 186 -188, Bild 244 - 249. Die Kas sitzen auf Thronen (ein anbetender König wie in Edfu a ist jedoch nicht zu sehen). Sie tragen Kompositszepter (*wꜣś* und *ꜥnḫ*) in den Händen und *kꜣ*-Zeichen auf dem Kopf, jedoch ohne eingeschriebenen Namen. Die Hemsut nicht dargestellt. Direkt daneben das neugeborene Sonnenkind  in der Barke. Vielleicht stehen die Kas hier im Zusammenhang der göttlichen Geburt (vgl. H. Brunner, Die Geburt des Gottkönigs, Äg. Ab. 10, 1964, S. 128).

Die Reihenfolge der Kas ist: 1: *ḥw* (geschrieben wie *sꜣ - rꜥ*), 2: (□*pś-*)*ḏfꜣ*, 3: ▨▨ (wohl □*pś*?), 4: ▨ (wohl □□*ś*), 5: *kꜣ.w*, 6: *ḥkꜣ*, 7: *k*□ *(?!)*, 8: *wꜣḏ*, 9: □*ḥn*, 10: *nḫt*, 11: *wsr*, 12: *ꜥ*□*ꜣ* / *j*□*ꜣ* (für *w*□*n*), 13: ▨▨, 14: *śpnw*. Es fällt auf, daß an siebenter Stelle ein sonst unbekannter Ka mit Namen *k*□ o. ä. eingeschoben wird. Denkt man ihn sich fort, so erhält man wieder die „kanonische" Reihe. Ein anderer Ka muß dafür fehlen, denn die Gesamtzahl beträgt auch hier vierzehn. Zwischen *w*□*n* und *śpdw* (hier also an 13. Stelle) stehen sonst zwei Namen, hier nur einer, der aber zerstört ist, es läßt sich somit nicht sagen, ob *pśḏ* oder *wꜣ*□ fehlt.

[p] Schweitzer, a. a. O., S. 74, nach eigenen Notizen, eine andere Publikation konnte ich nicht finden. Das für Dendera B Gesagte gilt hier entsprechend (vgl. vorletzte Anm.).

[q] H. Junker, der grosse Pylon des Tempels der Isis in Philä, Wien 1958, S. 91ff, Abb. 48ff = Dümichen, a. a. O., T. CLXIIff. Dümichen gibt nur die letzten fünf Kas (*wśr - śpd*). Trotz einiger eindeutiger Unterschiede zwischen den Publikationen in Bild und Text beschreiben Dümichen und Junker hier offensichtlich die selbe Liste. Beide beziehen sich auf eine Stelle am ersten Pylon, und dort befindet sich, nach Junkers umfassender Publikation, eben nur diese eine Liste im Sockelregister des Ostturms, Südseite. Das quer davor gebaute Philadelphos-Tor verdeckt die drei Kas □*ḥn, nḫt* und *wśr. wśr* wurde *auf* dem Tor ergänzt, so daß er nun „um die Ecke" vor den letzten Kas der Reihe steht. □□*n* und *nḫt* fehlen. Durch das Tor ist auch der Zusammenhang der Reihe nicht ohne weiteres ersichtlich, daher hat Dümichen nur die rechts vom Tor gelegenen fünf letzten Kas abgeschrieben - ein weiterer Hinweis auf die Identität beider Listen. Die Ungenauigkeiten, die zu den Unterschieden der beiden Publikationen führten, sind nicht den Autoren anzulasten, sondern dem schlechten Erhaltungszustand der Reliefs, die gerade auf Höhe

der Namen besonders stark die in Ägypten so häufigen Zerstörungen durch Auskratzen von „heilkräfigem" Steinstaub erlitten haben (wie auf jedem beliebigen Photo der Tempelfront leicht zu erkennen). Ich gebe hier für die letzten fünf Kas jeweils die Fassung von Junker (links) und Dümichen (rechts).

[r] Schweitzer, a. a. O., S. 74, nach eigenen Notizen, eine andere Publikation konnte ich nicht finden. Das für Dendera B Gesagte gilt hier entsprechend.

[s] Bei Schweitzer (*Spd*) geschrieben, aber doch wohl eher im Original „schräg" für *ḥw*, so daß sich Dendera A und B ergänzen.

[t] Das Ei wohl verlesen aus der Landzunge, die bei kleiner oder unsorgfältiger Schreibung oft sehr ähnlich aussieht. Das vermeintliche Ei dann als *s3 -rʿ* interpretiert.

[u] Auf Mariette T. 27 b stehen sich zwei Kas mit auf dem Kopf an den beiden Enden der Szene gegenüber. Möglicherweise ersetzt einer von ihnen *ḥw*.

[v] Schweitzer liest dies als *nḫt*, die Reihenfolge verlangt *šps*. Beide Lesungen sind für den Stern nicht belegt. *nḫt* wäre recht einfach als Abschreibefehler aus zu erklären. Eine vielleicht etwas gewagte, aber immerhin mögliche, Erklärung für *šps* wäre eine „phonetische" Schreibung mit *ḫbś*, das vielleicht gleich ausgesprochen wurde (*ḫ* > *ś*, > *p* ist häufig genug). „Spielende" ptolemäische Schreibung *ḫ3b3ś* - „Sterne" für *ḫbś* (mit dem Arm aus *ḫbś* - „aufhacken").

[w] Die Figur trägt auf dem Kopf. Überhaupt scheinen *ḥk3* und *w3š* in dieser Liste etwas vermischt zu sein. Auch in der Beischrift zu *ḥk3* wird (neben *ḥk3*, der natürlich Hauptperson ist) auch *w3š* erwähnt, und die Figur des *w3š* trug in der zerstörten Stelle (u. a. ?) ein *ḥk3* auf dem Kopf (so jedenfalls bei Dümichen a. a. O.).

[x] Hier der „abgekürzte" Name vom Kopf der Figur. Die Beischrift ist nicht erhalten (oder jedenfalls nicht publiziert).

[y] Nicht (so Schweitzer, a. a. O.)! Das folgende ist Epitheton: *k3-wśr, wśr pḥ.tj*.

[z] Die Einordnung dieses völlig zerstörten Namens an die Stelle von *wbn* ist natürlich reine Spekulation, sie gründet sich lediglich darauf, daß er neben *pśḏ* steht.

[aa] Die Schreibung mit ist auf jeden Fall problematisch. Die einzige (aber keineswegs ganz befriedigende) Lösung ist, soweit ich sehe, daß hier *ʿb3* - „Licht, leuchten" statt *wbn* gemeint ist (*jb3* *ʿb3*).

[bb] Nach Junker keine Beischrift.

[cc] So in der Beischrift in Dendera. Auf dem Kopf trägt die Figur die gleiche Gruppe mit der *šw*-Feder für *š*. Schweitzer a. a. O. schreibt , diese Version konnte ich nirgends finden.

[dd] So die Schreibung in der Beischrift (nach Dümichen), offensichtlich für *w3š*. Auf dem Kopf der Figur , Dümchen ergänzt , doch *w3š* passt eindeutig besser in die Reihenfolge und auch zur Umschrift. Vor allem aber kommt der Ka *ḥk3* in dieser Liste schon einmal vor.

[ee] Daß die Schreibung mit der Mumie *śpd* (und nicht etwa *ḥw*) zu lesen ist (so auch WB IV 110), wird auch durch Dendera C belegt, wo es in der Beischrift zu *Spd* heißt: .

[ff] Sicher für *śpdw*, die Verschreibung ist jedoch nicht zu erklären.

[gg] Ob hierher?

Es wird deutlich, daß die Namen der 14 Kas zu allen Zeiten und Orten eine kanonische Liste bilden, sowohl hinsichtlich der einzelnen Namen als auch der Reihenfolge:
1: *ḥw*, 2: *ḏfꜣ*, 3: *šps*, 4: *šms*, 5:*jr-kꜣ.w*, 6: *ḥkꜣ*, 7: *wꜣḏ*,
8: *ṯḥn*, 9: *nḫt*, 10: *wsr*, 11: *wbn*, 12: *pšḏ*, 13: *wꜣš*, 14: *špd*

Die einzige sichere Ausnahme ist Edfu a, wo *ḥkꜣ* und *ṯḥn* nach hinten „verrutscht" sind, sie stehen beiderseits des *wꜣš* statt des *wꜣḏ*. In Medinet Habu stehen zwei (zerstörte) Namen zwischen *pšḏ* und *špd*, einer ist sicher *wꜣš*, der andere vielleicht (parallel zu Edfu a) *ḥkꜣ* (es ist noch ein Teil eines Vogels, wahrscheinlich *ꜣ*, zu erkennen).

Die Kas bilden in der Regel einen **Zug von Opferträgern** (zuweilen von den Hemsut begleitet). Habitus und Funktion entsprechen denen einer Prozession von Nil- oder Gaugöttern, in deren Nachbarschaft die Kas häufig abgebildet sind. In der Regel führt der König sie an. Die Opfergaben werden der Hauptgottheit des Tempels zugesprochen.
Derartige Reihen bilden:
Edfu b, Edfu c, Edfu d, Dendera a, Dendera d und Philae a.
Edfu a, Dendera b, Tôd und Philae b sind nur bei Schweitzer publiziert, daher läßt sich der Kontext nicht erkennen[13].
In Dendera c bilden die Kas zwar keine Prozession, sind aber immerhin bei der Darreichung von Opfergaben durch den König als „Assistenten" anwesend.
Echte Ausnahmen sind nur das TB der *nḏm.t* (die Namen sind hier einfach aufgezählt) sowie Edfu a und Medinet Habu (hier empfangen die Kas *selbst* Opfer vom König).

Die Namen sind jeweils[14] in abgekürzter Form innerhalb eines großen ⊔ geschrieben, das die Figuren auf dem Kopf tragen[15] (auch hierin den Gaugöttern entsprechend). Neben den Figuren steht je eine Beischrift, meist eingeleitet mit *jn.n.j n.k kꜣ* NN (bzw. *jn.n.f n.k kꜣ* NN), wobei der Name diesmal in voller Form ausgeschrieben ist.
Dort stehen auch weitere Details zu den jeweiligen Kas und Hemsut. Es läßt sich daraus jedoch keine Information über ihre Funktion gewinnen, die über den Namen hinausgehen würde.

---

[13]Für Dendera b, das offensichtlich Dendera a ergänzt, darf man wohl auch eine entsprechende Anordnung annehmen.
[14]Es gibt Ausnahmen, die in der Tabelle S. 187-188 in den Anmerkungen zu den einzelnen Listen aufgeführt sind.
[15]Die Hemsut tragen lediglich das *ḥms.wt*-Zeichen (ohne Namen) auf dem Kopf. Ihre Namen stehen in den Beischriften, sie gleichen denen der zugehörigen Kas.

Genannt werden nur die Opfergaben, die der Ka dem Gott bringt, und die jeweils passend zum Namen ausgewählt sind:
ḥw, *ḏfꜣ* und *jr-kꜣ.w* bringen Nahrungsmittel,
ḥkꜣ bringt „Taten", Macht, Furcht, die Hemset *ḥka* bringt die Schrift[16],
wbn bringt Kronen[17],
nḫt bringt Sieg über die Feinde,
wꜣš bringt die Bestattung mit den Totenopfern.

Betrachten wir nun die Namen im Einzelnen, so läßt sich in den meisten Fällen eine deutliche Beziehung zur Speise- bzw. Opferversorgung oder noch genauer zum ***Kultbildritual*** erkennen, also zum täglichen Kultus im Tempel, bei dem das Kultbild des Gottes (idealiter durch den König) mit Speiseopfern etc. versorgt wird. Die Funktion der 14 Kas scheint also enger, aber auch spezifischer zu sein als bisher angenommen:

ḥw

Die Schreibung bei *nḏm.t* mit dem Brotdeterminativ zeigt deutlich, daß *ḥw* - „Nahrung" (WB III 44) gemeint ist, und nicht etwa *ḥw* - „Befehl, Ausspruch". Die späteren Nennungen sind sehr knapp geschrieben, so daß sich nicht mehr entscheiden läßt, um welchen der beiden Begriffe es sich handelt. Es spricht aber nichts dagegen, sie im Anschluß an die früheste[18] Schreibung ebenfalls mit „Nahrung" zu übersetzen. Bisher wurde meist *ḥw* - „Ausspruch" gelesen, doch der eigentliche Anhaltspunkt für diese Deutung war das *šjꜣ*, das angeblich ebenfalls der Name eines Ka ist. Außer bei Budge ist der Ka *šjꜣ* jedoch nirgendwo belegt. Bei *nḏm.t* ist sogar das *kꜣ* wie *kꜣ* - „Versorgung" geschrieben.

ḏfꜣ

heißt natürlich „Opferspeise" und nichts anderes. Auch hier ist *kꜣ* wie *kꜣ* - „Versorgung" geschrieben.

šmś

„Nachfolgen", auch besonders im kultischen Sinn (Gottesgefolge, Standarten), dann auch „(Opfer)gaben bringen" (WB IV 483, 22, 23; 484, 8, 9, 11, 12, 15) und schließlich einfach „opfern". Dies umschreibt genau die Tätigkeit der Kas und Hemsut in den Prozessionen: sie bringen dem Gott die Opfergaben.

---

[16]Man bedenke, daß *ḥkꜣ* stets durch (schriftlich kodifizierte) rituelle Sprechhandlungen gewirkt wird. Der typische *ḥkꜣ*-Wirker (neben Gott und König) ist der Vorlesepriester.

[17]Vgl. WB I, 293: der „Glanz" *wbn* ist eine typische Eigenschaft der Kronen, der König „geht auf" (*wbn*) mit der Krone.

[18]*ḥw* kommt erstmals bei *nḏm.t* vor, nicht erhalten in Medinet Habu.

šps

heißt nicht nur „vornehm", sondern auch „versorgt, ausgestattet" (WB IV 447, 21; 448, 12; 452, 9; Wilson S. 1002 unten), insbesondere im kultischen Sinn, vom Tempel (WB IV 447, 27; 448, 9, 10, 18, 19). Auch der Verstorbene ist häufig *šps*, gerade für ihn würde „(kultisch) ausgestattet" sehr gut passen, obwohl freilich „vornehm" nicht immer auszuschließen ist.
Wahrscheinlich ist „Versorgung" sogar die ursprüngliche Bedeutung - die Entwicklung des Wortes von „gut ausgestattet" zu „vornehm" ist unmittelbar einsichtig (vgl. auch *jmꜣḫ*).
Gerade in griechischer Zeit scheint man diese Bedeutung wieder mehr betont zu haben, wie die Schreibungen mit dem Brotdeterminativ zeigen.
Auch auf *šps* - „Statue, Abbild" muß hier hingewiesen werden (WB IV 451).

jr-kꜣ.w

„Der die Nahrung macht" ist in sechs von acht erhaltenen Belegen so ausgeschrieben (darunter *nḏm.t*). Zweimal (in Dendera) ist der Name nur in der „abgekürzten" Version auf dem Kopf der Figur als *jr* erhalten (wahrscheinlich als Rebus mit dem *kꜣ*-Zeichen, in dem er steht *„kꜣ jr-(kꜣ.w)"* zu lesen). Auch Budge hat nur *jr*. Dieses 𓁹 wurde von den früheren Bearbeitern durchgehend als „sehen" (*mꜣꜣ* o. ä.) gelesen und mit dem (nur bei Mariette und Budge vorhandenen, also unhistorischen) **sḏm* - „hören" verbunden. Schweitzer erkennt immerhin: „Dagegen bringen Dendera und Edfu 𓁹𓂓𓏒, der die Nahrung erzeugt', Philae nur 𓏒".
Dennoch zieht sie nicht die Konsequenz, sondern sucht für *jrw* (ohne *kꜣ.w*) eine eigene Bedeutung, die ihrer mystischen Auffassung der Ka-Kraft entspricht:
„*jrw* allein müßte demnach so etwas wie ‚Schöpferkraft' ausdrücken, was umso besser paßt, da dem Ka ja schöpferische Kräfte innewohnen", sie zieht aber nicht die Konsequenz: „𓁹 könnte an sich ‚sehen' heißen, besonders da *sḏm* in der gleichen Liste vorkommt".
Natürlich ist *jr-kꜣ.w* ein Wortspiel zu *kꜣ*. Der Name „spielt" nicht nur mit den Wörtern, sondern auch mit den dahinterstehenden Begriffen, denn der *kꜣ ist* immer für die *kꜣ.w* zuständig, Ka und Kau-Speisen bilden auch sonst eine Einheit, etwa im Totenopferkult.

ḥkꜣ
ist der einzige Name, bei dem die Verbindungzum Opferkult nicht klar auf der Hand liegt.
ḥkꜣ ist eine bestimmte Form von Wirkungsmacht, die über das Natürliche und Alltägliche hinausgeht. Götter und Könige haben *ḥkꜣ*, andere Menschen können *ḥkꜣ* wirken, wenn sie entsprechende Riten beachten. Der typische *ḥkꜣ*-Wirker ist der Vorlesepriester[19]. Insofern ist die gängige, aber oft kritisierte Übersetzung „Zauber" doch recht treffend, wenn auch für komplexe geistige Begriffe wie diesen nie vollständige Übereinstimmung erreicht werden kann. Oft hat *ḥkꜣ* eine schützende, kämpferische, Böses abwehrende Funktion, wie in der berühmten Stelle aus der Lehre für Merikare „Er hat ihnen den Zauber gemacht als Waffe, um die Ereignisse abzuwehren", oder im Amduat, wo der *ḥkꜣ-wr* am Bug der Sonnenbarke den Apophis bekämpft.
Die Bedeutungen, Aufgaben u. Kontexte von *ḥkꜣ* sind vielfältig und können hier nicht von Grund auf erörtert werden. Doch auch die Ägypter haben versucht, das Wesen des *ḥkꜣ* zu erklären:

in CT 261[20]

möchte der Verstorbene selbst zu *ḥkꜣ* werden (Spruchtitel: *ḫpr m ḥkꜣ* - „Zu *ḥkꜣ* werden"). Wie in den Sargtexten üblich, betont er seine wichtige Rolle und zählt seine zahlreichen Vorzüge und Kompetenzen auf. So gerät der Spruch zur ziemlich ausführlichen Abhandlung über das Wesen des *ḥkꜣ*, der (freilich unter anderem) für die Opferversorung (hier des urzeitlicchen Atum) zuständig ist:

jw.f m ḥw.t nb wꜤ,	Er ist die „Darbringung" des einen Herrn,
NN *pn ḥwj kꜣ.w.f,*	dieser NN bringt seine Opferspeisen dar,
sꜤnḫ psḏ.tj.f jm,	um seine beiden Neunheiten damit zu beleben.

wꜣḏ und **ṯḥn**
Können beide als „Glanz" aufgefaßt werden (so auch die älteren Übersetzungen), doch ist dies nur eine abgeleitete Bedeutung. Zunächst bezeichnen beide Wörter ein *Material* und eine *Farbe*:
wꜣḏ heißt zunächst „grün", daher auch „grünes Mineral (Malachit, grüne Augenschminke)", *ṯḥn* bezeichnet alle hellblauen, glatten Stoffe: Türkis, Fayance, Glas und Glasur, sowie auch die Farbe „hellblau"[21].

---

[19]Dies Motiv ist so gängig, daß □*rj*□*ḥb* früher einfach mit „Magier" übersetzt wurde. Es wäre sicher lohnend, einmal die Bedeutung der *ḥkꜣ*-Macht des Vorlesepriesters in Bezug zur göttlichen bzw. königlichen genauer zu untersuchen.

[20]De Buck, CT III, 382ff.

[21]Man liest zuweilen, das Ägyptische kenne kein Wort für „blau", sondern nur rot, grün, schwarz u. weiß (wohl seit W. Schenkel in: ZÄS 88, S. 141ff). Dies sind die einzigen „echten" Farbwörter, doch kennt das Ägyptsche gerade deshalb viele Möglichkeiten, Nuancen nach Materialien zu benennen: „fayancefarben"=„hellblau", „goldf."=„gelb" etc, wie unser „himmelblau" oder „weinrot".

Es ist sicher kein Zufall, daß diese beiden Wörter zusammen geordnet, und nicht etwa zu der Gruppe „leuchten" (*wbn, pśḏ*) gestellt wurden. Letzteres hätte ja nahe gelegen, wenn einfach der „Sonnenglanz" gemeint wäre.
Die beiden Minerale *w3ḏ* und *ṯḥn* haben eine *gemeinsame Funktion*: beide werden im Kult vor Göttern, Schreinen und im Tempel „ausgestreut":
Zu *ṯḥn* vgl. WB V 391, 13 (Der Zusatz „als Zeichen der Freude" ist nicht zu belegen). Für *w3ḏ* macht das WB keine Angaben zum Ausstreuen, wir finden es jedoch in:

- Pyr 350 (§ 567b), wo Malachit „gesät" wird (*śṯ*), „als Sterne",
- TB 17 (Ende), der Verstorbene sät (*śṯ*) Malachit und sagt dazu:„auf daß ich lebe, wie ich will",
- desgleichen in TB 146, vor dem 9. Tor,
- und in Edfu I, 139, 13 vor den „beiden Schreinen".

In Pyr. 350 ist der Bezug zum Kult nicht aus dem Kontext zu beweisen (aber möglich). Im TB ist immerhin ein Motiv beschrieben, das parallel zum Kultbildritual vor dem Gott in seinem Schrein ist: der Verstorbene steht vor dem Wächtergott in seinem Torhaus und will ihn zufriedenstellen. In *Edfu* endlich ist das „Malachitstreuen" eindeutig in dem Kult vor den Götterschreinen eingebunden. In einem Paralleltext (gleiche Seite links) steht an der entsprechenden Stelle *śtj m ṯḥn*, das Ausstreuen von *Fayance* (Türkis?), das jedenfalls als Kulthandlung gut belegt ist. Die beiden Minerale und die jeweiligen Rituale des „Säens" wurden offensichtlich auch damals schon als parallel betrachtet (daher in der Ka-Prozession zusammen genannt).
In Edfou III, S. 100, einer Prozession der 14 Kas und Hemsut (hier Edfu d) ist es *die Hemset ṯḥn.t*, die „das *w3ḏ* in deinem Heiligtum ausstreut"! Damit ist die Funktion von *ṯḥn* und *w3ḏ* unter den 14 Kas des Re wohl eindeutig geklärt.

nḫt und ***wśr***
stehen beide für „Kraft, Macht" und werden häufig nebeneinander gebraucht. *nḫt* ist mehr die konkrete, materielle Kraft, bei Menschen und Tieren die Körperkraft, bei Gegenständen die Festigkeit oder „Steifheit". *wśr* ist allgemeiner und deckt den ganzen Begriffshorizont „mächtig, stark, viel, sehr, groß" ab. Sehr häufig ist die Verwendung in *wśr n* - „reich (an etwas)". *wśr* ist eher (aber nicht ausschließlich) sozial als materiell: Verfügungsgewalt über und gegen Menschen und Dinge.
Beide „Kräfte" kommen natürlich auch Göttern zu (und sind tatsächlich häufig für Götter belegt) und wirken auch Kultbildritual, selbst wenn dies nicht explizit erwähnt wird (was nicht verwundern kann, da Texte zum Kultbildritual überhaupt sehr selten und dann eher praktische Handlungsbeschreibungen als theologische Erklärungen sind).

Offenbar wurden die Kultbilder aber auch ganz explizit als „Machterweise" oder verkörperte „Mächte" des Gottes gesehen und manchmal tatsächlich *wśr.wt* genannt, wenn ich die folgenden Stellen richtig verstehe:

- Kairo (Nr. ?), Würfelhocker, Alabaster, Zeit d. Kg. *ḥrw-s ꜣ- ꜣš.t, mrj-jmn šnꜥ.k nbḏ m wsḫ.t, tšm(.w) wśr.k, ššp.tw tꜣ ḳbḥ m ꜥ.k*
  Du vertreibst das Übel aus der Tempelhalle, wo (indem) dein *wśr* aufgerichtet ist, (daß) empfangen wird Brot und Trankspende durch dich.
- Pyr. § 512
  jj.n.NN, *nḥm.f wśr.wt.ṯn, nṯr.w . pḫr*.NN *nḥb.n.f kꜣ.w.ṯn.*
  NN ist gekommen, er raubt eure *wśr.wt*, ihr Götter. NN schirrt eure Kas an.
  Wenn die Kultbilder die Kas der Götter sind, dann sind sie an dieser Stelle wohl auch die *wśr.wt.*
- Sonnenhymne, Pap. Berlin 3050, 7, 6/7
  dj.śn jꜣw n wśr.w.k - Sie preisen (rituell) deine *wśr.w.*
  Vorher werden die *ḫpr.w*, danach die *jrw.w* des Gottes gelobt (Erscheinungsformen, Gestalten, Abbilder, hier beide mit der „stehenden Mumie" determiniert). Wenn *wśr*.w in diese Reihe paßt, ist es wohl auch ein „Abbild", das rituelle Verehrung entgegennimmt.
- TB 137 läßt sich hier anschließen:

ḏwꜣ.f nṯr n wśr.f	*ḏwꜣ.f nṯr(.w) n wśr.(w)t.śn*
Er preist den Gott durch (wörtl. für) sein *wśr.*	Er preist die Götter durch (wörtl. für) ihre *wśr.wt.*

- TB 168 B
  Achter Gott (Kultbild?), oben: *ꜥḥꜥ(.w).nṯr ꜥꜣ, nb ḥ.t ꜥꜣ.t. dj.w.f dwꜣ-nṯr(*  *) jn (nicht n!)* NN
  Aufgerichtet wird der große Gott (Statue?), der Herr des großen Tempels. Ihm wird (kultische) Verehrung gegeben durch NN.
  Unten: *jw dnj*[22]*.sn ꜥ tp tꜣ jn* NN, *wnn m ḥrj-š ꜣḫ.j sn*
  Wenn ihnen zugeteilt ist eine Portion auf Erden durch NN, so ist (er) im Tempelgarten, ihnen räuchernd (*dnj* oft für Tempelbezüge).
  Hier wird eindeutig der Opferkult durch den Verstorbenen NN eingerichtet und versehen.
  Der *neunte* Gott ist eindeutig als Kultbild dargestellt: Eine Stierfigur auf einer Tragstandarte.
  Oben: *jmnn wśjr śpd ꜥb.wj, dm ḥnw.wt. dj(.w).f wśr* ***jn*** NN.
  Der Osiris birgt, spitz an Hörnern, scharf an Gehörn. Ihm wird gegeben ein *wśr* durch NN.

---

[22]Die Pflanze ersetzt das seltsame Det. von *dnj:* .

Unten: *jw dnj.sn ᶜ tp tꜣ* ***jn*** NN *rḫ mns(?) m tꜣ nb.w dwꜣ.t*
Wenn ihnen zugeteilt ist eine Portion auf Erden durch NN, so kennt er das *mns* (?) auf Erden und die Herren der Unterwelt.

- Petrie, Koptos 20a, 16-17
gm.n(.j) ḥw.t-ḏfꜣ.w ꜣw r wꜣś(m), mrḥw r jw[tn?] ḪḪḪ
Ich fand die Halle der Opferspeisen im Begriff zu verfallen, zerstört bis zum Erd[boden?] ▨▨
▨▨ *jm* ◯ *wśr. ḳd.j śb.t m pḥr.f m wḥm-ᶜ.*
▨▨ Vergangen[23] war das *wśr.* Ich baute eine Mauer um ihn (Tempel) herum von Neuem (es folgen Maßangaben)...
- Edfu, Sokarzimmer (Edfou I, 220)
Ptol. IV räuchert vor Sokar-Osiris, dieser sagt:
Du kommst in Frieden, mein geliebter Sohn,
ᶜnḫ wśr(.j) m jnw.k.
Mein *wśr* lebt von deinen Opfergaben.
- Es sei noch auf die häufige Verbindung *ᶜḫ mp.t, wś mtꜣ*, oft noch ergänzt durch *mꜣᶜ-šrw m dwꜣ.t*, hingewiesen. Der Leichnam ist gerechtfertigt vor Osiris in der Unterwelt, der Ba bzw. Ach ist verklärt am Himmel, und der *wśr*, der Opferkult für den Ka, besteht auf Erden.

wbn und ***pśḏ***
werden meist ziemlich synonym gebraucht und bedeuten primär „leuchten, scheinen, aufgehen, erscheinen (von Gestirnen)", davon abgeleitet dann auch „prunkvoll erscheinen" von Göttern und Königen. Insbesonere *pśḏ* ist gut belegt als das Erscheinen des Kultbildes, meist freilich bei der Prozession, aber auch im täglichen Kultbildritual:
- Mariette, Dendera II, 23: Priester trägt Kultbildschrein aufs Dach, dazu sagt er: „der Gott erscheint (*pśḏ*) aus seiner Kapelle".
- ibid, I, 64a: Der König öffnet die goldenen Türen des ▨▨▨, er öffnet die Türen ihrer (Hathors) Naunet, damit sie herauskommt (*pr*) und ihre Neunheit erscheint (*pśḏ*)...
- ibid, b: Der König öffnet die Türen des *pr.nwb*, damit ihr (Hathors) Leib erscheint (*pśḏ*).
- ibid, 41a: Die Darstellung zeigt den König, vor Hathor(-Bild) in einem Schrein, dazu der Text: „ ... der das Haus der Toëris(?)[24] öffnet, damit ihre Gestalt erstrahlt (*wbn*), ihre Neunheit erscheint (*pśḏ*) hinter ihr, ihr Ka ist hoch auf ihrem großen Sitz.

---

[23]Vgl. WB I 76: *jmw* - „Eitriger Zustand" oder *jm.t* - „Pulver (Abfall) von Alabaster".
[24]Nur Ideogramm (Nilpferdgöttin mit *Sa*-Schleife und Doppelfeder). Toëris oft mit Hathor gleichgesetzt.

Die Stelle beschreibt eindeutig den Beginn des täglichen Kultbildrituals, das Öffnen des Schreines (theoretisch immer durch den König). *ś.t* - „Thron, Sitz, Stelle" heißt für Götter meist „Tempel" bzw. den *Sitz* der Gottheit *im* Tempel, nach dem der Tempel benannt ist. Realiter ist dies der Kultbildschrein. Der Ka erscheint hier also in diesem Schrein, folglich ist das Kultbild der Ka der Göttin.
Für *wbn* ist die Beleglage weniger gut. Viele Stellen reden vom „Erscheinen" eines Gottes, doch keine davon bezieht sich *eindeutig* auf das Kultbild beim täglichen Opferritual. Einzige Ausnahme ist die vierte oben genannte Stelle, wo *wbn* neben *ṯḥn* gebraucht wird. Dennoch kann man davon ausgehen, daß sich zumindest einige der Texte, die das Erscheinen des Gottes schildern, sich auf die wichtige Erscheinungsform *Kultbild* beziehen.

wꜣš

Die Schreibung mit dem „preisenden Mann" zeigt deutlich, daß hier *wꜣš* – „Lob, Ansehen" zu lesen ist, die phonetischen Zeichen scheinen jedoch zunächst eher für die Lesung *wšꜣ zu* sprechen. Einzige Ausnahme ist das TB der *nḏm.t* mit der Schreibung 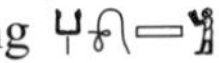 - doch kann das *wꜣ*-Lasso in dieser Zeit auch schon „syllabisch" für *w* stehen. Dagegen stehen vier Schreibungen mit der Haarlocke *wš* und zwei, in denen *w□š* alphabetisch geschrieben ist. Dazu kommen noch zweimal *w□šw* mit der *šw*-Feder und zweimal die Feder allein (was freilich weder für *wšꜣ* noch für *wꜣš* eine „saubere" Schreibung wäre). Nun ist *wš□ꜣ□* mit dem „preisenden Mann" auch sonst eine häufige Schreibung für *wꜣš*, doch man sollte vielleicht die Möglichkeit in Erwägung ziehen, daß es diese Variante auch in der mündlichen Sprache gab.
wꜣš kommt auch in anderen Texten manchmal zusammen mit *ś□□* vor, so daß auch diese letzten beiden Kas ein Paar bilden würden. Allerdings muß man sagen, daß in diesen Belegen meist eine ganze Reihe von Lobworten aufgezählt wird, von denen *wꜣš* und *ś□□* nur ein Teil sind, und in denen man *wꜣš* auch häufig *ohne* das *ś□□* findet, z. B. sehr oft neben ꜥẖ oder śẖm.
wꜣš - „Lobpreis, Ehrung" ist ein natürlicher Bestandteil des Opferkultes und wird tatsächlich gern in Opferszenen gebraucht.
Einige Belege für wꜣš neben śpd:
- TB Nav. 127A:
  (an die Torwächter) *śpd.tn, wꜣš.tn* - ihr seid trefflich, ihr seid geehrt.
- Parallel dazu Sonnenlitanei:
  (an die gleichen Torwächter) *śpd.tn, wꜣš.tn* - ihr seid trefflich, ihr seid geehrt.
- Pyr. § 621:
  wꜣš.tj, ꜣḫ.tj, śpd.tj, bꜣ.tj, sḫm.tj.
  Du bist geehrt, du bist verklärt, du bist trefflich, du bist seelenhaft, du bist mächtig.

- Pyr. § 723:
  śpd bꜣ.k mi śpd.t. jbꜣ.k bꜣ.tj, wꜣš.k wꜣš.tj
  Deine Seele ist trefflich wie Sothis. Du bist seelenhaft, indem du seelenhaft bist, du bist geehrt, indem du geehrt bist.
- Pyr. § 1650:
  jntśn śpd śn, jntśn wꜣš śn, jntśn bꜣ śn, jntśn śšm śn.
  Sie sind trefflich, sie sind geehrt, sie sind seelenhaft, sie sind mächtig.
- Pyr. § 62:
  fꜣj ḥr.k, NN, *wꜣš, śpd, mꜣꜣ.k n pr.t im.k*
  Erhebe dein Gesicht, NN, sei geehrt und froh, wenn du siehst, was aus dir kommt.
- Parallel dazu Philae Mammisi, Naos, westl. Außenwand (Photo 987):
  fꜣj ḥr.k r.s, wp.k rꜣ.k jm.s. wꜣš.k, śpd.k.
- Erhebe dein Gesicht zu ihm (dem Opfer), du öffnest deinen Mund für es, du bist geehrt u. froh.
- Sarg des Panehemisis (Kunsthistorisches Museum Wien, ÄOS 4):
  (in der 2. waagerechten Zeile): *spd.tn*[25], *wꜣš.ṯn* - Ihr seid trefflich, ihr seid geehrt.
- Edfou I. 466:
  wꜣš.k, sḫm.k, śpd(?).k[26], *bꜣ.k...*
  Du bist geehrt, du bist mächtig, du bist trefflich, du bist seelenhaft.

śpd

(auch *śpdd* geschrieben, wohl ter. gem[27]) heißt soviel wie „ausrüsten", „jemanden oder etwas mit dem Nötigen versehen", womit auch „*Speisen als Opfer darbringen*" beschrieben wird (WB IV 112, 17).
Dieser Ka fügt sich wieder ohne weiteres in den Kontext des Opferkultes.

Die Namen der Kas sind in ihrer kanonischen Reihenfolge deutlich in **Sachgruppen** geordnet:
1. Nahrung, Versorgung: *ḥw, ḏfꜣ, špš, šmś, jr-kꜣ.w, ḥkꜣ,*
2. Mineralien (im Kult gebraucht): *wꜣḏ, ṯḥn,*
3. (Kultbild als) Kraft und Macht: *nḫt, wśr,*
4. (Er)scheinen, aufgehen: *wbn, pšḏ,*
5. Diverses: *wꜣš, śpd.*

[25] geschrieben wie *tj-n*.
[26] .
[27] WB IV 110, zwischen 8 und 9; IV 112 10ff.

Die fünfte Gruppe ist für nicht auf den ersten Blick klar, doch *wꜣš* und *śpd* kommen in den Quellen auch sonst zusammen vor (vgl. oben unter *wꜣš*).

Alle Namen jedoch lassen sich – einige ganz eindeutig, die übrigen zumindest zwanglos passend – dem Opferritual zuordnen, bei dem der Gott im Tempel in Form seines Kultbildes versorgt wird. Dies ist auch insofern plausibel, als der Ka (als „Sozialseele") die Wesenheit ist, die im Kultbild „einwohnt" und auf diesem Weg in Kontakt zu den Menschen tritt. Dies gilt für verstorbene Menschen, wo die Ka-Statue im Serdab und später in der Kapelle den Totenopferkult entgegennimmt und wo das oberirdische Grab, wo die Hinterbliebenen den Verwandten besuchen auch „Haus des Ka" (und nicht etwa „des Ba" o. ä) heißt und wo die Opferformel „für seinen Ka" gesprochen wird, und es gilt ebenso für die Götter. Während deren Ba sich in ihrer „kosmischen" Form verkörpert (bei Re ist dies natürlich die Sonne, bei Nut der Himmel etc.[28]), ist ihr Ka im Tempel - der auch „Haus des Ka des NN" genannt werden kann, und in dem er im Kultbild „einwohnt" – ins soziale Gefüge der Menschen und somit in die Versorgung eingebunden. Auch im DMT steht die eingangs zitierte Passage

św jr kꜣ.w, mtn ḥmś.wt -

„So werden die Kas gemacht und die Hemsut bestimmt…",

im Kontext der Einrichtung der Tempel, Schreine und Kultorte durch Ptah. Somit können die Kultbilder vereinfacht als die Kas der Götter verstanden werden, und die Ägypter haben diesen Schritt tatsächlich vollzogen. In meiner Dissertation habe ich eine Reihe von Stellen gesammelt, wo das Kultbildritual direkt am „Ka" des Gottes vollzogen wird[29].

Läßt sich so auch die ja eigentlich befremdliche Vorstellung erklären, daß Menschen nur einen Ka haben, Götter jedoch viele? Immerhin hat jeder Mensch nur ein Grab, ein Gott jedoch meist viele Kultbilder in vielen Tempeln an vielen Orten.

An dieser Stelle wollen wir uns wieder den 14 Kas des Re zuwenden, denn diese Zahl scheint kein Zufall zu sein.

Warum sind es gerade 14 Kas? 14 ist (als 2 x 7) eine „heilige Zahl", doch warum wurde gerade diese gewählt und keine andere heilige Zahl, wie zwei, neun oder zwölf, die sonst viel häufiger und „heiliger" sind?

---

[28] Insbesondere im Buch von der Himmelskuh. Dazu auch E. Otto in: Saeculum 14, 1963, S.259.

[29] B. Rothöhler, *Neue Gedanken zum Denkmal memphitischer Theologie*, www.ub.uni-heidelberg.de/archiv/7030 (S. 58).

Die eigentliche Siebenzahl begegnet in Ägypten nur selten (etwa die sieben heiligen Kühe und ihr Stier), bedeutender ist das *Vielfache* sechs mal sieben gleich *zweiundvierzig*, wie die 42 Totenrichter und die 42 Gaue Ägyptens.

Erinnern wir uns, daß die 14 Kas in ihrer üblichen Ikonographie als Prozession auftreten, in Darstellung, Kontext und Funktion der Gaugötterprozession entsprechend und oft in direkter Nachbarschaft zu dieser.
Die Gaugötter bringen dem Gott die Gaben aus den Gauen, die Kas, das heißt die Kultbilder, bringen dem Gott die Gaben aus den verschiedenen Kulten = Tempeln in den verschiedenen Gauen. Dabei gibt es wohl idealiter einen Tempel pro Gau, bzw. einen versorgenden Gau für jeden Tempel.
Wahrscheinlich ist die 14 einfach eine „Abkürzung" für die 42. Ein Ka stünde dann für je drei Gaue. Möglicherweise werden die Hemsut und die oft in die Prozession integrierten Nilgötter mitgerechnet, um auf 42 zu kommen (dies funktioniert immerhin in Dendera a: Die ganze Prozession, d. h. alle Kas und Hemsut, der König, die Nilgötter und Feldgöttinen, zählt zusammen 42 Köpfe).
14 als „Abkürzung" für die 42 Gaue findet man ganz parallel in den 14 Osirisgräbern, die - idealiter über „alle Gaue" verteilt - die 14 Glieder des Gottes beherbergen.
Oder es wurde angenommen, daß (im Idealfall) jeder dritte Gau ein größeres Heiligtum beherberge, vielleicht abwechselnd mit Amun und Ptah (die Namenslisten kommen etwa in der Zeit der ramessidischen „Reichstriade" auf).

In jedem Fall waren die 14 Kas in 14 Tempeln - im Falle von Re - eine Idealvorstellung, in der seine Heiligtümer über das „ganze Land" verteilt waren.
Und wirklich gibt es einen ägyptischen Text, der eine „kanonische" Kulttopographie des Re aufzählt: Eine der großen Hymnen in Hibis[30]. Der Text wird von den acht Urgöttern gesprochen und richtet sich im Amuntempel natürlich an Amun-Re. Doch ist gerade hier eher Re als Amun angesprochen. Dies zeigen der Inhalt[31] und gelegentliche direkte Anreden als „Re" [32]. Die Liste orientiert sich zwar in gut ätiologischer Manier an einer mythischen Ereignisfolge:

[30]Davies, Hibis, T. 33. Übersetzung in ÄHG, Nr. 130.
[31]Vers 42 - 91 Sonnenlauf, Vers 107ff Kosmogonie des Re - er erscheint auf Urhügel, reitet auf der Himmelskuh, bringt Schu & Tefnut hervor (Verszählung nach Assmann).
[32]Vers 3 u. 101, in Vers 194ff als Atum, Chepri, Month-Re, Nehi-Ptah(?), Amun-Re.

„Du faßtest Boden in Herakleopolis... (daher ist) dort dein Bild als...". Aber jedenfalls wird sie (auch) als Liste der *Kultorte* verstanden: „Du hast deinen Thron festgesetzt an jedem Ort, wo du willst, um deinen Namen zu vervielfältigen. Städte und Gaue tragen deine Schönheit, kein Tempel ermangelt deines Bildes" [33].

Diese Kultorte sind:

- Hermopolis (Vers 111ff[34]);
- Herakleopolis magna (V. 120ff) und der Baumgau[35];
- Mendes (V. 132ff);
- Sais und der Neithgau (V. 138ff);
- Chemmis (V. 145ff);

es folgen fünf schlecht belegte Toponyme, die jedenfalls weniger bedeutende Orte bezeichnen und auch nur sehr knapp angesprochen werden. Aus dem Kontext geht nicht klar hervor, ob sie zusammen mit Chemmis genannt werden, oder eigenständige Kultorte sind:

- *nbju* (oder *ȝt*?) (Nilpferdkopf[36]). Die Lesung *dp.t* - „Buto" ist nicht nachzuvollziehen[37].

  ȝt ist bei weitem die häufigste Lesung für den Nilpferdkopf, doch ist ein solches Toponym nicht belegt. Der beste Vorschlag ist sicher *nbjw* (so Assmann), das auch sonst als Ort der Uto bekannt ist[38]. Lokalisierung unsicher, nach Brugsch[39] Annebis in der Thebais.

---

[33]Übersetzung nach Assmann, a. a. O.

[34]Die Verse sind von Assmann (nach der Fecht'schen Metrik) eingeteilt. Ich verwende sie zum leichteren Zitieren.

[35]Herakleopolis ist die Hauptstadt des vorderen Baumgaus, von dort geht die Fahrt zum benachbarten hinteren Baumgau. Beides gehört zusammen, denn der dann genannte Harsaphes ist der Gott von Herakleopolis.

[36]E. Cruz - Uribe, Hibis Temple Project I, San Antonio 1988, S. 136f, Anm. 879: „The ... sign is only vaguely like the head of a hippopotamus... in line 30 the word has a sign wich is clearly the front half of a crocodile". Dies geben auch Brugsch, Reise nach der grossen Oase El Khargeh, Leipzig 1878, S. 31 u. 45, T. 36, und Davies so wieder: erst Nilpferd (vielleicht undeutlich), dann Krokodil. Es gibt keinen Grund, mit Cruz-Uribe anzunehmen, daß hier zweimal derselbe Ort erwähnt wird. Die Lesung □□*t* von □□- „Krokodil" ist abwegig. Buto wird sonst nie mit dem Krokodil geschrieben, und selbst wenn, wäre ein vollständiges Tier zu erwarten. Brugsch bleibt zwar beim „Nilpferd", transkribiert aber auch □□□*t*□ Wie er zu dieser Lesung kommt, kann ich nicht nachvollziehen.

[37]E. Cruz-Uribe, a. a. O. beruft sich auf G. Steindorff, Ein Grabstein des mittleren Reichs im Museum von Stuttgart, ZÄS 39, 1901, S. 120, doch dieser übersetzt die hier behandelte Stelle in Hibis einfach mit „Buto" ohne nähere Erklärung. Wahrscheinlich wählte er schlicht einen naheliegenden Ort aus der Umgebung von Chemmis. Ihm geht es um ein □□*ere*□Wort in diesem Satz, das er mit einer Stelle seiner MR-Stele vergleicht. Die Behauptung „The reading *ȝt* by Gauthier, □□*t*□*eo*□1, p. 13, is due to a confusion by Brugsch" ist falsch. *ȝt* ist die gewöhnliche Lesung für den Nilpferdkopf.

[38]H. Brugsch, Dictionnaire géographique, S. 328.

[39]H. Brugsch, Dictionnaire géographique, S. 1020.

- Der nächste Ort ist als Krokodilskopf geschrieben, diese Schreibung spielt natürlich mit dem Nilpferdkopf des vorherigen Ortes. Eine Lesung kann ich nicht anbieten, wenn man nicht Krokodilopolis vermuten möchte. *jw-m-jtr.w* wird sonst freilich nie mit dem Krokodil geschrieben.
- *smꜣ-bḥ(d).t.*  - das Feminin-*t* und das Stadtdet. für das gesamte Toponym stehen unter der Gaustandarte. Das obere t muß also zum Stamm oder zu einem Bestandteil eines zusammengesetzten Namens gehören, und das schräge Dreieck kann nicht das Landdet. sein. Die einfache Lesung *smꜣ.t* verbietet sich also. Auch ist wegen der Standarte ein Gauname zu erwarten (der Text unterscheidet Orts- und Gaunamen auch sonst). Nun steht ein solches Dreieck in späten Inschriften oft als Abkürzung für den „Zahn" *bḥ*. Die Schreibung sieht dann dem gut belegten Namen des 17. unterägyptischen Gaues *smꜣ-bḥd.t* sehr ähnlich, nur das *d* fehlt. Da die Stelle aber bei Davies als zerstört gekennzeichnet und nur von Brugsch wiedergegeben ist, könnte sie durchaus auch schon zur Zeit von Brugschs *Reise* soweit beschädigt gewesen sein, daß er das *d* nicht mehr erkennen konnte.
- *ḥw.t-nhw.t*, das „Sykomorenhaus" ist gut belegt. Gauthier bestimmt es nach Brugsch[40] als „Metelis", dies wäre die (nicht lokalisierte) Hauptstadt des siebenten unterägyptischen Gaues. Montet[41] lokalisiert *ḥw.t-nhw.t* ebenfalls im siebten Gau (nicht unbedingt als Hauptstadt) und begründet dies etwas ausführlicher.
- *tꜣ-bnr* ist nach Montet I, S. 189, im „Ostland", dem 14. unterägyptischen Gau gelegen.
- Ein Stier auf einer Standarte, davor ein kleineres Zeichen. Von Brugsch und allen Nachfolgern als „Chois" gelesen, der 6. unterägyptische Gau. Dies war besonders verlockend, da dort eben auch Buto und Chemmis liegen. Nun führen nicht weniger als vier Gaue den Stier im Wappen. Die „kleinen Zeichen" vor den Füßen des Tieres müssen also streng beachtet werden, sie sind es eigentlich, die den Sinn des Namens determinieren. Brugsch schreibt eine Feder (*mꜣꜥ.t / šw*), die überhaupt keinen Sinn ergibt. Davies, der in diesem Fall paläographisch sehr viel genauer ist, gibt ein Zeichen, daß aufgrund des Maßstabs leider schlecht zu erkennen ist, eine Feder ist möglich, aber eher unwahrscheinlich. Ganz gewiß ist es *kein ḏw*-Berg, es handelt sich also nicht um Chois! Auch das Kalb des 12. u.äg. Gaues läßt sich sicher ausschließen. Das *km*- Zeichen (10. u.äg. Gau) ist vielleicht nicht ganz auszuschließen. Am ehesten scheint es sich um das Sichelmesser und damit um den 11. u.äg. Gau zu handeln.

---

[40] A. a. O. S. 45, Anm. 23.

[41] P. Montet, Géographie de l'Égypte ancienne I, Paris 1957, S. 71.

Insgesamt läßt sich sagen, daß die fünf „kleinen" Orte, soweit sie sich bestimmen lassen, *nicht* in der Nähe von Chemmis bzw. Buto liegen. Es gibt somit auch keinen Grund, dies für die beiden unsicheren Namen am Anfang anzunehmen. Nur der erste (*nbjw*) könnte noch mit Chemmis verbunden sein: Uto bringt Chemmis zum Schwimmen und ist die Herrin von *nbjw*.

- Heliopolis (V. 155ff) - Hetepet Ort bei Heliopolis, der Iusaas geweiht;
- Memphis (V. 173ff);
- Theben (V. 179ff) - hier sicher als Amun-Re („deine Stadt Theben");
- Koptos (V. 185ff) - Min (von Koptos) V. 186, der Ort selbst ist V. 194 genannt.

Wir kommen auf ca. **14 Kultorte** (insgesamt 15 Namen, doch *nbjwn* gehört wohl zu Chemmis). Alle Orte liegen (soweit bekannt) in verschiedenen Gauen.

Und gerade in diesem Text werden die Kultbilder auch als die Kas der Götter aufgefaßt, die die verschiedenen Heiligtümer und Domänen bevölkern:
(Vers 130): *Du hast die beiden Länder aufgeteilt unter ihren Kas, sie schmücken sich für dich in ihren Tempeln* (Übersetzung Assmann).

Die 14 Kas des Re sind also etwas sehr konkretes: Sie verkörpern den Kult von 14 Kultorten, die dem Gott seine Versorgung aus dem „ganzen Land" zutragen.

Im alltäglichen Umgang dürfte man sich die 14 Kas vereinfacht als die 14 Kultbilder in diesen Tempeln vorgestellt haben. Zwar kann man immer wieder lesen, Re habe keine Kultbilder.
Diese Vorstellung geht wohl zurück auf die *offenen Kulthöfe* im Sonnenheiligtum des Niuserre und in den Aton-Tempeln von Armana sowie die kleinen Nebenheiligtümer in Form von „Sonnenhöfen" in einigen Tempeln des NR. Nach der üblichen Lehrmeinung fand hier der Kult direkt vor dem als Sonne am Himmel anwesenden Gott statt, und es gibt keinen Grund, dies anzuzweifeln.
Eine solche Kultpraxis spricht aber keineswegs dagegen, daß Re daneben *auch* Schreine und Kultbilder besaß. Als Gott hat er eine kosmische und eine politische (=kultische) Form, ebenso wie andere Götter auch. Beide Formen haben ihre Funktionen und erst zusammen bilden sie ein Ganzes. Auch andere Götter waren in ihrer kosmischen Form anwesend (z. B. Nut als Himmel), was noch niemanden zu dem Schluß eines „bildlosen" Kultes verleitet hat.
Zu der Vorstellung vom hat sicher auch der Vermerk bei Strabo XVII. 805 beigetragen. Das Zitat hat aber offensichtlich keinen historischen Wert: er behauptet, *alle* ägyptischen Tempel enthielten generell keine Kultbilder.

Das nicht mehr vorhandene Hauptheiligtum des Re in Heliopolis, das „Benben-Haus", stellt man sich ebenfalls gerne als offenen Hof vor (den es dort auch gegeben haben mag), doch der Bericht auf der Pi(anch)i-Stele über den Besuch des Königs in diesem Tempel scheint doch eher einen typischen Naos zu beschreiben.
Ob das *Kultbild*ritual für Re nun üblich oder eher die Ausnahme war, es *hat* auf jeden Fall Kultstatuen gegeben, und daher hatte diese Vorstellung für seine Anhänger sicher nichts Abwegiges.
Mindestens ein Kultbild des Re ist jedenfalls in der Nordkapelle[42] *von Abu Simbel erhalten geblieben*:
Diese „Kapelle" ist ein typischer, nach oben offener Sonnenhof und läßt daher vermuten, daß die Sonnenhöfe anderer Tempel ähnlich eingerichtet waren. Mit ihren zwei Obelisken entspricht sie den großen Sonnenheiligtümern. Das Kultbild stand in Gestalt eines Skarabäus *in einem Naos* hinter einem Opferaltar.

Ein Analogieschluß von Re auf andere Götter ist zwar sicher kein zwingender Beweis, aber doch ein starkes Indiz. Und so können wir die oben gestellte Frage „Warum haben Götter in der Regel mehrere Kas, während Menschen nur über einen verfügen?" nun beantworten:
Mit hoher Wahrscheinlichkeit ist die oben nur als intuitive Idee vorgeschlagene Antwort richtig. Die Kas repräsentieren die verschiedenen Kultbilder an den Kultorten. Während Menschen davon nur einen haben – nämlich ihr Grab (oder, im Falle eines Königs, ihren Totentempel) – haben Götter mehrere Kultorte, idealiter über das „ganze Land" verteilt.

[42]Die detaillierteste Publikation dieser Kapelle findet sich in: Ramsès le grand, Katalog Galeries nationales du grand-palais, Paris 1976, S. 150ff.

Mythische Zeit versus rituelle Zeit in der ägyptischen Sakralkunst*

Holger Rotsch, Heidelberg

Während die Bildwerke griechischer Tempel, z. B deren Giebeldekoration oder Friese mit Darstellungen aus den griechischen Mythen, ganz von den Ereignissen aus *mythischer Vergangenheit* geprägt sind, ist das vorherrschende Erscheinungsbild der Dekoration ägyptischer Tempel mit ihren immer wiederkehrenden Ritualszenen, die den König im Kontakt mit der Gottheit zeigen, das einer *rituellen Gegenwart.*

Überhaupt lassen sich Ägyptische Mythen oft nur unzusammenhängend nachweisen, was Jan Assmann den Begriff von der „*Verborgenheit des Mythos in Ägypten*“ prägen ließ.[1] Das ist insofern äußerst auffällig, da doch altägyptische Geschichtswerke wie der Turiner Königspapyrus[2] und das Werk des Manetho[3] der Zeit der Herrschaft der Pharaonen eine Zeit der Herrschaft der Götter voranstellen, eine *Historisierung der Götterwelt*, wie sie auch sonst vereinzelt nachweisbar ist[4] Trotz ihrer relativen Seltenheit lassen sich dennoch auch Abbildungen ägyptischer Mythen aufzeigen.

Hinweise auf ägyptische Mythen finden sich verschiedentlich in der ägyptischen Sekundärliteratur zur Kulttopographie Ägyptens, wie sie sich mehrfach auf spätzeitlichen Papyri erhalten hat, die z. T. auch illustriert sind.[5]

---

* Dieser Artikel ist hervorgegangen aus einem Beitrag zum interdisziplinären Doktorandenkolloquium des Zentrums für Altertumswissenschaften (ZAW) der Universität Heidelberg unter der Leitung von Prof. Dr. Joachim Friedrich Quack und Prof. Dr. Diamantis Panagiotopoulos mit dem Thema „Zeitwahrnehmung und Zeitbewusstsein in der Antike“.

[1] ASSMANN, Jan, Die Verborgenheit des Mythos in Ägypten, GM 25 (1977), 7-43

[2] GARDINER, Alan H., The Royal Canon of Turin, Oxford, 1959, Pl. I

[3] VERBRUGGHE, G.P. and WICKERSHAM, J. M., Berossos and Manetho, Introduced and Translated. Native Traditions in Ancient Mesopotamia and Egypt, Ann Arbor, 1996, 130f

[4] LUFT, Ulrich, Beiträge zur Historisierung der Götterwelt und Mythenschreibung (= Studia Aegyptiaca 4), Budapest, 1978, 189-194

[5] Papyri mit kulttopographischen Abhandlungen zur Gesamtheit der Gaue Ägyptens:
aus Tanis s. GRIFFITH, Francis Llewellyn, Two hieroglyphic papyri from Tanis (EEF Memoir 9), London, 1889;
aus Tebtynis s. OSING, Jürgen,: Hieratische Papyri aus Tebtunis I. Text und Tafeln (The Carlsberg Papyri 2 = CNI Publications 17), Copenhagen, 1998
Papyrus Jumilhac (zur Kulttopographie des 18. oberägyptischen Gaus) s. VANDIER, Jacques, Le Papyrus Jumilhac, Paris, 1961

Im *„Buch vom Fayum“*[6], das dessen religiöse Topographie zum Thema hat, kommen auch verschiedene Mythen zur Sprache. So wird in der Abbildung des Fayumsees im 3. Papyrusabschnitt eine Szene aus der Jugend des Sonnengottes wiedergegeben (**Fig.1**).[7] Er ist als nackter Knabe dargestellt, wie er bei der Weltentstehung von seiner Mutter, der Kuhgöttin Mehetweret, die griechische Methyer, durch die Fluten des Urgewässers Nun getragen wird. Darüber heißt es an anderer Stelle[8] des Buches:

> Es nahm ihn die Ihet-Kuh auf ihren Rücken.
> Seine Mutter ist sie seit Anbeginn,
> die ihn rettete vor seinen Feinden.
> So entstand ihr Name Schedet.
> Sie belebte ihn mit ihrer Milch.
> So entstand der See, es entstand Re,
> es entstand die Mehet-weret, es entstand die
> Schedet.[9]

Die Darstellung hat hier keinen Selbstzweck, sondern ist eingebunden in die Thematisierung einer Region und ihrer Ortskulte, die über eine Ätiologie erklärt werden sollen.[10]

Papyrus Brooklyn 47.218.84 (zu Mythen und Kulten des Deltas) s. MEEKS, Dimitri, Mythes et légendes du Delta d'après le papyrus Brooklyn 47.218.84, MIFAO 125, Le Caire, 2006
Buch vom Fayum (zur Kulttopographie des Fayum) s. Anm.6

[6] BEINLICH, Horst, Das Buch vom Fayum. Zum religiösen Eigenverständnis einer ägyptischen Landschaft. Textband und Tafelband = Ägyptologische Abhandlungen 51, Wiesbaden, 1991
BEINLICH, Horst, Das Iteru-Mass nach dem „Buch vom Fayum,“ MDAIK 43 (1987), 1-5.
BEINLICH, Horst, Ein Fragment des Buches vom Fayum (W/P) in Berlin, ZÄS 123 (1996), 10-18.
BEINLICH, Horst, Hieratische Fragmente des „Buches vom Fayum“ und ein Nachtrag zu BF Carlsberg, ZÄS 124 (1997), 1-22.
BEINLICH, Horst, Drei weitere hieratische Fragmente des „Buches vom Fayum“ und Überlegungen zur Messbarkeit der Unterwelt, ZÄS 126 (1999), 1-18.
BOTTI, Giuseppe, La glorificazione di Sobk e del Fayum in un papiro ieratico da Tebtynis = Analecta Aegyptiaca VIII, Copenhaghen, 1959
DONADONI, Sergio, Una nota al „Papiro del Fayyûm“, ZÄS 90 (1963), 25-27.

[7] Publiziert in: BEINLICH, Das Buch vom Fayum, 96f, 154f; Tafel 10

[8] Bezug genommen wird darauf in der Beischrift zu der anthropomorphen Darstellung der Mehetweret des vorangehenden 2. Abschnitts.

[9] BEINLICH, Das Buch vom Fayum, 150f

[10] Hintergrund ist die Mythologisierung des Sees, aber auch die Theologie des Sobek-Re. Es liegt ein Wortspiel vor zwischen šdj „retten“ und Šd.t „Schedet“, mit einer Anspielung auf den Hauptort Šd.t „Krokodilopolis“.

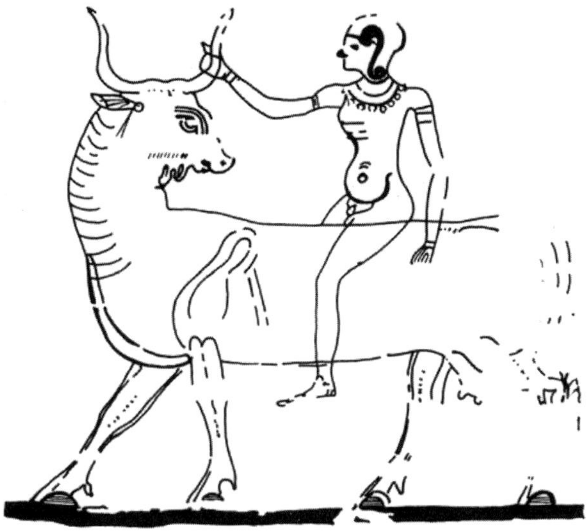

Fig.1 Der jugendliche Sonnengott auf der Mehetweret (nach Beinlich, Das Buch vom Fayum, Abb. 35)

Auch in der Tempeldekoration selbst lassen sich Beispiele für mythische Szenen namhaft machen. Die ersten beiden Beispiele aus dem Tempel von Dakke und El-Kab entstammen dem Themenkreis des Mythos von der Fernen Göttin. Züge dieses Mythos wurden vor allem durch die Arbeiten von Junker[11], Sethe[12], Inconnu-Bocquillon[13] und Derchain[14] erschlossen. In der Ferne vernichtet die Tochter des Re als wilde Löwengöttin die Feinde ihres Vaters. Thoth und ihr Bruder Schu machen sich auf, um sie zu besänftigen und zur Heimkehr nach Ägypten zu bewegen.

---

[11] JUNKER, Hermann, Die Onurislegende (= DAWW philos.-hist. Kl. 59, Abh. 1-2), Wien, 1917
JUNKER, Hermann, Der Auszug der Hathor-Tefnut aus Nubien (= APAW philos.-hist. Kl. 1911, Anhang, Abh. 3), Berlin, 1911

[12] SETHE, Kurt, Zur altägyptischen Sage vom Sonnenauge, das in der Fremde war (UGAÄ 5, 3), Leipzig, 1912

[13] INCONNU-BOCQUILLON, Danielle, Le mythe de la Déesse Lointaine à Philae (BdE 132), Le Caire, 2001

[14] VERHOEVEN, Ursula et DERCHAIN, Philippe, Le voyage de la déesse libyque. Ein Text aus dem 'Mutritual' des Pap. Berlin 3053 (= Rites Egyptiens 5), Bruxelles, 1985.
DERCHAIN, Philippe, Les monuments religieux à l'entrée de l'Ouady Hellal (= Elkab I), Bruxelles, 1971
DERCHAIN, Philippe, Die Tempel von Wady Hellal bei Elkab, in: W. Voigt (Hrsg.), XVII. Deutscher Orientalistentag (= ZDMG Suppl. 1), Wiesbaden, 1969, 27-31

Der **Tempel von Dakke** liegt im Dodekaschoinos in Unternubien und ist dem Thoth von Pnubs geweiht, der in seinem Tempel besonders als Erscheinungsform des Onuris-Schu verehrt wird. Daher ist seine Standard-Ikonographie in diesem Tempel auch von anthropomorpher Gestalt mit der für Onuris-Schu typischen hohen Federkrone. Die Standard-Ikonographie der Tefnut ist die für sie übliche leontocephale Darstellung.
Die mythologische Szene im römischen Sanktuar, eine Nebenkapelle wahrscheinlich aus der Zeit des Augustus[15], zeigt allerdings eine ganz andere Ikonographie des Thoth von Pnubs.[16] Im mittleren Register der Rüchwand erscheinen sowohl Thoth von Pnubs als auch Tefnut in reiner Tiergestalt (**Fig.2**).

Thot von Pnubs Tefnut

Fig. 2 Tempel von Dakke – römische Kapelle (Zeichnung nach Photo)

Tefnut ist als weit ausschreitende Löwin mit Sonnenscheibe auf dem Haupt dargestellt und Thoth von Pnubs steht als Affe vor ihr mit zur Besänftigung erhobenen Armen. Seine Beischrift lautet:

Rede des Thoth von Pnubs, sehr großer Gott, der aus Nubien kommt

Und bei der Löwin steht:

Rede der Tefnut, Tochter des Re auf dem Abaton

[15] Östlich von der Ergamenes-Kapelle, eines nubischen Herrschers aus der Zeit von Ptol. IV.

[16] Publiziert in: ROEDER, Günther, Der Tempel von Dakke - T. 1 [Texte] (= Les Temples immergés de la Nubie 7.1), Le Caire, 1930, 312 ; T. 2 [Planches] (= Les Temples immergés de la Nubie 7.2), Le Caire, 1913, Taf. 115.

Diese Aussage stellt einen Bezug zu Philae her, dem Hauptort des Dodekaschoinos, denn das Abaton, der Ort des Osirisgrabs, lag auf der Insel Biggeh, gegenüber von Philae.[17]
Der kleine Affe im Angesicht der Löwin erinnert ferner an den Hundskopfaffen aus dem Literaturwerk „Der Mythos vom Sonnenauge", das mit seinen Tierfabeln sowohl auf Demotisch als auch in griechischer Übersetzung überliefert ist und auf dem gleichen Sagenkreis fußt.[18]
Die Szene ist nicht als Ritualszene angelegt, ein König fehlt ganz. Auch werden die Figuren weder durch einen Sockel noch durch Materialangaben als Statuen ausgewiesen. Dieses Fehlen ist eben das Kennzeichen der mythologischen Szene.

Eine weitere in diesen Kontext gehörende Darstellung des Tempels findet sich im Sanktuar aus der Zeit des Augustus (**Fig.3**).[19]
Im Soubassement von der Nordhälfte der Ostwand wird Thoth von Pnubs als Ziel der Nilgötterprozession ebenfalls nicht in seiner anthropomorphen Standard-Ikonographie, sondern wieder als Affe abgebildet, der unter einem Baum sitzt.

Fig. 3
Tempel von Dakke – Sanktuar (nach Maspero, Etudes de Mythologie V, Pl. IV und Photo)

[17] Zun Abaton Jw wab „Reine Insel" und Hathor-Tefnut s. Philä I, 68f: [GÖTTIN] Rede der **Tefnut**, Tochter des Re in Biggeh, grosser Uräus des Harachte, **Neseret**, die Mächtige, Fürstin der Dämonen, die die Feinde mit dem Gluthauch ihres Mundes verbrannte an dieser Stätte, als sich ihre Majestät zum Land am Abaton wandte und den Apophis mit ihrer Flamme verbrannte: ... - [RANDZEILE] Es ist **Sachmet** mächtig in Biggeh beim Verbrennen der Feinde mit ihrem Gluthauch, sie steigt als **Neseret** zum Himmel empor, und ihr Name wird **Sothis**.

[18] QUACK, Joachim Friedrich, Einführung in die Altägyptische Literaturgeschichte III. Die demotische und gräko-ägyptische Literatur (= Einführungen und Quellentexte zur Ägyptologie 3), Münster, 2005, 128-140
HOFFMANN, Friedhelm & QUACK, Joachim Friedrich, Anthologie der Demotischen Literatur (= Einführungen und Quellentexte zur Ägyptologie 4), Münster, 2007, 195-229, 356-360

[19] **Publiziert in:** ROEDER, Günther, Der Tempel von Dakke - T. 1 [Texte] (= Les Temples immergés de la Nubie 7.1), Le Caire, 1930, 320f ; T. 2 [Planches] (= Les Temples immergés de la Nubie 7.2), Le Caire, 1913, Taf. 121a, 143a.

Die Identität der anepigraphen Darstellung klärt sich durch die Rede der herankommenden Nilgötter:

> „<Es kommt> der König von Ober- und Unterägypten §Pharao&
> zu dir Thoth von Pnubs (P-nbs)!"

Daher auch sein Name, der wörtlich lautet „Thoth von dem Christusdorn-Baum-(Ort)".[20] In den Kühen, welche die Nilgötter begleiten, könnte vielleicht eine Anspielung auf die erfolgte Besänftigung der Hathor-Tefnut vorliegen.

Die beiden Szenen mögen als Wiedergabe des *Mythos* gemeint sein, gleichzeitig aber dürften sie sich auch auf ein konkretes *Fest* beziehen, das in diesem Tempel gefeiert wurde. Die Erwähnung des Abaton von Biggeh in der Szene der Römischen Kapelle lässt mich vermuten, dass die mythologischen Szenen im Zusammenhang mit der jährlichen Fahrt der Isis von Philae in den Dodekaschoinos und dem Besuch der dortigen Tempel stehen könnten.

Das nächste Beispiel bleibt bei der gleichen Mythe, geht aber in der Zeit zurück. Am Eingang des Wadi Hellal im Osten von **El-Kab** befinden sich mehrere Heiligtümer, darunter das kleine auf den Wadi-Eingang in die Wüste hinein ausgerichtete Tempelchen von *El Hammam*, das der Vizekönig von Kusch Setau unter Ramses II gestiftet hat.[21] Einzig das Sanktuar ist heute noch gut erhalten, vom vorgelagerten Portiko fand sich nur das Fundament. Die Dekoration des Sanktuars ist aufgebaut wie eine Mittlerstele. Der Stifter ist an der Eingangswand im Adorationsgestus abgebildet, während an den Längswänden der König beim Opfer an die Götter gezeigt wird. An der Rückwand befindet sich die mythologische Szene (**Fig. 4**).[22]

Entgegen dem Rest der Dekoration treten hier weder der König noch der Stifter in Erscheinung. Allein die Götter interagieren miteinander. Im Zentrum der Darstellung sieht man die heimgekehrte Göttin in Gestalt der Nechbet, der Hauptgottheit von El Kab, wie sie von ihrem Vater Re zu Hause in Ägypten empfangen wird. In Begleitung der Göttin befinden sich Onuris-Schu und Thoth, die sie gebracht haben, des Weiteren zwei Affen, welche sie willkommen heißen. Der Rest der Figuren sind die ständigen Begleiter des Sonnengottes, Hu und Sia „Ausspruch und Erkenntnis", und die Göttin Maat steht wie immer hinter ihrem Herrn.

---

[20] Zur Diskussion dieses Namens und dem nubischen Toponym Pnubs, wohl Tabo, mit seinem Baumkult.s.
INCONNU-BOCQUILLON, Danielle, Thot de Pnoubs (la ville) ou Thot du nébès (l'arbre), RdE 39 (1988), 47-62
BAUM, Nathalie, Arbres et arbustes de l'Égypte ancienne. La liste de la tombe thébaine d'Ineni (no. 81) (= Orientalia Lovaniensia Analecta 31), Leuven, 1988, 174-176
KOEMOTH, Pierre, Osiris et les arbres. Contribution à l'étude des arbres sacrés de l'Égypte ancienne (= Aegyptiaca Leodiensia 3), Liège, 1994, 262f

[21] DERCHAIN, Philippe, Les monuments religieux à l'entrée de l'Ouady Hellal (= Elkab I), Bruxelles, 1971, 69-73; Pl. 21f, 28-33; Plan C

[22] **Publiziert in:** DERCHAIN, a. a. O., 71ff; Pl. 33

Fig. 4 El Hammam – Rückwand des Sanktuars (nach Elkab I, Pl. 33)

Zwischen den beiden Hauptfiguren ist das Gespräch von Re-Harachte mit seiner Tochter während der Begrüßung wiedergegeben, dessen Deutung wegen des fortgeschrittenen Zerstörungsgrades des Textes allerdings problematish ist.

Ḏd mdw j[n Rꜥ-ḥrw-ꜣḫ.tj]	Rede [des Re-Harachte]:
zꜣ.t=⸢j⸣ [Nḫ]⸢b.t⸣ [ḥḏ]⸢t⸣ [Nḫn	„⸢Meine⸣ Tochter ⸢Nechbet⸣, [die Weiße v. Nechen,
jr.t Rꜥ][23] nb.<t> ⸢pt	Auge des Re], Herrin ⸢des Himmels, Gebieterin
ḥnw.t tꜣ.wj⸣ [jj].wj [m ḥtp]	der Beiden Länder, sei willkommen⸣ [in Frieden]!
ḥnw.t ⸢nfr.t⸣[24]	⸢Schöne⸣ Herrin,
šzp tw psḏ.t zp ⸢4⸣	es empfängt dich die Neunheit – ⸢4⸣-mal!“

Darauf antwortet ihm seine Tochter Nechbet:

Ḏd mdw jn ⸢Nḫb.t⸣	Rede der ⸢Nechbet⸣:
jnk zꜣ.t=k wr.t	„Ich bin deine älteste Tochter,
twt.tj [m][25] jt=j r nḥḥ[26]	vereint [mit] meinem Vater auf ewig!“

[23] Titultur der Nechbet nach DERCHAIN, a. a. O., 1*

[24] Das Faksimile suggeriert das Zeichen tpj. Derchain überlegte sich für dieses Zeichen auch Jwnw, s. id., a. a. O., 72 m. n. 3, also ist die Lesung an der Wand offenbar nicht so sicher. Klar ist wohl nur, dass ein hohes Zeichen vorliegt. Die in WB III, 109.3 nicht weiter differenzierte Verwendung von ḥnw.t „Herrin“ mit Adjektiven liest sich nach den Wörterbuch-Zetteln mit fast ausschließlich späten Belegen folgendermaßen:
- nicht in Frage kommen von der Schreibung her die häufigen Ausdrücke ≈ wꜥ.t „einzige ≈„ und ≈ wr.t „große≈„, auch nicht der seltene Ausdruck ≈ ꜣḫ.t „herrliche ≈„
- in Frage kommen die seltenen Ausdrücke ≈ mnḫ.t „treffliche ≈„ und ≈ ꜥꜣ.t „große ≈ „, besonders aber das spät äußerst häufige ≈ nfr.t „schöne ≈„

Vergleiche das wohl identische Zeichen in der Rede des hinteren Affen, die wohl heißen soll: jj.wj m ḥtp Nfr.t(?) „Willkommen in Frieden, Schöne(?)!“
Ausgeschrieben in der gleichen Formulierung war es wohl in der Rede der Maat, in dem Teil, der hinter ihr steht, aber auch hier missverstanden im Faksimile von Derchain.

In der heute zerstörten Wandfläche zwischen den Armen der beiden Protagonisten glaubt Derchain ein heute verlorenes Objekt ergänzen zu müssen.[27] Wegen des Motivs der Rückkehr des Sonnenauges aus der Ferne, denkt er, dass die heimgekehrte Nechbet ihrem Vater Re ein Udjat-Auge überreichte.[28] Ich denke, vielleicht sind aber auch nur die Hände ineinander gelegt gewesen zur Begrüßung.

So weit weg von der Siedlung und dem Stadttempel errichtet, diente dieses Tempelchen wohl nur einem einzigen Zweck und wurde ausschließlich für die Feier des Heimkehrfestes genutzt, zumal sein Eingang auch direkt auf den Wadi-Eingang in die Wüste hinein ausgerichtet ist.

Nach dem Mythos von der Fernen Göttin folgen nun zwei Beispiele aus dem Themenbereich der Göttergeburt. Zunächst das **Mammisi von Philae**, in dem die Geburt des Harsiese, Sohn der Isis, gefeiert wird. Ich beziehe mich allerdings nicht auf den traditionellen Geburtszyklus, der in Raum II dargestellt wird. Diesen will ich übergehen, da er eine starke Abhängigkeit von dem königlichen Mythos von der göttlichen Geburt Pharaos aufweist und wohl nicht eigentlich zu den Göttermythen im engeren Sinne gehört.

---

[25] Derchain liest a. a. O., 72 m. n. 1 [m] nb=j jt=j „[mit] meinem Herrn, meinem Vater". Das nb des Faksimile sieht allerdings zu schmal aus im Vergleich mit den klaren nb-Körben des Textes. Ich denke eher an die ausgebrochene Unterseite eines jm-Zeichens.

[26] Das Faksimile suggeriert, dass das r nḥḥ unterhalb der zerstörten Fläche an der Wand die Fortsetzung des Texts darüber sein müsste, aber dieser könnte auf gleicher Höhe wie der daneben des Re-Harachte geendet haben, so dass praktisch nichts in der Lücke fehlen würde. Nach meinem Vorschlag war r nḥḥ ursprünglich als Fortsetzung der zweiten oberen Zeile geplant und hätte unter dem Arm als zweite untere Zeile stehen sollen. Als bei der Ausführung des Entwurfs der verbliebene Platz als zu knapp empfunden wurde, ist es dann an eine noch verbliebene leere Fläche im Tableau gewandert.

[27] DERCHAIN, a. a. O., 13, 72

[28] Für die Interaktion der Götter mit Objekten im Kontext der Mythe von der Fernen Göttin gibt es durchaus mehrere Beispiele, allerdings mit der Göttin als Adressatin der Übergabehandlung:

- Bezug nehmend auf eine andere Episode der Mythe treten im 2. Register des sog. *relief cultuel* von Kom Ombo an der Rückseite der inneren Umfassungsmauer Schu und Thoth vor die Göttin Tasenetnefret, die in Kom Ombo die Ferne Göttin vertritt. Ihr Vater, der Sonnengott, steht hier hinter der Göttin, gefolgt von Ptah-Tatenen. Ihr Bruder Schu gibt ihr Lufthauch in Gestalt eines ṯꜣw-Segels und das Lebenszeichen an die Nase und Thoth bringt ihr das wnšb-Objekt dar, s. GUTBUB, Adolphe, Kom Ombo et son relief cultuel, BSFE 101 (1984), 21-48; GUTBUB, Adolphe, Éléments ptolémaïques préfigurant le relief cultuel de Kom Ombo, in: H. Maehler & V. M. Strocka (Hrsg.), Das ptolemäische Ägypten. Akten des internationalen Symposions 27.-29. September 1976 in Berlin, Mainz, 1978, 165-176; DEVAUCHELLE, Didier, Un archétype de relief cultuel en Égypte ancienne, BSFE 131 (Octobre 1994), 37-60.
- Auf der Türsturz-Innenseite der Kapelle L, dem *Menit-Haus*, von Dendera (2e chambre ouest) bringt Schu der Hathor das Udjat-Auge dar, gefolgt von Hu und Sia und dem anbetenden König, s. *Dend.* III, 137, Pl. CCXIX
  Aus dem Sanktuar A (pr-wr) des Isistempels von Dendera, der auch sonst viele göttliche Übergabeszenen enthält, stammt eine Übergabeszene des wnšb -Objekts von Thoth an Hathor im 2. Tableau des 3. Reg. der Ostwand, s. CAUVILLE, Sylvie, Le Temple d'Isis, Le Caire, 2007, 94, Pl. 98 unten.

Die von mir ausgewählte Szenenfolge steht auf der Rückwand des von Ptolemäus VIII neu errichteten Sanktuars, das nach dem Umbau das ältere Heiligtum um einen Raum nach hinten erweiterte. Auf der Rückwand dieses Sanktuars Raum III befindet sich die Komposition von der *Kindheit des Horus in Chemmis*[29] in den unteren beiden Registern, während das 3. Register von regulären Opferszenen eingenommen wird. Das Thema dieser Komposition ist die Mythe von der Jugend des Horus, als seine Mutter Isis ihn vor den Nachstellungen des Seth beschützte und in den Deltasümpfen von Chemmis aufzog. Die Szenen zeigen, wie die Flüchtlinge von den großen Göttern Ägyptens besucht werden und deren Beistand erhalten (**Fig. 5**).

In der Mittelszene des unteren Registers sitzt im Zentrum Isis in einem Papyrusdickicht mit ihrem Sohn auf dem Schoß. Amun und Thoth reichen die Symbole für Leben und Schutz. Die Kronengöttinnen von Unter- und Oberägypten Uto und Nechbet weisen dem Götterkind Regierungsjahre und Krönungsjubiläen zu, und Hu und Sia „Ausspruch und Erkenntnis" preisen Mutter und Kind. An den Rändern der Mittelszene werden die Reden der beteiligten Götter wiedergegeben. Ganz links kommt Neith von Sais „um Isis zu sehen, die Tochter ihrer Tochter, wenn sie in Chemmis gebiert"[30]. Die Szene wird folgendermaßen beschrieben:

> Ein schöner Tag, an dem Himmel und Erde in Feststimmung sind,
> da Isis in Chemmis gebar!
> Ihre Stimme gelangte bis zum Himmel,
> damit die Götter vereint seien zu ihrem Schutz, Thoth an ihrer Spitze,
> und die Göttinnen versammelt seien um sie herum, Neith an ihrer Spitze.
> Die zu ihrer Körperschaft gehören sind in Freude:
> „O Isis, Große, Gottesmutter, freue dich!
> Es sagt zu ihm dein Vater Re an dem Tag, an dem er geboren wurde:
> ‚O Horus, du sollst triumphieren als trefflicher Herrscher,
> der du die beiden Länder beherrschst bis in Ewigkeit!' "[31]

Das Tableau im Zentrum des darüber liegenden Registers zeigt den Horusfalken im Papyrusdickicht von Chemmis, was gleichzeitig möglicherweise auch eine Statuengruppe des Sanktuars abbildet. Re verheißt dem jungen Horus den Thron seines Vaters Osiris und für die Zukunft die Herrschaftsübernahme in Ägypten. Thoth verfasst daraufhin für Horus ein Inthronisierungsdekret, das durch die Verwendung von horizontalen Textzeilen vom Rest des in vertikalen Zeilen ausgeführten Textes abgehoben wird.

---

[29] Publiziert in: JUNKER, Hermann und WINTER, Erich, Das Geburtshaus des Tempels der Isis in Philae (= Philä II), Wien, 1965, 10-21

[30] Philä II, 11.30f

[31] Philä II, 13.17-29

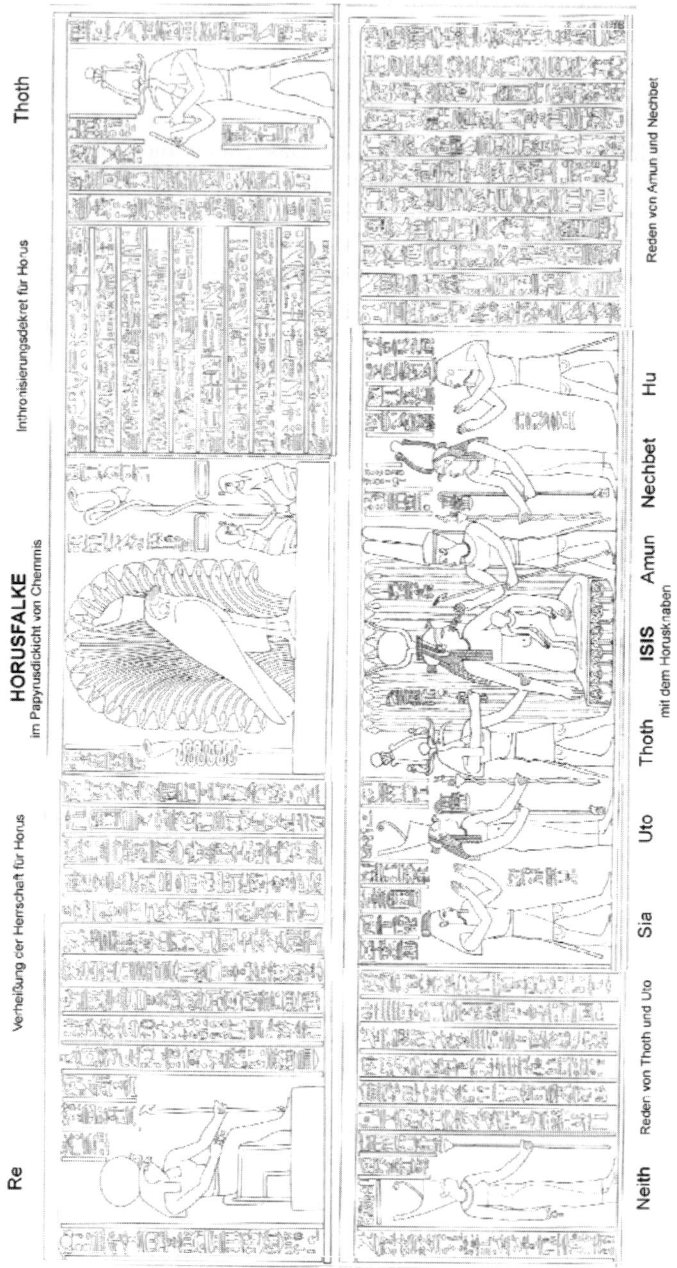

Fig. 5 Tempel von Philae - Sanktuar des Mammisi (Montage nach Philä II, 10-21)

Dass es sich bei dieser Szenenfolge nicht um gängige Tempeldekoration handelt, ist schon länger erkannt worden. Hans Goedicke hat dieser Komposition eine Studie gewidmet mit dem bezeichnenden Untertitel „*Ein Mysterienspiel in Philae*“[32], in der er unter Hinzunahme weiterer Texte aus dem Mammisi einen Aufführungstext rekonstruiert. Goedicke rechnet mit einer Aufführung mit Kulissen vor großem Publikum außerhalb des Mammisi.[33] Ich denke dagegen an eine nicht-szenische Rezitation unmittelbar am Ort der Anbringung, auch deshalb, da die ganze mythologische Szene ja in der Abgeschiedenheit der Deltasümpfe, verborgen vor den anderen Göttern, gespielt haben soll. Es stellt sich mit dem Vortrag der Texte aber auch das Problem einer Papyrusvorlage, deren Vignetten möglicherweise als Tempeldekoration umgesetzt wurden. Das Datum des Festes ist nach Goedicke vielleicht der 11. Tybi.[34]

Das nächste Beispiel einer Geburtslegende führt uns nach **Dendera** in den hinter dem Haupttempel der Hathor gelegenen **Isis-Tempel** von Iat-Dit.[35]
Die Geburtsmythe dieses Tempels befindet sich an der Rückwand des Hauptsanktuars des von Augustus errichteten Naos-Trakts, dessen antiker Name „Haus der Opet“[36] war im Soubassement und dem 1. Register (**Fig. 6**).[37]
In der Mitte der Wand befindet sich eine quadratische Nische, in der eine, heute weitgehend zerstörte, rundplastische Figur der Göttin Nut zur Geburt niedergekauert sitzt, in für die ägyptische Kunst seltener Frontalität wiedergegeben. Unter ihr, in einer weiteren, schmalen Wandnische tritt ihre Tochter Isis, ebenfalls als rundplastische Figur, aus der Wand hervor. Hier ist der Moment der Geburt intendiert, als Nut ihrer Tochter Isis das Leben schenkte. Zu der Gebärenden haben sich zwei bucephale Göttinnen hinabgeneigt, sie stützend. Weiter umrahmt wird die Szene rechts von Schu und links von Amun, beide Lufthauch spendend.[38]

---

[32] GOEDICKE, Hans, Die Darstellung des Horus. Ein Mysterienspiel in Philae unter Ptolemäus VIII (= Beihefte zur Wiener Zeitschrift für die Kunde des Morgenlandes 11), Wien, 1982.

[33] Die Empore über dem Tor des 1. Pylons als Bühne,s. id., a. a. O., 150-155

[34] Das Krönungsfest von Ptolemäus I, später ein dynastisches Fest des Ptolemäerhauses und in der Römerzeit fortgesetzt im alexandrinischen Aion-Fest, s. id., a. a. O., 181

[35] CAUVILLE, Sylvie, Dendara - Le Temple d’Isis, IF 968, Le Caire, 2007; vgl. Porter-Moss, Topographical Bibliography, Vol. VI Upper Egypt: Chief Temples, Oxford, 1939, 106f. Zur Planaufnahme des Tempels s. CAUVILLE, Sylvie, Le temple d'Isis à Dendéra, BSFE 123 (1992), 31-48.

[36] Xw.t-Jp.t s. DAUMAS, François, Les mammisis des temples égyptiens, Paris, 1958, 29f

[37] **Publiziert in:** CAUVILLE, a.a.O., Texte, 78. 80-81; Planches, Pl. 7, 69, 88; weitere Szenen der Geburtslegende der Isis befinden sich im 2. Register der Westwand, a. a. O., 116-118, Pl. 114 u. 115.

[38] In Form eines üAw-Segels

Umrahmt wird Isis von Nechbet und Tefnut, welche in den weiteren Szenen der Geburtslegende der Isis vom 2. Register der Westwand als ihre Ammen auftreten. Hinter ihnen stehen als Musikantinnen die beiden Meret-Göttinnen von Unter- und Oberägypten.

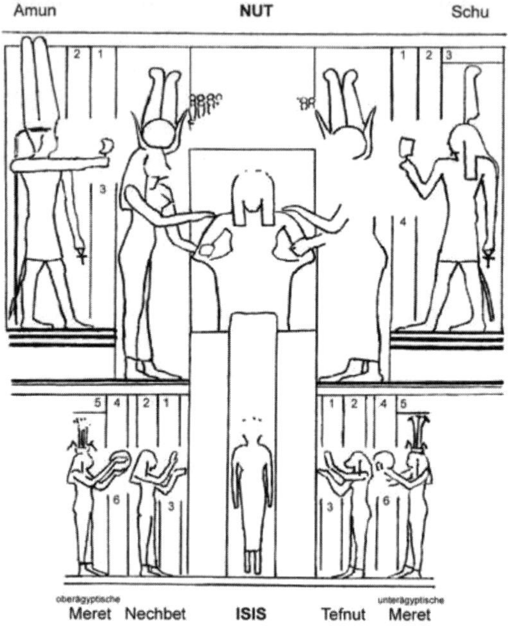

Fig. 6 Isis-Tempel von Dendera- Sanctuaire A (nach Photo Cauville, Le Temple d'Isis, Pl. 88)

Die ganze Geburtsszene war nach Bohrlöchern zu urteilen mit Goldblech überzogen, was den halbplastischen Figuren den Eindruck von Kultbildern verliehen haben dürfte.[39]

[39] Daumas, a.a.O., 35f. Auf dem Goldblech könnten sich die heute als ausgelassen erscheinenden Beischriften zu der Kernszene der Geburt befunden haben. Im Bereich über dem Uräenfries oberhalb der schreinartigen Vertiefung für die Nutfigur ist die Wandfläche erhöht, wie für die Aufnahme eines Textblockes. Dort könnten sich max. 5 kurze vertikale Inschriftenzeilen befunden haben, außen mit den Namen der beiden bucephalen Göttinnen, in der Mitte mit dem der Nut, wohl jeweils mit ḏd mdw eingeleitet. Die langen vertikalen Flächen neben der Isisfigur sind ebenfalls erhöht. Das Goldblech könnte dort die Beschreibung des Geschehens in vertikalen Zeilen getragen haben, wobei es schwer einzuschätzen ist, ob diese als Reden oder narrativer Text angelegt waren.

Wesentlich besser erhalten ist der zentrale Teil der Szene auf dem Bildhauermodell CG 40.627 aus dem Ägyptischen Museum in Kairo (**Fig. 7**).[40]

Fig. 7 Bildhauermodell CG 40.627 (nach Cauville, L'Œil de Rê, Fig. 62)

Man wird davon ausgehen können, dass die Darstellung der Isisgeburt, welche in mythischer Zeit stattgefunden hat, in die rituelle Zeit eingebunden wird zur Feier des 4. Epagomenentages, des jährlichen Geburtstags der Isis. Diese in ihrer Gesamtheit außergewöhnliche Szene mit ihrer halbplastischen Gestaltung verweist auf einen Zusammenhang der mythologischen Szenen mit den Kultstatuen der Tempel.[41]

Kultstatuen sind nun wesentlich besser aus Abbildungen bekannt als durch Funde von Originalen. Wir bleiben auch weiterhin bei der Mythologie des Osiriskreises und betrachten einige der Darstellungen von Osirisbahren aus den Kultorten Ägyptens, wie sie in den **Osiriskapellen** auf dem Dach des Tempels von **Dendera** aus dem Ende der Ptolemäerzeit überliefert sind.[42]

---

[40] s. NUNN, John F., Ancient Egyptian Medicine, London, 1996, 193; CAUVILLE, Sylvie, L'Œil de Rê, Paris, 1999, 195

[41] Interessant ist ein Vergleich mit der Wanddekoration im Sanktuar der östlichen Osirisdachkapelle von Dendera, wo an gleicher Position als zentrale Szene der Rückwand statt einer mythologischen Szene im eigentlichen Sinne das Kultobjekt des Raumes, der „Garten der Schentait", abgebildet ist, nämlich das Bassin, in dem die Bewässerung des Kornosiris durchgeführt wird, s. *Dendara* X, Pl. 87.

[42] Zur Datierung s. CAUVILLE, Sylvie, L'Œil de Rê. Histoire de la construction de Dendara, Paris, 1999, 242f

Aus dem Sanktuar der Westkapelle ist die Szene der Wiedererweckung des Osiris durch seinen Sohn (**Fig. 8**), wobei alle Figuren durch die Angabe von Sockeln und z. T. auch Materialangaben klar als Statuen gekennzeichnet sind.[43] Eine Szene, wie sie in ähnlicher Weise schon aus dem Tal der Könige und spätzeitlichen Gräbern bekannt ist.[44]

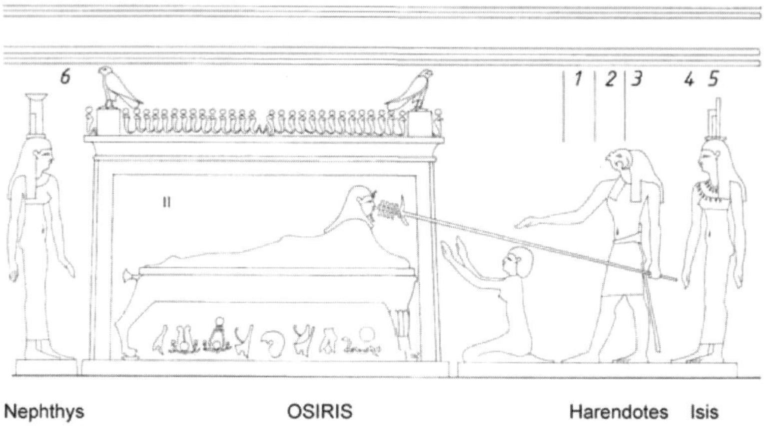

Fig. 8 Chapelle Ouest 3, 2ᵉ reg., paroi est, Scène II (nach *Dend.* X, Pl. 252)

Nur drei der Figuren sind mit Beischriften versehen worden:

Harendotes, Sohn des Osiris, großer Gott in Dendera
Isis, die Große, Gottesmutter – Holz, lackiert – Höhe: 1 Elle
Nephthys - Holz, lackiert – Höhe: 1 Elle

---

[43] **Publiziert in:** *Dendara* X.1, 419.14 – 420.3; X.2, pl. 252, 275 (Chapelle Ouest N° 3, 2e registre, paroi est, Scène II)

[44] z.B. aus den Gräbern von Ramses VI (KV 9), Ramses IX (KV 6) und dem Grab von Schechonk III in Tanis oder aus dem Privatbereich das Grab der Mutirdis (TT 410), ferner das Osireion (Sethos I); s. auch WAITKUS, Wolfgang, Zur Deutung einiger apotropäischer Götter in den Gräbern im Tal der Königinnen und im Grabe Ramses III, GM 99 (1987), 51-82.

Aus dem gleichen Raum stammt eine anepigraphe Darstellung über der Tür[45] (**Fig. 9**), die wohl die Bergung des auf dem Wasser treibenden nackten Osiris-Leichnams darstellen dürfte.[46] Von der Mythe her wird hier, über dem Eingang ins Sanktuar, die Vorgeschichte für alle in dem Sanktuar abgebildeten Bahren erzählt, eben die Voraussetzung, das an Land bringen des Osiris, das seiner Aufbahrung voranging.

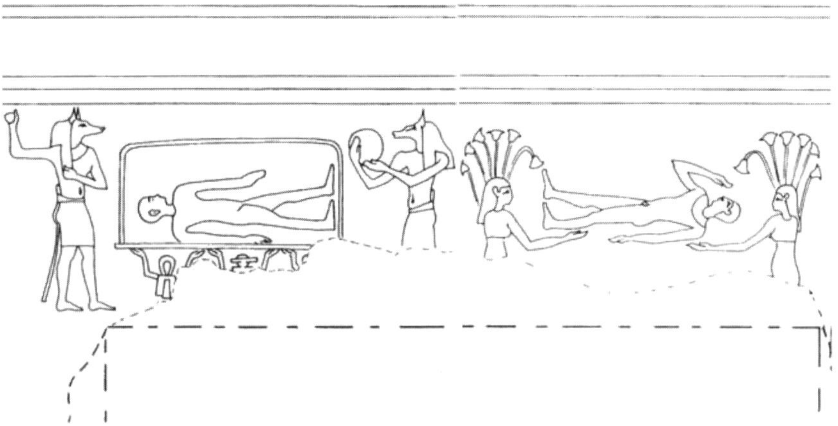

Fig. 9 Chapelle Ouest 3, 2e reg., paroi sud (nach *Dend.* X, Pl. 251 u. 256)

Aus dem gegenüberliegenden Sanktuar der östlichen Osiris-Dachkapelle stammt eine Darstellung, die die posthume Zeugung des Horus zum Thema hat (**Fig. 10**, umseitig).[47] Isis setzt sich als Weihe auf den Phallus ihres toten Gatten und empfängt so den Samen des Osiris. Die Figuren sind durch die Materialangabe „Gold“ als Statuen gesichert. Diese Statuengruppe stammt aus Abydos und ist schon aus einer Darstellung des Neuen Reichs bekannt.[48]

---

[45] Publiziert in: *Dendara* X.2, pl. 238, 251, 256, 263, 274, 279 (Chapelle Ouest N° 3, 2e registre, paroi sud)

[46] CAUVILLE, Sylvie, Les inscriptions géographiques relatives au nome tentyrite, BIFAO 92 (1992), 88-91
CAUVILLE, Sylvie, Les Chapelles Osiriennes II, Commentaire (= BdE 118), Le Caire, 1997, 201f; vgl. zum Motiv des Mehi VERNUS, Pascal, Le Mythe d'un mythe: la pretendue noyade d'Osiris – De la derive d'un corps à la derive du sens, SEAP 9 (1991), 19-34

[47] **Publiziert in:** *Dendara* X.1, 231.7 – 232.5; X.2, pl. 106, 135 (Chapelle Est N° 3, 3e registre, paroi nord-est, Scène XII)

[48] Sethos I-Tempel in Abydos – Halle des Nefertem und Ptah-Sokar, Nördlicher Nebenraum, der sogenannte „Ptah- Sokar-Raum“ (9), Südwand, unteres Register, Szene D; s. DAVID, A.R., Religious Ritual at Abydos, Warminster, 1973, 179; OTTO, E., Osiris und Amun. Kult und heilige Stätten, München, 1966, S-W-Tafel 17

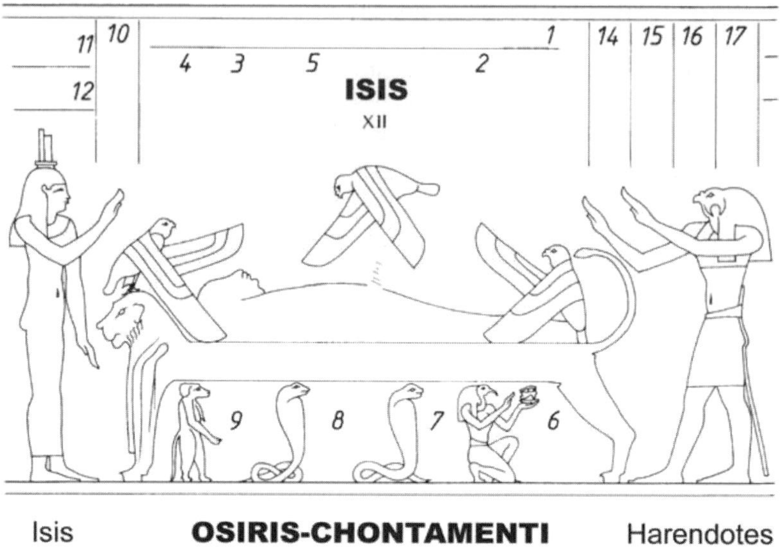

Fig. 10 Chapelle Est 3, 3e reg., paroi nord-est, Scène XII (nach *Dend.* X, Pl. 106)

Bedeutsam ist nun, dass die eigentliche Zeugungsszene auf der Bahre von einem weiteren Statuenpaar eingerahmt wird. Scheinbar paradoxerweise assistiert Horus bei seiner eigenen Zeugung und wohnt Isis ihrem eigenen Geschlechtsakt als Beobachterin bei. Was hier vorliegt ist m. E., dass die mythische Zeit in die rituelle Zeit eingebettet wird.

Da in Dendera die beiden Osiris-Dachkapellen offenbar nur einmal im Jahr während der Kornosiris-Riten für einige Tage benutzt wurden, ist der rituelle Kontext der Darstellungen das Choiak-Fest im gleichnamigen Monat.

Alle Beispiele für Abbildungen mythologischer Szenen stammten aus Sanktuaren von Göttertempeln. Obwohl es sich um Darstellungen der mythischen Ereignisse selbst handeln dürfte, ist die Erinnerung an die mythische Zeit eingebettet in die rituelle Zeit. So wie ja diese raren Darstellungen eingebunden sind in die Gesamtdekoration mit den vorherrschenden Ritualszenen. Neben dem ihnen immanenten Festbezug ließ sich weiter sowohl ein Zusammenhang der Darstellungen mit Statuengruppen als auch mit Rezitationstexten feststellen.

Sobald man sich nun im Tempel nach außen bewegt, nimmt der Einfluss der rituellen Zeit zu.

Zunächst zwei Beispiele aus Räumen mit Säulen-Schranken-Architektur, deren Charakter darin besteht, dass sie zwischen Abgeschlossenheit und Öffentlichkeit vermitteln.
Mit dem **Hathortempel**[49] **von Philae** wenden wir uns noch einmal der Heimkehr der Fernen Göttin zu.[50] Sein antiker Name war „Das Rufhaus“[51], wobei es die Ferne Göttin ist, die hier herbeigerufen wird. Die Darstellungen mit mythologischem Bezug befinden sich auf den Säuleninnenseiten des dem Pronaos vorgelagerten Portikos und stammen aus der Zeit des Augustus (**Fig. 11**).

Affe mit Laute von Säule F

Hyti mit Harfe von Säule K

Priester mit Harfe von Säule H

Fig. 11 Hathortempel in Philae – Motive der Säulendekoration (Zeichnung nach Photos)

An mythologischen Wesen sind Affen dargestellt, die für Hathor musizieren. Einer der Affen singt für sie: „Komm doch, steig herab nach Ägypten!“[52] Des Weiteren musizierende und dazu tanzende Zwergengottheiten der Typen Bes und Hyti. Die Affen und Zwergengötter werden dabei als wirkliche Wesen dargestellt und nicht als Statuen. In gleicher Weise wie die mythologischen Wesen, sind auf den anderen Säulen dann Menschen dargestellt im kultischen Dienst für Hathor, Wild bringend oder ebenfalls musizierend.

[49] Unpubliziert; vgl. Porter-Moss, Topographical Bibliography of Ancient Egyptian Hieroglyphic Texts, Reliefs, and Paintings, Vol. VI Upper Egypt: Chief Temples, Oxford, 1939, 251f

[50] DAUMAS, François, Les propylées du temple d'Hathor à Philae et le culte de la déesse, ZÄS 95 (1968), 1-17

[51] Pꜣ ꜥ n ꜥš, s. id., a. a. O., 3

[52] DAUMAS, a. a. O., 9f (§ 18)

Die Dekorationsmotive des Portiko findet eine ausführliche Beschreibung in einer der Hymnen von der Fassade der Hypostylen Halle dieses Tempels, daraus die relevante Passage[53]:

> ...
> O Hathor, Große, Herrin des Rufhauses!
> Dein Vater Re jubelt bei deinem Aufgehen.
> Dein Bruder Schu huldigt deinem Angesicht.
> Thoth, reich an Rauschtrank, ruft nach dir, Mächtige!
> Die große Neunheit jubelt: „zꜣ tꜣ!"
> Die Paviane sind vor deinem Angesicht beim Tanzen für deine Majestät.
> Die Hyti schlagen das Tamburin für deinen Ka.
> Es beten dich die Seienden an,
> und sie spenden dir Lobpreis.
> Die Menschheit (ḥnmmt) ist in Verbeugung vor deinen Machterweisen (bꜣw).
> Es preisen dich Männer und Frauen für das ihnen Beliebtheit geben.[54]
> Es eröffnen dir die Jungfrauen die Feste wegen der Bestimmung ihres Schicksals.[55]
> Du bist die Herrin der Gunst, die Fürstin des Tanzes,
> groß an Liebe, Gebieterin der jungen(?)[56] Frauen.
> ...

[53] DAUMAS, a. a. O., 10-12 (§ 19)

[54] Nämlich die mrw.t „Beliebtheit" beim anderen Geschlecht. Im 6. Kultlied aus dem Ritual *Hathor das Trankopfer darbringen* heißt es über Pharao: „Mögest du ... Sorge tragen, dass Liebe zu ihm in den Leibern der Frauen entbrenne, ...", s. STERNBERG-EL HOTABI, Heike, Ein Hymnus an die Göttin Hathor und das Ritual 'Hathor das Trankopfer darbringen' nach den Tempeltexten der griechisch-römischen Zeit (= Rites égyptiens 7), Bruxelles, 1992, 27.

[55] wpj n=ṯ rnn.wt wp.w ḥr rdj.t šꜣ.w=sn „Les vierges pour toi ouvrent les festivités et te donnent leur esprit-protecteur" (Daumas)
Zu šꜣ.w „Schicksal" und der Stelle hier vgl. QUAEGEBEUR, Jan, Le dieu égyptien Shaï dans la religion et l'onomastique (= Orientalia Lovanensia Analecta 2), Leuven, 1975, 46-57, 82. Das Verständnis der Stelle ist im Einzelnen sicher problematisch, aber ich denke, dass ein Zusammenhang zu den aus Esna bekannten Riten von der *Einrichtung der Töpferscheibe im Leib der Frauen* bestehen dürfte, wo jungen Frauen ein Kranz aufgesetzt wird als Weissagung einer zu erwartenden Schwangerschaft, s. SAUNERON, Serge, Les fêtes religieuses d'Esna aux derniers siècles du paganisme (= Esna V), Le Caire, 1962, 234-238. Um die Vorhersage einer Schwangerschaft als Folge der geschlechtlichen Liebe des vorhergehenden Verses mag es auch hier gehen.

[56] In Personenbezeichnungen begegnet nfrw ohne Det. geschrieben im Hathorkult häufiger, ohne dass die Stellen selbsterklärend wären, ob es nun allein gebraucht wird oder in einem zusammengesetzten Ausdruck. Daumas denkt bei allen Stellen an einen Priesterinnentitel 'parfaites', s. id., a. a. O., 15ff. Ich könnte mir allerdings vorstellen, dass möglicherweise ein Zusammenhang mit der nfrw „Jungmannschaft" besteht, zumal im Kontext schon von den rnn.wt „Jungfrauen" die Rede war.

Auch in der Hymne finden sich sowohl göttliche Wesen wie Menschen nebeneinander vereint im Kult der Fernen Göttin, hier die Hathor vom Rufhaus. Beachtenswert ist dabei der zweigeteilte Aufbau, zuerst die Aufzählung der Götter und göttlichen Wesen, danach erst die Thematisierung der mensch-lichen Kultgemeinde, was sich so auch im Dekorationsaufbau der Säulen des Portiko selbst wieder finden lässt.
Der Dekorationsplan des Säulenensembles ist achsensymmetrisch konzipiert und sieht folgendermaßen aus (**Fig. 12**):

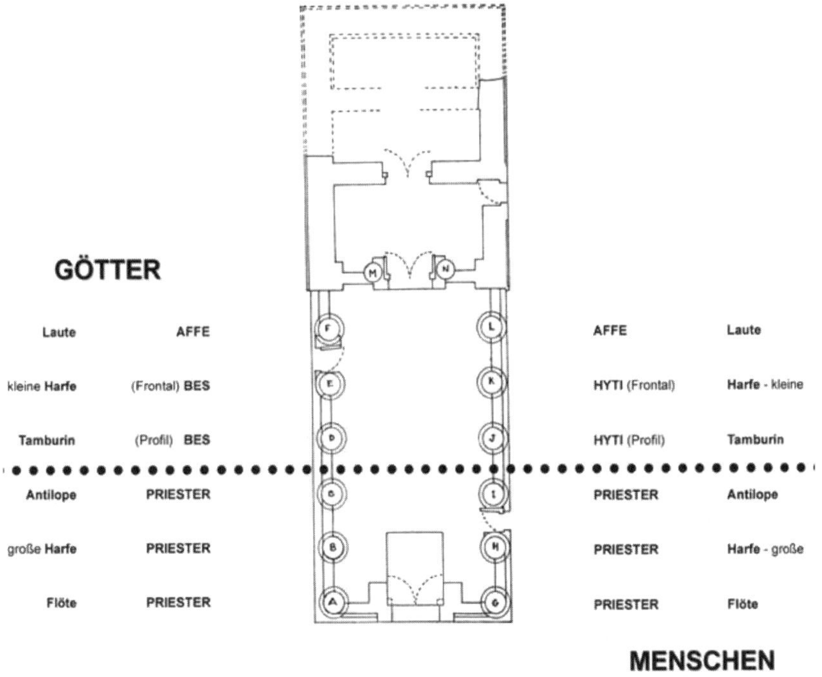

Fig. 12 Hathortempel in Philae – Dekorationsplan des Portikos (nach Daumas, ZÄS 95, Fig.1)

Alle Figuren sind in Richtung auf das Kultbild der Hathor im Tempelgebäude ausgerichtet. In vorderster Linie stehen die beiden Affen, gefolgt von den Zwergengöttern. Die göttlichen Wesen nehmen damit die vordere Hälfte des Portiko ein, erst danach kommen die Menschen in der hinteren Hälfte des Portiko.
Hier verbinden sich mythische Zeit und rituelle Zeit zu gleichen Teilen. Der rituelle Kontext des Figurenensembles ist das Ankunftsfest der Hathor, das in Ägypten zwischen dem 17.-19. Tybi gefeiert wird.

Ein vergleichbarer Befund lässt sich auch an den Tableaus der *Stunden-wachen*[57] für Osirirs aufzeigen. In **Dendera** ist diese Komposition in der **Östlichen Osirisdachkapelle** in deren Vorhalle angebracht, welche bekannter ist als Anbringungsort des berühmten Zodiak von Dendera. Ich habe als Beispiel das Tableau der 3. Nachtstunde ausgewählt (**Fig.13**).[58]

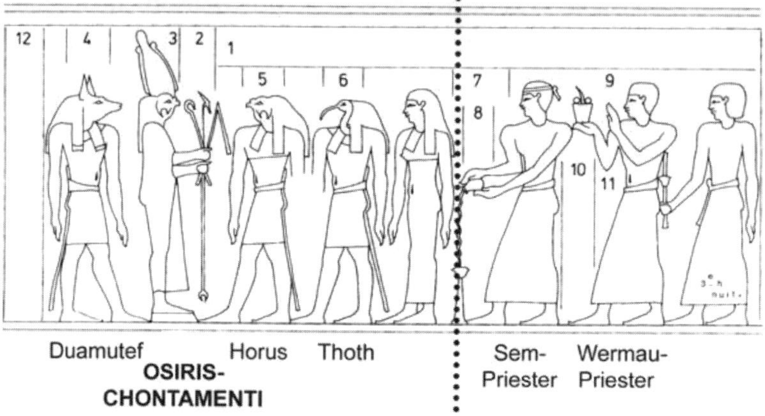

Fig. 13 Dendera Stundenwachen – 3. Nachtstunde (nach *Dend.* X, Pl. 49)

Der Einleitungstext dieser Stunde lautet:

> Die Dritte Stunde der Nacht.
> Das ist die Stunde, in der Horus eintrat zusammen mit Thoth,
> um die Balsamierungshalle des Osiris zu inspizieren.
> Der Gott, der in dieser Stunde da ist zum Schutz dieses Gottes, ist Duamutef.[59]

Auch hier stehen die in dieser Stunde tätigen Götter vorne, nahe bei Osiris, während die Priester, und die ihnen beigeschriebenen Ritualanweisungen und Rezitationstexte, erst hinten folgen. Der rituelle Kontext ist wieder das Choiak-Fest.

In Philae sind die Stundenwachen ebenfalls in einer Vorhalle, dort aber an den Architraven angebracht.[60] Interessant ist nun der Befund von Edfu, wo sich der Text stattdessen in einem Sanktuar im Erdgeschoss befindet, dem Ḥw.t-sr (**Fig. 14**).[61]

---

[57] JUNKER, Hermann, Die Stundenwachen in den Osirismysterien nach den Inschriften von Dendera, Edfu und Philae, Wien, 1910

[58] Publiziert in: *Dendara* X.1, 129.6 – 130.6; X.2, pl. 49, 75 (Chapelle Est N° 2, 4e registre, paroi est)

[59] Linke Ranzeile Z. 12, s. *Dend.* X, 130.5/6

[60] BÉNÉDITE, Georges, Le temple de Philæ (MMAF 13, fasc. 1-2), Paris, 1893-1895, 137-142, Pl. LI-LVIII

[61] Edfou 2e Chambre de Sokaris H ; s. CAUVILLE, Sylvie, La théologie d'Osiris à Edfou (Bibliothèque d'étude 91), Le Caire, 1983, 1-10

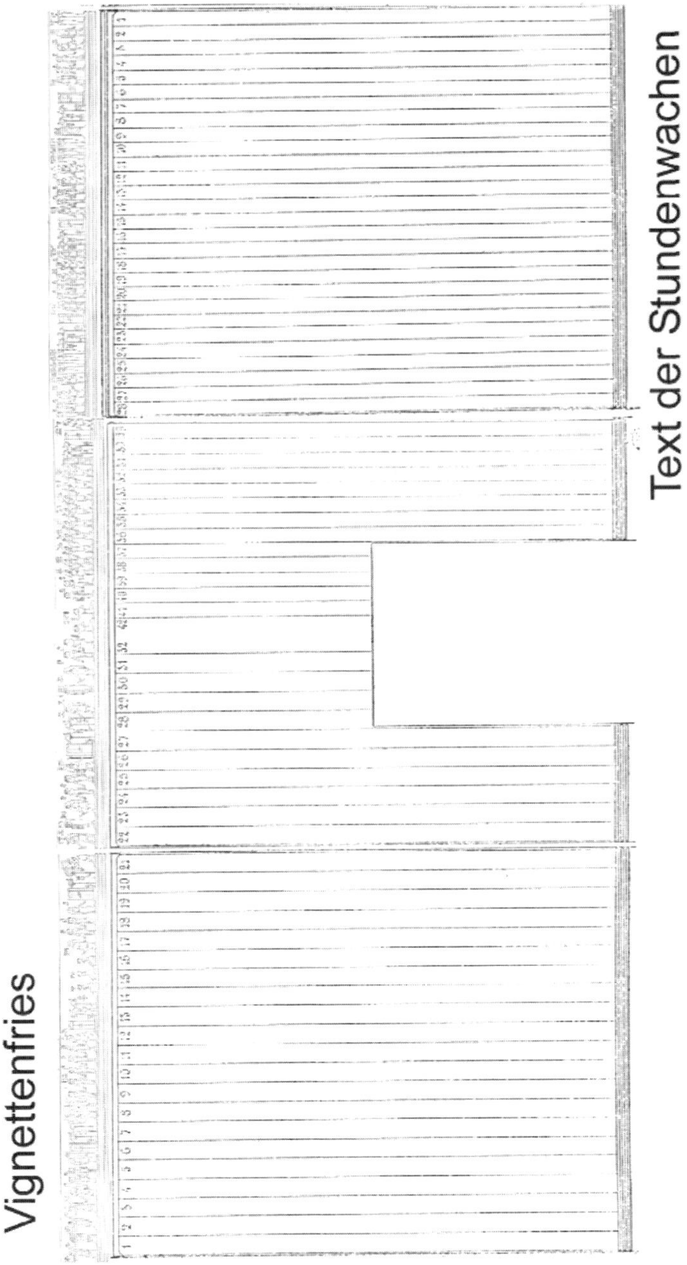

Fig. 14 Tempel von Edfu – 2e Chambre de Sokaris H –Seitenwände (Montage nach *Edfou* I, Pl. XXV)

Die Darstellungen der Stundenwachen befinden sich hier als Vignetten oberhalb des Textes, so dass das Erscheinungsbild das eines an der Wand aufgerollten Papyrus ist. Und das war wohl auch im Prinzip das Aussehen der originalen Papyrusvorlage. In Dendera ist es dagegen unternommen worden, eine Vig-nette in ein Wandtableau umzuformen.
Geht man im Tempel noch weiter nach außen, so erreicht man mit dem Hof und dem Tempelumgang die Raumgruppen mit der größtmöglichen Öffentlichkeit.
Das letzte Beispiel stammt aus dem **Tempelumgang von Edfu** und befindet sich dort an der westlichen Innenseite der Umfassungsmauer. An dieser Wand sind mehrere Kompositionen mythologischen Inhalts angebracht: „Die Schöpfungsgeschichte von Edfu", „Der Mythos von der Geflügelten Sonnenscheibe" und der „Horusmythos". Aus Letzterem habe ich die Schlussszenen herausgegriffen (**Fig. 15**).[62]

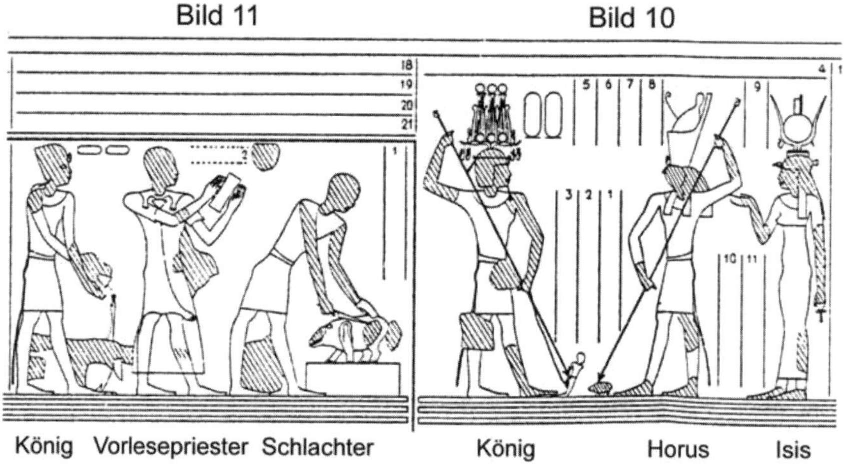

Fig. 15 Tempel von Edfu – Horusmythos Schlussszenen (nach *Edfou* X, pl. CXLVI – CXLVIII)

Bild 10 zeigt ein letztes Harpunieren des Seth als Nilpferd durch Horus. Die Anwesenheit des Königs, der seinerseits einen seiner eigenen Feinde speert, hebt die Szene in die rituelle Zeit. Die Darstellung macht einen stark unrealistischen Eindruck, denn Nilpferd wie Feind sind wie in Spielzeuggröße, was gleich an Statuen denken lässt.
Bild 11 zeigt rechts zwei Priester. Während der Vorlesepriester den Text eben des vorliegenden *Horusmythos* rezitiert, macht sich der Schlachter an das Zerlegen des Nilpferds.

[62] Publiziert in: *Edfou* VI, 60 – 90; *Edfou* X, pl. CXLVI – CXLVIII (Paroi ouest, 1ère registre)

Das Nilpferd wirkt aber doch auch recht klein, besonders wenn man an die Schlachtungsszenen von Rindern in älterer Zeit denkt, die durchaus realistische Größenverhältnisse aufweisen. Der Text klärt uns auf, wie die Darstellung zu verstehen ist: „Herbeibringen des Nilpferdes aus Kuchenteig … Zerlegen durch den Schlächter."[63] Um ein reales Nilpferd handelt es sich also wirklich nicht.

Die ganze Wiedergabe der mythischen Ereignisse nähert sich doch sehr stark einer Festdarstellung. Hier erfährt der Mythos eine rituelle Gestaltung. Der *Horusmythos*, die Siegesfeier von Edfu, ist ein Festspiel, das am 21. Mechir am Heiligen See von Edfu aufgeführt wurde.

In ägyptischen Tempeln ordnen sich auch die Mythen der Definition des Götterkults durch Zeit und Raum unter. Der Raum, das sind die Ortskulte einer Region, wie sie in den Ortsmonographien eines Tempels thematisiert werden. Und die Zeit, das sind die Feste im Kalenderjahr, wie sie im Tempel in den Festkalendern aufgelistet werden.

[63] *Edfou* VI, 88.1f

Neues zum Verständnis des Dramatischen Ramesseumspapyrus: Vorschläge zur Übersetzung der Szenen 1–23[1]

Thomas Schneider

Der Dramatische Ramesseumspapyrus (P. BM EA 10610.1–5; im folgenden DRP) zählt zu den wichtigsten Texten der altägyptischen Ritualistik. Er gehört zu dem Konvolut der Ramesseum-Papyri, die W.M. Flinders Petrie und James Quibell 1895/6 in einem Grab des Mittleren Reiches unter der Nordwestecke des Ramesseums in einer Kiste fanden.[2] Zu dem Bestand und den Vermutungen über den Besitzer verweise ich auf die Ausführungen von L. Morenz und R. Parkinson;[3] eine umfangreiche Untersuchung des ganzen Problemkomplexes unter der Ägide von Richard Parkinson ist angelaufen.[4] Der Text des DRP wird üblicherweise zu den Kultspielen oder „drames sacrés" gezählt und als eine Art Drehbuch, *aide-mémoire* oder Kultkommentar betrachtet.[5]

---

[1] Der vorliegende Beitrag geht auf die Lektüre des Textes während meiner Vertretungsprofessur in Heidelberg im Wintersemester 2003/4 zurück und eignet sich deshalb in ganz besonderem Maße als persönliches Zeichen des Dankes und der Wertschätzung für Jan Assmann. Den Teilnehmern des damaligen Lektürekurses – insbesondere D. Faltings, E. Gillmann, S. Hesemann, A. Kucharek, T. Koschinski und B. Rothöhler – danke ich für die fruchtbaren Diskussionen und Anregungen. Für weitere Hinweise und die damalige Abschlussdiskussion bin ich Hubert Roeder zu Dank verpflichtet, für Informationen zum Zustand des Papyrus Richard Parkinson. Letztlich verdanke ich die Beschäftigung mit dem DRP Antonio Loprieno, dessen Lektürekurs zum DRP ich in Basel im Wintersemester 2001/2 übernehmen konnte.

[2] Zur Geschichte des Fundes seit der Entdeckung s. B. Leach, A Conservation History of the Ramesseum Papyri, JEA 92(2006), 225-240.

[3] L.D. Morenz, Beiträge zur Schriftlichkeitskultur im Mittleren Reich und in der Zweiten Zwischenzeit (ÄAT 29), Wiesbaden 1996, 144-147; R. Parkinson, Poetry and Culture in Middle Kingdom Egypt. A Dark Side to Perfection, London/New York 2002, 71f. Vgl. noch Y. Koenig, Les textes hiératiques du Ramesseum, in: Memnonia 3(1993), 49-58; R. Parkinson, The History of a Poem: Middle Kingdom Literary Manuscripts and their Reception, in: G. Burkard (Hg.), Kon-Texte. Akten des Symposions „Spurensuche – Altägypten im Spiegel seiner Texte", München 2. bis 4. Mai 2003 (ÄAT 60), Wiesbaden 2004, 51-63.

[4] S. http://www.britishmuseum.org/research/research_projects/the_ramesseum_papyri.aspx.

[5] J.C. Goyon, Art. Dramatische Texte, LÄ I, 1140-1144; J. Assmann, Altägyptische Kultkommentare, in: J. Assmann/B. Gladigow, Archäologie der literarischen Kommunikation 4, 1995, 93-109, dort 94-99.

Dabei fällt auf, dass der DRP zwar häufig zitiert wurde (und wird), aber erstaunlich wenig wissenschaftliche Zuwendung erfahren hat. Insbesondere unterblieb der Versuch, den gesamten Text neu zu übersetzen, der ein gewisses Gegengewicht zu dem teils spekulativen und auf bestimmten Prämissen beruhenden Verständnis Sethes hätte bilden können. Die wenigen Arbeiten, die den DRP als Ganzes thematisieren (und dabei von Sethes Edition ausgehen), drehen sich vornehmlich um die zwei Problembereiche *Textverständnis* und *Verwendungszweck*. Nach Kurt Sethe stellt der DRP ein Festspiel zur Thronbesteigung Sesostris' I. dar, der in der Rolle des Horus im Mittelpunkt der Handlung stehe.[6] Wolfgang Helck sah in ihm Zeremonien vom Vorabend des Sedfestes festgehalten, wobei nicht der König, sondern der Vater des Königs handle, v.a. die Mundöffnung und das Begräbnis einer Königsstatue, dazu zwei landwirtschaftliche Riten.[7] Nach H. Altenmüller handelt es sich um ein Inthronisationsspiel, das am Morgen des Sedfestes aufgeführt wurde, doch sei die vorliegende auf den Namen Sesostris' I. angefertigte Version die Abschrift eines viel älteren Rituals aus der frühen 6. Dynastie.[8] Zuletzt hat Joachim F. Quack einen kritischen Überblick über die bisherige Diskussion zur Bedeutung des Textes gegeben und ihn als Ritual zur Thronbesteigung und Machtübernahme des neuen Königs (im Falle der vorliegenden Fassung, Sesostris' I.) gedeutet.[9]

Eine kontroverse Debatte entwickelte sich über den Bestand und die Abfolge der 46 Szenen und 31 Vignetten.[10] Aus der unterschiedlichen Anzahl hatte Wolfgang Helck gefolgert, dass für den vorliegenden Textkommentar die (von ihm postulierte) ursprüngliche Festrolle nicht vollständig abgemalt worden sei, welche die komplette Anzahl der Vignetten umfasst hätte.[11]

---

[6] K. Sethe, Dramatische Texte zu altaegyptischen Mysterienspielen(UGAAe 10), Leipzig 1928, II: Der Dramatische Ramesseumpapyrus. Ein Spiel zur Thronbesteigung des Königs, 94f.

[7] W. Helck, Bemerkungen zum Ritual des Dramatischen Ramesseumspapyrus, Or 23(1954), 383-411.

[8] H. Altenmüller, Art. Dramatischer Ramesseumspapyrus, LÄ I, 1132-1140, Sp. 1139. Für das Sedfest als Sitz im Leben des DRP plädiert auch R. Gillam, Performance and Drama in Ancient Egypt, London 2005, 47–53.

[9] J.F. Quack, Zur Lesung und Deutung des dramatischen Ramesseumpapyrus, ZÄS 133(2006), 72–89, zur Deutung als Thronbesteigungsritual 85-89.

[10] Zu klären ist ebenfalls, ob der verso skizzierte und beschriftete Gebäudeplan in einem Bezug zum Text der Vorderseite steht: A.H. Gardiner, The Ramesseum Papyri. Plates, Oxford 1955, p. 16f.; M.S. Ali, Der Papyrus Kairo C.G. 58074 und der Bauplan auf der Rückseite, in: Z.A. Hawass (ed.), Egyptology at the Dawn of the Twenty-first Century. Proceedings of the Eighth International Congress of Egyptologists, Cairo, 2000. Vol. 3: Language, conservation, museology, Cairo 2003, 122 - 126: p. 124.

[11] Helck (wie Anm. 4). S. Schott, Hieroglyphen. Untersuchungen zum Ursprung der Schrift, Mainz 1951, 142ff. vermutet, die Bilder seien das Ursprüngliche gewesen, es wäre also von einer Festrolle mit kurzen Beischriften auszugehen.

Dies könnte allerdings ein Trugschluss sein, da der vorliegende Textzeuge aus unterschiedlichen Vorlagen kompiliert worden sein könnte, etwa einer (kürzeren) Bild- und (längeren) Textversion. Zu der Abfolge der Szenen hatte Kurt Sethe festgestellt, dass „deren innerer Zusammenhang nicht überall klarliegt“.[12] Helck bezieht sich zur Erklärung der Szenenfolge auf die Darstellung von Ausschnitten aus dem Sedfest Amenophis' III. im Grab des Cheriuef, wo er Darstellungen der rechten Wand des Vorhofs zu Abbildungen im ersten Teil des DRP in Beziehung setzt. Umgekehrt benutzt Helck den DRP zur Entscheidung, welche Register im Cheriuf-Grab zuerst und welche später folgen, wodurch sich eine Aufspaltung in Haupt- und Nebenszenen ergäbe.[13] Die Gefahr zirkulärer Argumentation ist dabei sehr groß. Dass überhaupt ein Zusammenhang des DRP mit den Szenen des Cheriuf-Grabes besteht, hat außerdem Edward F. Wente bestritten.[14] Für den DRP rekonstruiert Helck eine innere, d.h. sachliche Wahrscheinlichkeit der Themenfolge, die nicht mit der tatsächlichen Reihenfolge im DRP übereinstimmt. Für die bei der vorliegenden Abschritt dann anzunehmende „Verwirrung der Szenen“ findet er eine rein technische Erklärung: der Urheber der jetzigen Handschrift habe die Urfestrolle in zusammengedrücktem und an den Knickstellen zerbrochenem Zustand vorgefunden. Bei der Rekonstruktion des ursprünglichen Papyrus habe er abwechselnd die zusammengepappten Schalen aus Papyrusstücken abwechselnd mit der linken Hand links und mit der rechten Hand rechts angelegt. Diese Rekonstruktion ist in mehrfacher Hinsicht unglaubwürdig. Einmal legt sie ein rein mechanistisches, nicht reflektiertes Aneinanderlegen von Fragmenten zu Grunde, das auf einer willkürlichen Arbeitstechnik beruht (wechselseitiges Ablegen). Hat der von Helck hier am Werk gesehene Kommentator nie auf die Fragmente geschaut, um zu überprüfen, was er denn und wie er es aneinanderlegt? Außerdem beruht Helcks insinuierte Abfolge der „Urszenen“ oft auf bloßen Mutmassungen über den Sinn und inhaltliche Verbindungen zwischen verschiedenen Szenen. Es würde auch erstaunen, dass trotz der willkürlich zerbrochenen Vorlage die einzelnen Szenen des DRP meist ganz erhalten wären. Diese Punkte erweisen die Hypothese Helcks als sicher nicht korrekt, wie nun auch J.F. Quack erneut betont hat.[15]

---

[12] Sethe (wie Anm. 6), 96.

[13] Helck (wie Anm. 7).

[14] E.F. Wente, Hathor at the Jubilee, in: G.E. Kadish (ed.), Studies in Honor of John A. Wilson (SAOC 35), 83-91.

[15] J.F. Quack, Zur Lesung und Deutung des dramatischen Ramesseumpapyrus, ZÄS 133(2006), 72–89: 81f.

Hartwig Altenmüller lehnte Helcks Vorschlag ab, um seinerseits einen anderen Ansatz ins Spiel zu bringen.[16] Die Trennung ansonsten verwandter Szenen, das jähe Wechseln der Schauplätze und die mehrfachen Brüche im Textzusammenhang stellen nach ihm nur ein scheinbares Durcheinander dar, das sich aus der bisherigen Anwendung einer falschen Lesart ergibt. Altenmüller plädiert, den Text nach besonderen Leseregeln zu lesen, nämlich in der Reihenfolge, wie er – nach der abnehmenden Sorgfalt der Ausführung zu schließen – bebildert wurde, d.h. *abschnittweise vom Ende des Papyrus zum Anfang hin.* Dabei sind die Abschnitte nicht mit den Szenen identisch, sondern werden durch in unregelmäßigem Abstand angebrachte Trennungslinien angezeigt. Daraus ergibt sich nach Altenmüller eine sinnvolle Textabfolge. Er erkennt einen Zusammenhang zwischen dem DRP und dem Ritual bei Cheriuf an, doch seien beide unterschiedlich mythologisiert worden, der DRP nach dem Horus- und Osirismythos, Cheriuf nach dem Ptah/Sokarkult. Einschränkend hält er fest, dass sich die Deutung des DRP „aus den Angaben bei Cheriuf (ergibt), sofern der D[RP] und die Grabdarstellungen miteinander verglichen werden dürfen“.[17] Aber auch Altenmüllers Hypothese ist zu verwerfen – wie Quack zuletzt zusammenfassend dargelegt hat, ist sie in Ägypten ohne Parallele, formal nicht plausibel und schafft inhaltlich nicht weniger Probleme als sie löst – der Papyrus ist retrograd geschrieben und kolumnenweise von links nach rechts zu lesen.[18]

Da der Papyrus seit der Erstveröffentlichung durch Kurt Sethe[19] gelitten hat, ist der heute erhaltene Textbestand wohl geringer als der von Sethe in Photographien und Handfaksimila zwischen 1913 und 1927 dokumentierte, eine Überprüfung am Original durchgehend unergiebig.[20] Außerdem musste sich schon Sethe teilweise auf Skizzen von Hugo Ibscher dort verlassen, „wo einzelne Zeichen oder Zeichenteile bei der Behandlung des Papyrus verlorengegangen sind“ (84).

---

[16] H. Altenmüller, Zur Lesung und Deutung des Dramatischen Ramesseumpapyrus, in: JEOL 19(1965-66), 421-442; ders., Art. Dramatischer Ramesseumspapyrus, in: LÄ I, Wiesbaden 1975, 1132-40: Sp. 1136f.

[17] H. Altenmüller, Art. Dramatischer Ramesseumspapyrus, in: LÄ I, Wiesbaden 1975, 1132-40: Sp. 1138.

[18] J.F. Quack, Zur Lesung und Deutung des dramatischen Ramesseumpapyrus, ZÄS 133(2006), 72–89: 82ff.

[19] K. Sethe, Dramatische Texte zu altaegyptischen Mysterienspielen (UGAAe 10), Leipzig 1928, Nachdruck Hildesheim 1964, II: Der Dramatische Ramesseumpapyrus. Ein Spiel zur Thronbesteigung des Königs, 81-264 und Tafeln 1-22.

[20] Auskunft von Richard Parkinson. Zum Zustand des Papyrus B. Leach, A Conservation History of the Ramesseum Papyri, Journal of Egyptian Archaeology 92 (2007), pp. 225-240: 236.

Während J.F. Quack Kurt Sethe zugute hielt, „einem schwierigen Text ein Höchstmaß gesicherter Erkenntnisse abgewonnen" zu haben,[21] möchte ich wesentlich vorsichtiger urteilen. Sethe unternahm nicht nur Ergänzungen der zu seiner Zeit schon bestehenden Textlücken, bei denen er sich von einem Vorverständnis des Textes inspirieren ließ, er hat auch zahlreiche lexikalische oder inhaltliche Spekulationen seiner Übersetzung zu Grunde gelegt, die sich nicht halten lassen. Eine neue philologische Behandlung des ganzen Textes ist daher dringend geboten. Die folgenden Vorschläge neuer, von Sethes Deutungen in unterschiedlichem Umfang divergierender Übersetzungen beschränken sich aus Platzgründen auf die erste Hälfte des Textes (23 von 46 Szenen). Ich habe dabei jene Textstellen herausgegriffen, bei denen neue Vorschläge mir ausreichend abgesichert scheinen; weitere, hier nicht diskutierte Problemstellen der ersten 23 Szenen müssten im Rahmen einer Neuuntersuchung des gesamten Textes angegangen werden. Die Numerierung der Szenen und Abbildungen folgt der *editio princeps.*

Vorschläge zur Übersetzung der Szenen 1–23

Szene 2 (Kol. 5-7)

Nach SZENE 1 (Herstellen eines Schiffes, das einen See „öffnet" = erschließt) werden in SZENE 2 acht Krüge in den Bug des Schiffes[22] gestellt (Kol. 5) und als Überlegenheit des Osiris über Seth gedeutet (Kol. 6; Gottesreden Kol. 7). Umstritten ist das Verständnis der szenischen Vermerke.

SETHE:	Die Zählung der Ältesten [des Palastes].	| |	Zum Himmel aufsteigen.
VORSCHLAG:	Die (Schiffs)mannschaft der Ältesten.	| |	Hinausgehen zum frischen Wasser (?).

Sethe ergänzte <*ṯ*> zu *ṯnw.t* „Zählung" und übersetzte den auf die Akteure zielenden Vermerk als „die Zählung der Ältesten [des Palastes]", wozu er allerdings anmerkte: „Was freilich die Zählung der Greise oder Ältesten hier sollte, bleibt unerfindlich" (108). Wesentlich plausibler scheint, hier das (Sethe noch nicht bekannte) *f.t* „Mannschaft, Besatzung (v.a. eines Schiffes)" (Hannig 943; D. Jones, A Glossary of Ancient Egyptian Nautical Titles and Terms, London 1988) zu lesen, was im Kontext der Szene sehr gut passt.[23]

---

[21] J.F. Quack, Zur Lesung und Deutung des dramatischen Ramesseumpapyrus, ZÄS 133(2006), 72–89: 77.

[22] Ergänze wohl mit Sethe *ḥ3t wj3* „Bug der Barke". Vgl. dann den Reim/Anklang zwischen Erzählung/ Kol. 5 und Götterrede/Kol. 6: *ḥ3t wj3* | *ẖr-wrr=*: /*ḥr-wr*/| /*ẖr-wl*

[23] Zur Lesung des Mannes am Stock als *wr* s. H.G. Fischer, Varia Nova, New York 1996, 87ff.: seit früher 12. Dynastie für *wr* „senior"

Im Ortsvermerk von Kol. 7 verstand Sethe *qbḥ* als Himmelsbezeichnung und übersetzte *prj.t r qbḥ* als „zum Himmel aufsteigen". Damit sei der „Himmelsaufstieg" des toten Osiris gemeint (109), symbolisiert durch das Tragen der Krüge, wobei Sethe sich fragte: „Aber wohin sollte dieses Tragen erfolgen, in das Schiff oder aus diesem ans Land?". Die Krüge werden hier allerdings erst abgesetzt und befinden sich noch in Szene 11 im Bug des Schiffes. Von den verschiedenen Bedeutungen von *qbḥ* scheint „kühles Wasser, Wassergebiet" (Wb 5, 29f.) am plausibelsten, während *prj.t* wohl das Hinausgehen der Akteure zum Wasser (vgl. Szene 7) meint.[24]

Szene 3 (Kol. 8-10)
In Szene 3 wird ein geschlachteter oberägyptischer Stier[25] zerlegt, der mit Seth identifiziert wird. Probleme bereitet zunächst das Verständnis des Deutungsvermerks in Kol. 8:

SETHE: 8 Horus ist das, der ärgerlich ist und sein Auge nimmt als der (Falke) mit großer Brust von Thoth, [komm]end (?) als der, der es (das Auge) ausleert bei der Auslösung aller Opferrinder.

VORSCHLAG: 8 Der aufgebrachte Horus ist das, wenn er sein Auge wegnimmt als einer, dessen Brust aufgeplustert ist,[26] aus der Hand dieses Thot als dessen, der alle Opferrinder zerlegt.

Sethe ergänzt in der Lücke nach dem Gottesnamen Thot in Kol. 8 und vor dem <*w*> die gehenden Beine, so dass für ihn hier ein Partizip <*jw*> „kommend" stand, was allerdings den Satzbau stark kompliziert. Plausibler scheint die Ergänzung eines <*p*> und Ansetzung des Demonstrativums *pw*. Die Spuren nach dem <*m*> am Ende der Kol. ergänzt er zu <*wẖꜣ*> „ausleeren, löschen, streichen" und übersetzt „als der, der es (das Auge) ausleert bei der Auslösung aller Opferrinder". Stattdessen könnte hier *wgś* (Wb I 377) „(Tiere) zerlegen, ausnehmen" zu restituieren sein; die Form wäre ein substantiviertes Partizip, das sich auf Thot als den Schlächter des Stieres bezieht.

---

24 Dagegen verweist J.F. Quack, Zur Lesung und Deutung des dramatischen Ramesseumpapyrus, ZÄS 133(2006), 72–89: S. 88 mit Anm. 81 auf das „Kühlhaus" als Balsamierungsort des Apisstieres. Vgl. zu dieser Bedeutung noch H.G. Fischer, Or 29(1960), 181ff.; E. Edel, Das Akazienhaus und seine Rolle in den Begräbnisriten des alten Ägyptens (MÄS 24), Berlin 1970, 35.

25 Vgl. noch E. Otto, Das ägyptische Mundöffnungsritual (ÄgAbh 3), 2 Bde, Wiesbaden 1960; ders., An Ancient Egyptian Hunting Ritual, JNES 9, 164ff.

26 Vgl. J. Kenning, Zum Begriff *sꜣb-šwt*. Ein Zugang aus der Falknerei, in: ZÄS 129(2002), 43-48.

Problematisch scheinen auch die Dialogvermerke in Kol. 9 und 10:

SETHE: [9] Isis spricht Worte zu Thot: „Deine Lippe ist es, die (es) dir angetan hat".
[10] Isis spricht Worte zu Thot: „Öffnet sich dein Mund (noch)?"

VORSCHLAG: [9] Isis zu *Seth* (*so zu emendieren*), Worte zu sprechen: „Deine Lippe ist es, die gegen dich gehandelt hat!"
[10] Isis zu Thot, Worte sprechen: „und deine Handlungen sind es!" (oder: „durch deine Handlungen!")

Die in Kol. 9a/10a gesprochenen Sätze wurden mit dem Schlachtritual in Verbindung gesetzt (Sethe 109-114), wo Isis dem Schlachttier, das Seth symbolisiert, die Begründung seiner Schlachtung ins Ohr flüstert (vgl. Horus und Seth 6,14/7,1), so dass Sethe übersetzte: „Deine Lippe ist es, die (es) dir angetan hat" (9b) bzw. „Öffnet sich dein Mund (noch)?" Beide Eingangsvermerke nennen hier aber nicht Seth, sondern Thot als Adressat der Isis, woraus Sethe eine mögliche Komplizenschaft des Thot mit Seth erwog bzw. Thot in der überraschenden Rolle des Schlachttieres vermutete (111ff.). Auch E. Otto erklärte auf Grund dieser Konstellation die Passage des DRP für unklar.[27] Dass hier aber die reguläre Konstellation – Seth als Schlachttier – gemeint sein muss, hat H. Willems unterstrichen.[28] Ich schlage vor, in Kol. 10 weiterhin „Thot" zu lesen, aber den Gottesnamen in Kol. 9 in „Seth" zu emendieren. Da der Papyrus, wie Sethe plausibel machen konnte (86) im Gegensatz zu der retrograden Leserichtung (von links nach recht) von *rechts nach links* beschriftet wurde, wäre der Name des Thot von Kol. 10 irrtümlich in den nachfolgenden Vermerk von Kol. 9 kopiert worden. Dass wird auch dadurch gestützt, dass ansonsten außergewöhnlicherweise zwei aufeinanderfolgende Anweisungen an dieselbe Person erfolgen würden. Der Ausspruch der Isis wurde von Sethe als *jn sš r=k* „öffnet sich dein Mund (noch)" verstanden, was aber nicht passt, wenn Thot gar nicht dem Schlachttier entspricht. Außerdem lässt sich die Deutung nicht mit der Notation in Einklang bringen (*śš* statt *sš*, *r* ohne Ideogrammstrich). Dagegen macht die von Sethe (113f.) verworfene Annahme eines Lexems *śšr* Sinn – es dürfte dann *śšr.w* „Dinge, Handlungen" (Wb 4, 296; Hannig 767) vorliegen. Wie in Kol. 9 *śp.t* mit *śtp* im Vermerk assoniert, so hier *śšr* mit *śšr*. Diese Phrase – es handelt sich nicht um einen vollständigen Satz – kann wohl nur aus der Aufführungssituation verstanden werden und ist mit Kol. 9 zu verbinden.

[27] E. Otto, Das ägyptische Mundöffnungsritual (ÄgAbh 3), 2 Bde, Wiesbaden 1960, 76.

[28] H. Willems, The Coffin of Heqata, 97 n. 343.

Isis spricht zu Seth – „Deine Lippe ist es, die (es) dir angetan hat“ – und *wendet sich dann Thoth zu* mit der daran anschließenden Bemerkung: „und *deine Handlungen* (scil. sind es die gegen Seth zur Anwendung kommen)“ bzw. „durch *deine Handlungen!*“.

Szene 4 (Kol. 11-14)

Szene 4 könnte eventuell die Schlachtszene 3 fortführen.[29] Ein unterschiedliches Verständnis ergibt sich hier für den letzten szenischen Vermerk in Kol. 14 (Kol. 13 umfasste nach einer zerstörten Anweisung die Vermerke „Rezitation“ und „Der Vater kommt zum Sohn“):

SETHE: [14] Th[oth] spricht Worte zu Horus: „Der Sohn des Herrn ist hinter [ihm, es kommt] der Sohn zu seinem Vater.“ *3. Vermerk:* „Suchet den Osiris, Fisch und Vogel.“

VORSCHLAG: [14] Thot zu Horus, Worte zu sprechen: „Der Sohn des Herrn ist hinter ihm [...] Sohn für seinen Vater.“ *3. Vermerk:* Osiris sucht, der Sohn verweilt.

Sethe dachte bei der Übersetzung „Suchet den Osiris, Fisch und Vogel“ (115.118f.) an eine Aufforderung an die Bewohner des Wassers, die Glieder des Osiris zu suchen. Mit Blick auf die Reste des Haupttextes in Kol. 13/14 (der Vater kommt oder „sein Kommen“ zum Sohn, der Sohn ist hinter dem Vater; dass in Kol. 14 der Sohn zum Vater *kommt*, ist von Sethe ergänzt) scheint doch plausibler, K1 als Phonogramm (*jn* „verweilen, langsam gehen“, Wb I 92) aufzufassen.

Szene 6 (Kol. 18-20)

Szene 5 umfasst als Ritualhandlung das Dreschen von Emmer, aus dem offenbar die in Szene 6 genannten Kuchen gebacken werden (das in Sethes Übertragung notwendige Dativ-*n* ist nicht vorhanden):

SETHE: [18] Es geschah, dass der Vorlesepriester [2] $s^{c}t$–Kuchen [gab] dem König.
Thot ist das, der das (eine) Auge des Horus dem Seth, das (andere) Auge des Horus ihm (d.i. Horus) [gibt].

VORSCHLAG: [18] [Es geschah ...] der Vorlesepriester zwei Königskuchen [...].
Thot ist das, der [befiehlt] was Horus dem Seth tut und was Horus für sich tut (= nämlich Seth das Auge zu entreißen und es wieder an sich zu nehmen)

---

[29] Ob es sich bei dem von Sethe als rätselhaft (S. 116) angesehenen Zeichen im Vermerk am Ende von Kol. 11 allenfalls um die untere Hälfte von  handelt (van der Molen, Dictionary, 908: CT IV 119b), das als Determinativ von *ftj* „pflücken, ausreißen, (Schenkel) auslösen“ (Wb I 582) verwendet wird, mit folgender Buchrolle, so dass es hier erneut um das Zerlegen des Opfertieres ginge?

In der Lücke nach *Ḏḥwtj pw* in der Erklärung der Ritualhandlung ergänzte Sethe *dj=f* „welcher gibt“ und fasste die folgenden zwei Schreibungen von *jr.t*, bei denen er trotz in Kolumnenmitte notiertem <*t*> je einen Ideogrammstrich ergänzte, als „Auge“ auf. Dass führt nach Sethe selber zu der *paradoxen* Situation, „dass es doch der König, also Horus selbst ist, der in den Kuchen das ‚Horusauge‘, also sein Auge empfängt“ (S. 121). Er löst das durch die Annahme, dass „der König hier demnach wie so oft als ‚Horus und Seth‘ aufgefaßt (ist), wenn das auch äußerlich *in einem gewissen Widerspruch* zu dem Spruche 19 steht. Den einen der beiden Kuchen, die er erhält, erhält er als Seth, den anderen als Horus. Die *unregelmäßige* Nennung des Seth vor Horus wird wohl weniger deswegen gewählt sein, weil Seth Ober-, Horus Unterägypten repräsentierte, als aus euphonischen Gründen; das *ỉr.t Ḥr n-f* ‚das Auge des Horus ihm‘ sollte wohl am Ende des Satzes stehen“ (Sethe aaO; Hervorhebungen TS). Ein in jeder Hinsicht plausibleres Verständnis ergibt sich, wenn *jr.t* (<*t*> in Kolumnenmitte notiert!) als Relativform aufgefasst wird und in der genannten Textlücke als hohes, schmales Zeichen *wḏ* („der befiehlt, anordnet“) ergänzt wird: „Thot ist das, der [befiehlt,] was Horus dem Seth tut und was Horus für sich tut“ (= nämlich Seth das Auge zu entreißen und es wieder an sich zu nehmen). Damit löst sich auch das Problem der angeblichen Nennung des Seth vor Horus bei gleichwertigen Handlungen auf. Entsprechend formuliert Kol. 19:

SETHE:	19 Thoth spricht Worte zu Horus: „Ich reiche dir dein Auge. Es wird nicht (wieder) von dir getrennt werden.“
VORSCHLAG:	19 Thot[30] zu Horus, Worte sprechen: „Horus, nimm dir dein Auge, als wäre es nicht von dir getrennt worden“[31]

Mn=k < *mj n=k* (Sandhi-Schreibung mit der *mn*-Keule, Gardiner T1) bedeutet gegen Sethe „nimm dir“.[32]

---

30 Zu der Schreibung des Namens des Thot mit dem Brotzeichen s. Fischer, Varia Nova, 204f. Es handelt sich kaum um ein Pseudonym „Brot“, wie Sethe (S. 104) vermutet, sondern eine phonetisch notierte Kurzform des Gottesnamens (*T^{h}a).

31 Sethe übersetzt *n š*^{c}*=ś jr=k* als negatives Futur Passiv, doch müsste dann wohl *n š*^{cc}*=ś* stehen. Ob ein negiertes *w*-Passiv mit pronominalem Subjekt angestzt werden kann (AR-sprachlich)?

32 Ebenso übersetzt Sethe <m> falsch in Kol. 16. Sethe: „Gebt mir mein Auge.“ Korrekt: „Nehmt für mich mein Auge.“

Szene 7 (Kol. 21-24)

Szene 7 wendet sich wieder den in Szene 2 angesprochenen Schiffen zu. In ihnen befindet sich ein *jmꜣ*-Baum, der sehr astreiche und angenehm duftende Baum *Maerua crassifolia* aus der Familie der Capparidazeen.[33] Zunächst wird die Ritualhandlung genannt und gedeutet (Kol. 21):

SETHE: [21] Es geschag, daß man *g*° sein ließ die beiden Schiffe indem ein *æm*° darin war.
Osiris ist das, der auf den Rücken des Seth gesetzt ist, des unterlegenen Angreifers (?).

VORSCHLAG: [21] Es geschah das Vertäuen der beiden Schiffe, indem eine (wohlriechende) *Maerua crassifolia* darin war.
Osiris ist das, der auf den Rücken des Seth gesetzt ist, des Jüngeren der beiden.

Szene 7 bietet zwei lexikalische Schwierigkeiten. Für das im Ritualvermerk genannte *gꜣ* wies Sethe auf ein Verb II gem. *gꜣꜣ* der Pyramidentexte hin, das svw. „kentern“ bedeute, das er aber dennoch dem Verständnis des Vermerks nicht zu Grunde legen mochte: „An unserer Stelle kann eine solche Bedeutung ‚kentern’ nicht vorliegen, obgleich die Schiffe offenbar die Rolle des Seth spielen sollen, also ein schlimmes Schicksal an und für sich wohl erfahren könnten. Hier wird man eher an etwas wie ‚ins Wasser lassen’, ‚vom Stapel laufen lassen’, ‚zur Verfügung stellen’ denken“. Im Wb. (V 149,7) ist es mit dieser Bedeutung aufgeführt und so in SZENE 7 von J.F. Quack übersetzt worden, der auf das dazugehörige kopt. ^{SL}**ϭⲱⲟⲩ**, ^{B}**ϫⲱⲟⲩⲛ** „Schiff abstoßen, in See stechen“ verweist („es geschah, dass die beiden Schiffe abgestoßen wurden“).[34] Dabei bleibt aber problematisch, wie dies mit der Interpretation der Ritualhandlung als Beherrschung des Seth durch Osiris korrelieren würde – es wäre dann nur der Umstand der im Schiff befindlichen *jmꜣ*-Pflanze deutungsrelevant, nicht aber die *Haupthandlung* des Abstoßens. Ich möchte daher vorschlagen, hier stattdessen *gwꜣ* „zusammenschnüren, vertäuen“ (Wb V 159, 11-12; Hannig 896; Hannig, Wörterbuch I 1364;) zu erkennen.[35] Die Schiffe würden so in der Ritualhandlung vertäut, d.h. Seth gefesselt.

[33] N.Baum, Arbres et arbustes de l'Égypte ancienne. La liste de la tombe thébaine d'Ineni (n° 81), Leuven 1988 (Orientalia Lovaniensia Analecta 31), 143ff.; P. Koemoth, Osiris et les arbres. Contribution à l’étude des arbres sacrés de l'Égypte ancienne, Liège, 1994 (Aegyptiaca Leodiensia), 130ff.225-236.

[34] J.F. Quack, Zur Lesung und Deutung des dramatischen Ramesseumpapyrus, ZÄS 133(2006), 72–89: 78 mit Anm. 39.

[35] S. noch G. Burkard, Spätzeitliche Osiris-Liturgien im Corpus der Asasif-Papyri. Übersetzung. Kommentar. Formale und inhaltliche Analyse (ÄAT 31), Wiesbaden 1995, 115.

Die auf den Gottesnamen folgende Apposition *nẖn* + *Doppelstrich* mit einem nachfolgenden „Männerpaar, das sich bei den Händen gepackt hält wie zwei Ringer, die den Kampf beginnen wollen" (Sethe 126) wurde von Sethe unter Verweis auf einen Passus der PT als *nẖnj* „Angreifer" bzw. (im vorliegenden Kontext!) „der unterliegende Angreifer" gedeutet. Das scheint aber ganz unwahrscheinlich; der in der PT-Stelle vorliegende Ausdruck ist richtig *nẖj n* „Schlange von". Korrekt ist vielmehr *nẖn śn.wj* „der Jüngere der beiden" zu verstehen. *nẖn* ist ein gängiges Wort für Kind bzw. das Jüngere von Geschwistern (Wb II 311). Der Doppelstrich mit dem Determinativ des Männerpaares dürfte ideographische Schreibung von *śn.wj* „die zwei, die beiden" sein, was gerade auch für die um den Thron streitenden Horus und Seth verwendet wird (Wb IV 148).[36] Seth ist ja in der Tat der jüngere Bruder des Osiris.

Die Szene, die wie ähnlich Szene 2 ausführt, Sethe werde sich nicht gegen Osiris auflehnen,[37] endet mit den Vermerken in Kol. 24, wobei der erste Vermerk *ky Stẖ* von Sethe als „ein anderer Seth" (so auch Quack[38]) bzw. „noch ein Seth" verstanden wurde: „Eine solche Bezeichnung, die zunächst wunderlich genug klingt, würde sich aus dem Umstande erklären lasssen, daß es sich in unserer Szene um 2 Schiffe handelt, deren jedes denselben Gott Seth vorstellen soll, so daß dieser hier tatsächlich verdoppelt erscheinen konnte" (Sethe 129). Das scheint nicht gerade wahrscheinlich. Plausibler ist wohl, *ky Stẖ* als zwei Nomina zu übersetzen: „der andere, (d.h.) Seth" (Nomen + Apposition) oder als „wiederum Seth, und jetzt noch Seth"[39] – der Vermerk Kol. 22 hatte Osiris genannt, Kol. 23 Osiris und Seth, Kol. 24 nennt nun Seth allein.

Szene 10 (Kol. 34-36)

Nach Szene 8 (Vorbringen der Insignien des Königs?[40]) und Szene 9 (Dreschen von Korn auf der Tenne) kehrt Szene 10 mit Kol. 34 wieder zu den in Szene 2 und 7 genannten Schiffen zurück:

---

36 Koemoth, Osiris et les arbres, 132, übersetzt die gesamte Gruppe als „les deux jeunes", doch ist obigem Verständnis (es handelt sich um eine Apposition zu Seth) der Vorzug zu geben. Vgl. noch seine Bemerkungen zum *ꜥnẖjmꜣw* „Bündel von -Pflanzen" in Bild 3 (unterhalb von Szene 7) und Bild 9 aaO und 225 n. 824.

37 Zu w°w° s. noch M. Depauw, M., The Isionomos or in-wwy, in: W. Clarysse/A. Schoors/H. Willems, (eds.): Egyptian Religion. The Last Thousand Years. Studies Dedicated to the Memory of Jan Quaegebeur, Part 2 (OLA 85), 1998, p. 1131-1153: 1143ff.

38 J.F. Quack, Zur Lesung und Deutung des dramatischen Ramesseumpapyrus, ZÄS 133(2006), 72–89: 78 .

39 Im späteren Ägyptisch mit Artikel: Wb V 111; Lesko, Dictionary[2], II, 171; Crum, Dictionary 91 [IV].

40 Lies den Lokalitätsvermerk in Kol. 26 nicht als „nördlicher Schrein des Essens und Stehens" (Sethe 129.131f.), sondern eher als „rechte Seite (*wnmj*, Wb I 322) der nördlichen (Grab-)Stätte (*mꜥḥꜥ.t*, Wb II 49)", oder „rechte Seite der (Grab-)Stätte, Norden".

SETHE: [34] Es geschah, daß das *im*° gebracht wurde in das Vorderteil des Schiffes zusammen mit *bsn* (Gips?) durch den Kellermeister.

VORSCHLAG: [34] Es geschah das Ergreifen/Wegnehmen der *Maerua crassifolia* in/aus dem Bug des Schiffes zusammen mit Natron durch den Seper-udepu.

Sethe hat fälschlich *ṯfj* (ebenso in Kol. 37) mit „bringen“ statt „packen, ergreifen, wegnehmen“, was den Sinn der Handlung ins Gegenteil verkehren würde, denn die *jmꜣ*-Pflanze *(Maerua crassifolia)* befindet sich seit Kol. 21 schon im Vorderteil des Schiffes. Gleichzeitig nimmt der *śpr-wdpw*[41] auch Natron (*bsn*[42]) aus dem Schiff. Wie mehrfach im DRP ist unklar, ob das in der Deutung genannt *jr.t* (ohne <*t*>) als „Auge“ oder „Tun“ aufzufassen ist.

Szene 11 (Kol. 37-40)
In Szene 11 werden weitere (?) *jmꜣ*-Pflanzen (Szene 7, vgl. Szene 10) und die in Szene 2 in das Vorderteil des Schiffes gestellten *mnsꜣ*–Krüge entfernt, während Sethe *jtj* wie in Kol. 34 mit „bringen“ statt „packen, ergreifen, wegnehmen“ übersetzte. Der Lokalitätsvermerk in Kol. 38 nennt wohl nicht ein Fest (Sethe 139f.), sondern eine mit dem Schiff verbundene Lokalität.[43] Kol. 39 führt als neue Akteure Isis und Nephthys ein:

SETHE: [39] Isis spricht Worte zu Nephthys: „Du bist lieblich an Geruch, [du bist] süß an Duft von etwas.“

VORSCHLAG: [39] Isis zu Nephthys, Worte sprechen: "Möge es dir angenehm sein vor dem Duft der (Opfer-)Speisen!"

Sethe wollte in der hier angeblich „von Isis so diskret angedeuteten ‚Sache‘ “(145) und dem Duft der Nephthys einen Bezug auf den bei Plutarch, *De Iside et Osiride* 14.38.59 geschilderten Ehebruch des Osiris mit der Nephthys erblicken, der durch den von Osiris bei Nephthys zurückgelassenen Honigklee entdeckt wurde. Wesentlich plausibler scheint zu sein, *stj jḫt* hier als „Duft des Opfers“ zu verstehen (s. Hannig 783; Hannig, Wörterbuch I 1263), von dem in den folgenden Szenen die Rede ist.
Der von Sethe zu *bnr* ergänzte Bogen dürfte lediglich der kursivhieroglyphisch ausgeschriebene hintere Teil von *ḫnt* (Gesicht im Profil, D19) sein.

---

41 Der Titel, falls so zu lesen, kommt im Mittleren Reich nur noch *HTBM III 40* vor (W.A. Ward, Index of Egyptian Administrative and Religious Titles of the Middle Kingdom, Beirut 1982, 149 [1285.]; Wb IV 101, 18; E. Otto, JNES 9, 169ff.).

42 S. Aufrère, L’univers minéral dans la pensée égyptienne. 2 vols (BdE CV/1-2), Le Caire, 1991, 612 n. [b].

43 Zu *dšr* s. noch H. Altenmüller, *šd.t m dšr* – Der Bau von Schiffen aus Importholz, GM 200 (2004), 27-36.

Szene 12 (Kol. 41-45)
Szene 12 schildert als Ritualhandlung die Anweisung für ein die Schlachtung einer *smn*-Gans (dazu Vermerk 2 und Bild 7), gedeutet als „Horus, wenn er sein Auge packt“. Problematisch ist hier das Verständnis von Kol. 45:

SETHE: [45] Horus spricht Worte zu Seth: „Welches ist seine Art (?) ?“
VORSCHLAG: [45] Horus zu dem Gerichteten (= Seth), Worte zu sprechen: „Ich setze in Kraft das Gericht meines Vaters.“

Der Beginn von Horus’ Ausspruch in Kol. 45 *(smn)* bildet eine Assonanz mit der in Vermerk 2 und Bild 7 geopferten *Semen*-Gans (Nilgans). Sethes Vorschlag muss in <*s*> eine altertümliche Notation des Fragepronomens *sj* postulieren und kann das folgende **mnw.t* nur im Sinne einer „ganz vagen Vermutung“ an das spätere *mn.t* „Art und Weise“ anschließen (145). Ein weiterführendes Verständnis könnte sich durch unterschiedliche Segmentierung ergeben, und zwar in <*smn*> und Gardiner W24 (*nw*-Topf) + <*t*>. Letztere Notation wird seit dem Alten Reich auch als ideographische Schreibung für *ḏꜣḏꜣ.t* „Gericht“ verwendet (Wb V 528). <*smn*> ist seit dem Mittleren Reich als Variantenschreibung für <*śmn*> „festmachen, etablieren, in Kraft setzen“ belegt (Wb IV 131) und würde hier den Bezug zum Ritualtier *smn* verdeutlichen. Nach der Femininendung von *ḏꜣḏꜣ.t* ist Platz für ein weiteres <*t*> (*jt*, „Vater“). Ich möchte daher vorschlagen, hier – als Rede des Horus an Seth – *śmn{=j} ḏꜣḏꜣ.t jt{=j}* zu lesen, „Ich setze in Kraft das Gericht meines Vaters“ – das Gericht des Osiris über den Gottesfeind Seth, das in Form eines Substitutopfers vollzogen wird. Die Ritualhandlungen auf den Schiffen hatten zuvor den Sieg des Osiris über Seth und seine Fesselung symbolisiert.

Szene 13 (Kol. 46-47)
Szene 13 führt die Thematik von Szene 12 weiter – die Köpfe der in Szene 12 getöteten Gans und eines Ziegenbocks (s. Bild 7) werden einem Djedpfeiler dargebracht, der von einer *jmꜣ*-Pflanze bekrönt wird und Osiris symbolisiert (Bild 8). Die Deutung dieser Ritualhandlung wurde von Sethe wie folgt übersetzt:

SETHE: [46] Horus ist das, der mächtig geworden ist und dem, was er sagt, getan wird.
VORSCHLAG: [46] Horus ist das, dessen Zorn mächtig ist, der für sich gehandelt hat.

Die von Sethe postulierte Sequenz *ḏd.t=f jr.w n=f* nach *Ḥr pw sḫm* versteht er als „was er sagt, wird (eig. ist) ihm getan“, wobei statt *jr.w* (korrekter *jrrw*) wohl doch die feminine Relativform *jry.t=f* zu erwarten wäre.

Außerdem hätte der Verfasser im Falle eines direkten Bezuges auf Horus (wie in der Übersetzung Sethes insinuiert) vielleicht doch eleganter *jrrw n=f ḏd.t=f* „dem, was er sagt, getan wird“ formuliert. Die Lesung selber ist jedoch alles andere als gesichert. Sethe selber räumte ein, dass die Kobra (Gardiner I10) hier „die niedrige Kriechgestalt“ hat und direkt neben die Handhieroglyphe gesetzt wurde (allerdings jetzt so nicht mehr sichtbar), und dass der Zeichen-rest nach *jr* sowohl zu der Eule/*m* als auch dem Küken/*w* gehören könne (154). In der Notation von <*ḏ*> und <*d*> über <*n*> dürfte wohl *ḏnd* „Zorn, Wut“ vorliegen (Wb V 579), so dass *śẖm ḏnd=f* „Dessen Zorn mächtig ist“ verstanden werden kann. Falls das folgende *jr.w* noch nicht zu den Ver-merken von Kol. 46 gehören sollte, ist *jr.w n=f* „Der für sich gehandelt hat“ (perfektisches Partizip) zu verstehen. Der Zorn des Osiris hat die Tötung der (durch das Opfer substituierten) Feinde zur Folge.

Szene 14 (Kol. 48-50)

In Szene 14 wird ein mit einer *jmꜣ*-Pflanze (= Osiris) bekrönter Djedpfeiler aufgerichtet (vgl. Bild 9). Von der Interpretation der Handlung ist nur noch erhalten: „Horus ist das, der seinen Kindern befohlen hat, [...] aufzurichten“. Sethes Ergänzung – „Horus ist das, der seinen Kindern befohlen hat, [den Seth auf]zurichten [unter Osiris]“ – würde zu der doch sehr unwahrscheinlichen Annahme führen, dass Seth mit dem Djedpfeiler – Symbol der Dauer und üblicherweise mit Osiris gleichgesetzt – identifiziert würde, während noch in Szene 13 diesem Djedpfeiler ein Opfer dargebracht wurde! Es ist ebenso fraglich, ob in Szene 15, wo ein Seil an den Djedpfeiler gelegt wird, wirklich Seth mit dem Djedpfeiler identifiziert wird (s. unten). Diese Annahme – Seth als Djedpfeiler unter Osiris als der *jmꜣ*-Pflanze – hat Sethe jedoch zu seiner Übersetzung von Kol. 50 geführt:

SETHE:	[50] Isis und Nephthys sprechen Worte zu den Horuskindern: „Schiebt (ihn) dem Gefallenen unter.“
VORSCHLAG:	[50] Isis und Nephthys zu den Horuskindern, Worte sprechen: „Seid energisch mit dem Vorhaben!“

Sethe liest *ẖn{f} {św} n ẖr(w)*, wobei er für das Verb *ẖnf* eine Bedeutung von „substituieren, unterschieben“ postuliert. Das entsprechende Lexem bedeutet aber „backen“ (Hannig I 949) und entfällt damit hier; ohnehin wäre das <*f*> nicht notiert. Dass Osiris im Moment seines Triumphes über Seth außerdem als „Gefallener“ bezeichnet wäre, wie Sethe vermutete (158), scheint wenig plausibel. Für den Beginn schlage ich daher *ẖn* „energisch sein, energisch führen“ o.ä. (Hannig 601; Wb III 286) vor,
gefolgt von der Präposition *ẖr* und eventuell einem Substantiv *nẖr*, wozu allerdings nur ein Simplex zu *nẖrẖr* *„traurig sein“ (Hannig 428) vermutet werden könnte.

Da das <*n*> allerdings ab der Zeichenmitte zerstört ist, kann auch ein Riegel-*s* dagestanden haben, womit sich *śḫr* „Plan, Vorhaben“ (Wb IV 258ff.; seit dem Mittleren Reich auch mit <*s*>) anbietet.

In der folgenden Szene 15 wird in der Ritualhandlung ein Seil (*nwḥ*; Wb II 223) an den Djedpfeiler gelegt; gedeutet als „Seth ist das, der ger[ichtet o.ä.] ist auf Befehl des Horus an seine Kinder.“ Der Satz besagt allerdings *nicht* – wie von Sethe interpretiert –, dass der Djedpfeiler selber gefesselt und daher mit Seth zu identifizieren sei. Das *nwḥ* –Seil wird zur Bestrafung der Gottesfeinde verwendet, so wird es etwa in Tb 39 als Schicksal des Apophis genannt, das durch Re vollzogen wird.[44] Es wird in der vorliegenden Szene vielleicht einfach unten an den Pfeiler gelegt oder an den Pfeiler angebunden und damit Osiris als Strafmittel zur Verfügung gestellt. Vielleicht handelt es sich auch um den Strick, mit dem in Szene 7 die Schiffe vertäut wurden.

Szene 17 (Kol. 54bis–57)
Nachdem Szene 16 wieder die beiden Schiffe nennt, zu denen die Königskinder hinabsteigen (Kol. 53f.; nicht notwendigerweise „einsteigen“, wie Sethe 161 übersetzte), beginnt mit Szene 17 eine Reihe von Ritualhandlungen, in deren Mittelpunkt die Wiederherstellung des versehrten Gottesauges (Horusauges) steht. Protagonist von Szene 17 ist Mechenti-irti von Letopolis, das noch in Kol. 32, 73/75, 119 und 121f. in Erscheinung tritt, dort allerdings immer mit Blick auf Horus; dem Gott werden zwei Augen als Gesicht (*m ẖnt=k*) gegeben. Die Szene ist illustriert in Bild 11, wo links ein König mit Stab im Boot steht, den die Beischrift als „Der König, der herrschen wird“[45] bezeichnet. Davor steht der Große Vorlesepriester (*ẖrj-ḥꜣb.t*[46]), der Brot und Krug (nach Kol. 54bis die rituelle Entsprechung der Augen) einem Gott mit abgeschnittenem Gesicht und der Beischrift „Mechenti-irti, der Letopolis vorsteht“ reicht.

---

44 J.F. Borghouts, Book of the Dead [39]. From Shouting to Structure (SAT 10), Wiesbaden 2007, 37f.

45 Sethe interpretiert eine identische Notation in Szene 23 und Bild 37 anders als „Vater der Herrschers“ (222.256), was zumindest fraglich scheint.

46 Sethe (163) wollte den Titel des Priesters als *ẖrj-ḥꜣb.t n jḫ.t nfr* „Vorlesepriester des Gottesdienstes“ lesen, der allerdings sonst nicht belegt ist. *jḫ.t nfr* ist von der Notation *ẖrj-ḥꜣb.t* rein graphisch abgesetzt und kann kaum zu diesem gezogen werden. Ersterem folgt die Zeichengruppe *fꜣj.t*, die gegen Sethe (250) sicher als Stativ aufzufassen ist: „das Gottesopfer ist aufgetragen“. Tafel 5 zeigt bei dem als <*n*> gelesenen Zeichennach *ẖrj-ḥꜣb.t* eine schadhafte Stelle dort, wo die hieratische Schreibung des *ꜥꜣ*-Pfeilers den signifikanten Querstrich aufweist, so dass vielleicht plausibler *ẖrj-ḥꜣb.t ꜥꜣ* „großer Vorlesepriester“ (Hannig 641) zu lesen ist.

Szene 18 (Kol. 56-58)
In Szene 18 wird der Kampf von Horus und Seth (Kol. 56–57) bzw. der Horuskinder mit dem „Gefolge des Seth" (Kol. 58) durch Kämpfer vorgeführt.[47] Eine Illustration dazu ist Bild 12, das drei Paare von Kämpfern zeigt und zwei erhaltene Beischriften: *mn*ᶜ-Kampf[48] (= der von Horus und Seth), ᶜ*mw*-Kampf (= der der Horuskinder mit dem „Gefolge des Seth"). Gebs Aufforderung an Horus und Seth – ᶜ*mw-jb* – wurde von Sethe als „vergesset" übersetzt – „Die beiden streitenden Götter sollen ihren Streit und die Verletzungen, die sie sich beigebracht haben, vergessen" (166f.). ᶜ*m jb* bedeutet korrekter aber wohl „bereuen" oder „ohnmächtig werden" (Wörterbuch der medizinischen Texte I, 139), so dass die Aufforderung vielleicht darin besteht, bis zur Niederlage einer der Gegner durch Erschöpfung zu kämpfen. Entsprechend ist die Anweisung an die kämpfenden Gefolgsleute der beiden Götter zu verstehen: *nj=ṯn* ᶜ*mw-jb* „(auch) euch kommt nämlich Erschöpfung zu".
Nach Szene 17 thematisieren dann Szenen 19–21 nach meinem Verständnis die sukzessive Wiederherstellung des Horusauges, und zwar in folgenden Schritten, die in der Übersetzung Sethes nicht erkennbar sind:

Kol. 60: „Möget ihr füllen das Gehäuse dieses meines Gesichtes mit dem Auge"
Kol. 64: „Es geschah, dass zwei Tischler gebracht wurden"
Kol. 65: „Behandelt nun seine die Spaltwunde, möge er danach für euch leuchten"
Kol. 66: (Bandagierer, Abwischen (?) des Auges)
Kol. 67ff.: (Einpassen des Auges ins Gesicht)
Kol. 72ff: (das Auge leuchtet wieder)

Szene 19 (Kol. 59-63)
Sethe: [59] Es geschah, daß man ein Melkerinnenpaar herbeiholte. Horus [ist das, der zu seinen Kind]ern [redet]
VORSCHLAG: [59] Es geschah [...]die zwei mit dem Pavianbellen/Jubeln [...] Horus [...]

Kol. 59 ist weitgehend verloren. Das Determinativ von zwei mit Stöcken kämpfenden Personen erscheint im zweiten szenischen Vermerk in Kol. 60 nach dem Ausdruck *mhtt* und (teilweise zerstört; ob wiederum mit Stöcken kämpfend, ist unklar) in der Handlungsanweisung von Kol. 59.

---

[47] Vgl. noch H. Altenmüller, Letopolis und der Bericht des Herodot über Papremis, in: JEOL 18(1964), 271-279.

[48] Ob die Kampfbezeichnung ursprünglich *mn-*ᶜ „mit ausdauerndem Arm" bedeutete („Ausdauerkampf"), während ᶜ*mw* etwa als „Erschöpfungskampf" wiederzugeben wäre?

Entsprechend hat Sethe auch *mhtt* dort ergänzt; ob der Ausdruck dort identisch geschrieben wurde und ob die *mhtt* gebracht wurden, lässt sich aber nicht mehr feststellen. Zu Sethes Deutung des Wortes als „Melkerinnen“ ist festzuhalten, dass **mht.t* „Melkerin“ im Ägyptischen nicht existiert. Das entsprechende Lexem lautet *mhr* und ist bisher erst ab dem Neuen Reich belegt.[49] „Melkerin“ müsste demnach im DRP als *mhr.t* erscheinen, doch selbst dann wäre der Bezug von Melkerinnen zur götterweltlichen Handlung unklar.

Die einzige Möglichkeit scheint mir, den vorliegenden Ausdruck an das Lexem *ht̠t* > *htt* „ bellen[50] (vom Pavian); Pavian (der die aufgehende Sonne anbetet)“ und die Bezeichnung *jmj-htt* „Der mit Geschrei = der (die aufgehende Sonne anbetende) Pavian“ anzuschließen (Wb I 74,18; II 504). Die Nisbe *jmj* kann auch defektiv nur mit <*m*> notiert werden (Wb I 72). Handelt es sich nach dem Determinativ um zwei mit Stöcken kämpfende Männer, ist vielleicht zu übersetzen: „die zwei mit dem Pavianbellen/Jubeln bzw. Schreikämpfer“. In Analogie zu den den Aufgang der Sonne mit Geschrei (Bellen) und Hüpfen begrüssenden Pavianen würde mit dieser Handlung die im folgenden geschilderte Wiederherstellung des Sonnenauges angekündigt.

Die in den folgenden Kolumnen geschilderten Handlungen, zu denen in Kol. 64 Holzhandwerker herbeigezogen werden, verstehe ich als konkrete Beschreibung der handwerkliche Operation, mit der rituell das Sonnenauge wieder in den Kopf des Horus eingesetzt wird:

SETHE: 60 Horus spricht Worte zu den Horuskindern: [„Ihr so]llt mein Haus [auf] Erden füllen (?) mit meinem Auge“.
|| die Horuskinder || das Melkerinnenpaar.

VORSCHLAG: 60 Horus zu den Horuskindern, Worte sprechen: „Möget ihr füllen das Gehäuse dieses meines Gesichtes mit meinem Auge“.
|| die Horuskinder ||die Jubelkämpfer/Der Jubel-Kampf (?)

Nach dem Subjunktiv *mḥ=t̠n* „möget ihr füllen“ liest Sethe: *pr{=j} tp tꜣ ẖr jr.t{=j}* „mein Haus auf Erden mit meinem Auge“.

---

[49] Im Ägyptischen existieren folgende *unterschiedlichen*, von Sethe zusammengeworfenen Lexeme: (I) *mhr* „Milchkrug (MR); melken, säugen, Milchkuh (ptol.); Melker; Säugling (NR, syllabisch)“ (Etymo-logie unklar; ob zu semit. *mhl* „Saft“?), (II) *mhj.t* „Milchkuh“ (PT; wohl zu arab. *mahā, pl. mahawāt, mahayāt*), (III) mhwj „Milchfett“ (ev. zu arab. *māha* „mischen, verdünnen“, *mā', pl. miyah, amwāh* „Saft“). Vgl. Takacs, EDE III, 457.460ff.463.

[50] „*Ht̠t* meint akustische und körperliche Freudenbezeugungen der Paviane beim Auf- und Untergehen der Sonne. Nicht mit ‚Kreischen' zu übersetzen, da nur die von den Männchen übel traktierten Weibchen kreischen; Paviane bellen“ (L. Störk, Art. Pavian, LÄ 4, 915-920: Sp. 917 mit Anm. 15). Vgl. noch H. Te Velde, Some Remarks on the Mysterious Language of the Baboons, in: Funenary Symbols and Religion. FS Heerma van Voss, Kampen 1988, 129- 137. S. noch Goyon, Confirmation, 79.

Die wie <*n*> aussehende Linie (Sethe 169) versteht Sethe als Landhieroglyphe, während von der davor stehenden Gruppe nur der Rest eines <*p*> erhalten ist, das Sethe als phonetisches Komplement zu dem davor vermuteten Kopf <*tp*> ansieht. Es bleibt aber schwer verständlich, was damit gemein sein soll, dass das Haus des Horus auf Erden mit dem Horusauge gefüllt werden soll, denn in der folgenden Szene wird das Auge in das Gesicht des Gottes eingefügt. Da der Papyrus in dem betreffenden Schriftquadrat rechts unbeschriftet ist, scheint es aber wenig wahrscheinlich, dass die *tp*-Hieroglyphe (vgl. ihre Schreibung und Plazierung in Kol. 43, 46, 47) je hier notiert war. Ich vermute mit Blick auf SZENE 21 eher *ḥr* + danebengesetzter Ideogrammstrich „Gesicht" und daruntergesetzt *p* (nicht erhalten) + *n* : *pr [ḥr{=j} p]n ẖr jr.t{=j}*. Dabei fasse ich *pr* in übertragenem Sinn als „Gehäuse" (Behälter, Kasten, Futteral) auf (Wb I 511) und übersetze: „Möget ihr füllen das Gehäuse dieses meines Gesichtes mit meinem Auge", eine drastische Veranschaulichung des Gesichtes mit leeren Augenhöhlen. Der nächste Schritt – das Auge muss herbeigebracht werden – wird in Kol. 61 mit einer Anweisung von Horus an Thot eingeleitet. Dabei kann entweder *jnj=śn ḏś=śn* „Sie sollen (es) selbst bringen" verstanden werden (so Sethe, der dazu bemerkt: „Nicht der angeredete Thoth, der sonst so oft der Bringer (oder Wiederbringer) des Horusauges ist, soll es hier bringen"; 170), es könnte aber ebensogut anders segmentiert werden: *jnj śj nḏś=śn* „Bring du es, da sie noch klein sind" – womit Thot die übliche Funktion wahrnähme:

SETHE: [61] Horus spricht Worte zu Thot: „Sie sollen (es) selbst bringen."

VORSCHLAG: [61] Horus zu Thot, Worte sprechen: „Bring du es, da sie noch klein sind."

Szene 20 (Kol. 64f.)

In Szene 20 werden zwei Schreiner gebracht, erklärt als „Horus ist das, wenn er zu seinen Kindern spricht wegen seines Auges" (Kol. 64). Die folgende Rede des Horus an die Horuskinder scheint mir von Sethe völlig missverstanden worden zu sein; ich möchte sie erneut anders verstehen:

SETHE: [65] Horus spricht Worte zu den Horuskindern:
„Mein Auge gehört dem, der (es) spalten wird; entfernt euch seinetwegen."

VORSCHLAG: [65] Horus zu den Horuskindern, Worte sprechen:
„Möget ihr behandeln (oder: möge man handeln für) seine Spaltwunde.
Möge er danach/auf Grund dessen für euch leuchten."

In der Tat eröffnen die verschiedenen lexikalischen und grammatikalischen Möglichkeiten und unterschiedliche mögliche Segmentierungen eine erhebliche Anzahl von Deutungen, die hier zur Illustration der Problematik eines korrekten Verständnisses des DRP dienen sollen:

(a) 1. Satz.

(I) Unter der Annahme, dass *jr.t* hier „Auge" ist:

(I.1) *jr.t tn* „dieses Auge" (das Substantiv ideographisch ohne *-t* notiert; von Sethe 172 erwogen), vermutlich mit *pšn.t=f* als Relativform „dieses Auge, das er spaltet";

(I.2) *jr.t n* + *pšn.t=f* (substantivierte Relativform) „das Auge von dem, was er spaltet";

(I.3) *jr.t n* + *pšn.tj=f* (Verbaladjektiv) „das Auge von dem, der spalten wird" bzw. als Adverbialsatz: „das Auge gehört dem, der spalten wird" (*Vorschlag Sethe*).

(II) Unter der Annahme, dass *jrj* „tun" vorliegt:

(II.1) *jrj.t* (Infinitiv). Dann wie oben:

(II.1.1) *jr.t n pšn.t=f* (Relativform) „Handeln wegen/für das, was er spaltet",

(II.1.2) *jr.t n pšn.tj=f* (Verbaladjektiv) „Handeln wegen/für den, der spalten wird",

(II.1.3) *jr.t n pšn.t=f* (substantiviertes Partizip) „Handeln wegen/für sein Gespaltenes".

(II.2) *jrj.t* kann aber auch Schreibung von subjunktivischem *jrj.tw* / *jrj=tw* (*tw*-Passiv bzw. neutrisches Subjekt) sein; für den Rest des Satzes ergeben sich die zuvor genannten Optionen

(II.2.1-3; „man möge handeln/gehandelt werde für/wegen...").

(II.3) Wird das <*n*> nicht als Genitiv-*n* oder Präposition verstanden, sondern als Morphem des Präteritums, kann *jrj.t-n* als *śḏm-n=f*-Relativform aufgefasst werden, und zwar mit der folgenden Form als Subjekt, d.h.

(II.3.1) mit *pšn-t=f* als Relativform: „Was das, das er spaltet, getan hat";

(II.3.2) als Wechselsatz: *jrj.t-n*<*=j*> *pšn.t=f* „Was ich getan habe ist das, was er spaltet";

(II.3.2) mit *pšn.t=f* als substantiviertem Partizip: „Das, was sein Gespaltenes getan hat";

(II.3.3) mit Verbaladjektiv *pšn-tj=f* „Das, was der, der spalten wird, getan hat".

(II.4) *jrj* kann jedoch auch als Imperativ verstanden werden mit verstärkendem enklitischen Pronomen *ṯw* > *t(w)* der 2. Ps. Sg.:

(II.4.1-3) „Handle du wegen/für das, was er spaltet/sein Gespaltenes/den, der spalten wird“ nicht im vorliegenden Fall, da die Horuskinder angesprochen sind, doch ist

(II.4.2.1-3) der Imperativ Plural mit dem enklitischen Pronomen der 2. Ps. Pl. *jrj-tn* (< *ṯn*) möglich oder

(II.5.1-3) subjunktivisches *śḏm=f*, mit *tn* (< *ṯn*) als regulärem Subjektspronomen, wobei jrj mit dem Objekt der Krankheit oder Verletzung „die Krankheit/Verletzung behandeln“ bedeutet:“Behandelt ihr sein Gespaltenes/Möget ihr sein Gespaltenes behandeln“ (vgl. II.2.1-3).

(II.5) Aber es könnte auch bezweifelt werden, ob *p-š-n-t-f* überhaupt als Einheit zu betrachten sind; bei anderer Segmentierung könnte das <*ntf*> als selbständiges Personalpronomen zum zweiten Satz gezogen werden: *ntf pśḏ.w n=ṯn ḥr=ś* „er ist der, dessen Gesicht für euch leuchtet“ o.ä. (dieser Ansatz für aber für den ersten Satz nicht weiter).

(b) 2. Satz (vgl. die vorhergehende Bemerkung, falls unterschiedlich segmentiert wird). Hier ist zunächst die Lesung der ersten Kursivhieroglyphe (kleiner runder Kreis) nicht eindeutig; es könnte insbesondere

(III.1) D12 (Pupille) oder

(III.2) N9 (Neumond) (vgl. Kol. 74) sein (nicht N33, Sandkorn). Davon führt III.2 und die Lesung *pśḏ* weiter.

(III.2.1) Sethe erkannte darin das Verb *pśḏ* (I) „sich entfernen“, alternativ bietet sich

(III.2.2) *pśḏ* (II) „leuchten“ (*ḥr* über jmdm.) an.

Die folgende Endung <*w*> nach der ideographischen Schreibung kann wiederum unterschiedlich verstanden werden, nämlich als

III.2.1/2.1.-5): 1. Partizipialendung: „der Leuchtende für euch über ihr“ bzw.

2. Relativform „dessen Gesicht für euch leuchtet“;
3. Imperativ Plural „entfernt euch“/“leuchtet“;
4. Admirativ -*wj* an adjektivischem Prädikat „wie leuchtend ist für euch ihr Gesicht“;
5. seltene Negation <*w*> nach *śḏm=f*: „Nicht soll leuchten/sich entfernen für euch ihr Gesicht“;
6. Stativendung als Wunsch „möge er leuchten für euch über ihr/danach“ (bzw. allenfalls „sich entfernen“).

Sethe hat im Beginn *jr.t* als „Auge“ aufgefasst und im zweiten Satz der Horusrede *pšḏ* I „sich entfernen von“ (Wb I 556, 12-13) angesetzt. Sethes erklärt die Ritualhandlung wie folgt: „Der Sinn wäre dann, daß das durch das Holz [*nicht erwähnt, nach Sethe bestimmt für den in Szene 21 aufgetragenen Speisetisch, Anm. TS*] vorgestellte Horusauge dem, der es spalten wird, gehören solle, mit anderen Worten den angeredeten Tischlern, die mit diesen Worten indirekt zur Verrichtung ihrer Arbeit aufgefordert würden (...) Die Tischler sollen sich entfernen um des Holzes willen, das ihnen übergeben wird“ (Sethe 172f.). Diese Deutung ist aber in sich widersprüchlich, da es in den Szenen 19ff. um die Wiederherstellung des von Seth verletzten Auges geht und Sethe selber konzediert, das die Spaltung des Holzes die Verletzung des Auges durch Seth bedeuten dürfte (aaO). Weshalb den Aktanten von Szene 20 im Gegensatz zu jenen von Szene 19 bzw. 21 diese negative Handlung zugeschrieben werden sollte, ist wenig plausibel; außerdem wird das für Sethes Deutung so zentrale Holzstücke weder in der Ritualhandlung noch in den szenischen Vermerken genannt.
Das hier vorgeschlagene Verständnis von Kol. 65 führt die technische Beschreibung der „Operation“ von Kol. 60 weiter. *pšn* ist in der Fachsprache der altägyptischen Chirurgie eine Spaltwunde bzw. das Gespaltensein des Schädels (Wörterbuch der medizinischen Texte I, 300); in Kol. 65 würde *pšn.t=f* entsprechend „sein Gespaltenes“, d.h. die aufgerissene Augenhöhle bezeichnen. Es liegt dann nahe, am Satzbeginn das Verb *jrj* und zwar in seiner medizinischen Bedeutung („eine Krankheit tun = behandeln; Wb I 110) anzusetzen: *jrj-tn* (< *ṯn*) *pšn.t=f* „Möget ihr seine klaffende Wunde behandeln“. Falls die Notation des Pronomens als <*tn*> gegenüber <*ṯn*> im folgenden zweiten Satz der Rede unplausibel scheint, kann auch alternativ *jrj-t(w) n pšn.t=f* „Möge man handeln für seine klaffende Wunde“ (Subjunktiv mit neutrischem Subjekt) gelesen werden. Der Folgesatz drückt dann den Wunsch bei erfolgreicher Behandlung aus, wobei ich im Gegensatz zu Sethe das wesentlich besser bezeugte *pšḏ* (II) "leuchten" (Wb I 556ff.) zu Grunde lege und die notierte Endung -*w* als Stativ der 3. Ps. Sg. m. zum Ausdruck eines Wunsches auffasse: „Möge er danach (oder: auf Grund dessen) für euch leuchten

Szene 21 (Kol. 66-68)
In der Ritualhandlung tragen Bandagierer/Balsamierer einen Opfertisch auf, was als die Horuskinder interpretiert wird, „die für ihn sein Auge abwischen/trocknen“ (Kol. 66; dazu Bild 13). Letzteres ist vielleicht plausibler als die von Sethe herangezogene homophone Wurzel *ꜥḥ/jḥ* „einfangen“ (Wb I 213f.), denn das Horusauge ist ja schon verfügbar.

Horus spricht in Kol. 67 zum Gefolge des Seth: „Hiermit hebe ich mein Auge in mein Gesicht“ (rituelles *śḏm-n=f: fꜣj-n{=j} jr.t{=j} mḥr{=j}*. Sethe verstand den Satz als Befehl des Horus an das Gefolge des Seth, ihm sein Auge einzusetzen, was aber überaus unwahrscheinlich ist – Horus beweist hier dem Gefolge des Seth seine Überlegenheit. Besonders problematisch ist dann die Rede der Horuskinder an Geb (Kol. 68):

SETHE: [67] Horus spricht Worte zu den Gefolgsleuten des Seth: „Hebt mir mein Auge in mein Gesicht.“
[68] Die Horuskinder sprechen Worte zu Geb: „Nicht gibt es einen (anderen) Gott (?), der erfüllte, was wir zu tun bestimmt sind.“

VORSCHLAG: [67] Horus zu den Gefolgsleuten des Seth, Worte sprechen: „Hiermit hebe ich mein Auge in mein Gesicht!“
[68] Die Horuskinder zu Geb, Worte sprechen: „Die Blindheit seines Auges ist nicht (...).“

Die Lesung bietet verschiedene Probleme, die eine definitive Klärung erschweren. Nach der einleitenden Negation erkennt Sethe ein hohes, oben vorspringendes Zeichen, das nach ihm entweder *nfr* oder *qś* sein könnte; er votierte für ersteres. Anschließend erkannte er den Rest der *mḥ*-Peitsche und eine Relativform des Verbs *šꜣ* „bestimmen“ (Wb IV 402) mit Subjektspronomen der 1. Ps. Pl. und folgendem Infinitiv plus Objektpronomen („es zu tun“). Die Schreibung *<n>* + *<j>* (Schilfblatt) kann aber am ehesten als Genitivnisbe *<nj>* verstanden werden, das folgende *<jr.t=f>* wäre dann „sein Auge“ (ohne Ideogrammstrich notiert wie in Kol. 16, 41, 72). Falls in der Tat *qś* zu ergänzen ist, kommt nur *qś* „Knochen“ in Frage oder *qśn* „schmerzhaft, schlimm sein“, doch scheint in letzterem Fall kein Platz zu sein für das erforderliche *<n>* (**n qśn mḥ* „Es war nicht schmerzhaft zu füllen...“). Die Restitution Sethes (*nfr* oder *qś*, dann *mḥ*) scheint aber alles andere als sicher; die beiden Zeichenreste dürften auch andere Ergänzungen erlauben. Das folgende, nicht zerstörte *šꜣ* könnte im vorliegenden Kontext als Zustand des Auges *šꜣw* „(Nacht-) Blindheit (Wörterbuch der medizinischen Texte 835, Hannig 804; jüngere Notation *šꜣrw*) sein. Lautlich korrespondieren *šꜣw* und *šꜣy.t* (der Opfertisch). Die Balsamierer mit dem Opfertisch sind diejenigen, die die Restitution des Auges (symbolisiert durch den Opfertisch) weiterführen; im Rahmen des vorher evozierten „chirurgischen“ Kontextes könnten sie die Anlegung und Entfernung des Wundverbandes am Auge darstellen.

Szene 22 (Kol. 69-71)
In Kol. 69 tragen die Königskinder Wein auf; „Das Horusauge ihm geben bedeutet das durch seine Kinder."

SETHE: [69] Die Horuskinder sprechen Worte zu Horus: „Ich reiche dir dein Auge in dein Gesicht, (dein Auge), das von Wein quillt (o.ä) durch sie (plur.)."

VORSCHLAG: [69] Die Horuskinder zu Horus, Worte sprechen: „Nimm dir dein Auge in dein Gesicht, der du blind warst; Wein aus ihrer Hand.

Analog zu Kol. 19 bedeutet *mn=k* < *mj n=k* gegen Sethes „nimm dir" – es erschiene auch wenig plausibel, dass die Horuskinder in der 1. Ps. Sg. sprechen. Das hauptsächliche lexikalische Problem im weiteren Verlauf des Satzes ist das nach *ḥr=k* stehende *špꜣt*, für das Sethe eine Bedeutung „überquellen" postulierte (178, Hannig 814: „ausfließen (Schnupfen, Gift)"). Im vorliegenden Kontext möchte ich *šp* „blind sein" (Wb IV 443) vorschlagen, was sich gut in den Kontext des blinden und nach der Wiederherstellung des Auges wieder sehenden Horus einfügt.[51] Es würde sich hier dann um einen auf den angeredeten Horus bezogenen Stativ handeln („der du blind warst").

Szene 23 (Kol. 72-75)
Szene 23 stellt die Wiederherstellung des leuchtenden Horusauges dar. Hier kann zunächst die Ritualhandlung gegenüber Sethe präzisiert werden, der nach der Bezeichnung des roten Karneols (*ḥrś.t*) ein (nicht belegtes) Wort **ḥ.t* für „Kette" postulierte (181). Als Fachterminus der Steinbearbeitung bedeutet *ḥwj* aber „glätten, polieren" (Wb. III 48, 8-9). *ḥrś.t ḥwj.t* ist also „polierter Karneol", der damit in idealer Weise das leuchtendrote Sonnenauge darstellt (miteinander identifiziert in den szenischen Vermerken und durch die Feststellung des Horus gegenüber Seth in Kol. 73):

SETHE: [72] Es geschah, dass eine *ꜥ.t*-Kette aus Karneol herbeigebracht wurde. Horus ist dass der sein Auge (wieder) nimmt von Seth.

VORSCHLAG: [72] Es geschah, dass polierter Karneol gebracht wurde. Horus ist das, wenn er sein Auge aus der Hand des Seth gerettet hat.

---

51 Vgl. zu dem Epitheton „(der Gott,) dessen Kopf blind ist" (*šp tp=f*) C. Leitz, Or 65(1996), 400; und A. Loprieno, Pensée et l'écriture.

Die Konsequenz der Restitution des Horusauges verkündet Horus Seth in Kol. 74, die allerdings erneut divergierend von Sethe verstanden werden muss:

SETHE: [74] Horus spricht Worte zu Seth: „Wende den Rücken, wenn sie dich grimmig angeblickt haben.“ || die beiden Augen || zwei Karneolperlen, zwei sogenannte [Menschen]bäuche.

VORSCHLAG: [74] Horus zu dem Gerichteten, Worte sprechen: „Mein Leuchten hat sich der Finsternis entgegengestellt.“ || Auge(n?). || Die gerettete Karneolperle.

Analog zu Szene 20 setze ich hier *pśḏ II* „leuchten“ statt *pśḏ I* „sich entfernen“ an. Die sich anschließende Zeichenfolge *ḥ-ś-n-ś-n-k-w* löst Sethe als *ḥś{ꜣ}-n-śn kw* auf (zu *ḥśꜣ*, grimmig sein, Wb III 161), wobei die archaische Form des Objektpronomens (für *ṯw*) auffällig wäre. Nach ihm wird Seth aufgefordert, sich zu entfernen, nachdem ihn die beiden nun wieder vereint funktionstüchtigen Augen des Horus grimmig angeschaut haben (Sethe 182). Ich möchte dagegen *ḥś* zu *ḥśj* (III) „sich begeben nach, jemandem entgegentreten“ (Wb III 159) stellen. Da das Verb mit der Präposition <*m*> konstruiert wird, dürfte hier ein Nominalsatz mit dem substantivierten Infinitiv (vgl. *m ḥśj n* „gegen, in Opposition gegen“, Wb III 159, 15-17) vorliegen; nach dem <*n*> lese ich *śnkw* „Dunkel; Ort, wo die Sonne untergeht“ (Wb IV 175,9; 176,13): „Mein Leuchten hat sich der Finsternis entgegengestellt.“ Im zweiten szenischen Vermerk steht wohl nur *ḥrś.t šdy.t* „die gerettete Karneolperle“; Sethes „Menschenbäuche“ (*ẖw.t-pꜥ.t*) beruhen auf seiner Lesung von <*ẖ*> statt <*šd*> und der Spekulation über die Etymologie einer Objektbezeichnung des Mittleren Reiches (183).

Die hier vorgestellten philologischen Bemerkungen zu den ersten 23 Szenen des Dramatischen Ramesseumspapyrus haben, ohne der Weisheit letzter Schluss sein zu wollen, hoffentlich gezeigt, dass fortgesetzte Arbeit an diesem wichtigen Text mitnichten nur das Verständnis von Details befördern wird, sondern dass ein bedeutender Teil der beschriebenen Ritualhandlungen und -deutungen, der Götterreden und szenischen Vermerke präziser gefasst werden kann und sogar grundsätzlich anders als von Sethe intendiert wiedergegeben werden muss.
Sie haben in Auseinandersetzung mit Sethes Vorschlägen zu zeigen versucht, dass

- keine Zählung von Ältesten stattfindet, sondern ein Hinausgehen der Schiffsmannschaft (Sz. 2);
- Thot nicht als Komplize des Seth oder gar als Schlachttier fungiert (Sz. 3),
- nicht nach den Gliedern des Osiris gesucht wird (Sz. 4),
- nicht etwa ein zweites Horusauge dem König in seiner angeblichen Rolle als Seth gegeben wurde (Sz. 6),
- die Schiffe nicht auslaufen, sondern vertäut werden (Sz. 7),

- Seth nicht als Angreifer, sondern jüngerer Bruder des Osiris benannt wird und es keinen „anderen Seth" gab,
- es keinen „Schrein des Essens und Stehens" gibt (Sz. 8),
- nicht etwa auf einen Ehebruch von Osiris und Nephthys angespielt wird, sondern das Opfermahl (Sz. 11),
- Horus dem Seth neu das Gericht des Osiris ankündigt (Sz. 12) und sein Zorn erwähnt wird (Sz. 13),
- Seth nicht mit dem Djedpfeiler identifiziert und der Djedpfeiler auch nicht gefesselt wird (Sz. 14, 15),
- die Wiederherstellung des Horusauges in sehr konkreter und medizinischer Weise dargestellt wird (Sz. 19-23),
- keine Melkerinnen auftreten, sondern der Jubel über die bevorstehende Restitution des Auges inszeniert wird (Sz. 19),
- das Auge nicht den Schreinern gehört, sondern die Spaltwunde des Horus behandelt werden soll (Sz. 20),
- die Horuskinder sich nicht entfernen sollen, sondern Horus leuchten wird (Sz. 20),
- nicht die Gefolgsleute des Seth, sondern Horus selbst sich sein Auge ins Gesicht hebt (Sz. 21),
- der DRP nicht über eine Bestimmung der Horuskinder redet, sondern die überwundene Blindheit des Horus (Sz. 21), ebenso in Sz. 22, wo das Auge nicht von Wein überquillt,
- als Symbol des wiederhergestellten Auges nicht eine Kette, sondern polierter Karneol auf die Bühne gebracht wird (Sz. 23),
- nicht etwa Seth sich entfernen soll, nachdem ihn die Horusaugen grimmig angeblickt haben, sondern dass das Leuchten des Auges den Kampf mit der Dunkelheit aufnimmt (Sz. 23).

In positiver Hinsicht ergeben die Neuvorschläge zur Übersetzung einen wesentlich klareren und in sich kohärenteren Ablauf des Rituals des DRP. Sie zeigen auch, dass erst eine umfassende Neubehandlung des gesamten Textes überhaupt eine sichere Basis für die Diskussion sowohl über Struktur und Komposition des Textes als auch über Ablauf und Zweck des Rituals wird bieten können.[52]

---

[52] Es sei noch darauf hingewiesen, dass im Mittleren Reich jedes neue Regierungsjahr des Königs am Neujahrstag begann und nicht am Jahrestag der Thronbesteigung (sog. Vordatierung), so dass es sich bei dem DRP auch um ein Ritual zur Bestätigung der Königsherrschaft an Neujahr handeln könnte, direkt nach den Epagomenen, an denen die Geburtstage der im DRP handelnden Protagonisten Osiris, Horus, Seth, Isis und Nephthys gefeiert wurden. Pap. Brooklyn 47.218.50 (J.-Cl. Goyon, Confirmation du pouvoir royal au Nouvel An, 1972) umfasst z.B. Abschnitte mit Riten zur Anbetung des Horus, der das Erbe des Königtums übernimmt, eine Beschwörung der Gefahren des Jahres und ein Opfer für die Ahnen.

The Rise of the Solar-Osirian Theology in the Ramesside Age: New points d'appui

Anthony Spalinger

Recent discoveries have the advantage of providing weary scholars with a much-needed impetus to redraw their historical reconstructions. After all, as Otto Neugebauer stated on more than one occasion, there are, in essence, only two ways of advancing knowledge: either by new data or by new interpretations. The following discussion will encompass both, as it will be my contention that a developmental analysis of the rise of post-Amarna solar religion in conjunction with the return to an Osirian perspective better explains the subsequent "triumph" of the Solar-Osirian Unity in Dynasty XXI.[1]

The recent publication of Theban Tomb 136 by Alfred Grimm and Hermann Schlögl provides the student of solar religion with a remarkable outlook.[2] The first aspect of the discovery that these two scholars emphasized was the presence of a common Ramesside-Third Intermediate Period solar hymn on the left side of the entranceway. It was noted that this is the earliest case of a later "Amun-Re-Harachty" hymn that perhaps - and this requires a leap of faith - was originally addressed to Re-Harachty-Aten or even Re-Aten. Grimm and Schlögl also observed that the expected "mythic" images are sparsely represented in this chant. Quite to the contrary, references to the Duat and to the "pair of feathers" leading the sun god into darkness automatically imply that *all* Osirian connections have not been eliminated from the text. Then too, the anomalous position that this hymn holds within the opening eight years of Akhenaton's reign is reflected in the phrase "your face is to the east," whereas all the Ramesside exemplars employ "west" instead. Clearly, the solar connection is paramount; witness the tomb's entrance to the east to which the deceased must face.[3]

---

[1] Andrzej Niwinski, "The Solar-Osirian Unity as Principle of the Theology of the 'State of Amun' in Thebes in the 21st Dynasty," *JEOL* 30 (19870-88): 89-106.

[2] Alfred Grimm and Hermann A. Schlögl, *Das thebanische Grab Nr. 126 und der Beginn der Amarnazeit* (Wiesbaden: Harrassowitz; 2005). See my brief comments in "Osiris, Re and Cheops," *ZÄS* 134 (2007), 177 note 26.

[3] See the comments of Grimm and Schlögl In Chapter I of their study.

Of equal importance is the presence of four imposing pillars. The decoration on them was not at all related to the afterworld but rather to the pharaoh Akhenaton. One conclusion seems reasonable. The disappearance of all the traditional deities and their replacement by the king betray the influence of Akhenaton. (See the cartouche *Wᶜ-[n]-Rᶜ Nfr-ḫprw-Rᶜ* which postdates the first major alteration in his theology if not the second.) Nevertheless, what captivated Grimm and Schlögl was the Osiride form of the columns. Their hypothesis was that, iconographically speaking, one could identify the god Osiris with the pharaoh Akhenaton. Rather than being "banned" or "suppressed", the age-old god of the afterworld now became identified with the king. The argument went as follows. If we remember that the hymn in this tomb states "your pair of feathers leads you/will lead you through the road of darkness," surely this must indicate a role for Osiris as well as for the pharaoh. However, their extraordinary equation cannot be supported by any text of the Amarna Period. If, Amarna Period has "nothing to do with Osiris," as Erik Hornung claims, then we ought to interpret this aspect of TT 136 in a different fashion.[4]

It is well know that the aspect of the sun, the daily presence of the Aten, is what his prime agent, Akhenaton, desired. The solar-Osirian aspects of the afterworld were not destroyed but they were not mentioned. Hence, the Litany to the Sun disappeared in royal tombs. Likewise, the Amduat, with the inherent merging of Re and Osiris in night hour six, no longer took place in the official theology or in the cult of Akhenaton. The abandonment of the latter royal funerary document is significant in many respects. At the minimum, the unity of Osiris' corpse with that of the sun was no longer an inherent religious aspect of rebirth.[5]

---

4 Erik Hornung, "Monothesimus in pharaonischen Ägypten," in *Monotheismus im alten Israel und seiner Umwelt* (ed., O. Keel; Fribourg: Schweizerisches Katholisches Bibelwerk, 1980), 84-8 (following Assmann) and most clearly in his short work *Akhenaton and the Religion of Light* (trs., David Lorton; Ithaca and London: Cornell University Press, 1999).

5 Most recently, there is the important study of John Coleman Darnell, *The Enigmatic Netherworld Books of the Solar-Osirian Unity: Cryptographic Compositions in the Tombs of Tutankhamun, Ramesses VI and Ramesses IX* (Fribourg and Göttingen: Universitätsverlag and Vandenhoeck & Ruprecht, 2004). This is a work which shall be discussed in detail below. There is a very helpful analysis of the volume by Joachim Quack, "Ein Unterweltsbuch der solar-osirianischen Einheit?," *WdO* 35 (2005); 22-47.

For the Book of the Dead evidence, see now Terrence DuQuesne, "The Osiris-Re Connection with Particular Reference to the Book of the Dead," in *Totenbuch Forschungen: Gesammelte Beiträge des 2. Internationalen Totenbuch-Symposiums Bonn, 25. bis 29. September 2005* (eds, Irmtraut Munro and Simone Stöhr; Wiesbaden: Harrassowitz, 2006), 23-33. He refers back to the seminal study of Joachim Spiegel, "Versuche zur Verschmelzung von Re und Osiris," in *Göttinger Totenbuchstudien: Beiträge zum 17. Kapitel* (ed. Wolfhart Westendorf; Göttingen: Harrassowitz, 1975), 129-81.

Furthermore, no longer did the sun god, originally Re but now under Akhenaton the Aten, encounter his own corpse. As a result, the battle between the sun and his archenemy, Apophis was eliminated. Thus the solar corpse could no longer take the shape of a scarab beetle. If there was contained in that insect the "germ of resurrection," as Hornung maintains, then this aspect of the solar cult was also jettisoned.[6] The Aten itself could not be represented in any form other than the holy disk.

But if the four columns in the early Amarna tomb of Ipy represent Osiris, and even if the deity is assimilated to Akhenaton, how does the overt entrance to the tomb relate to the owner? Evidently, the opening faces east. Hence, the sun (or the Aten if you wish) enters into the tomb and encounters Osiris-Akhenaton by means of shining upon the pillars. Therefore, a unity of Osiris and the Aten takes place, and we still witness the older pre-Amarna conception of the Solar-Osirian fusion. Indeed, if Osiris is a "vessel" for the sun god's ba-soul, then it is not surprising to find mention in TT 136 of the Ba of the deceased tomb owner (*rwḏ bꜣ.k*). Furthermore, the subsequent depiction of the mummified Osiris as a ba is specifically associated with the Solar-Osirian Unity. The unification of the sun god with his afterworld counterpart parallels that of the ba with the body of the deceased.

I would therefore revise the interpretation of Grimm and Schlögl with regard to the Osirian nature of the four columns in Ipy's tomb. In place of their conclusion I prefer to see a simpler explanation, geared to the eternal cycle of life and death. In this case the Osirian aspect of the columns is directly connected to the cult of the sun disk. The deceased will be always associated with the sun, the Aten in this case; and if the ruling pharaoh Akhenaton plays a role, it must be as the intercessor or "high priest" of his personal deity, the sun disk. Thus I am not alarmed over the presence of the pharaoh on the columns in the first chamber of Ipy's tomb. The Osirian columns present Osiris were positioned at the entrance to allow the sun god to penetrate to the deceased. Let us remember, as Hornung has written frequently, that Akhenaton's solar deity is not a sun god per se but actual "light", a concrete symbol. Hence, the penetration of light into Ipy's tomb makes perfect sense in Amarna religious thought. As a lemma to this interpretation, if there were a conjoining of the pharaoh with a deity, surely one would expect there to be also an equal fusing of Osiris with the sun. If only for this reason I do not find Grimm and Schlögl's analysis of the pillars to be accurate.

---

[6] "Black Holes Viewed from Within: Hell in Ancient Egyptian Thought," *Diogenes* 165 (1994): 146 with the entire article to be consulted (pages 133-56).

In fact, as their Plate V reveals, it is the tomb owner Ipy who is depicted in the position of praising the solar divinity, a religious attitude that is seconded by the original inscription on the right side of the entrance chamber where the invocation to "O Aten" was later altered to "Adore Re!" (*pꜣ jtn* > *dwꜣ Rꜥ*). In essence, whether we accept Cyril Aldred's position that Akhenaton was the Aten's "High Priest" or whether we agree with the more balanced and nuanced viewpoint of Jan Assmann, whose position has the backing of all XVIIIth Dynasty religious hymns to the sun god Re, *no* combination of the pharaoh with Osiris is extant in the Amarna theological literature. Hornung has repeatedly explained the new faith. The various "books of the afterworld" disappear from Egypt. Even in Tutankhamun's enigmatic "Book of the Underworld," "we no longer know in which hour of the night we find ourselves."[7] But, as we shall see below, in the "Book of Gates" partially carved in Tutankhamun's tomb, the aim is clear: the union of Re with the mummified Osiris in his "Kasten." At most TT 136 seeks to express some type of fusion between the deceased as Osiris and as Re. The role of Akhenaton most surely was *not* that of Osiris. And this fusion of the solar aspect with Osiris was no mere syncretistic conception. The Solar-Osirian Unity, though analogous to Amun-Re, remains separate from the latter. This concept of "The United One" (*dmḏj*) is a totally new godly image or form. The Litany to the Sun is clear on this aspect.[8]

Akhenaton's famous colossal statue wearing two feathers to identify himself with Shu makes it reasonably certain that the "two feathers" in the hymn to the Aten in TT 136 are likewise Shu's. *A fortiori*, the "light" aspect of Shu connects perfectly with Akhenaton's "religion of light." The reawakening of the deceased always took place at sunrise. Rolf Krauss established that Akhenaton's policy of desecrating the traditional gods of Egypt was more limited than was previously believed.[9] For example, it was directed mainly against the state god Amun, although other Theban deities were no longer tolerated. Atum, whose association with Re and Heliopolis was extremely close, is one of the more prominent exceptions to the king's policy of erasures. Furthermore, owing to Susanne Bickel's work in the mortuary temple of Amunhotep III, we can now appreciate some of the vagaries of the new intolerance. When Amun was erased, he might be "reinterpreted" as Akhenaton's father, Amunhotep III.

---

[7] "Der Verborgene Raum der Unterwelt in der ägyptischen Literatur," in *Mensch und Raum von der Antike bis zur Gegenwart* (ed., Antonio Loprieno; Munich and Leipzig: K. G. Saur, 2006), 29.

[8] In this context, see Hornung, "Echnaton und die Sonnenlitanei," *BSEG* 13 (1989): 65-8.

[9] For these two discussions, see "Nefertiti y Ajenatón: Nuevos resultados en las investigationes acerca del arte y la religión de la época de Amarna," *BAEDE* 11 (2001): 45-61; and *Das Moses Rätsel: Auf den Spuren einer biblische Erfindung* (Munich: Ullstein, 2000), 42-60.

In another erasure of Amun in the same temple, the god Osiris behind him was left unaltered. Such apparent inconsistencies in the epigraphic and picotrial record did not faze Krauss. His conclusion, namely that "with the exception of Amun the names of other gods remained," presumably at Thebes, holds.[10] Moreover, as Krauss noted, Akhenaton appears not to have banned Osiris, even though that deity had no role to play at the city of Amarna; indeed, he was neither officially nor publicly invoked. It was the "living soul" that was supposed to pass the night in its tomb. Osiris was ignored but not challenged or attacked. Abydos remained holy.

Krauss discovered that the cults of Ptah and Sokar continued in operation and that Ptah replaced Amun in Amunhotep III's mortuary temple. Following Krauss, it appears that the predominant desecrations occurred at Thebes and that they were concentrated upon Amun. The data from Memphis support this position and the presence of Ptah-Osiris-Sokar as a unity or even as separate deities was tolerated if not permitted to continue throughout Akhenaton's reign. At Amada, for example, the situation is strikingly visible. Osiris with Ptah, Hathor, and the moon god were untouched at this site even though Amun was now absent.

It appears certain that the Amarna heresy was less interested in destroying the all the images and terms linked with the traditional Egyptian pantheon. Indeed, the pharaoh seems not to have opposed the idea of a plurality of gods but rather directed himself primarily against Amun; hence the phrase "king of the gods," associated with this deity, had to be affected. Owing to Krauss' clear-cut exposition of this matter, it seems reasonable that Osiris was not anathematized during Akhenaton's intense religious revolution but simply relegated to a position outside of the new theology and its cultic observances. Therefore, the presence of Osiris in TT 136 and at a time not too far into Akhenaton's reign makes sense even though the role of that age-old funerary deity was not overtly expressed by hymn, prayer, or picture.

The immediate post-Amarna reaction to the massive cultural and social revolution of Akhenaton coursed through many decades. One interesting sidelight is provided by a hymn to Osiris in the Memphite tomb of Horemheb that connects the god of the Afterworld to Re.[11] The unity of Osiris and Re, stated by van Dijk to be "a reaction against the monotheism of Akhenaton," may be better seen to have expanded its importance in the aftermath of the Amarna debacle.

---

[10] Krauss, *Das Moses Rätsel*, 50.

[11] Jacobus van Dijk, "An early hymn to Osiris as nocturnal manifestation of Re‘," in Geoffrey Thorndike Martin, *The Memphite Tomb of Horemheb, Commander-in-Chief of Tut'ankhamun* (London: Egypt Exploration Society, 1989), 61-9 and page 62 for the quote. See note 48 below for the evidence of the Middle Kingdom and the discussion of Harco Willems. Add as well van Dijk, *The New Kingdom Necropolis of Memphis: Historical and Iconographical Studies* (Ph.D. diss., University of Groningen, 1993), 133-50.

Nonetheless, it was present centuries earlier as evidenced in the Coffin Texts. Its traumatic results are best seen in various accretions to the cultural memory of the Egyptians.[12] But in art, to take the simplest case, the effects of Akhenaton's "teaching" were still be felt in the beautiful relief work commissioned by Seti I (e.g., the northern exterior wall of the Hypostyle Hall at Karnak) and by the newly crowned Ramesses II. The same may be said for the relaxation of the classical monumental language used by royals and non-royals alike in Dynasty XVIII. The revolutionary actions of Akhenaton, if they are to be termed that, changed the writing and grammar on the walls and stelae of the Amarna Period. Even the method of presentation, the old "quadrant system," was slowly replaced by a more complicated hieroglyphic format.[13] At the same time, there grew a partly literary, partly artificial "traditional language" for public records, one that drew upon contemporary speech patterns but at the same time eschewed a deliberate move into the vernacular. This "langage de tradition," as it is now called, was also a result of Akhenaton's cultural freeing-up of the hitherto static forms of linguistic presentation.[14]
In literature, as Assmann first indicated in detail, a cleft soon occurred, whereby the literature of Dynasties XIX and XX came to be seen in antithesis to the classical phase of writing. An important reflection of Ramesside self-consciousness is their overt remembrance of literary heroes of the past in conjunction with the preservation of older literary texts (whether of Dynasties XII-III or Dynasty XVII-XVIII is not important to argue at this point). If the XIXth Dynasty witnessed the canonization of earlier literary models and exemplars, this selective concentration revealed nonetheless the intimate link between past and present. One can also argue that such a value system was an aftereffect of Akhenaton's rupture.[15] With the Ramesside Period came the first important use of *belles-lettres*, according to Assmann, specifically referring to the non-moral aspects of the Late Egyptian Stories and the Love Poetry.

---

[12] This can best be read in the two seminal works of Assmann, *Das kulturelle Gedächtnis: Schrift, Erinnerung und politische Identität in frühen Hochkulturen* (Munich: G. H. Beck, 1992), and *Moses the Egyptian: The Memory of Egypt in Western Monotheism* (Cambridge MA: Harvard University Press, 1997). His more theoretically-based study is *Religion und kulturelles Gedächtnis* (Munich: C. H. Beck, 2000).

[13] Antonio Loprieno, *Ancient Egyptian: A Linguistic Introduction* (Cambridge: Cambridge University Press, 1995), 21-2; and Friedrich Junge, *Einführung in die Grammatik des Neuägyptischen* (Wiesbaden: Harrassowitz, 1996), 27.

[14] Classically, see Pascal Vernus, "Deux particularities de l'égyptien de tradition: *nty jw* + Présent I; *wnn.f ḥr sḏm* narratif," in *L'Égyptologie en 1979: axes prioritaires de recherches* I (Paris: Editions du Centre national de la recherche scientifique, 1982), 81-9.

[15] Add now Assmann, *Die Mosaische Unterscheidung* (Munich and Vienna: Carl Hanser, 2003), 83-96.

But as with the monumental hieroglyphic writing of the same period, the literature also was greatly impacted by the changes of Akhenaton and, not surprisingly, could never return to the format, style, diction, and vocabulary of the earlier XVIIIth Dynasty. Assmann saw the break that the Ramesside Age made with the pre-Amarna literary consciousness in the "zweisprachig" nature of the scribes, the culture bearers of literacy and literature.[16] Their new literary language coincided with the dichotomizing of contemporary Egyptian culture into an "old" and a "new." Thus the scribal modernization of the Ramesside Period was not limited to aspects such a grammar, script, or ductus, or even quality of performance. Rather, the freedom from classical models produced more nearly contemporary dialog as well as "fiction." However, the older forms and genres persisted. Egyptian wisdom literature, for example, was permanent. This genre maintained itself over the course of centuries if not millennia. At the same time, royal panegyrics continued to be in vogue, if refreshed now by more modern aspects of language, diction, and grammar. The concept of the "exotic" or "foreign" remained a healthy sub-system in the repertoire of the Egyptians' literary art, as Wenamun and other Late Egyptian Stories prove.[17]

In a later study, Assmann discussed Egyptian literature up to but not including the Amarna age.[18] If, according to him, "the great innovation of the Ramesside period is the appearance of 'entertainment literature' within the realm of the written tradition," then the canon expanded.[19] To pursue his interpretation independently, it seems relatively certain that, there was no objection to the freeing up of accepted cultural norms, excluding the rejection of the Aten faith, of course. Just as there was a slow appreciation for a new monumental style of writing, the literary products of Dynasties XIX and XX remained partly conservative within their linguistic level, albeit highly influenced by the contemporary idiom.

---

[16] For his important discussion, see "Gibt es eine 'Klassik' in der ägyptischen Literaturgeschichte? Ein Beitrag zur Geistesgeschichte der Ramessidenzeit," *ZDMG Supplement* 6 (1985): 35-52.

[17] Most recently, cf. Gerald Moers, "Travel as Narrative in Egyptian literature," in *Definitely: Egyptian Literature. Proceedings of the symposium "Ancient Egyptian literature: history and forms," Los Angeles, March 24-26, 1995* (ed., Gerald Moers; Göttingen: Seminar für Ägyptologie und Koptologie, 1999), 43-61, and his detailed volume *Fingierte Welten in der ägyptischen Literatur des 2. Jahrtausends v. Chr.: Grenzüberschreitung, Reisemotiv und Fiktionalität* (Leiden and Boston: Brill, 2001).

[18] "Definitely? Current Trends in Egyptological Literary Studies. An Introduction," in *Definitely: Egyptian Literature*, 1-15.

[19] *Ibid.*, 12-13.

John Baines, on the contrary, saw Ramesside innovation in love poetry, narrative fiction, and miscellany and instruction texts. With regard to the latter two subgenres, his approach is absolutely correct.[20]

In Dynasties XIX-XX there developed a further expansion of such didactic literary models. The so-called Late Egyptian Miscellanies bear witness to this "expansion of category." But it is now apparent that the narrative approach for stories or mythological tales can be traced back to at least the mid-XVIIIth Dynasty.[21] In fact, Baines did add a restrictive comment that "the stories developed out of earlier forms", thereby indicating that the Ramesside Period was *not* performing a revolutionary break with pre-existent literary forms but rather took pre-Amarna forms and imposed linguistic changes that can be seen in the inscriptions during Akhenaton's reign.[22]

The same happened with the emergence of mythological narratives such as The Destruction of Mankind. The first exemplar appeared under Tutankhamun, and several Ramesside copies are extant. It is a religious narrative that owes much to the very old "genre" of the *Königsnovelle.*[23] In addition, the "tale" is not unlike older models, but the emphasis upon Re and the religious background are presented in a fresh and apparently new fashion, one in which the deities play major roles. A strong link had been forged between the older pre-Amarna presentations and a newer literary-religious outlook, and this took place during an era in which the immediate aftershocks of Amarna had yet to subside. The destruction text was not a product of a counterrevolution.

Continuing with this approach, we can argue that the *religious effect* of the Amarna age was no great push against the theological concepts and importance of a solar deity. Essentially, this is what Assmann proposed in his *Re und Amun.*[24]

---

[20] John Baines, "Classicism and Modernism in the New Kingdom," in *Ancient Egyptian Literature: History and Forms* (ed., Antonio Loprieno; Leiden, New York, and Cologne: Brill, 1996), 166; the study covers pages 157-74.

[21] I am referring to the "Tale of Astarte and the Sea" which has been recently dated to the second half of Dynasty XVIII: see Philippe Collombert and Laurent Coulon, "Les dieux contre la mer. Le début du 'papyrus d'Astarté' (pBN 202)," *BIFAO* 100 (2000): 193-242. Add now Thomas Schneider, "Texte über den syrischen Wettergott aus Ägypten," *UF* 35 (2003), 605-17. The latter scholar now prefers a date at the beginning of Dynasty XIX. I am referring to a forthcoming study of his: "Wie der Wettergott Ägypten aus der grossen Flut errettet: Zur Frage interkulturierter Literatur im alten Ägypten."

[22] In this context, add as well Vernus' contribution in the same volume as Baines' is: "Langue littéraire et diglossie," in Loprieno, *Ancient Egyptian Literature: History and Forms*, 555-64.

[23] Hornung, *Der ägyptische Mythos von der Himmelskuh: eine Ätiologie des Unvollkommenen* (Fribourg and Göttingen: Universitätsverlag and Vandenhoeck & Ruprecht, 1982); Spalinger, "The Destruction of Mankind: A Transitional Literary Text," *SAK* 28 (2000): 257-82; Loprieno, "The 'King's Novel'," in Loprieno, *Ancient Egyptian Literature: History and Forms*, 277-95.

[24] *Re und Amun: Die Krise des polytheistischen Weltbilds im Ägypten der 18.-20. Dynastie* (Fribourg and Göttingen: Universitätsverlag and Vandenhoeck & Ruprecht, 1983). The work

After a detailed study of the Egyptian solar religion, particularly the hymns to Re in pre-Amarna Dynasty XVIII, Assmann turned his attention to the Theban Amun-Re theology of the Ramesside Period without covering Akhenaton's solar outlook. One major contribution of Assmann to the ever-present theological dialogue of scholars was his use of the so-called "Ba Theology as the key to understanding of the transcendence and the hidden aspects of deities."[25]

The splitting of the primal deity into millions of living substances or beings meant that within "one" were "many". Assmann, discussing this newer approach maintained that the ba theology effectively rivaled that of Akhenaton's. He also felt that this interpretation was a gradual development from older beliefs that were reinterpreted with difference aims and goals, or recreated into new and different patterns. Yet another post-Amarna religious approach, also known from the same time frame (Late New Kingdom) and called the "new creation theology," was rather eclectic, even though we must take into account that the texts are almost all Theban ones.[26] Most certainly, the newly emphasized theory of the four Egyptian elements continued down from the New Kingdom to the Late Period and is associated with the bas.

But there was another movement of religious import that occurred at the same time. This additional theological orientation, labeled the Solar-Osirian Unity, challenged the New Kingdom Amun theology at the close of Dynasty XX. By the opening years of the Third Intermediate Period, the "official" state religion had nothing to do with the ba theology. In fact, the idea of the combination of life (Re, the sun) and death (Osiris) was already cryptographically written in three royal tombs of the New Kingdom: Tutankhamun, Ramesses VI, and Ramesses IX. John Darnell's publication of this material is excellent.[27] The presence of the Solar-Osirian Unity in important locations indicates its rapid advance in the theological speculations of the day.

Darnell's analysis was concerned with the scenes or vignettes as well as the texts in his publication of these cryptographic "books".[28]

---

was later translated into English: *Egyptian Solar Religion in the New Kingdom: Re, Amun and the Crisis of Polytheism* (trs., Anthony Alcock; London and New York: Kegan Paul, 1995). The study of Cathie Spieser, "Amarna et la negation du cycle solaire," *CdE* 76 (2001): 20-9 remains controversial.

25 This theology is discussed in Chapter Five of the work cited above

26 Here, Chapter Six covers the discussion.

27 The study of Darnell is cited in note 5 above.

28 The reader is specifically directed to his conclusion in Chapter 8. In general, see Hornung, *Akhenaten and the Religion of Light*, 123-4 with figure 19; DuQuesne, "Osiris with the Solar Disk," *DE* 60 (2004): 21-5; and Heather Lee McCarthy, "The Osiris Nefertari: A Case Study of Decorum, Gender, and Regeneration," *JARCE* 39 (2002): 173-95.
Hornung provides a useful introduction to this religious unity in his *The Tomb of Pharaoh Seti I. Das Grab Sethos' I.* (Zurich and Munich: Artemis Verlag, 1991), 19. The Litany of Re is the key religious text that he considers.

Additional Ramesside sources further reflect the same religious orientation. In the tomb of Nofretari, the wife of Ramesses II, is the famous depiction that reveals the "unified" Re-Osiris protected by Isis in front and Nephtys, her sister, in back.[29] With the patent iconographic representation of the ram-headed, mummified Osiris, the accompanying texts clearly emphasize the religious formulation: "It is Re who rests as Osiris" and '"<It is> Osiris who rests as Re." Due to its royal context, this example is almost as significant as the three cryptographic tractates. Because Nofretari's tomb contains many icono-graphic parallels with the tombs of the Ramesside pharaohs, especially those of her husband Ramesses II and his father Seti I, it is reasonable to conclude that the Solar-Osirian Unity was part of a shared decoration policy. The strong emphasis upon Osiris, especially with regard to the djed sign, extended the motif. As Hornung emphasized, the djed sign plus the Osiride pillars are hallmarks of the Ramesside age. Yet at the same time he recognized the dynamic aspects of the barque of the sun in the decorative program of this tomb and others of Dynasties XIX-XX, thereby elucidating once more the duality of life via the sun and death via Osiris. Horning concluded his all-too-brief study by this judicious comment: "der nactliche Sonnenlauf und die Vereignung von Re und Osiris das zentrale Thema der Dekoration bilden."[30] In this context, the sun disk on the head of Osiris in the tomb of Anhurmose at El Mashayikh (temp. Merenptah) renders the god of the Afterworld solar. A number of these solar-Osirian fusions occur at this time. For example, there is an interesting case from the tomb of Ramesses II, useful evidence from the Dynasty XX Theban tomb of Iamunedjeh, a hymn in the tomb of Imiseba (temp. Ramesses IX), and hymnic data from the Theban tomb of Nebwenenef. Owing to this man's power at Abydos and later at Thebes — he had become High Priest of Amun soon after Ramesses II returned from Thebes after his "coronation" — a powerful man who was prominent in the opening decade of Ramesses II.[31]

A parallel investigation by Tamás Bács, "Amun-Re-Harakhti in the Late Ramesside Royal Tombs," in Ulrich Luft (ed.), *The Intellectual Heritage of Egypt: Studies presented to Lázló Kákosy by Friends and Colleagues on the Occasion of his 60th Birthday* (Budapest: La Chaire d'Égyptologie, 1992), 43-53 deals with the shift of theological emphasis in the royal tombs during late Dynasty XX.

29 Cf. the comments of Hornung in "Monotheismus im pharaonischen Ägypten," 92-4 with Abb. 12. The scene is represented best by A. Piankoff and N. Rambova, *The Tomb of Ramesses VI* (New York: Pantheon Books, 1954), 34 and fig. 5. For the tomb see as well Gertrud Thausing and Hans Goedicke, *Nofretari. Eine Dokumentation der Wandgemälde ihres Grabes*, (Graz: Akademische Druck und Verlagsanstalt, 1971), 44-5 and fig. 41; and Hornung, "Zum Dekorationsprogramm des Nefertari-Grabes," in *L'impero Ramesside: Convegno internazionale in onore di Sergio Donadoni* (Rome: Università degli studi di Roma "La Sapienza", 1997), 87-93.

30 "Zum Dekorationsprogramm des Nefertari-Grabes," 93.

31 For many of these cases, see Niwinski, "The Solar-Osirian Unity as Principle of the Theology of the 'State of Amun' in Thebes in the 21st Dynasty." Add Boyo G. Ockinga and Yahya al-

Owing to the connection of Nebwenenef with Abydos and later with Thebes. I do not believe that it is speculative to conclude that Nebwenenef was personally responsible for many of the unusual and poetical religious thoughts that are recorded in his tomb and that, furthermore, he instilled his own religious beliefs in his monarch.[32] This aspect of the Solar-Osirian Unity, however, will lead us into the byways of Ramesses II at Abydos. For the moment, suffice it to say that I do not find it remarkable that in the XXIth Dynasty a "complete Solar-Osirian unity became indisputable."[33]

Masri, *Two Ramesside Tombs at El Mashayikh* I (Sydney: Ancient History Documentary Research Centre, Macquarie University, 1988), Pl. 10e (the Anhurmose case); cf. Darnell, *The Enigmatic Netherworld Books of the Solar-Osirian Unity*, 451.

Additional source material may be found in Jan Zandee, *An Ancient Egyptian Crossword Puzzle* (Leiden: Ex oriente Lux, 1966), 24 (the Ramesses II example) and specifically pages 23-8; Darnell, *ibid.*, 383 (tomb of Iamunedjeh, TT 84), 377-8 and 398-402 (tomb of Imiseba, TT 65); with Zandee, "Hymnical Sayings Addressed to the Sun-God by the High-Priest of Amun Nebwenenef, from his Tomb in Thebes," *JEOL* 18 (1964): 253-65 and especially page 256. A general summary is offered in Hornung, *Conceptions of God in Ancient Egypt*, 93-6. These references to Nebwenenef are now surpassed by Assmann, *Sonnenhymnen in thebanischen Gräbern* (Mainz am Rhein: Philipp von Zabern, 1983), 186-201. He presents the standard edition of Nebwenenef's sun hymns which have now been reproduced in *KRI* VII 131.1-133.11. Assmann, referring to one hymn of Nebwenenef (*Ägyptische Hymnen und Gebete* [2d ed.], 252 note to lines 17-20), considers the reflection of Osiris as the son of the sun god and notes the possible connection of the latter with Horus. Add Zandee's discussion in *An Ancient Egyptian Crossword Puzzle*.

The carved images in Nebwenenef's Theban tomb (TT 157) are discussed by Eva Hofmann, *Bilder im Wandel: Die Kunst der ramessidischen Privatgräber* (Mainz am Rhein: Philipp von Zabern, 2004), 39-40; the parallels from Paser's tomb can be found on pages 31-9.

32 *Sonnenhymnen in thebanischen Gräbern*, 197-8. He discusses the major hymn of Nebwenenef and stresses its solar aspect, from which the god Amun is absent. See as well Zandee, "Hymnical Sayings Addressed to the Sun-God by the High-Priest of Amun Nebwenenef, from his Tomb in Thebes," 254 and 265 and Assmann's later comments on page 131 of his *Egyptian Solar Religion in the New Kingdom: Re, Amun and the Crisis of Polytheism*.

It might not be mere coincidence that one of Nebwenenef's hymns contains the word *snhs*, which is quite common in the Dedicatory Inscription and in the Stairway Corridor texts (north and south sides); cf. Assmann, *Sonnenhymnen in thebanischen Gräbern*, 186 (text 148 line 8). In the large corpus of New Kingdom sun hymns this verb only occurs twice, and both in a Ramesside context; *nhsj*, on the other hand is more common.

Surely, there is a connection of Nebwenenef with the Great Dedicatory Inscription of Ramesses II; see the forthcoming study referred to in note 39 below.

33 For the Dynasty XXI data see once more Niwinski, "The Solar-Osirian Unity as Principle of the Theology of the 'State of Amun' in Thebes in the 21st Dynasty," and especially page 91. Cf. Assmann's related comments on page xv of his *Sonnenhymnen in thebanischen Gräbern* and those of Hornung, *Idea into Image: Essays on Ancient Egyptian Thought* (trs., Elizabeth Bredeck; Princeton: Timken, 1992), 109-12. Hornung refers to two key passages in Ramesses II's Dedicatory Inscription. This work refers back to his study of "Die Tragweite der Bilder: altägyptische Bildaussagen," *Eranos* 48 (1979): 215-16 where earlier comments concerning the unified image of Re and Osiris are stressed. Compare this with the general summary of Wolfgang Wettengel, *Die Erzählung von den beiden Brüdern: Der Papyrus d'Orbiney und die Königsideologie der Ramessiden* (Freiburg and Göttingen: Universitätsverlag and Vandenhoeck & Ruprecht, 2003), 204-8. Additional comments can be found in Jean Yoyotte, "Héra d'Héliopolis et le sacrifice humain",

The connection between Ramesses II and his new High Priest of Amun, Nebwenenef, has been known to scholars for over a century.[34] According to the account in his Theban tomb (TT 157), his installation was officially performed when the young pharaoh Ramesses II visited Abydos upon his return trip from Thebes in the third month of inundation during his first independent year of rule first independent year of rule.[35] The king's first wife, Nofretary, was also present. It was Jan Zandee who first pointed pout that in his tomb the wording of Nebwenenef are remarkably original, thereby indicating a deep "religious reflection."[36] His sophisticated theological ideas were "more elaborate than usually," and reveal the man's intellectual strength as much as does his well-known crossword puzzle upon which Zandee also commented, especially in connection to the roles of Osiris and Re.[37] The Osiride pillars in his tomb were "a feature only otherwise known in the roughly contemporaneous tomb of the high steward Amenemope (TT 41)."[38] It should now come as no surprise that this highly placed and influential man, one of the few serious thinkers of Egyptian religion whose name we know, and himself creatively engaged in hymns to the sun god, should also have been allowed to have a mortuary temple at Thebes. The parallel to Amunhotep III's key advisor Amunhotep son of Hapu is self-evident. The narrative text in Nebwenenef's tomb shares the literary approach taken in the *Königsnovelle* tales. It also connects with Ramesses' visit at Abydos as recounted in his Dedicatory Inscription, the crucial text that we shall cover later.[39]

Annuaire École Pratique des Hautes Études, Ve Section 89 (1980-81): 71 and 100-101 (where the connection is revealed in the Book of the Gates). The importance of Yoyotte's analysis with regard to the Solar-Osirian connection is discussed in my "Osiris, Re, and Cheops," *ZÄS* 134 (2007): 172-83.

34 Most recently, see the important comments of Elizabeth Frood, "Self-Presentation in Ramesside Egypt" (Ph.D. diss, Oxford University, 2004), Chapter 5 ("Kingly Presence and Royal Space"). One can add William H. Peck, "An Image of Nebwenenef, High Priest of Amun," in *Essays on Ancient Egypt in Honour of Herman Te Velde* (ed., Jacobus van Dijk; Groningen: Styx, 1997), 267-71.

35 *KRI* III 282.11-285.3; K. A. Kitchen, *Ramesside Inscriptions. Notes and Comments: Translations* III (Oxford and Malden: Blackwell, 2000), 201-03; and Kurt Sethe, "Die Berufung eines Hohenpriesters des Amon unter Ramses II.," *ZÄS* 44 (1907-08): 30-5. On this man and his ceremony at Abydos, see now Christine Raedler, "Zur Struktur Hofgesellschaft Ramses' II," in *Der ägyptische Hof des Neuen Reiches: seine Gesellschaft und Kultur im Spannungsfeld zwischen Innen- und Außenpolitik* (eds, Rolf Gundlach and Andrea Klug; Wiesbaden: Harrassowitz, 2006), 53 and 60.

There is a new English translation of the main induction text by Frood in her *Biographical Texts from Ramessid Egypt* (Atlanta: Society of Biblical Literature, 2007), 35-9.

36 "Hymnical Sayings Addressed to the Sun-God by the High-Priest of Amun Nebwenenef, from his Tomb in Thebes," 253-65 with page 265 in particular.

37 *An Ancient Egyptian Crossword Puzzle*. In this context, see pages 15-16, 23-8, and 38.

38 Frood, "Self-Presentation in Ramesside Egypt," § 5.2.1.

39 The following discussion is highly dependent upon my forthcoming volume, *The Great Dedicatory Inscrption of Ramesses II: A Solar-Osirian Tractate at Abydos* (Leiden: Brill, in press).

Elizabeth Frood maintained "that related sources were used for both and that Nebwenenef's may be modeled on that of the king."[40] Whatever the explanation of the interaction, it is obvious that the newly appointed High Priest of Amun was keenly interested in theology. Moreover, that religious inclination, so carefully practiced in his earlier career before Ramesses became pharaoh - he had been the High Priest of Onuris and of Hathor as well as overseer of priests from Heriheramun in the south up to Thinis - enabled him to pursue recondite theological matters, write, and enjoy himself, in a typically intellectual manner, with such playful matters as crossword puzzles. On the other hand, as Frood has seen, the emphasis upon Amun in the account of Nebwenenef is self-evident. This is quite different from the Osirian setting and orientation of the Dedicatory Inscription.

In a lengthy study solely concentrated upon that royal document, I had occasion to turn to the role of Seti I as father to Ramesses and his activities in interceding with Re as well as the god of the underworld Osiris. Moreover, I felt that the master hand of Nebwenenef could be seen behind the Dedicatory Inscription.[41] Even though a quite different aspect can be found in the more lengthy royal account, the opening *narrative* sections of Ramesses' account utilize the identical infinitival and bare bones approach also present in the inauguration account of the High Priest.

In particular, I observed the intimate relationship between the living pharaoh and his dead father. Their speeches to each other constitute an interpretation of Solar-Osirian theology, one that is rather separate from the intimate father-son relationship evidenced in the entire inscription.[42] The Dedicatory Inscription contains parallels with two interesting accounts of Seti I in the Stairway Corridor of his temple at Abydos. Hence, there are three additional Solar-Osirian accounts at Abydos, all dealing with the major theological orientation of the time, all coinciding with Nebwenenef's rise to the pinnacle of spiritual power, and all reflecting the intellectual orientation of this individual. The following schematic outline may express this interlacing of two of the accounts rather well. Ramesses wakens his dead father Seti, who does the same for Wenennefer. Unlike the Dedicatory Inscription, there is no strong father-son bond in the Stairway Corridor speech of Thoth because only Seti and the underworld god are involved.

The Stairway Corridor was one of the last places in Seti's Abydene temple to be decorated (carved and painted), the "exit," so to speak, to the cenotaph at the rear.

---

40 Frood, "Self-Presentation in Ramesside Egypt," § 5.2.1.

41 These matters are discussed in Chapter I of *The Great Dedicatory Inscrption of Ramesses II: A Solar-Osirian Tractate at Abydos*.

42 The essential study of this aspect is that of Assmann, "Das Bild des Vaters im alten Ägypten," in *Das Vaterbild in Mythos und Geschichte*, (ed., Hubertus Tellenbach; Stuttgart: Kohlhammer, 1976), 12-49.

It presents an account which closely intersects with the conclusion of the Dedicatory Inscription. On the south wall of the Stairway Corridor Re leaves his starry realm to witness the results of Seti's pious deeds among the gods and the effects of these actions among the people. Re with Thoth then descend further and encounter Wenennefer.[43] This god of the underworld is awakened and he immediately sees Re. In this context the significant words of Ramesses II to his father in the Dedicatory Inscription should be quoted as they are all important: "Awake! Your face to heaven" (column 80). In reading both inscriptions the scenario becomes clear. Each presents a new aspect of "mythological ritual" or "dramatized myth," to quote Eberhard Otto.[44]

Stairway Corridor Speech of Thoth[45]	Dedicatory Inscription Speech of Seti (Final Segment of the Text)[46]
1.Re and his deputy scribe Thoth are the actors. As is well-known, Thoth plays the role of vizier and second-in-command to the creator god.	1. Seti is the actor; he has been awakened and is a ba.

[43] Following Harco Willems, we should connect the encounter (or embrace) with the location of *msqt*: *The Coffin of Heqata (Cairo JdE 36418): A Case Study of Egyptian Funerary Culture of the Early Middle Kingdom* (Leuven: Uitgeverij Peeters and Departement Oriëntalistiek, 1996), 264. This would be at the eastern horizon when the sun god rises.

[44] Eberhard Otto, "Eine Darstellung der 'Osiris-Mysterien' in Theben," in *Festschrift für Siegfried Schott zu seinem 70. Geburtstag* (ed., Wolfgang Helck; Wiesbaden: Harrassowitz, 1968), 99-105 and specifically page 104. Assmann revised Otto's interpretation in his seminal article "Die Verborgenheit des Mythos in Ägypten," *GM* 25 (1977): 7-43 and especially pages 12 and 39-40. Nonetheless, on page 41 he agrees with Otto concerning the "breakthrough" in the post-Amarna Period.

[45] *KRI* I 185-9 (Speech of Seshat-Sefkhabw) and 189-92 (Speech of Thoth); cf. Kitchen's translations in *Ramesside Inscriptions. Translated and Annotated: Translations* I (Oxford: Blackwell, 1993), 160-6, and for the comments, *Ramesside Inscriptions. Translated and Annotated: Notes and Comments* I (Oxford and Cambridge MA: Blackwell, 1993), 126-8.

[46] *KRI* II 323-36. The earliest edition is Auguste Mariette, *Abydos: Description des fouilles exécutées sur l'emplacement de cette ville* I (Paris: A. Franck, 1869), pls. 5-9. For an up-to-date and well-presented translation we are now dependent upon Kenneth A. Kitchen, *Ramesside Inscriptions. Translated and Annotated: Translations*, II (Oxford and Cambridge MA: Blackwell, 1996), 162-74. His detailed and useful commentary is located in the complementary work of *Ramesside Inscriptions. Translated and Annotated: Notes and Comments*, II (Oxford and Malden: Blackwell, 1999), 191-7. There is also a new translation by Claudia Maderna-Sieben, "Die Grosse Bauinschrift von Abydos," in *Egypt — Temple of the Whole World. Ägypten — Tempel der gesamten Welt: Studies in Honour of Jan Assmann* (ed., Sibylle Meyer; Leiden and Boston: Brill, 2003), 237-82. An earlier edition is that of Deborah Sweeney, "The Great Dedicatory Inscription of Ramses II at Abydos (lines 1-79)," in *Papers for Discussion. Presented by the Department of Egyptology, Hebrew University, Jerusalem* II (eds, Sarah Groll and Frances Bogot; Jerusalem: Department of Egyptology, The Hebrew University, 1985), 134-327.
These previous editions and analyses have been discussed in my *The Great Dedicatory Inscrption of Ramesses II: A Solar-Osirian Tractate at Abydos* (Leiden: Brill) in press.

2. Re and Thoth reflect on Seti's deeds. The gods in heaven and in the under-world are pleased.	2. Seti speaks with Re. The deeds of Ramesses are re-lated. 3. Seti asks for favors from Re on behalf of Ramesses and they are granted. The deputy Thoth writes them down and the Ennead is in acclamation.
3. Thoth descends to the under-world and meets Wenennefer. The latter is awake because of Seti's *nfrw*. The benefactions are then listed. Wenennefer notes the results of ti's actions and he emphasizes the excellent results that have come to pass.[47] The ba of Re passes over Wenennefer and he sees the sun god. The union has thereby commenced.	4. Seti meets Wenennefer in the underworld. Ramesses has already woken him up. Wenennefer is happy because of Ramesses' deeds. He grants the king a successful kingship and reflects upon the results of Re's similar act.

These aspects are parallel. Nonetheless, there is a major Middle Kingdom principle behind them. In the Coffin Texts Re mingles (or is included in) with Osiris and vice versa.[48]

---

[47] I ignore the subsequent revival of Wenennefer, although it is useful to pay attention to at least one important word, *jwtyw*, "digestion products" > "decomposition": *KRI* I 191.6; and Zandee, *Death as an Enemy according to Ancient Egyptian Conceptions* Leiden: Brill, 1960), 73 and note 7. This portion of the speech moves on to a theme very different than that expressed in the speech of Seti.

And Wenennefer *is* Re at the crack of dawn, every day: *KRI* I 191.6-7.

[48] In general, see Willems, *The Coffin of Heqata (Cairo JdE 36418): A Case Study of Egyptian Funerary Culture of the Early Middle Kingdom* (Leuven: Peeters en Departement Oriëntalistiek, 1996), with his "The Embalmer Embalmed: Remarks on the Meaning of the Decoration of Some Middle Kingdom Coffins," in *Essays on Ancient Egypt in Honour of Herman te Velde* (ed., Jacobus van Dijk; Groningen: Styx, 1997), 360-4. He further pointed out that these theological concepts can be found in CT 30 (I 88-89b) and elsewhere in the mortuary liturgy spells 30-41 where the deceased has become a "rejuvenated god": Willems, "The Social and Ritual Context of a Mortuary Liturgy of the Middle Kingdom (*CT* Spells 30-41)," in *Social Aspects of Funerary Culture in the Egyptian Old and Middle Kingdoms* (ed., Harco Willems; Leuven and Sterling: Uitgeverij Peeters and Dep. Oosterse Studies, 2001), 253-372.

The summary in Hornung, *Conceptions of God in Ancient Egypt: The One and the Many* (trs., John Baines; Ithaca: Cornell University Press, 1982), 93-96 covers the Re-Osiris union in texts and depictions of the Middle and New Kingdoms. Some key lexical items are presented by Winfred Barta, "Osiris als Mutterleib des unterweltlichen Sonnengottes in den Jenseitsbüchern des Neuen Reiches," *JEOL* 29 (1985-86): 98-105.

All of the Ramesside material under discussion, and particularly these two Abydos inscriptions, reflect this concept.[49] In those spells, assembled by Harco Willems, the Horus-Osiris constellation is prevalent. The father is asleep and the son awakens him. In the Shu spells the passive (dead) god is Atum and the actor is his son Shu.[50] The sun god performs the director's role in the merging of Re and Osiris during the night, probably in order to affirm the triumph of live over death. Hence, this theology is basically the same as pervades the Dedicatory Inscription and the speech of Thoth at Abydos.[51] In the Coffin Texts Re brings Osiris to life. In the Thoth speech it is Re who is the mover and not Wenennefer, whereas in the Seti speech the dead father does all the pleading to Re.

Thus we can date a number of the exemplars of the Solar-Osirian theology to the early XIXth Dynasty, and one of them was positioned in a very public location: the Dedicatory Inscription, a lengthy literary account that, abandons the favored narrative approach to concentrate upon Ramesses' relations to his deceased father, Seti, in the form of a dialog between the two as Horus and Osiris. Within this non-historical presentation there emerges the unity of Osiris and Re. Previously, the Dedicatory Inscription of Ramesses II has been brought into scholarly discussion for discussions of chronological matters and kingship.[52] Here, I am only interested in the religious aspects of that lengthy hieroglyphic composition.

The date of the Dedicatory Inscription, III *ꜣḫt* 25, sets it within the first regnal year of Ramesses.[53]

---

[49] Add the pertinent comments of Hornung in "Black Holes Viewed from Within: Hell in Ancient Egyptian Thought," 136 where he refers to the sixth hour in the Amduat text in which the cadaver of Osiris is also the cadaver of Re. Hornung also laid emphasis upon an identical conception in the Litany to the Sun, lines 176-8 (*Das Buch der Anbetung des Re im Westen (Sonnenlitanei): nach den Versionen des Neuen Reiches* II [Geneva: Éditions des Belles-Lettres, 1975], 83)

[50] Willems, "The Shu-Spells in Practice," in *The World of the Coffin Texts: Proceedings of the Symposium Held on the Occasion of the 100th birthday of Adriaan de Buck, Leiden, December 17-19, 1992* (ed., Harco Willems; Leiden: Nederlands Instituut voor het Nabije Oosten, 1996), 197-209.

[51] "The Embalmer Embalmed," 359-64.

[52] In particular, see William J. Murnane, "The Earlier Reign of Ramesses II and His Coregency with Sety I," *JNES* 34 (1975): 153-90, *Ancient Egyptian Coregencies* (Chicago: The Oriental Institute, 1977), 57-87, and comments in "Egyptian Monuments and Historical Memory," *KMT* 5.3 (Fall 1994): 14-24, 88.
See as well my "Traces of the Early Career of Ramesses II," *JNES* 38 (1979): 271-86; Peter Brand, *The Monuments of Seti I: Epigraphic, Historical and Art Historical Analysis* (Leiden, Boston, and Cologne: Brill, 2000) 155-73. The comments of Kitchen in his explanatory volumes of *KRI* (cited in note 45 above) are a mine of worthwhile information.

[53] For the historical background to these remarks, see Chapter I of *The Great Dedicatory Inscription of Ramesses II: A Solar-Osirian Tractate at Abydos*.

He had recently departed from Thebes after performing his expected "coronation" rites at the Opet Feast in Luxor. He traveled north to Abydos not too long afterwards and was immediately struck by the incomplete nature of Seti's temple. This is, in fact, an introductory theme of the Dedicatory Inscription. The composition must have been written soon after the king's return to his capital in the north. Nebwenenef must have been involved in this undertaking, for he was an extremely erudite man who was influential in religious matters. The overt literary nature of the opening third and the ultimate religious orientation of the end ought to betray his identity. The Dedicatory Inscription deliberately segues from impersonal historicity to its opposite: a dramatic, quoted, intimate personal conversation between son and father. Nonetheless, this finale, where the Solar-Osirian aspects rise to a climatic crescendo, fits perfectly within the asymmetric prelude of the text because filial piety is nevertheless paramount within the historical setting.[54]
Significantly, *no* date is given at the beginning and the common, if not overwhelmingly rhetorical, verses of Ramesside encomia are omitted. The expected commencement to a standard Pharaonic hieroglyphic work, commissioned for all to see, was eschewed. Assmann claimed that for this reason, among others, the Dedicatory Inscription was unique in its written emphasis and tone. However, it is of singular importance because it elevates royal father-son piety to a higher plane, where the divine father (Re-Osiris-Seti) meets the mortal son (Ramesses). Truly, a master author composed a work of such complexity.

The theology of Osirian rebirth and fusion with the sun god was crafted for public dissemination. Ramesses II commissioned a carving in full view on a portico that he constructed on the southern, left side of the first court of Seti I's temple at Abydos. (Let us remember that this Abydene temple had the same spiritual aspect as the series of "mortuary temples" constructed at Thebes in the New Kingdom.)[55] There is a short staircase in the center of the rear wall of the Second Court that allows one access to the portico. On the north side, balancing the major text to the south, is the famous scene of the young Ramesses II receiving his names and titles at the Ished tree, an icon that was especially associated with Osiris.[56]

---

[54] I am referring here to columns 25-30 as elucidated by Assmann's study "Das Bild des Vaters im alten Ägypten."

[55] Gerhard Haeny, "New Kingdom 'Mortuary Temples' and 'Mansions of Millions of Years'," in *Temples of Ancient Egypt* (ed., Byron E. Shafer; Ithaca: Cornell University Press, 1997), 112-15.

[56] The standard analysis of the Ished tree and the rite of inscribing the royal cartouches is that of Wolfgang Helck, "Ramessidische Inschriften aus Karnak," *ZÄS* 82 (1957): 117-40. See as well Donald B. Redford, *Pharaonic King-Lists, Annals and Day Books: A Contribution to the Study of the Egyptian Sense of History* (Mississauga: Benben, 1986), passim but especially pages 82 and 91. For the connection to Osiris see the work of Joris Frans Borghouts, *The Magical Texts of Papyrus Leiden I 348* (Leiden: Brill, 1971), 120 note 254. Thoth is also present.

The northern wall is an explicit endorsement, and the name ritual involving Thoth and the Ished tree is as overt a statement of royal accession as could be possible: Osiris receives Ramesses while Thoth inscribes the new king's name on one of the tree's leaves. Yet both sides of the portico area are intellectually and spiritually connected. Indeed, the narrative account of the king's visit in year one and his recollection of events during his regency were two crucial bases for the Dedicatory Inscription.[57]

The newly appointed High Priest of Amun, Nebwenenef, contributed the literary quality and the religious ideology. The literary and religious orienttations of the Dedicatory Inscription are too blatant not to see the hand of an erudite composer in the creation of the document. Nonetheless, it was Ramesses who decided to emphasize the Solar-Osirian theology even more, not merely publicly but actually politically.

Additionally, see Jean Leclant, *Recherches sur les monuments thébains de la XXVe dynastie dite éthiopienne* (Cairo: Institut français d'archéologie orientale, 1965), 274-9 (with Thoth, Osiris, Re, Ptah-Sokar-Osiris); Pierre Koemoth (who has written about the connection of the Ished tree and Osiris), *Osiris et les arbres: Contribution à l'étude des arbres sacrés de l'Égypte ancienne* (Liege: CIPL, 1994), 259-60; Émile Chassinat, *Le mystère d'Osiris au mois de Khoiak* I (Cairo: Institut français d'archéologie orientale (1966), 234-48; Karol Mysliwiec, "Die Rolle des Atum in der *jšd*-Baum-Szene," *MDAIK* 36 (1980): 349-56; Eric Welvaert, "On the Origin of the Ished-scene," *GM* 151 (1996): 101-07 (with Thutmose I hearkening back to Sesostris I); Salvador Costa, "El árbol Ished en la iconografía real: tres escenas de Rameses IV legitimando su ascenso al trono," *Aula Orientalis* 21 (2003): 193-204; and Lászlo Kákosy, article "Ischedbaum," in *Lexikon der Ägyptologie* III (eds, Wolfgang Helck and Eberhard Otto; Wiesbaden: Harrassowitz, 1980), 182-3.

[57] Kitchen's detailed commentary in his *Ramesside Inscriptions: Notes and Comments* II, 191-3 resolves the key problems of the chronology. Stephen Quirke also reminds me that inscription "panels" needed slightly less time to compose than figurative depictions plus inscriptions and labels.

William J. Murnane, "The Earlier Reign of Ramesses II and His Coregency with Sety I," *JNES* 34 (1975): 153-90 maintained that a coregency between Seti I and Ramesses II could be proved from the extant data. Problems with his dating as well as with this hypothesis were presented by me in "Traces of the Early Career of Ramesses II," *JNES* 38 (1979): 271-86. (One key difficulty facing Murnane, despite his marshalling of significant new epigraphic data, was his acceptance of an incorrect accession date of Ramesses.)

Additional remarks by Murnane will be found in his "Reconstructing Scenes from the Great Hypostyle Hall in the Temple of Amun at Karnak," in *Warsaw Egyptological Studies. I. Essays in Honour of Prof. Dr. Jadwiga Lipinska* (Warsaw: National Museum in Warsaw, 1997), 107-17. The problem still remains: there is no unequivocal piece of evidence that supports a coregency. The present information appears to lead to the conclusion that the young man was designated to be the heir apparent and next Pharaoh before the death of his father. Moreover, Ramesses was placed as an equal to Seti when the latter was still alive. The latter point is the one that this inscription at Abydos stresses.

Murnane also discussed the chronological implications of the Dedicatory Inscription in his *Ancient Egyptian Coregencies* (Chicago: The Oriental Institute, 1977), 57-87, to which we can now add his brief comments in "Egyptian Monuments and Historical Memory," *KMT* 5.3 (Fall 1994): 14-24, 88.

He chose to promulgate it in the forecourt of Seti I's religious edifice - in the very temple where the late king's strong Abydene role as Osiris reinforced Ramesses' theme of filial piety and fulfilled the Solar-Osirian linkage. The latter aspect is connected to earlier texts inside Seti's temple. In fine, the Dedicatory Inscription is more nuanced than the so-called "political" or literary" monumental accounts.[58]

Unlike the various "Books of the Afterworld" known from New Kingdom royal tombs, the Dedicatory Inscription publicizes the Solar-Osirian Unity. More significantly, it also demonstrates the great importance of this theological interpretation of the life-death cycle in the post-Amarna New Kingdom. Yet its placement - it faces east - intentionally fostered solar implications. My contention is that the Solar-Osirian theology was as relevant, if not more so, than the Ba Theology of Amun-Re. The latter, to quote Assmann, took place "gradually, but also with the traditional forms of expression intact."[59] The Solar-Osirian Unity was ancient, a theological explanation of a more eternal and basic form of the human dilemma: the merism of a conjoined life and death. Unlike the Ba Theology, neither was it introduced after Akhenaton nor was it slow to develop.[60] It was neither first introduced after Akhenaton nor did it possess a slow growth. Quite to the contrary, the reinstatement of Re *and* Osiris is its claim in importance, especially as the role of the latter deity had been reduced insignificance during the trauma of the Aten disk cult. How deeply this theology was connected with the contemporary royal concept of kingship may be left for future scholars to contemplate.[61] But it remains an overpowering argument of its crucial necessity for the kingdom of Egypt that, by Dynasty XXI, the Solar-Osirian Unity triumphed as much in the expression of the perennial life-death dichotomy as it did in its theology.

---

[58] Compare a different approach taken by Christopher J. Eyre, "Is Egyptian historical literature 'historical' or literary,'" in Loprieno, *Ancient Egyptian Literature: History and Forms*, 415-33.

[59] *Egyptian Solar Religion in the New Kingdom*, 133.

[60] In particular, see DuQuesne, "The Osiris-Re Connection with Particular Reference to the Book of the Dead," on the Solar-Osirian theology during Dynasty XVIII.

[61] For a tentative overview, see Murnane, "The Kingship of the Nineteenth Dynasty: A Study in the Resilience of an Institution," in *Ancient Egyptian Kingship* (eds, David O'Connor and David P. Silverman; Leiden, New York, and Cologne: Brill, 1995), 185-217.

Habermas und Ratzinger zur Zukunft der Religion

Michael Welker

Jan Assmann zum 70. Geburtstag gewidmet

Am 19. Januar 2004 fand in München, in der Katholischen Akademie Bayern, ein Gespräch zwischen dem Philosophen Jürgen Habermas und dem damaligen Präfekten der römischen Glaubenskongregation Joseph Kardinal Ratzinger statt. Man hatte sich auf das Thema „Vorpolitische moralische Grundlagen eines freiheitlichen Staates" verständigt. Das Gespräch selbst wurde nicht publiziert, wohl aber die beiden Vorträge, die ihm vorausgingen. Sie wurden unter dem Titel „Dialektik der Säkularisierung. Über Vernunft und Religion" veröffentlicht, von Florian Schuller, an der Gregoriana in Rom ausgebildeter Priester und Direktor der Katholischen Akademie Bayern.[1] Im Vorwort bekundet Schuller Stolz darüber, dass es gelungen sei, „jene zwei Personen zu einem Gespräch einzuladen, deren Namen als Kürzel für eine ganze intellektuelle (und kulturell-geistige) Welt stehen" (11). Er verspricht eine „aufregende Lektüre" und eine „Dialogkonstellation, wie man sie sich ... für Grundsatzreflexionen menschlicher Existenz spannender kaum denken kann" (13 und 11). Kühn meint er, in Ratzinger die „Personalisierung des katholischen Glaubens", in Habermas „die Personalisierung des liberalen, individuellen, säkularen Denkens" (12) erkennen zu können und in beiden nicht weniger als die „Prototypen eines Dialogs, der in unseren Tagen mit darüber entscheidet, wie sich die Zukunft unserer eigenen Welt gestalten wird" (14).

Das Gespräch, dem der bayerische Akademiedirektor Weltgeistniveau zuerkennt, hatte Vorgeschichten in Frankreich, Italien und Deutschland. Einerseits hatten Ratzinger und Schuller offenbar den Eindruck gewonnen, dass sich die öffentliche Auseinandersetzung „über die Wahrheit der christlichen Religion" in Frankreich und in Italien durch eine größere intellektuelle Leidenschaft als in Deutschland auszeichnete. Andererseits hatte der deutsche Philosoph Jürgen Habermas im Oktober 2001, einen Monat nach dem Terroranschlag auf das New Yorker World Trade Center, in Frankfurt eine Dankesrede zur Verleihung des Friedenspreises des Deutschen Buchhandels gehalten, die von manchen Kommentatoren als „Steilvorlage" für die Kirchen angesehen wurde. Unter dem Titel „Glauben und Wissen" hatte er darin vor einer „entgleisenden Säkularisierung" gewarnt und dem aufgeklärten Common sense Lernbereitschaft nicht nur gegenüber der Wissenschaft, sondern auch gegenüber der Religion empfohlen.

---

1 Herder: Freiburg, Basel, Wien 2005; in den Text (in Klammern) eingefügte Seitenzahlen verweisen auf diesen Band.

In einer Programmatik, die stark an Kants Schrift „Die Religion innerhalb der Grenzen der bloßen Vernunft“[2] erinnert, empfahl er der säkularen Gesellschaft, einzusehen, dass sie sich von „wichtigen Ressourcen der Sinnstiftung abschneiden“ könnte, wenn sie sich nicht „ein Gefühl für die Artikulationskraft religiöser Sprache bewahrte“.[3] Ganz im Sinne von Kants und Hegels „Aufhebung“ religiöser Inhalte im Doppelsinn von einerseits Problematisierung, Überschreitung und andererseits Aufbewahrung, Erhaltung rät Habermas den Bürgern des liberalen Staates, die religiöse Herkunft der moralischen Grundlagen dieses Staates zu bedenken, um, wie er formuliert, „das Artikulationsniveau der eigenen Entstehungsgeschichte“ einzuholen.
Er lobt Kant für dessen, wie er meint, „zwar säkularisierende, aber zugleich rettende Dekonstruktion von Glaubenswahrheiten“, für eine „kritische Anverwandlung des religiösen Gehaltes“ – was auch immer das heißen mag.

Aber nicht nur die Besorgnis angesichts einer religiösen und nach-religiösen Sprachlosigkeit, die Menschen und Kulturen in Terror und Selbstbanalisierung treiben könne, sowie das Bemühen um nachdenkliche Pflege der religiös-moralischen Grundlagen moderner liberaler Staaten veranlassen Jürgen Habermas zu seinem Plädoyer. Er warnt auch vor einer naturalistisch-szientistischen Ideologie, die personales und soziales menschliches Leben auf bloße Naturvorgänge reduzieren und als solche wissenschaftlich erfassen und beschreiben will. Eine damit verbundene „schlechte Philosophie“ will er philosophisch, wissenschaftlich, aber auch religiös aufgeklärt sehen.

Schließlich sinniert er zu den Themen „Sünde“, „Auferstehung“ und „der Mensch als Imago Dei“ recht vage über den Verlust konkreter religiöser Inhalte: „Als sich Sünde in Schuld verwandelte, ging etwas verloren.“ Und: „Die verlorene Hoffnung auf Resurrektion hinterlässt eine spürbare Leere.“[4]

---

2 Königsberg 1793, Werke, Weischedel Ausgabe, Band VIII.

3 *www.glasnost.de/docs01/011014habermas.html*, die folgenden Zitate stammen aus dieser Rede.

4 Vgl. zu diesen inhaltlichen Befunden: Sigrid Brandt u. a. (Hg.), Sünde. Ein unverständlich gewordenes Thema, Neukirchener: Neukirchen-Vluyn, 2. Aufl. 2005; Hans-Joachim Eckstein / Michael Welker (Hg.), Die Wirklichkeit der Auferstehung, Neukirchener: Neukirchen Vluyn, 3. Aufl. 2007; Ted Peters / Robert Russell / Michael Welker (Hg.), Resurrection: Theological and Scientific Assessments, Eerdmans: Grand Rapids 2002; Würde des Menschen, JBTh 15, 2001, bes. 247ff.

Schließlich: Die „Geschöpflichkeit des Ebenbildes drückt eine Intuition aus, die auch in unserem Zusammenhang dem religiös Unmusikalischen etwas sagen kann." Er rät vor diesem Hintergrund zu einer „vernünftigen Einstellung", die „von der Religion Abstand zu halten (sucht), ohne sich deren Perspektive aber ganz zu verschließen".

Auch wenn man solche Erwägungen nicht gerade als „Steilvorlage" für die Kirchen bezeichnen sollte, so wird doch deutlich, dass Habermas der Meinung widerspricht, die durch Teile der europäischen Aufklärung und durch an sie anschließende Ideologien geprägt ist, dass Religionen nichts anderes seien als Aberglaube, dass sie in einigen ihrer Erscheinungen in Museen, im übrigen aber auf den Müllhaufen der Irrungen und Wirrungen der Kulturgeschichte der Menschheit gehörten. Dennoch schließt sich sein Rat, distanziert und fortgesetzt säkularisierend von den Erkenntnis- und Sprachpotentialen der Religionen zu lernen, an die Programme Kants und Hegels an, die als historisch erfolgreiche Versuche zu würdigen sind, die formativen Kräfte der christlichen Religion in moralische und emanzipatorische Bildungsprozesse zu überführen. Vieles spricht dafür, dass diese Programme transformatorischer Religionskritik zumindest in Teilen Europas stärkere und nachhaltigere Säkularisierungsschübe ausgelöst haben als die offensiveren Formen denunziatorischer Religionskritik, die wir von Feuerbach, Marx und Nietzsche kennen. Inzwischen allerdings ist das Vertrauen auf die weltgeschichtlich einflussreiche kulturelle Kraft solcher Programme der transformatorischen Religionskritik weithin erloschen. Zwar führen uns heute die Massenmedien en masse vielfältige „Aufhebungen" religiöser Formen und Inhalte vor. Doch mehr als Vernutzung und Verschleiß der Religion um der Erzeugung von Amüsement, Irritation, Betroffenheit und Erregung willen, ist dabei nicht zu erkennen.

Warum leben auch heute etwa 80% der Menschheit ausdrücklich mit religiösen Bindungen, wobei, nicht nur aufgrund der Entwicklungen in China, in der Tendenz diese Werte global eher zu- als abnehmen? Und das, obwohl uns das 20. Jahrhundert die so genannte wissenschaftliche und technologische „Entzauberung der Welt" versprochen hat. Es hat ferner damit begonnen, die Verbrechen gerade der christlichen Religion im weltweiten Kolonialismus und Kulturimperialismus aufzuarbeiten. Es hat uns den marxistischen Kampf gegen die Religion in der Doppelstrategie von einerseits Aufklärung und andererseits Unterdrückung gebracht und die massive Kritik an der Ausbreitung patriarchaler Ideologien, wie sie von vielen Religionen betrieben werde. Schließlich mussten wir die grauenhafte Verbindung von Religiosität und suizidalem, mörderischem Terrorismus erleben und die fundamentalistisch-religiöse Verbrämung kriegerischer Hegemonialpolitik. Am Ende des 20. und am Beginn des 21. Jahrhunderts begegnet uns darüber hinaus ein breiteres Siechtum gelebter Religiosität, besonders in West- und Mitteleuropa und in Australien, in den Formen von Selbstsäkularisierung und Selbstbanalisierung.

Reduktionistischer Theismus, wie er sich zum Beispiel in der Formel „Gott ist die Alles bestimmende Wirklichkeit“ ausdrückt, und diffuse Sinnsuche, Symbolkitsch, Gesundheitskult, Medienfrömmigkeit und andere Entleerungs- und Zersetzungserscheinungen greifen dabei ineinander.

Doch selbst in diesen Kontexten halten viele Menschen erstaunlich zäh an religiösen Traditionen fest. Sie bekunden ein manchmal leidenschaftliches, zuweilen ein stures Interesse an alten und neuen Formen von Spiritualität, Religiosität und wissenschaftlich orientiertem Glauben. Darüber hinaus erleben wir mit den Pfingstkirchen und den charismatischen Aufbrüchen die größte Frömmigkeitsbewegung in der Geschichte der Menschheit. Wir beobachten Rechristianisierungsentwicklungen in vielen vormals kommunistischen und atheistisch eingestellten Ländern. Afrika, Asien und Lateinamerika finden massive religiöse Entwicklungen und Umschichtungen statt, die jedenfalls für religiöse Energie und ein starkes Interesse am religiösen Leben sprechen. Für die theologisch-akademische Betrachtung sind derzeit besonders interessant, und zwar auch inhaltlich, starke Christianisierungsentwicklungen in China und Indien. Jürgen Habermas richtet allerdings das Augenmerk in seinem Beitrag zur Diskussion mit Joseph Ratzinger vor allem auf euro-amerikanische Kontexte, wenn er nach den „vorpolitischen Grundlagen des demokratischen Rechtsstaates“ fragt. Und darin wollen wir ihm zunächst folgen. Wie in der Frankfurter Rede will er auch in diesem Beitrag die Säkularisierung vor einer „Entgleisung“ bewahrt wissen. Einerseits rät er auch den „religiös Unmusikalischen“ unter den Zeitgenossen, das Gespräch mit der seines Erachtens „vorerst“ noch fortbestehenden Religion zu suchen. Andererseits sollen sie sich an ihrer „Aufhebung“ im hegelschen Doppelsinn des Wortes beteiligen, indem sie relevante religiöse Beiträge aus der religiösen in eine allgemein zugängliche Sprache übersetzen.

I. Vorpolitische Grundlagen des demokratischen Rechtsstaates?

Im Jahre 1968 publizierte Ernst-Wolfgang Böckenförde in der Forsthof-Festschrift den Beitrag “Die Entstehung des Staates als Vorgang der Säkularisierung”. Darin findet sich ein Satz, der gute Chancen hätte, ins Guinness-Buch der Rekorde einzugehen, als am meisten zitierte rechtswissenschaftliche Aussage des 20. Jahrhunderts. Diese Bemerkung Böckenfördes hat wohl auch der Planung des Dialogs zwischen Habermas und Ratzinger zugrunde gelegen.

Habermas greift ausdrücklich darauf zurück. Der Satz lautet: "*Der freiheitliche säkularisierte Staat lebt von Voraussetzungen, die er selbst nicht garantieren kann.*"[5]
Habermas fragt nach: Ist der freiheitliche säkularisierte Staat tatsächlich auf „autochthone weltanschauliche oder religiöse, jedenfalls kollektiv verbindliche ethische Überlieferungen angewiesen“ (16)?

Er plädiert demgegenüber dafür, den säkularen, weltanschaulich neutralen Staat aus profanen philosophischen Quellen des 17. und 18. Jahrhunderts legitimiert zu sehen (vgl. 18). Um dies zu erkennen, solle man nicht von einer religiös oder anderswie zu domestizierenden Staatsgewalt ausgehen, sondern in der Betrachtung gegenwärtiger gesellschaftlicher Wirklichkeit den „demokratischen Prozess ... einer inklusiven und diskursiven Meinungs- und Willensbildung“ der assoziierten Bürger wahrnehmen. Dieser Prozess bedürfe nur „schwacher Annahmen über den normativen Gehalt der kommunikativen Verfassung soziokultureller Lebensformen“ (19). Diese schwachen Annahmen sind nach Habermas erfüllt, wenn für die Kommunikationsergebnisse über die Grundlagen der Lebensformen gilt: gefordert und vorausgesetzt wird, dass sie rational akzeptabel sind bis hin zur Begründung der Verfassungsgrundsätze. Auf dieser Grundlage könne eine von Loyalität getragene durchgängige Verrechtlichung der Staatsgewalt erfolgen. Damit sei ein Machtkreislauf etabliert, der keine höhere „'haltende Macht'“ religiöser oder sonstiger Natur benötige.

Dass Immanuel Kant in diesem Entwurf in hohem Maße die Feder von Jürgen Habermas geführt hat, wird spätestens bei der Unterscheidung von „Staatsbürgern, die sich als Autoren des Rechts verstehen“, und „Gesellschaftsbürgern, die Adressaten des Rechts sind“ (22), deutlich. Der demokratische Prozess, der Jürgen Habermas vorschwebt, soll offenbar dazu beitragen, dass sich mehr und mehr der „um ihr eigenes Wohl besorgten Gesellschaftsbürger“ als „Staatsbürger“ verstehen und entsprechend verhalten. Diese sich ihrer Macht als Rechtsautoren bewussten Bürger würden das „einigende Band des demokratischen Prozesses“ immer neu schlingen, genauer, diesen Prozess mit rationalen Akzeptanzkontrollen und im Wetteifer über die Interpretation strittiger Verfassungsprinzipien am Leben halten. Habermas gesteht zu, dass dieser anspruchsvolle Prozess historische Quellen hat, die er „vorpolitisch“ nennt: religiöser Hintergrund, gemeinsame Sprache, immer wieder neu gewecktes Nationalbewusstsein (vgl. 24). Er sieht die kulturell-politische Evolution aber als kräftig genug an, einige dieser Quellen im diskursiv-demokratischen Machtkreislauf aufzuheben, zu verflüssigen und wohl schließlich auch zu erübrigen.

---

[5] E.-W. Böckenförde, Die Entstehung des Staates als Vorgang der Säkularisierung, in: ders., Recht, Staat, Freiheit. Studien zur Rechtsphilosophie, Staatstheorie und Verfassungsgeschichte, Frankfurt a.M. 1991, 92-114, 112.

Habermas bejaht eine selbstkritische „Gedächtnispolitik" und einen „Verfassungspatriotismus", der die Prinzipien der Verfassung wertschätzt und immer wieder neu in den zeitgeschichtlichen Kontexten diskursiv überprüft.
So wie Immanuel Kant mit einem getreuen Gehorsam gegenüber dem kategorischen Imperativ das Reich Gottes auf Erden kommen sah, so sieht Jürgen Habermas in einem durch selbstkritische Gedächtnispolitik, Verfassungspatriotismus, Verrechtlichung der Staatsgewalt und rationale Akzeptanzkontrolle gestützten „demokratischen Prozess" eine immer dichtere Solidarität der „Staatsbürger" entstehen, die als selbstbewusste Rechtsautoren den „Gerechtigkeitsprinzipien in das dichtere Geflecht kultureller Wertorientierungen" (25) immer stärker Eingang verschaffen.

Die Vision eines immer mehr Gesellschaftsbürger in Staatsbürger transformierenden Prozesses, in dem immer mehr Staatsbürger, die sich als Rechtsautoren verstehen, immer bessere und klarere Gerechtigkeitsprinzipien im Geflecht kultureller Wertorientierungen diskursiv und institutionell verrechtlicht verankern, transponiert Kants Theorie der Autonomie in eine zivilgesellschaftliche und geselligkeitstheoretisch gefasste Sphäre. Dass dies eine möglicherweise hochgradig illusionsgesättigte Vision sein könnte, reflektiert Habermas unter der Überschrift: „Wenn das soziale Band reisst ..." (26).

Es ist vor allem die Macht des Marktes, die Habermas eine „Entgleisung der Modernisierung" und eine Erosion der bürgerlichen Solidarität fürchten lässt, und besonders die „politisch unbeherrschte Dynamik von Weltwirtschaft und Weltgesellschaft" (26). Doch schon im ausführlichen Vorwort zur Neuauflage seines Buches „Strukturwandel der Öffentlichkeit" von 1990 und im Band „Faktizität und Geltung" von 1992 hat er die Gefahr eindringlich dargestellt, dass die zivilgesellschaftlichen Kräfte und damit der „demokratische Prozess" im Wechselverhältnis mit den elektronischen Massenmedien deformiert und in die Irre gelenkt werden. Die Massenmedien „vermachten" den öffentlichen Raum, durch Themenselektion und Themenverdrängung, durch die Erzeugung von Illusionen der Kommunikation und Beteiligung. Sie prägen ihm ihre Formen auf und tragen zur Absenkung der "diskursiven Niveaus" bei.[6] Drastisch spricht Habermas von „vermachteten Arenen" in der Zivilgesellschaft, in denen durch die Medien um „eine in ihren strategischen Intentionen möglichst verborgene Steuerung verhaltenswirksamer Kommuni-kationsflüsse gerungen" wird.[7]

---

[6] Jürgen Habermas, Strukturwandel der Öffentlichkeit. Untersuchungen zu einer Kategorie der bürgerlichen Gesellschaft. Mit einem Vorwort zur Neuauflage 1990, Suhrkamp: Frankfurt a.M. 1990 27ff.

[7] ebd. 28; vgl. ders., Faktizität und Geltung. Beiträge zur Diskurstheorie des Rechts und des demokratischen Rechtsstaats, Suhrkamp: Frankfurt a.M. 1992, 444f u.ö.

Skeptisch summiert er im Band „Faktizität und Geltung“: “Die Soziologie der Massenkommunikation vermittelt uns freilich von den vermachteten massenmedial beherrschten Öffentlichkeiten westlicher Demokratien ein skeptisches Bild. ...
Die Gruppierungen der Zivilgesellschaft sind zwar problemsensitiv, aber die Signale, die sie aussenden, und die Impulse, die sie geben, sind im allgemeinen zu schwach, um im politischen System kurzfristig Lernprozesse anzustoßen oder Entscheidungsprozesse umzusteuern.”[8] In dieser früheren, m.E. nüchterneren und realitätsnäheren Sicht der Dinge räumt der ein, dass die zivilgesellschaftlichen Assoziationen (und mit ihnen der „demokratische Prozess“) nicht “das auffälligste Element einer Öffentlichkeit (sind), die von Massenmedien und großen Agenturen beherrscht, durch Institutionen der Markt- und Meinungsforschung beobachtet und mit der Öffentlichkeitsarbeit, Propaganda und Werbung der politischen Parteien und Verbände überzogen wird.”[9]

Der für die Diskussion mit Ratzinger konzipierte Beitrag freilich lenkt in eine andere Richtung. Habermas warnt davor, die Krisen und Gefährdungen des „demokratischen Prozesses“ im Stil einer Kritik der modernen Vernunft zu lesen, die sich selbst ihrer Entwicklungsgrundlagen beraube, und auf dieser Basis große Erwartungen an religiöse Rettungspotentiale zu wecken. Er grenzt sich ausdrücklich von Kulturkritikern wie Martin Heidegger, Carl Schmitt und Leo Strauß ab, indem er formuliert: „Ich halte es für besser, die Frage, ob sich eine ambivalente Moderne allein aus säkularen Kräften einer kommunikativen Vernunft stabilisieren wird, nicht vernunftkritisch auf die Spitze zu treiben, sondern als eine offene empirische Frage zu behandeln“ (28). Doch statt nun - um empirische Betrachtung bemüht - die Chancen und Gefährdungen seines zivilgesellschaftlichen Gerechtigkeitsdiskurses im Machtgefüge pluralistischer Gesellschaften einschließlich der in ihnen fortbestehenden Religionen zu reflektieren, bietet er einen „Exkurs“ auf die religiösmetaphysischen Ursprünge der Philosophie.

Die sich auf sich richtende Vernunft, so spekuliert er im Anschluss an eine eindrückliche philosophische Denkbewegung, die sich von Aristoteles’ Metaphysik Buch XII bis hin zu den Epigonen Fichtes, Hegels und Schleiermachers durchhält, „entdeckt ihren Ursprung aus einem Anderen, dessen schicksalhafte Macht sie anerkennen muss ...“ (29).

---

[8] Faktizität und Geltung, 451; vgl. meine Kritik an der damals schon unsicheren Defensive gegenüber einer „Kolonisierung der Lebenswelt“ in: M. Welker, Kirche im Pluralismus, Kaiser: Gütersloh 2. Aufl. 2000, Kap. 1.
[9] Faktizität und Geltung, 444.

Diese Reflexion der Vernunft auf sich selbst könne sich z.B. mit Schleiermacher „am Selbstbewusstsein des erkennenden und handelnden Subjekts“ ausrichten oder mit Kierkegaard „an der Geschichtlichkeit der je eigenen Selbstvergewisserung“ oder mit Hegel und den Linkshegelianern „an der provokativen Zerrissenheit sittlicher Verhältnisse“.

Ohne ursprünglich theologische Absicht aber leicht theologisch vereinnehmbar - überschreite diese sich auf sich selbst richtende und ihre Grenze wahrnehmende Vernunft sich selbst. Sie überschreite sich selbst in Richtung auf „mystische Verschmelzung mit einem kosmisch umgreifenden Bewusstsein“ oder „in der verzweifelten Hoffnung auf das historische Ereignis einer erlösenden Botschaft“ oder „einer vorandrängenden Solidarität mit den Erniedrigten und Beleidigten, die das messianische Heil beschleunigen will“ (29).

Habermas sieht in dieser seiner originellen Konstruktion einer sich dreifach auf „ihr Anderes“ richtenden Vernunft nicht weniger als die „Pseudonyme der Dreifaltigkeit des sich selbst mitteilenden persönlichen Gottes dechiffriert“ (30). Und er bemerkt - auch zu seinen eigenen Gunsten -, dass ein solches von Hegel lernendes philosophisches Theologisieren „immer noch sympathischer“ sei, als ein prophetischer Gestus im Anschluss an Nietzsches wütende Kritik des Christentums, der Metaphysik und der Moral. In Verbindung mit seinem philosophischen Beitrag zur Theorie der Trinität stellt Habermas seine eigene Position und die von ihm generell empfohlene philosophische Haltung als gegenüber den verwandten Einstellungen Kants und Hegels lernoffener dar. Nicht nur „die Achtung vor Personen und Lebensweisen, die ihre Integrität und Authentizität ersichtlich aus religiösen Überzeugungen schöpfen“ (30), erfordere den Verzicht auf die Demonstration philosophisch überlegener Einsicht in religiösen Angelegenheiten. Die Erfahrungen mit hinter uns liegenden gesellschaftlich-ulturellen Entwicklungen und die Planung zukünftiger Formen gesellschaftlichen Zusammenlebens legen es nahe, auf ein fortgesetzt wechselseitiges Lernen von Philosophie und Religion abzustellen. Mit diesem Rat geht Habermas vielleicht einen Schritt über die Empfehlung der Friedenspreisrede hinaus, „von der Religion Abstand zu halten, ohne sich deren Perspektive aber ganz zu verschließen“. Unklar aber bleibt, ob er nur repressiv-toleranten Versuchen der Beobachtung und Übersetzung ausgewählter religiöser Äußerungen das Wort reden will, oder ob er ein echtes konstruktives Interesse an der Entwicklung des Beobachtungsgegenstandes und Gesprächspartners zu nehmen vermag.

Hatte die Friedenspreisrede noch recht tastend und vage „wichtige Ressourcen der Sinnstiftung“ in der Religion und die „Artikulationskraft religiöser Sprache“ angesprochen, wird der Diskussionsbeitrag zum Dialog mit Ratzinger deutlicher: Die Religion verfüge, jedenfalls dann, wenn sie sich vor Dogmatismus und Gewissenszwang bewahre, über ein wichtiges geistiges Immunsystem, das einem ethisch enthaltsamen nachmetaphysischen Denken entglitten sei: „hinreichend differenzierte Ausdrucksmöglichkeiten und Sensibilitäten für verfehltes Leben, für gesellschaftliche Pathologien, für das Misslingen individueller Lebensentwürfe und die Deformationen entstellter Lebenszusammenhänge“ (31). Zudem habe die abendländische Philosophie in ihrer gesamten Entwicklungsgeschichte „genuin christliche Gehalte ... in schwer beladene normative Begriffsnetze“ transformiert. Habermas spricht in, sagen wir, gehobener Sprache von „rettenden Übersetzungen“ der religiösen Inhalte durch die Philosophie. Die Übersetzung der Rede von der Imago Dei des Menschen in die „gleiche und unbedingt zu achtende Würde aller Menschen“ ist für ihn das Paradebeispiel einer solchen „rettenden Übersetzung“ (32).

Nachdrücklich empfiehlt er den Bürgern der „postsäkularen Gesellschaft“, aber auch den verfassungsstaatlichen Instanzen, „mit allen den kulturellen Quellen schonend umzugehen, aus denen sich das Normbewusstsein und die Solidarität von Bürgern speist“ (32f). Wechselseitig voneinander lernend sollen ganz offenbar philosophisch artikuliertes und gepflegtes säkulares Denken und Religiosität die im demokratischen Prozess kultivierte gesellschaftliche Solidarität gegen die Macht der Märkte und der scheinbar wertneutralen Administration schützen und stärken. Dass dieser Prozess nach Habermas’ Ansicht weiterhin und unaufhaltbar ein Gefälle in Richtung Säkularisierung aufweist, deutet er in verschiedenen Wendungen an: „bis auf weiteres (sei) mit dem Fortbestehen der Religionsgemeinschaften“ zu rechnen, die Modernisierungs-prozesse erfassten „phasenverschoben religiöse und weltliche Mentalitäten“ (33). In seinem auf das deutsche und westeuropäische Umfeld konzentrierten, lernbereit geplanten philosophisch-religiösen Beitrag zum Dialog sehen Kant und Hegel ihrem philosophischen Urenkel ruhigen Blickes über die Schulter.

Am Ende seiner Überlegungen wirft Habermas eine interessante Frage auf: Unter den Bedingungen der modernen „Ausdifferenzierung der gesellschaftlichen Teilsysteme“ Religion und Politik differieren die Rollen der Gemeindeglieder der Kirchen von den Rollen der Gesellschaftsbürger. Wie sollen sich die Politik (und wohl auch die Akteure seines zivilgesellschaftlichen „demokratischen Prozesses“) auf engagierte religiöse Bewusstseinshaltungen einstellen, die politische Loyalität und wache Teilnahme am Gerechtigkeitsdiskurs nicht garantieren können, wenn sie ihre religiösen Bindungen aufgeben müssen?

Die *erste Antwort* lautet: Sie sollten Toleranz üben und religiöse Artikulations- und Gestaltungschancen auch im säkularen Raum gewähren. Die *zweite Antwort* präzisiert: Diese Toleranz kann aber nicht mit einem Laisser-faire verwechselt werden. Sie hat u. U. einen Preis, wie zum Beispiel die heftigen Auseinandersetzungen im Kampf gegen die liberalen Abtreibungsregeln und die damit ausgelösten öffentlichen Erregungen zeigen. Die *dritte Antwort* fügt dem hinzu: Man wird dabei die religiöse Seite nicht länger mit einem automatischen - zumindest stillen - Irrationalitätsvorwurf belasten können. Und man wird ideologieanfälligen „Weltbildern", zum Beispiel einem szientistischen Naturalismus, nicht schon bloß deshalb einen Rationalitätsbonus geben können, weil sie nicht klassisch-religiöser Herkunft sind, sondern auf ihre angebliche Geburt im Wissenschaftssystem pochen. Dezent deutet Habermas an, dass interessante Auseinandersetzungen zwischen religiös begründeten und säkular-akademisch eingeführten Wahrheitsansprüchen zu erwarten stehen, in denen die intellektuell anspruchsvolleren „Staatsbürger" nicht nur passive Zuschauerhaltungen einnehmen können. Wie weiland Kant und heuer Habermas[10] sollten sie sich durchaus „an Anstrengungen beteiligen, relevante Beiträge aus der religiösen in eine öffentlich zugängliche Sprache zu übersetzen" (36).

II. Was die Welt zusammenhält. Vorpolitische moralische Grundlagen eines freiheitlichen Staates

Jürgen Habermas' Programm will den Fortbestand and die Entwicklung des liberalen Staats und seiner Gesellschaft fördern, wobei die Kommunikationsprozesse der Zivilgesellschaft und hier ganz besonders die sich ihrer Aufgabe bewussten „Staatsbürger" tragend sind. Die Staatsbürger, die sich als „Autoren des Rechts" verstehen, sollen offenbar durch den „demokratischen Prozess" Wunder wirken. Sie sollen Politik, Recht, Wissenschaft, Bildung und Familie gegen die Macht des Marktes, der Medien und der szientistischen Ideologien stützen und stärken – auch mit Hilfe der klassischen Religionen.

Joseph Kardinal Ratzinger nimmt in seinem Beitrag zur Einleitung der Diskussion diese Problembeschreibung nicht auf. Ohne Habermas' Besorgnis über den globalen Markt (2004) und dessen noch größere Besorgnis über die Macht der Medien (1990ff) - spricht er gelassen von der gegenwärtigen Ausbildung einer Weltgesellschaft mit vielfältigen Interdependenzen und wechselseitigen Angewiesenheiten.

---

[10] Nicht nur in der oben aufgenommenen Dankesrede für den Friedenspreis des Deutschen Buchhandels, sondern auch in ders., Glauben und Wissen, Suhrkamp: Frankfurt a.M. 2001.

Allerdings sieht er besorgt „die Entwicklung von Möglichkeiten des Menschen, von Macht des Machens und Zerstörens, die weit über alles bisher Gewohnte hinaus die Frage nach der rechtlichen und sittlichen Kontrolle der Macht aufwerfen“ (40). Die, wie er auch formuliert, „rechtlich verantwortete Gestalt der Bändigung und Ordnung der Macht“ (40) nimmt er von vornherein als ein auch interkulturelles Problem wahr, weshalb die wichtige Suche nach den „ethischen Grundlagen“, die das „Miteinander (der Kulturen) auf den rechten Weg führen“, nicht allein innergesellschaftlichen Diskursgruppen anvertraut werden kann.

Neben seiner globalen Perspektive fällt Ratzingers ethische Skepsis auf. „Im Prozess der Begegnung und Durchdringung der Kulturen“ seien traditionell tragende „ethische Gewissheiten weithin zerbrochen“; die Frage, was „das Gute sei, und warum man es, auch selbst zum eigenen Schaden, tun müsse“, bleibe „weithin“ ohne Antwort (40). Traditionsabbruch, moralische Orientierungslosigkeit und mangelnde Opferbereitschaft seien ein gravierendes Problem.

Die Relativierung traditioneller ethischer Gewissheiten durch multikulturelle Interferenzen ist nur eines der Ausgangsprobleme, die Ratzinger benennt. Auch die wachsenden multidisziplinären wissenschaftlichen Erkenntnisse und die damit erfolgenden Veränderungen der Bilder von Mensch und Welt sind am „Zerbrechen alter moralischer Gewissheiten beteiligt“ (41, vgl. ebd.). In dieser Situation ist seines Erachtens die Philosophie als Dialogpartnerin von Wissenschaft, Religion und Kirche gefragt: sie soll dabei helfen, vermeintliche wissenschaftliche Fortschritte kritisch zu hinterfragen, das Scheinwissenschaftliche und Nichtwissenschaftliche auszuscheiden und damit – positiv – „den Blick auf das Ganze, auf die weiteren Dimensionen der Wirklichkeit des Menschseins offen zu halten“ (41). Die Philosophie als kritische Begleiterin in der wissenschaftlichen Evolution – um „den Blick auf das Ganze, auf die weiteren Dimensionen der Wirklichkeit des Menschseins offen zu halten“: Man wird sehr genau prüfen müssen, welche Philosophie sich bei welchen wissenschaftlichen Forschungsprozessen dazu in der Lage sähe, diese Aufgabe seriös wahrzunehmen. Man sollte auch mit der ausführlich begründeten Kritik des Schweizer Theologen Karl Barth auseinandersetzen, die besagt, idealistische, existentialistische, naturalistische und andere Philosophien nähmen nur (ausgewählte) „Phänomene des Menschen“ wahr, nicht aber den wirklichen und wahren Menschen.[11]

[11] Karl Barth, Kirchliche Dogmatik, III/2, § 44,2.

Nach seiner diskussionsbedürftigen Bestimmung der Rolle der Philosophie im Evolutionsprozess der Wissenschaften kommt Ratzinger zur Aufgabe der Politik. Schön formuliert er: „Nicht das Recht des Stärkeren, sondern die Stärke des Rechts muss gelten." Deshalb komme der Politik die Aufgabe zu, „Macht unter das Maß des Rechtes zu stellen" und so „gemeinsam geteilte Freiheit" zu ermöglichen (42). An dieser Stelle nun kommt es zu einer Berührung zwischen Ratzingers und Habermas' Denken und dabei dennoch zu einer behutsamen Distanznahme. Einerseits, so Ratzinger, müsse das Recht „Vehikel der Gerechtigkeit" und „Ausdruck des gemeinsamen Interesses aller sein". Das spricht nach seinem Urteil „für die Demokratie als die angemessenste Form politischer Ordnung" (42 und 43). Andererseits werden die damit gegebenen Probleme nur „fürs erste ... durch die Instrumente demokratischer Willensbildung gelöst" (42f). Die Tatsache, dass Mehrheiten und demokratisch gewählten Delegationen korrumpierbar sind, nötigt zur Frage, ob es definitives Unrecht gibt, das nie Recht werden kann, und ob es ein unverrückbares Recht gibt, das keine Mehrheit außer Kraft zu setzen vermag (vgl. 43).

Ratzinger sieht in den modernen Menschenrechtserklärungen Versuche, solche Grundlagen des Rechts zu fixieren. Unter Hinweis auf die sehr unterschiedliche Akzeptanz, die diese Menschenrechte in den verschiedenen Kulturen der Welt genießen, formuliert er: „Nun mag man sich im gegenwärtigen Bewusstsein mit der inneren Evidenz dieser Werte begnügen. Aber auch eine solche Selbstbeschränkung des Fragens hat philosophischen Charakter. Es gibt also in sich stehende Werte, die aus dem Wesen des Menschseins folgen und daher für alle Inhaber dieses Wesens unantastbar sind." (43f) Interpretiere ich diese drei Sätze richtig, so wird auch im politisch-rechtlichen Bereich der Philosophie die Aufgabe und die Kompetenz zuerkannt, „den Blick auf das Ganze, auf die weiteren Dimensionen der Wirklichkeit des Menschseins offen zu halten" und vorläufige und relative Konsenshaltungen als solche zu markieren. Die Philosophie muss über den gegenwärtigen Erkenntnisstand hinauswachsen und nicht relativierbare Werte identifizieren, die aus dem „Wesen des Menschseins" zu erheben seien.

Mit seiner Bejahung von Demokratie und Menschenrechten in kosmopolitischer Perspektive steht Ratzinger in einer päpstlichen Denk- und Urteilstradition, die auf die Weihnachtsbotschaften von Pius XII. von 1942 (*Die innere Ordnung von Staaten und Völkern*) und 1944 (*Demokratie und dauerhafter Friede*) zurückgeht.[12]

---

[12] Im Blick auf die folgenden Informationen habe ich von einem noch unveröffentlichten Text meines Harvarder Kollegen Francis Fiorenza gelernt: Freedom and Human Rights: The Cosmopolitan Context of the Justification of Rights in Roman Catholicism, 2007.

Gegen die Gräuel des Nationalsozialismus hatte der Papst 1942 die Bedeutung der Menschenwürde und elementarer menschlicher Rechte betont sowie 1944 die Notwendigkeit, internationale friedensorientierte Organisationen zu etablieren. Johannes XXIII. bezieht sich in der Enzyklika *Pacem in Terris* von 1963 ausdrücklich auf die Affirmation der Menschenrechte von 1942 und ebnet den Weg für die die Menschenrechtspolitik der Vereinten Nationen unterstützenden Konstitutionen des Zweiten Vatikanischen Konzils, besonders deutlich im Text *Gaudium et Spes* von 1965. Paul VI. und Johannes Paul II. bleiben mit ihren Verlautbarungen auf dieser kosmopolitisch orientierten Linie, wobei Johannes Paul II. schließlich auch die Notwenigkeit der Juridifizierung der Menschenrechte in den nationalen Rechtssystemen einklagt.

Unter der Überschrift „Neue Formen der Macht und neue Fragen nach ihrer Bewältigung" (45) blickt Ratzinger auf die Zeit seit dem Zweiten Weltkrieg zurück und diagnostiziert eine Verschiebung in der „Frage nach dem Recht und nach dem Ethos". Die Angst vor der wechselseitigen nuklearen Zerstörung der Weltmächte ist verdrängt worden von der Angst vor „den anonymen Mächten des Terrors, die an allen Orten präsent sein können" (46). Ratzinger fragt nach den Quellen, aus denen sich der Terror speist. Er benennt einmal das Ohnmachtsempfinden und den Hass der „machtlosen und unterdrückten Völker", die den Terror als „Antwort ... auf den Hochmut der Mächtigen, als die gerechte Strafe für ihre gotteslästerliche Selbstherrlichkeit und Grausamkeit" ansehen. Er benennt andererseits einen religiösen Fanatismus, der den Terror „als Verteidigung religiöser Tradition gegen die Gottlosigkeit der westlichen Gesellschaft darstellt" (46). Dies nötigt seines Erachtens zu einer selbstreflexiven und selbstkritischen Haltung der Religion. Zu fragen ist, unter welchen Bedingungen die Religion eine „heilende und rettende" oder eine „archaische und gefährliche" Macht entfaltet (46f). Ist eine vernünftige Läuterung und Eingrenzung der Religion möglich – und wer könnte dies leisten? Ist eine allmähliche Aufhebung der Religion erstrebenswert, um auf diesem Weg kulturelle Fortschritte in Richtung auf „Freiheit und universale Toleranz" hin zu erzielen?

Ratzinger warnt vor einem unqualifizierten Glauben an die Potentiale der Vernunft, die auch der Produktion der Atombombe und der, wie er formuliert, „Menschenzüchtung und -selektion" gedient habe. Nach dem Modell des Kalten Krieges in dem sich seines Erachtens „die gegenseitige Begrenzung der Macht und die Furcht um das eigene Überleben ... als die rettenden Kräfte" (45) erwiesen hätten, empfiehlt er eine wechselseitige Begrenzung von Religion und Vernunft; wechselseitig sollten sie sich „je in ihre Schranken weisen und auf ihren positiven Weg bringen" (48).

Eine solche wechselseitige Begrenzung müsse weltgesellschaftlich implementiert werden. Doch es ist zu fragen, wo sich Motivations- und Durchsetzungkräfte finden, die die Menschen, die politischen Instanzen und nicht zuletzt Wissenschaft und Religion von der Notwendigkeit und Realisierbarkeit eines solchen Projekts überzeugen können?

Ratzingers Antworten auf diese brennende Frage klingen eher verhalten, ja sogar unsicher. Das Naturrecht sei in der katholischen Kirche „die Argumentationsfigur geblieben, mit der sie (die Kirche) in den Gesprächen mit der säkularen Gesellschaft und mit anderen Glaubensgemeinschaften an die gemeinsame Vernunft appelliert und die Grundlagen für eine Verständigung über die ethischen Prinzipien des Rechts in einer säkularen pluralistischen Gesellschaft sucht" (50).
Mit Bedauern muss er allerdings feststellen: „Aber dieses Instrument ist leider stumpf geworden, und ich möchte mich daher in diesem Gespräch nicht darauf stützen" (ebd.). Er meint, dass die Menschenrechte „als letztes Element des Naturrechts ... stehen geblieben" seien, d.h. Stand gehalten haben. Und er ruft dazu auf, Werte und Normen im Sein des Menschen aufzuspüren, die nicht als bloße Erfindungen angesehen werden können. Zu dieser Suche nach tragfähigen Grundlagen eines Naturrechts im Sein des Menschen ruft er nicht nur die christliche Schöpfungstheologie und die Philosophie auf. Er sieht auch die anderen großen religiösen Traditionen dieser Welt zu solcher Suche herausgefordert.

Seine Überlegungen schließen denn auch mit einer Meditation über „Interkulturalität und ihre Folgen". Er spricht von „kulturellen Räumen", und zwar des Christentums, des Islams, des Buddhismus und des Hinduismus sowie der Stammesreligionen. Alle diese kulturellen Räume seien durch Spannungen geprägt. Im christlichen Raum sei dies die Spannung von christlichem Glauben und säkularer Rationalität. Könnte aus dieser Spannung eine fruchtbare Beziehung werden, die, wie er formuliert, der gegenseitigen „Reinigung und Heilung" dient? Ratzinger scheut sich nicht, „Pathologien in der Religion" einzugestehen, die der helfenden Kraft der Vernunft bedürfen, ehe er von den seines Erachtens möglicherweise „noch bedrohlicher" sich auswirkenden „Pathologien der Vernunft" spricht. Aufgrund dieser Pathologien sollte die säkulare Vernunft auf die großen religiösen Überlieferungen der Menschheit zu „hören" lernen. Eine „polyphone Korrelation", wie er sagt, schwebt ihm vor, in der die verschiedenen großen Religionen konstruktive und friedvolle Verhältnisse zu säkularer Rationalität gewinnen und so auch in wechselseitige Gesprächsverhältnisse eintreten können. In diesem Geschehen könnten denn auch die Grundlagen des Naturrechts in neuer Weise erkennbar werden, könnten „die von allen Menschen irgendwie gekannten oder geahnten wesentlichen Werte und Normen neue Leuchtkraft gewinnen" (58).

Habermas und Ratzinger – tatsächlich im Gespräch?

Auf einer sehr allgemeinen Betrachtungsebene kann man die Beiträge von Habermas und Ratzinger in einem Verhältnis sehen, das mit dem bayerischen Akademiedirektor Schuller und der Verlagswerbung von einem „Dialog" zu sprechen erlaubt. Der Theologe und Kirchenfürst sucht den Dialog mit der Philosophie und er sucht ihre Dienste zur kritischen Begleitung der Entwicklungen in den Wissenschaften. Er sucht ihre Dienste auch zur Entdeckung oder Wiederentdeckung normativer Grundlagen im, wie er sagt, „Sein des Menschen", Grundlagen, die sich nicht relativieren lassen, die „unverrückbar" sind.
Der Philosoph und Augur des Zeitgeistes empfiehlt den Dialog und das Hören auf die Religion, um deren Einsichten in den, wie er formuliert, „normativen Gehalt der kommunikativen Verfassung soziokultureller Lebensformen" aufzunehmen und in säkulare Sprache zu übersetzen. Doch sobald man diese recht oberflächliche Betrachtungsebene verlässt, muss man sich fragen, ob die Positionen beider Denker sich tatsächlich in einen Dialog bringen lassen, mit einer gemeinsamen Progressrichtung, mit nachvollziehbaren - zumindest punktuellen - Übereinstimmungen und klaren Dissensen. In dieser Hinsicht nachdenklich geworden, wird man sich nicht länger darüber wundern, dass das Gespräch selbst nicht publiziert wurde und dass Ratzinger der Presse gegenüber seinerzeit nur lakonisch vermerkte, es habe in mancher „operativer Hinsicht" Übereinstimmungen gegeben.

Habermas konzentriert sich auf den so genannten „demokratischen Prozess", auf einen zivilgesellschaftlichen und innergesellschaftlichen kommunikativen Bereich, und will in ihm „vorpolitische moralische Grundlagen eines freiheitlichen Staates" identifizieren. Ratzinger hat eine globalpolitische, multikulturelle und multireligiöse gefahrenreiche Situation vor Augen und fragt nach rechtlicher und sittlicher Kontrolle, ja „Bändigung und Ordnung" der Macht. Dabei sind seine ihm wichtigsten Sorgenkinder eine entfesselte wissenschaftlich-technologische Evolution, ein sich ausbreitender moralischer Relativismus und fundamentalistisch-fanatische religiöse Haltungen. Die Pflege und Erhaltung der „vorpolitischen moralischen Grundlagen freiheitlicher Staaten" kommen allenfalls indirekt in den Blick. Wohl soll der Staat mit Hilfe des Rechts bei der Bändigung der Mächte helfen. Wohl sieht er die Gefahr der Korrumpierbarkeit auch demokratischer Ordnungen und Gesellschaften. Die demokratischen und kommunikativen Prozesse, welche freiheitliche Ordnungen schaffen und im politisch-moralischen öffentlichen Diskurs begleitete gerechte Rechtsentwicklungen ermöglichen, werden von ihm aber nicht bedacht. Sie werden offenbar als – jedenfalls in manchen Weltgegenden - ohnehin gegeben vorausgesetzt.

Sehr verschiedene Anliegen und Sorgen in sehr verschiedenen Betrachtungsbereichen beschäftigen also die beiden Denker.

Ein ausbaubarer Berührungspunkt wäre vielleicht die gemeinsame Sorge gegenüber einem Szientismus, einem Glauben an die Allzuständigkeit und Selbstgenügsamkeit wissenschaftlichen bzw. sogar nur naturwissenschaftlichen Denkens, der sich ideologisch verfestigt und in einer Kritik der Religion dies auch noch verschleiert. Die vermeintlich naive und vergangenen Zeiten angehörende Religion dient diesem Szientismus als Kontrastfolie, um den zeitgemäßen, fortschrittlichen Glauben an das Wahrheitsmonopol der Wissenschaft gegen sie auszubreiten. Um in diesem Punkt in ein Gespräch zu kommen, müssten aber Grundhaltungen auf beiden Seiten überprüft und verändert werden.

Habermas' halbherzige, sozusagen „noch lernbereite", bis auf weiteres der Religion noch Säkularisierungsaufschübe zuerkennende Aufhebungsstrategie müsste revidiert werden. Mit Recht ahnt er in der theologischen Sündenlehre relevante religiöse Erkenntnispotentiale zur Kritik rechtlicher und moralischer Blindheiten, auch systemischer Blindheiten. Zu prüfen wäre, ob die theologische Eschatologie und ganz besonders die Lehre von der Auferstehung naturalistische Ideologien grundlegend und mit guten Gründen in Frage stellen können. Und dass die Lehre vom Menschen als Bild Gottes radikaldemokratische Entwicklungen unterstützt und religiösen Rechtfertigungen von Klassengesellschaften und Klassenkirchen problematisiert hat, deutet Habermas selbst an. Diese und andere Erkenntnispotentiale der Religion sind gewiss fortgesetzter kritischer Interpretation, geistiger Pflege, der Weiterentwicklung unter veränderten wissenschaftlichen und weltanschaulichen Bedingungen und breitenpädagogischer öffentlicher Vermittlung bedürftig. Man sollte sich allerdings schon entscheiden, ob man die aufklärerische Entleerung und Verdrängung der Religion nur sublimieren oder ob man sie einsichtsvoll beenden will. Das schließt eine fortgesetzt aufklärende spezifische Kritik an Formen und Inhalten der grundsätzlich bejahten Religion keineswegs aus. Nicht ohne Grund haben die besten protestantischen Theologen des 20. Jahrhunderts – Barth, Bonhoeffer und Tillich – die Religionskritik ausdrücklich in ihre theologischen Programme aufgenommen.

Aber auch Ratzingers Programm einer Auseinandersetzung mit der Evolution der Wissenschaften und den, wie er sagt, „Pathologien der Vernunft" ist entwicklungsbedürftig. Nur noch wenige Philosophen werden die monolithische Rede von „der Vernunft" mit Ratzinger teilen, wenn sie sich auf zeitgeschichtliche Kontexte und das Wissenschaftssystem beziehen. Selbst Hegelforscher dokumentierten einen Hegel-Kongress mit einem Band „Vernunftbegriffe" in der Moderne.

Die Ersetzung des Vernunftbegriffs durch die Rede von „Rationalitäten" hat unter anderem dazu beigetragen, einen kalten – in kommunistischen Kontexten mitunter auch heißen – Krieg zwischen Politik, Wissenschaft und Religion zu beenden. Wir werden die Ausdifferenzierung im Wissenschaftssystem nicht rückgängig machen können, indem wir tapfer den Glauben an das eine Rationalitätskontinuum hochhalten. So wie Ratzinger die globale Differenzierung in fünf religiös getönte Kulturkreise akzeptiert, so sollte er auch die Ausdifferenzierung der Wissenschaften nicht den „Pathologien der Vernunft" zurechnen. Auch im Blick auf die philosophische und theologische Beobachtung der Wissenschaft und für den interdisziplinären Dialog brauchen wir eine Konstellation, die Ratzinger etwas unglücklich „polyphone Korrelation" nennt, und die er mit einem kritischen Gegenüber von Philosophie und Wissenschaft bearbeiten möchte.

Ich hatte bereits meine Zweifel angemeldet, dass wir überhaupt über eine Philosophie verfügen, die alle Entwicklungen in den verschiedenen Wissenschaftssphären als kompetente Kritikerin zu begleiten vermag, und ich melde diesen Zweifel auf der Basis mehr oder weniger erfolgreicher 20jähriger internationaler und interdisziplinärer Forschungskooperation an. Mein Zweifel erstreckt sich auch auf die Hoffnung, dass die Philosophie allein die normativen Grundlagen freilegen könnte, die Theologie und Kirche für die globalen interreligiösen Dialoge benötigen, Grundlagen, die zugleich Politik und Recht gegen den moralischen Relativismus panzern und die szientistischen und naturalistischen Ideologien problematisieren oder gar auflösen.

Ein Problem sehe ich nicht nur in Ratzingers illusionsgesättigter Überforderung der Philosophie. Ein Problem sehe ich auch in seiner Meinung, das Instrument des Naturrechts sei nur unscharf geworden und könne wieder zurechtgeschliffen werden. Dabei geht es mir nicht um einen billigen Überbietungsgestus, der besagt, die mehr oder weniger verzweifelten Versuche in der Nachkriegszeit, die Traditionen des Naturrechts wieder stark zu machen, seien kläglich gescheitert und man sollte an dieser Front kein Pulver mehr verschwenden. Mit einem mehrjährigen interdisziplinären Forschungsprojekt „Gesetzesbegriffe in Naturwissenschaften, Rechtswissenschaften und Theologie", an dem auch die Philosophie beteiligt ist, suchen wir derzeit durchaus einige Anliegen des Naturrechtsdenkens zu reformulieren. Meine Bedenken richten sich vielmehr auf methodische und inhaltliche Engführungen in Ratzingers Vision einer Lösung der vielen von ihm benannten globalen Probleme.

Die von ihm erwünschte kritische Partnerschaft von „Vernunft und Religion" wird nicht im Gespräch zwischen Theologie und Philosophie allein hergestellt werden können, und schon gar nicht, indem man einen Szientismusverdachts gegenüber der Wissenschaft als solcher kultiviert oder die wissenschaftliche Rationalität für globale technologische und politisch-ideologische Selbstgefährdungen verantwortlich macht. Exemplarische inhaltliche Diskurse mit verschiedenen wissenschaftlichen Disziplinen und ein Eingehen auf ihre Methoden und Denkformen werden für ein Gedeihen dieser Partnerschaft erforderlich sein.

Die von Ratzinger angestrebte Konzentration „auf das Ganze und auf die weiteren Dimensionen der Wirklichkeit des Menschen" erfordert einen multidisziplinären Zugang, in dem naturwissenschaftliche, geisteswissenschaftliche und gezielt inhaltlich-theologische Perspektiven mit philosophischen ins Gespräch gebracht werden müssen. Wo dies nicht beachtet wird, steht nicht nur die Akzeptanz der ersehnten Erkenntnisse in den Wissenschaften und in den säkularen Rationalitäten auf dem Spiel.
Es droht dem erwünschten neuen Naturrechtsdiskurs – theologisch gesehen – auch die Gefahr einer letzten religiösen Orientierungslosigkeit, weil der Mensch über das Naturrecht möglicherweise letztlich nur mit sich selbst ins Gespräch tritt. Karl Barth hatte dies bekanntlich als große strukturell bedingte Gefahr sowohl des römischen Katholizismus als auch des theologisch-inhaltlich entleerten Neuprotestantismus angesehen.

Für diese Gefahr scheint interessanterweise der sich selbst als „religiös unmusikalisch" bezeichnende Philosoph Habermas sensibler zu sein als der Kurienkardinal, wenn er vor dem Verlust des Sündenbegriffs warnt und den Verlust der Auferstehungshoffnung beklagt. In welcher Begründungsform auch immer präsentiert, sichert uns das Naturrechtsdenken keine genuin christlich-theologische Erkenntnisgrundlage. Es ist auch deshalb letztlich keine brauchbare Basis in den Dialogen mit den großen Weltreligionen. Sollte es hier und da als Gesprächsbasis Verwendung finden, so würde es früher oder später doch als ein philosophisch verbrämtes Relikt westlichen Hegemonialdenkens wieder abgestoßen werden. Die von Ratzinger ersehnte „polyphone Korrelation" ist sowohl im interreligiösen Gespräch als auch im Dialog mit philosophischen und wissenschaftlichen Rationalitäten erheblich aufwändiger, als von ihm konzipiert.

Der unbefriedigend durchgebildeten Zielvorstellung bei Ratzinger entspricht eine unbefriedigende Ausgangskonstellation bei Habermas. Die Leistungskraft und Tragfähigkeit seines zivilgesellschaftlichen „demokratischen Prozesses“ im Machtgefüge des strukturierten Pluralismus spätmoderner Gesellschaften müsste erheblich klarer mit den Operationsformen in Politik, Recht und Bildung vermittelt und gegen die Rationalitäten von Markt und Medien konturiert werden. Das Anfang der 90er Jahre von ihm erreichte Erkenntnisniveau sollte nicht unterschritten werden.

Es ist deshalb am Ende gut, zu wissen, dass Ratzinger eine äußerst wichtige, aber nicht die einzige „Personalisierung des katholischen Glaubens“ und dass Habermas eine sehr lehrreiche, aber nicht die einzige „Personalisierung des liberalen, individuellen, säkularen Denkens“ unter uns ist. Und es ist auch gut zu wissen, dass – Gott sei Dank – der von ihnen intendierte Dialog bzw. das tatsächlich geführte Gespräch nicht „darüber entscheidet, wie sich die Zukunft unserer eigenen Welt gestalten wird“.

Überlegungen zum Ursprung des Motivs der *Seelenwanderung* bei klassischen Autoren über Ägypten

Jürgen Zeidler

In den Darstellungen der Religionen fremder Völker bei griechischen und römischen Historikern, Ethnographen und Literaten begegnet seit dem 5. Jahrhundert v. Chr. immer wieder das Motiv der *Seelenwanderung*. Besonders drei Völker sind es, denen diese Vorstellung zugeschrieben wird: Inder, Ägypter und Kelten. Gelehrte aller drei Kulturen wurden in der Antike als Lehrmeister des Pythagoras angeführt, der als prominentester Vertreter dieser Auffassung gelten kann. Die Autorität der klassischen Autoren war so groß, dass bis zum Ende des 19. Jahrhunderts die *Seelenwanderung* als religiöses Konzept im alten Ägypten akzeptiert wurde. Im keltischen Bereich ist das Problem bis heute nicht befriedigend gelöst, doch überwiegt seit der Mitte des 20. Jahrhunderts eine ablehnende Haltung (Dröge 1982; Maier 2001: 143 f.; Birkhan 2002). Einzig für Indien ist die Existenz dieser Lehre unbestritten.

Was hat nun aber die antiken Verfasser veranlasst, eine *Seelenwanderung* auch bei den Ägyptern anzunehmen? Welche Aussagen ihrer Informanten oder ihrer Schriftquellen haben bei ihnen Pythagoras in Erinnerung gerufen? Das sind die Fragen, denen hier ein wenig weiter nachgegangen werden soll und die, wie ich hoffe, das Interesse des Jubilars finden werden (vgl. Zeidler 2005). Er hat oft selbst mit großem Gewinn den Wechselwirkungen zwischen den Kulturen nachgespürt und damit auch viel zum Verständnis des alten Ägypten beigetragen. Vielleicht wird ihn dieser Beitrag manchmal zum Schmunzeln bringen, wenn ich - ohne von vornherein die Absicht gehabt zu haben - immer wieder Themen streife, für die er den Weg bereitet hat, auf dem man nun frei schreiten kann.

1. Die griechischen Auffassungen von der *Seelenwanderung*

Religiöse oder philosophische Vorstellungen einer Wiederkehr in einem anderen Körper haben sich in Griechenland spätestens im 6. Jahrhundert v. Chr. entwickelt. Wahrscheinlich gab es keinen einzelnen Urheber, sondern eine breitere geistige Strömung, die sich in mehreren differierenden Lehren kondensierte. Als erster Vertreter kann vielleicht Pherekydes von Syros angenommen werden, der um 544/41 v. Chr. gelehrt hat (zurückhaltend Kalogerakos 1996: 370). Besser bekannt ist Pythagoras (ca. 570–497/96), von dem wir einige Fragmente und Informationen aus Schriften späterer Autoren haben.

Ungefähr gleichzeitig mit Pythagoras ist die Orphik anzusetzen, deren Seelenwanderungslehre lange umstritten war, heute aber allgemein anerkannt wird (Zander 1999: 67; Bernabé/Jiménez 2008: 204). Über die orphischen Überlegungen wissen wir nur wenig, weil diese Bewegung ähnlich wie die der Pythagoräer eine Art Geheimgesellschaft bildete. Zudem scheint die Orphik eher ein Phänomen der sozialen Unterschichten gewesen zu sein. Wichtig ist ferner das Zeugnis Pindars (522/18–446) in der Zweiten Olympischen Ode (476 v. Chr.), worin die Stellung des Dichters zu dieser Lehre allerdings unklar bleibt. Ein weiterer bedeutender Vertreter ist Empedokles (ca. 483/82 – ca. 423), ein Zeitgenosse Herodots. Sein Gedicht *Katharmoi* (‚Reinigungen') hatte großen Einfluss auf die gesellschaftlichen Eliten. Auch Platon machte sich diese Lehre zunutze und brachte sie in seine Ideenphilosophie ein (allg. Zander 1999: 57–85).

In Rom gab es ursprünglich keine entsprechende Tradition. Die *Seelenwanderung* wurde erst durch die griechische Bildung vermittelt, spätestens in der Zeit des Ennius (239–169 v. Chr.). Die Reaktionen darauf waren oft Spott und Hohn wie bei Lukrez und Lukian. In der beginnenden Kaiserzeit finden wir das Motiv dann aber an prominenter Stelle, in der Rede des Anchises in der *Aeneis* des Vergil (6. 713–751). Bei dem Dichter des römischen Nationalepos mutierte die *Seelenwanderung* ebenso wie bei Ovid „zu einem Sujet poetischer Verwandlungen" wie es Helmut Zander (1999: 91) formuliert. Auch Plutarch sammelte und bewahrte Traditionen eher als dass er an der Lehre selbst oder an einem einheitlichen Erscheinungsbild interessiert gewesen wäre.

Was den Inhalt der Seelenwanderungslehren anbelangt, so gab es keine allgemein verbindlichen Vorstellungen. Wichtige Voraussetzungen der Lehrgebäude sind einerseits die Leib-Seele-Dichotomie mit einem sterblichen Körper und einer unsterblichen Seele; andererseits die Vorstellung von der Allbeseeltheit der Natur, der Panpsychismus. Die Konzeption der Seele kann durchaus unterschiedlich ausfallen. Sie wurde teils immateriell vorgestellt als Lebenskraft (Orphik, Platon) und teils materiell als Pneuma, als alles durchdringende Atemluft (Pythagoras). Wichtig ist die Voraussetzung, dass die Seele sowohl in einem Körper als auch getrennt von ihm existieren kann. Der Buddhismus zeigt ferner, dass eine Wiedergeburt auch ohne *Seelenwanderung* gedacht werden kann, denn dort wird die Existenz einer Seele bestritten (Böhme 1989: 135–138).

Die Reinkarnation konnte sowohl in Menschen als auch in Tiere erfolgen, mitunter auch in Pflanzen; die Spottverse des Xenophanes über Pythagoras (Diogenes Laertios 8.36) geben darüber beredte Auskunft. Ganze Wiedergeburtsreihen wurden ebenfalls schon für Pythagoras tradiert. Über Zwischenzeiten zwischen den einzelnen Inkarnationen herrschte wohl keine einheitliche Auffassung.

Die Metempsychosis hatte aber seit den frühesten Zeugnissen eine ethische Dimension. Sie wird als Vergeltung einer früheren Schuld gedeutet. In der Orphik ist dies die mythische Urschuld am Zerreißen des Dionysos, sonst werden in der Regel individuelle Vergehen angenommen. Die Frage, ob schon Pythagoras von ethischen Voraussetzungen ausgegangen ist, kann zwar nicht eindeutig beantwortet werden, ist aber wahrscheinlich (Böhme 1989: 28 zur Möglichkeit der sittlich-moralischen Vervollkommnung). Abhängig von der Art der Lebensführung kann es bei der Wiederverkörperung zu einem ‚Aufstieg' oder einem ‚Abstieg' kommen. Die Hierarchie der Lebensformen beginnt bei Pflanzen und Tieren, denen die Menschen entsprechend ihren sozialen Klassen übergeordnet sind. Nach dreimaliger Palingenese auf höchster Ebene erfolgt die Heroisierung bzw. die Entrückung auf die Inseln der Seligen. Manchmal wird die Dauer eines Zyklus genannt, doch dürften diese Zahlen eher symbolisch zu verstehen sein; Platon etwa nennt 10.000 Jahre (Phaidros 248e). An die Aussicht auf einen ‚Aufstieg' knüpften Mysterienkulte ihr Angebot, den Eingeweihten mit einer rituellen Reinigung von Schuld befreien zu können (Katharsis).
Zusammenfassend ist das Konzept der Seelenwanderung (Metempsychosis, Palingenesia) bei klassischen Autoren mit fünf Annahmen fest verbunden (1–5), mit drei weiteren fakultativ (6–8):

1. Vorstellung einer unsterblichen Seele, die sich vom Körper trennen kann.
2. Postmortale Wiederverkörperung in einem Lebewesen (auch übernatürliche).
3. Ethische Bedingungen für die Art der Verkörperung (‚Aufstieg', ‚Abstieg').
4. *Zwingender* Ablauf der Reinkarnation als Folge von Schuld.
5. Endziel der Seelenwanderung: ‚Erlösung', Heroisierung, Insel der Seligen.
6. Zwischenaufenthalte im Jenseits von unterschiedlich angenommener Dauer.
7. Zyklizität der Wiedergeburten, Rückkehr zur Inkarnation als Mensch.
8. Formen der Exklusivität (Bruderschaften, Mysterienkulte) (?).

Abschließend seien noch einige Worte zur Herkunft der Metempsychosis gesagt. Die Vorstellung der *Seelenwanderung* reicht sicherlich nicht bis in die proto-indogermanische Kultur zurück (Dröge 1982; allg. Eichner 2002), wie manchmal angenommen wurde. Eine genetische Verwandtschaft von indischen, griechischen und vermuteten keltischen Konzeptionen ist schon deshalb unmöglich. Das schließt freilich nicht aus, dass es schon früh gemeinsame Vorstellungen von *shape-shifting* gegeben hat, einschließlich entsprechender Bezeichnungen (evtl. indogermanisch **ḱom-sor-o-* in altindisch *saṃsāra* und altirisch *cophur*, Roider 1979: 62–78).

Für Griechenland hat man oft eine Beeinflussung durch indische Lehren angenommen. Dort entwickelt sich die Vorstellung etwa zwischen 800 und 600 v. Chr. und tritt zuerst in den Upanischaden auf. Neuerdings wird auch ein Beginn um 500 v. Chr. erwogen, was einen ursächlichen Zusammenhang mit griechischen Lehren ausschließen würde. Aufgrund fehlender Evidenz wird die These des indischen Ursprungs heute kaum noch vertreten (Zander 1999: 69). Zweitens ist eine innergriechische Herleitung vorgeschlagen worden, und zwar aus den ekstatischen Kultformen der Bacchanalien oder des Demeterkults. Einen Nachweis konnten die Verfechter dieser Richtung allerdings nicht führen. Eine dritte Theorie, die E.R. Dodds auf der Grundlage von E. Rohde ausgearbeitet hat, geht vom Urspung im thrakischen Schamanismus aus. Die Metempsychosis wäre danach eine konzeptionelle Verarbeitung von außerkörperlichen Erfahrungen und deren Integration in die Philosophien der Vorsokratiker. Diese Aufassung ist von Jan Bremmer (1983; 2002: 27–40) wiederholt heftig kritisiert worden. Er stellt den drei bisherigen Vorschlägen einen vierten gegenüber, der einen Zusammenhang mit den griechischen ‚Wundermännern' herstellt, die seit der spätarchaischen Zeit als Purifikatoren aufgetreten sind (2002: 37–39).

2. Klassische Autoren über die ägyptische *‚Seelenwanderung'*

Nach diesen Bemerkungen zu Form und Kontext der Seelenwanderungslehren nun zum ägyptischen Gegenstandsbereich. Das erste und zugleich wichtigste Zeugnis findet sich bei Herodot, der wohl aus einer karischen Familie in Halikarnassos stammte und ca. 485–424 v. Chr. gelebt hat. Im 2. Buch seines Geschichtswerks erwähnt er den Umlauf der Seele (περιή́λυσις) als eine ägyptische Vorstellung.

Die Glaubwürdigkeit des herodoteischen Werkes ist eine bis heute diskutierte Frage. Abgesehen von der extremen Einstellung Detlev Fehlings (1971; 1989, dazu Luraghi 2001), der die *Historien* als „Lügenkompilation" gesehen hat, und einiger anderer (Pritchett 1993; Armayor 1985; Froschauer 1991: 395 f.) geht die Forschung meist von einer größeren Zuverlässigkeit seiner Angaben aus (Meister 1998; Rollinger 1993) und untersucht zum besseren Verständnis sein methodisches Vorgehen (z.B. Marincola 1987; Rood und Luraghi in Dewald/Marincola 2006). Denn Weltbild und Geschichtsbild Herodots müssen nach einhelliger Auffassung in Rechnung gestellt werden (Bichler/ Rollinger 2000; Hofmann 1979). Bei seinen Quellen kann man sich nicht immer sicher sein, ob literarische Zeugnisse wie Hekataios von Milet, Autopsie oder Informanten zugrunde gelegen haben. Wenn man nicht von einer freien Erfindung ausgeht, spielt diese Diskussion für den vorliegenden Fall allerdings kaum eine Rolle.

Nach Claude Obsomer (1998) dürften Informanten am ehesten in der Priesterschaft des Gottes Ptah von Memphis zu suchen sein, doch fehlen gerade an der hier interessierenden Stelle deutliche Hinweise auf Gewährsleute. Herodot gebraucht in solchen Fällen gerne Wendungen wie „sie sag(t)en" (λέγουσιν, ἔλεγον) u.ä. Er schreibt (*Historien* 2.123, ed. Rosén 1987: 216 f.):

Auch sind die Ägypter die ersten, die die Lehre vertreten, dass die Seele des Menschen unsterblich sei (und) dass sie, wenn der Leib vergehe, in ein anderes Lebewesen, das jeweils (gerade) entstehe, eingehe. Wenn sie alle Landtiere, Wassertiere und Vögel durchlaufen habe, gehe sie wieder in den (gerade) entstehenden Leib eines Menschen ein. Dieser Umlauf aber geschehe mit ihr in 3000 Jahren. Es gibt einige Griechen, die diese Lehre übernommen haben, die einen früher, die anderen später, so als ob es ihre eigene (Lehre) wäre; deren Namen kenne ich, schreibe sie aber nicht auf.[1]

Diese Aussage Herodots steht nicht allein in der griechischen Ethnographie. Auch Diodor resümiert um 40 v. Chr. (*Bibliotheke* 1.98.2, ed. Vogel):

Und Pythagoras lernte bei Ägyptern seine Anschauungen über das heilige Wort, über die Geometrie und bezüglich der Zahlen, dazu die Wanderung der Seele in jedes Lebewesen.[2]

Diogenes Laërtios aus dem 3. Jahrhundert n. Chr., der Verfasser der einzigen aus der Antike erhaltenen Geschichte der griechischen Philosophie, gibt eine stichwortartige Auflistung wesentlicher Themen der ägyptischen Philosophie. Unter diesen Hinweisen findet sich auch die folgende Formulierung (1.11, ed. Marcovich/Gärtner), die Ägypter lehrten …

> … dass die Seele sowohl bestehen bleibe (d.h. den Tod überlebe), als auch (in andere Körper) übergehe (μετεμβαίνειν).[3]

Als Quellen werden in diesem Abschnitt Manethos *Auszug der physischen Schriften* (Ἡ τῶν φυσικῶν ἐπιτομή), Aristagoras und Hekataios' *Ägyptische Philosophie* (Περὶ τῆς Αἰγυπτίων φιλοσοφίας) genannt.

---

[1] πρῶτοι δὲ καὶ τόνδε τὸν λόγον Αἰγύπτιοί εἰσι οἱ εἰπόντες, ὡς ἀνθρώπου ψυχὴ ἀθάνατός ἐστι, τοῦ σώματος δὲ καταφθίνοντος ἄλλο ζῷον αἰεὶ γινόμενον ἐσδύεται· ἐπεὰν δὲ πάντα περιέλθῃ τὰ χερσαῖα καὶ τὰ θαλάσσια καὶ τὰ πετεινά, αὖτις ἐς ἀνθρώπου σῶμα γινόμενον ἐσδύνειν, τήν περιήλυσιν δὲ αὐτῇ γίνεσθαι ἐν τρισχιλίοισι ἔτεσι. τούτῳ τῷ λόγῳ εἰσὶ οἳ Ἑλλήνων ἐχρήσατο, οἱ μὲν πρότερον, οἱ δὲ ὕστερον, ὡς ἰδίῳ ἑωυτῶν ἐόντι· τῶν ἐγὼ εἰδὼς τὰ οὐνόματα οὐ γράφω.

[2] Πυθαγόραν τε τὰ κατὰ τὸν ἱερὸν λόγον καὶ τὰ κατὰ γεωμετρίαν θεωρήματα καὶ τὰ περὶ τοὺς ἀριθμούς, ἔτι δὲ τὴν εἰς πᾶν ζῷον τῆς ψυχῆς μεταβολὴν μαθεῖν παρ' Αἰγυπτίων.

[3] τὴν ψυχὴν καὶ ἐπιδιαμένειν καὶ μετεμβαίνειν·

Der genannte Hekataios ist der frühhellenistische Autor aus Abdera (4. Jh. v. Chr.), der ein fragmentarisch erhaltenes Werk *Über die Ägypter* (Περὶ Αἰγυπτίων) verfasst hat (*FGrH* Nr. 264). Er gilt auch als Hauptquelle für Diodors Ägyptenbuch. Die Beurteilung Diodors als „geistlosem Kompilator", die erst in neuerer Zeit teilweise zurückgenommen wurde, schmälert den Wert seiner Exzerpte nicht.

Flavius Philostratus gab zu Beginn des 3. Jahrhunderts n. Chr. (zw. 217 u. 237/8) in seiner Lebensbeschreibung des Apollonios von Tyana ein Gespräch des Apollonios mit dem Brahmanen Iarchas wieder (3.19, ed. Jones):

> „Bezüglich der Seele aber", sagte er [Apollonios], „wie haltet ihr es?" „So", sagte er, „wie Pythagoras es euch und wir es den Ägyptern weitergegeben haben."[4]

Philostratos benutzte eine Vielzahl von Quellen für seine Biographie, darunter auch lokale mündliche Überlieferungen. In der Spätantike gibt es außerdem noch hermetische und frühchristliche Zeugnisse (Zander 1999: 101–152), die sich zustimmend äußern. Da ihr Quellenwert schwer einschätzbar ist, kann hier von ihnen abgesehen werden.

Nur Plutarch (1./2. Jh. n. Chr., *De Iside* 31; 72) scheint die *Seelenwanderung* für Ägypten nicht vertreten zu haben, wie John Gwyn Griffiths (1970: 72; 545 n. 7) und Hannes Buchberger (1986: 1028 n. 16) bemerkt haben. Der gute Kenner Ägyptens lehnte die Ansicht, die heiligen Tiere seien Verkörperungen wiedergeborener Seelen, explizit ab (Kap. 72: 379 F). Damit kann die fehlende Erwähnung der *Metempsychosis* bei ihm wohl im Sinne einer Ablehnung interpretiert werden.

3. Die ägyptologischen Interpretationen der Auffassung Herodots

Wie die genannten Beispiele zeigen, ist Herodot zwar der erste, aber keineswegs der einzige griechische Autor, der die *Seelenwanderung* bei den Ägyptern kennt. Vor allem die Diodor und Diogenes zugrunde liegende Quelle Hekataios ist in der Regel gut über die ägyptischen Verhältnisse informiert. Das kann man beispielsweise seiner Königsliste entnehmen, die gegenüber Herodot verbessert ist (Burstein 1992: 49). Hekataios gehörte ebenso wie Megasthenes zu den frühhellenistischen Ethnographen, die nach den Eroberungen Alexanders fremde Kulturen neu beschrieben. Zumindest diesen dürfte ein unabhängiger Quellenwert zuzusprechen sein.

[4] „περὶ ψυχῆς δὲ," εἶπε, „πῶς φρονεῖτε;" „ὥς γε," εἶπε, „Πυθαγόρας μὲν ὑμῖν, ἡμεῖς δὲ Αἰγυπτίοις παρεδώκαμεν."

Zu Beginn der ägyptologischen Forschung war man aufgrund dieser Überlieferung lange geneigt, den Ausführungen Herodots zu vertrauen. So gingen Emmanuel de Rougé (1851: 113), François-Joseph Chabas (1860: 21), Leo Reinisch (1865: 17) und Carl Richard Lepsius (1867: 18; 33 n. 6) von der Richtigkeit der Angaben aus, ja sogar noch Heinrich Schäfer (1914: 103). Widerspruch erfuhr diese Zustimmung früh nur von Gaston Maspero (1872: 340 n. 1):

> Il ne faut pas oublier que l'assomption de toutes ces formes est purement volontaire et ne marque nullement le passage de l'âme humaine dans un corps de bête. Chacune de figures que revêtait l'Esprit était une des figures symboliques de la divinité; l'entrée de l'âme dans ces figures ne marquait donc en fait que l'assimilation de l'âme humaine au type divin qu'elle représentait.

Ihm folgten später Heinrich Brugsch (1891: 49 f.) und Alfred Wiedemann (1890: 457):

> Von der Seelenwanderung wissen die ägyptischen Texte Nichts. Der gerechtfertigten Seele steht es zwar frei, sich in Menschen, Thieren, Pflanzen, Göttern zu incorporiren, sie war aber nicht dazu verpflichtet, auch diente ihr dies Incorporiren nicht als Läuterung, sondern war ein Vorrecht der als vollendet gut erkannten Seele.

In den religionsgeschichtlichen Arbeiten des 20. Jahrhunderts ist diese Ablehnung Allgemeingut geworden (z.B. S. Morenz 1954: 421 f.; Ranke 1954).[5] Alan B. Lloyd (1988: 2. 59) kommentiert die Herodot-Passage wie folgt:

> H[erodot] is certainly mistaken in attributing the G[ree]k doctrine of *palingenesia* to the Eg[yptian]s. His error, like many others, is to be explained by the *post hoc ergo propter hoc* fallacy …

In seiner Einleitung geht Lloyd (1975: 57 f.) der Frage, wie Herodot zu seinem Fehlurteil gekommen sein mag, ein wenig weiter nach. In Anlehnung an frühere Ausführungen von Wiedemann, Louis V. Žabkar (1963) und Gwyn Griffiths (1966: 61) äußert Lloyd die Vermutung, dass Herodot oder seine Quelle wahrscheinlich ägyptische Darstellungen des *Ba* gesehen habe, einer als Vogel dargestellten Ego- und Exkursionsseele, von der es im Totenbuch heißt, sie könne jede beliebige Gestalt annehmen. Von der Identität des ägyptischen Konzepts mit der Palingenesie überzeugt, habe der ‚Vater der Geschichte' angenommen, die griechische Vorstellung stamme aus Ägypten (So auch Brunner 1984; vgl. Zander 1999: 66; Wirth 2000: 291 f.). In der Neufassung seines Kommentars (Lloyd 2007: 329) nennt er als Argumente nochmals die Fehlinterpretation von Vorstellungen und Abbildungen und den Fehlschluss *post hoc ergo propter hoc*.

---

[5] Zu eher „esoterischen" Ansichten, s. Buchberger (1993: 241).

Neu ist nur sein Hinweis auf Herodots „obsessive interest in πρῶτος εὑρετής“ [= erster Erfinder]. Damit wird die Fehlannahme in den Kontext der Kulturtheorie des antiken Autors gestellt.

Lloyd hat dies an anderer Stelle (2002: 431 f.) näher erläutert. Herodot sei der tiefen Überzeugung gewesen, dass die Griechen ihre Götter in ‚pelasgischer‘ und hellenischer Zeit aus Ägypten übernommen hätten und diese somit letztlich mit den ägyptischen identisch wären. Tatsächlich muss man davon ausgehen, dass Herodot dazu neigte, bestimmte religiöse Vorstellungen und Riten der eigenen Welt als Import aus der Fremde zu betrachten (Burkert 1990; Lateiner 1989; Bichler/Rollinger 2000: 56). Er entwickelte geradezu eine Theorie der kulturellen Diffusion, in der er Ägypten als Ursprungsland eines polytheistischen Konzepts und seines konkreten Erscheinungsbildes in Tempeln und Kultbildern ansprach. Den ‚zivilisierten‘ Kernländern der Oikumene stellte er die ‚wilden‘ Randzonen gegenüber, die keinen Anteil an diesen Errungenschaften hätten.

John A. Wilson (1970: 11) hat dagegen eine psychologisierende Erklärung versucht, als er die Aussagen Herodots auf Missverständnisse der Priester zurückgeführt hat, die „enlarged their little egos by exaggeration“ (!).

Soweit die Meinungen der Forschung. Fest steht, dass Herodot oder sein Gewährsmann eine Vorstellung in Ägypten angetroffen haben muss, die sich als Anknüpfungspunkt dafür eignete, die Auffassung des Pythagoras von dort herzuleiten. Er kann natürlich Exemplare oder Vorlagen des erwähnten Totenbuchs gesehen haben. Diese Spruchsammlung war von der Mitte des zweiten Jahrtausends v. Chr. bis in die römische Zeit in immenser Zahl vorhanden. Herodots Bemerkung, er habe den Phönix nicht in Wirklichkeit, sondern nur auf Bildern gesehen (2. 73: εἰ μὴ ὅσον γραφῇ), könnte auf seine Kenntnis von Vignetten hindeuten.

Oberflächliche Ähnlichkeiten kann man zweifellos feststellen. Kapitel 76 des Totenbuches ist beispielsweise ein *Spruch, jegliche Gestalt anzunehmen, die man wünscht*. Die Folgetexte, 77–88, handeln von der Verwandlung in einen Falken, den Gott Atum und den Gott Nun. Es folgen die Erscheinungen als Lotusblüte, Phönix, Reiher, Schwalbe, Schlange, Krokodil u.a. Als willkürlich herausgegriffenes Beispiel sei der Anfang von Kapitel 83 zitiert (z.B. Naville 1908: pl. VII, Totenbuch des Iouiya):

> Ich bin als Urzeitlicher aufgeflogen, ich bin als Chepri [skarabäengestaltig] entstanden. Ich bin gewachsen als Pflanze, ich habe mich geheim gemacht als Schildkröte.[6]

[6] *pꜣj.n=j m pꜣw.tj, ḫpr.n=j m Ḫprj. rd.n=j m rd, štꜣ.n=j m štꜣw .*

Diese Metamorphosen sind grundsätzlich umkehrbar gedacht. Die Aufhebung der Dissoziation der vorgestellten Bestandteile des Menschen bleibt erklärtes Ziel des Totenkults, zu dem die Konservierung des Körpers als notwendiger Teil gehört (allg. Assmann 2001). Kapitel 89 heißt bezeichnenderweise *Spruch, damit der Ba seinen Körper wieder berührt*. W. Stettner (1934: 9) hatte diese Beliebigkeit noch mit dem Hinweis darauf, dass eine feste Zeitspanne von 3000 Jahren vorgegeben sei, verneint. Doch können wir einen zyklischen Charakter für das Totenbuch nicht bestätigen und die ‚runde' Zahl 3000 kann als symbolisch für die Pluralität der Transformationen gemeint sein.
Die Metamorphose des Totenbuches weist somit fünf wesentliche Unterschiede zur Metempsychosis griechischer Prägung auf: Sie ist *freiwillig* und relativ *beliebig*, zudem ist sie *reversibel* gedacht. Die einzelnen Transformationen werden nicht *durch den Tod beendet*. Endziel bleibt die *Wiedervereinigung mit demselben Körper*. Die Metempsychosis dagegen ist *zwingend* und durch ethische Bedingungen in jedem einzelnen Leben *bestimmt*. Außerdem ist sie *irreversibel* oder gelangt erst nach Ablauf eines Zyklus zum Ausgangspunkt zurück. Weiterhin werden die Verwandlungen *durch den Tod beendet*. Endziel ist die *Wiedergeburt in einem anderen Körper*.
Ein Vergleich mit dem Kriterienkatalog vom Ende des 2. Abschnitts führt zu dem Ergebnis, das in Abbildung 1 eingeflossen ist (1. und 2. Textspalte von links). Lediglich die Grundvoraussetzung beider Vorstellungen, die Existenz einer abspaltbaren Seele, ist ihnen gemeinsam. Alle spezifischen Merkmale jedoch haben nur so oberflächliche Ähnlichkeiten, dass jede Art von *shape shifting* genauso gut als Vergleich in Betracht käme. Schon Walter Federn (1960: 243) äußerte Zweifel an einem Missverständnis der Totenbuchverwandlungen:

> The assumption … that the attribution of a belief in metempsychosis to the Egyptians by Herodotus and in some patristic and Hermetic writings must have been due to a misinterpretation of the „transformation" chapters of the Book of the Dead seems to me arbitrary and perhaps erroneous.

Anstelle dessen nimmt er an, dass im Laufe der Spätzeit, im Einklang mit der Zunahme der Tiermumifizierung, die alte Vorstellung „had degenerated into the belief in an involuntary transmigration through animal bodies" *(ibid.)*.

4. Überlegungen zur Herkunft der griechischen Deutungen

Die Frage ist also durchaus berechtigt, ob die Gemeinsamkeiten der Totenbuch-Metamorphosen mit der Metempsychosis groß genug waren, um bei Herodot Assoziationen mit griechischen Lehren hervorzurufen, oder ob es am Nil noch andere Vorstellungen gegeben hat, die ihnen möglicherweise näher standen und bisher noch nicht in die Überlegungen einbezogen worden sind.

Wenn Metamorphosen (*shape shifting*) ausreichend gewesen wären, eine Assoziation an die *Seelenwanderung* aufkommen zu lassen, hätten die griechischen Autoren nicht die Geschichten von Verwandlung und Wiedergeburt in vielen anderen Kulturen in derselben Weise interpretieren können? Ein Blick in die antiken Schriftquellen und die ethnologische und folkloristische Literatur zeigt klar und deutlich, dass das Motiv *Reinkarnation* weltweit verbreitet ist. Als religiöse Vorstellung begegnet es bei den nordamerikanischen Indianern ebenso wie bei den australischen Aborigines (Aranda) und in Süd- und Westafrika (Yoruba, Edo, Long 1987: 265). Die Motivgruppe E 600–699 *Reincarnation* im *Motif-Index of Folk Literature* von Stith Thompson (1966: 482–492; 1989; bzw. Uther 2004) bietet ebenfalls Material aus allen Teilen der Welt. Die Wiedergeburt als Tier (E 610 ff.) ist selbst in Japan und China (Vogel), in Korea (Hund), auf den Salomonen (Hai) und in Teilen Afrikas (Vögel) verbreitet. Auch die Wiederverkörperung in einer Pflanze ist in Europa, Afrika und Neuguinea keine fremde Vorstellung. Den Belegen in den frühen Literaturen nach zu urteilen war dies auch schon vor drei Jahrtausenden der Fall. Man braucht nur an das Zerstückelungs- und Wiederbelebungsmotiv zu denken, das der orphischen Reinkarnationslehre als mythische Vorlage diente. Der *Sparagmos* findet sich ebenso in der Erzählung über den hethitischen Hirschgott Kurunta, den Gott Môtu in der ugaritischen Baal-Dichtung (Haas 2006: 146) und bei Zagreus in der thrakischen Überlieferung.
Ich denke also, es muss noch etwas anderes hinzugekommen sein, das nicht nur Herodot, sondern auch spätere Autoren, die eigene Nachforschungen betrieben haben, in diese Richtung geleitet hat und das vielleicht auch das Schweigen Plutarchs besser verstehen lässt.

4.1 Die Metamorphosen des Papyrus d'Orbiney

Obwohl der Gestaltwandel in der ägyptischen Überlieferung sehr oft begegnet (Buchberger 1986; 1986a), fällt es schwer, eine annähernde Entsprechung zum griechischen Konzept der Metempsychosis oder *palingenesia* zu finden. Am nächsten kommen ihm die Transformationen im sogenannten *Zweibrüdermärchen* des Papyrus d'Orbiney aus der 19. Dynastie (ca. 1292–1186/85 v. Chr.; Gardiner 1932: 9–30; Lichtheim 1976: 203–211).

> Der Held der Geschichte, Bata, durchläuft darin vier Existenzen. Seine erste Inkarnation ist ein einfacher Bauer und Viehzüchter, der mit seinem Bruder Anubis und dessen Frau zusammen lebt. Aufgrund der falschen Anschuldigung der Frau, Bata habe die Absicht gehabt, sie zu verführen, wird er von Anubis angegriffen. Bata kastriert sich selbst, flieht ins Pinienal und legt sein Herz in eine Pinie. Er erleidet den Tod, als die Truppen Pharaos diesen Baum fällen. (Sie sollten die schöne Frau Batas, die dieser von den Göttern bekommen hatte, in den Palast bringen.)

Jahre später findet Anubis das Herz wieder und belebt es, indem er es ins Wasser legt. Der wieder erstandene Bata kündigt seine Verwandlung in einen Stier an und so geschieht es. Diese Transformation geschieht also *während* der zweiten Inkarnation. Der Stier wird auf Wunsch seiner ehemaligen Frau bei Hofe geopfert, nachdem sich Bata ihr zu erkennen gegeben hat. Zwei Blutstropfen vom Opfer wachsen am Palasttor zu zwei Persea-Bäumen heran. Auch diese dritte Inkarnation wird gewaltsam beendet, als die Frau erneut von Bata die wahre Identität der Bäume erfährt und Pharao bittet, sie zu fällen. Die Frau verschluckt aber einen Holzsplitter und wird davon schwanger. Nun wird Bata zum vierten Mal inkarniert und als Königssohn wiedergeboren. Seine Thronbesteigung, die Abrechnung mit der Frau und die Einsetzung des Bruders als Thronerben beschließen die Geschichte.

Jedem Gestaltwandel geht der Tod voraus, abgesehen von der Stierverwandlung. Nur diese Metamorphose wird *willentlich* herbeigeführt, da nur sie ausdrücklich angekündigt wird. Die übrigen scheinen nicht beabsichtigt zu sein. Das Verschlucken des Holzsplitters mag schicksalhaft vorbestimmt oder zufällig sein, jedenfalls ist es nicht vorsätzlich herbeigeführt.

Die Erzählung hat seit W. Mannhardt (1859) in der Ägyptologie als Märchen gegolten (Wettengel 2003: 1–20), obwohl in der Folkloristik seit längerem Zweifel an dieser Einschätzung geäußert worden sind (Horálek 1979). Erst Arbeiten der letzten Jahre konnten zeigen, dass die Komposition eine zentrale Vorstellung für die Legitimation der Ramessidenkönige beinhaltet (zu den Hintergründen Labrique 2002; Wettengel 2003: 233–258; 2006: 13 f.). Auch für die Erzählung *Horus und Seth* wurde ein ähnlicher „Sitz im Leben“ als „Legitimationsurkunde“ plausibel gemacht (Verhoeven 1996).

Susan Tower Hollis (1990) und, deutlicher, Françoise Labrique (2002) und Wolfgang Wettengel (2003: 269–272; 255–258; 2006: 13 ff), haben darüber hinaus auf einen Zusammenhang des *Zweibrüdermärchens* mit dem Osirismythos und dem Sonnenlauf hingewiesen. Die „Verwandlungen, denen der Gott Bata ... unterliegt, sind im Sonnenlauf verankert“ (Wettengel 2003: 269). Die Komposition ist - mitunter etwas willkürlich anmutend (Assmann 1977: 4 f.) - in 24 Rubren untergliedert. Schon allein diese Einteilung lässt an die Anzahl der Tages- und Nachtstunden denken, aber es gibt auch inhaltliche Bezüge (Wettengel 2003: 192–222). Interessant ist insbesondere die genaue Korrelation der Rubren und der Wiedergeburten. Der erste Tod Batas durch das Fällen der Pinie, in der sein Herz liegt, wird im 12. Rubrum mitgeteilt, das der letzten Tagesstunde entspräche. Die zweite Verkörperung als Stier wird durch das Opfer im 18. Rubrum beendet, dem Äquivalent der 6. Nachtstunde. Die dritte Inkarnation, die beiden Perseabäume, wird im 21. Rubrum gewaltsam beendet, das der 9. Nachtstunde gleichkäme.

Die letzte Transfiguration als König schließlich wird im 24. Rubrum dargestellt, dem Ende der Nacht nach der Stundenzählung. Wettengel spricht von ‚solaren' Zügen zu Anfang der Geschichte und ‚osirianischen' ab dem Zeitpunkt der Selbstkastration im 8. Rubrum. Diese Zusammenhänge werden auch für die folgenden Überlegungen wichtig werden.

4.2 Exkurs: Der Papyrus d'Orbiney und die Göttersukzessionsmythen

Man kann zudem eine Nähe zu Mythen des östlichen Mittelmeerraums feststellen, die eine Abfolge von Götterkönigen beschreiben. Auf solche Parallelen hat bereits Edmund Meltzer (1974) hingewiesen. Sie begegnen in Hesiods *Theogonie* und dem hurritisch-hethitischen Kumarbi-Mythos, sind aber auch in der Levante und in Mesopotamien bekannt gewesen. Motive daraus können, wie viele andere, aus Syrien-Palästina nach Ägypten übernommen und dort mit einheimischen kombiniert worden sein (Wettengel 2003: 222–233). In der 19. Dynastie ist der Mythos in den Vorstellungskomplex um den solaren Zyklus integriert worden.

Die Sukzessionsmythen werden im Vorderen Orient und in der Ägäis auch zu politischen Legitimations- und Propagandazwecken eingesetzt. So ist die Kumarbi-Geschichte Teil der Inszenierung des hethitischen *Purulliya*-Neujahrsfestrituals, das dem Zweck der Welterneuerung und der Bestätigung des Königs in seinem Amt dient. Im Mittelpunkt stehen der Wettergott Telipinu und die Sonnengöttin, die die Kräfte des Königs stärken (Haas 1994: 697–700). Zu den Festmythen gehört auch die Erzählung vom Kampf gegen den Drachen Illuyanka (*ibid.*: 702 f.). In der klassischen Antike wurde der Stoff ebenfalls gerne benutzt, um die Etablierung von Ordnung anstelle des Chaos und die Verteidigung dieser Ordnung gegen Feinde in der Titanomachie und der Gigantomachie propagandistisch zur Schau zu stellen. Der Pergamon-Altar legt davon ein beredtes Zeugnis ab. Auch in der Dichtung bedient man sich dieser Motive, um die vorbildliche Herrschaft zu unterstreichen (Horaz, Tibull).

Die altorientalische Sukzession wird im Papyrus d'Orbiney nicht nur adaptiert, sondern auch geschickt mit der traditionellen Vorstellung kombiniert, um die von der ägyptischen Norm abweichende Konzeption des ramessidischen Königtums mythologisch zu begründen und zu rechtfertigen. Das betrifft in erster Linie die Rolle des Königsgottes Seth, der *interpretatio aegyptiaca* des westsemitischen Wettergottes Ba lu (Ba al), daneben auch die Thronfolge des Bruders anstelle des Sohnes (Wettengel 2003: 249–255). Die wesentlichen Inhalte lassen sich in einer Tabelle zusammenfassen:

Metamorphosen sind mit ° gekennzeichnet, Götterkönige mit Majuskeln.

* Ergänzt aus der traditionellen Göttergenealogie

** Ergänzt aus Papyrus Griechische Nationalbibliothek Athen Nr. 1826, Kol. x + 6.1 (19. Dynastie, s. vorläufig Fischer-Elfert 2005, Nr. 16)

Abb. 2: Die Sukzessionsmythen im Vergleich

Generationen	Ägypten, P. d'Orbiney	Phönizier	Hurriter/ Hethiter	Griechenland, Hesiod, *Theogonie*
1. Generation: Urgott/Himmelsgott	(SCHU*)	ELIUN	ALALU	(Chaos)
2. Generation: Himmelsgottheit	(NUT, Mutter des Bata**)	‚URANOS'	ANU	URANOS
3. Generation: ***Castrator*** **Tod**	BATA Selbstkastration Fällen der Pinie	EL —	KUMARBI —	KRONOS —
4. Generation: ***Usurpator*** **Wettergott** **Transformation:** **Himmelsbäume** **Mensch (König)**	Wiederbelebung Transformation in °Stier (Bata-Seth) °Perseabäume ° König (Bata anstelle von Osiris)	BA^{c}LU	TEŠŠOP/ ŠIUŠ, TAR%UNNAŠ, TELIPINU	ZEUS
Thronfolger statt 4. Generation	ANUBIS (anstelle von Horus)			
Weitere Entsprechungen:				
Kampfmythen	Apophis, Rebellion gegen Re	Yammu, Môtu	Ullikummi, Illuyanka	Titanen, Typhon, Giganten
Legitimation/ Propaganda für das Königtum	Horusinkarnation	BA^{c}l-Šamêm (*KAI* 4.3 etc.)	*Purulliya*-Ritual	Pergamon-Altar; Horaz, Tibull

4.3 Die Entwicklung der Transformationslehre im Sonnenlauf

In der ägyptischen Auffassung vom Sonnenlauf war seit jeher die Transformation des Sonnengottes verankert.[7] Die wechselnde Farbe und Intensität des Gestirns hat schon im Alten Reich eine theologische Ausformulierung erfahren. Zum einen lag ein anthropomorphes Modell nahe, in dem die Altersstufen des Menschen auf den Gott übertragen wurden. Re als Kind am Morgen, als aufrechter Mann am Mittag und als gebeugter Greis am Abend entsprechen dem universellen Denkschema der Personifikation. Darstellungen dieser Spezifikationen finden sich bis in die Spätzeit (s. u.). Es gibt, offenbar davon abgeleitet, auch schon früh ein Transformationsmodell, das den morgendlichen ‚Entstehenden' (*ḫprj*), Chepri als Skarabäus (*ḫprr*), mit dem mittäglichen Re als falkenköpfigen Mann und den abendlichen ‚Vergehenden' (*ỉtmw*), Atum in Widdergestalt, kombiniert. Diese Drei-Gestalten-Lehre geht bekanntlich bis ins 3. Jahrtausend zurück. Bereits in den Pyramidentexten liegt dieses Modell den königlichen Jenseitshoffnungen zugrunde. So heißt es an mehreren Stellen (hier *Pyr.* 1695, *PT* II 394 f.; vgl. *Pyr.* 1449a, 1587d):

> Sie [die Götter] mögen diesen NN entstehen lassen wie Re in diesem seinem Namen Chepri,
> du mögest dich ihnen nähern wie Re in diesem seinem Namen Re,
> du mögest dich von ihrem Gesicht abwenden in diesem seinem Namen Atum.[8]

Diese Konzeption erfuhr im zweiten Jahrtausend v. Chr. eine Erweiterung. Auf der Nachtfahrt der Sonne durch die Unterwelt wurde Atum durch den mumiengestaltigen Osiris ergänzt, der nun zum Leib des Sonnengottes erklärt wurde. Die Unterweltsbücher zeigen diesen Wandel der Vorstellung recht deutlich. Zu den üblichen Verwandlungen in einen widderköpfigen Gott am Abend (1.–2. Std.) und die Transformation in einen Skarabäus am Morgen (12. Std., *Pfortenbuch*) kommt der Besuch oder das „Eintreten in den Leichnam" (Osiris) hinzu, wie es das *Buch von der Erde* formuliert (Hornung 1972: 458). In diese Tradition gehört auch das kryptographische Book of the Solar-Osirian Unity (Darnell 2004).

Neben dieser Vier-Gestalten-Lehre (Chepri, Re, Atum, Osiris) gab es eine Ausdifferenzierung der Tagesgestalten zu den 75 Transformationen der Sonnenlitanei. Ein Hinweis im *Schiffbrüchigen,* einem Literaturwerk des Mittleren Reiches (Manassa 2007: 3 n.9), kann vielleicht als Anspielung auf diese Vorstellung verstanden werden.

[7] Hannes Buchberger (1993: 237) hat zurecht darauf hingewiesen, dass die Verwandlungsfähigkeit von Göttern in der Ägyptologie „nie thematisiert, sondern offenbar stillschweigend hingenommen" wurde.

[8] *sḫpr=sn NN pn mj Rᶜw m rn=f n Ḫprr, ỉᶜr=k n=sn mj Rᶜm rn=f pw n Rᶜw, tnm=k m ḥr=sn mj Rᶜwm rn=f pw n ʾItmw* (Pyr. 1695a–c).

Ganz ähnlich wie in den Pyramidentexten heißt es z.B. auch in der *Sonnenlitanei* (ed. Hornung I 262 f.) vom verstorbenen König:

> Als Re wird Osiris-NN gehen, als Atum wird er kommen, als Chepri wird er sich verwandeln.[9]

Im Neuen Reich ist auch schon eine Korrelation der Erscheinungsformen des Sonnengottes mit den zwölf Stunden des Tages erfolgt. Die *Litanie des douze noms* (Gasse 1984) ist zuerst auf dem Papyrus Chester Beatty VIII (London BM 10699) aus der 20. Dynastie und dem Papyrus de Luynes (Paris BN 824/25) aus der 21. Dynastie belegt. Die spätesten Zeugnisse stammen aus der griechisch-römischen Zeit. Ihr ägyptischer Titel ist im P. Chester Beatty (vso. X 8) überliefert und beginnt mit: „Die zwölf Namen des Horus, zu sprechen zur Zeit der Morgendämmerung, wenn [Re?] sich über den Horizont erhebt".[10] (Zu ähnlichen Kompositionen, s. Assmann 1969: 160–162.)
Die *Litanie* beginnt jede Tagesstunde mit einer Akklamation, z.B. „o erhabener Falke" (*ỉ bjk špśj*), der weitere Epitheta folgen. Besonders die ersten Anrufungen nennen Tiere: Falke (*bjk,* 1. Std.), Falke *(gmḥ-św,* 2. Std.) und Skarabäus (*ḫprr,* 4. Std., nicht im P. Chester Beatty). Es werden weitere Gleichsetzungen mit göttlichen Wesen angeführt, z.B. „es ist der Phönix, es ist Re" in den beiden ersten Stunden. Jeder Abschnitt schließt mit der Angabe eines Götternamens oder -beiwortes mit der Formel „NN ist dein Name" (NN *rn k*). Die zwölf genannten Transformationen sind: 1. Atum, 2. Re(-Harachte) / Ptah(-Tatenen), 3. ‚Schöpfer' (*ỉrj*)/Re, 4. Osiris Onnophris Triumphator *(mꜣꜥ-ḫrw)/* [lebender] *Ba*, 5. Iuni(-Re), 6. Ptah, 7. Chepri, 8. ‚Schöpfer der Erde' (*ỉrj-tꜣ*), 9. ‚Vereinigter Falke' *(bjk-ḏmꜣ)*, 10. Nehebkau, 11. ‚Leuchtender' (*wbḫ*, Edfu), 12. Amun/Horus.
Die Gemeinsamkeiten der *Litanie des douze noms* mit einer weiteren Komposition zu den Nachtstunden weist darauf hin, dass sich beide möglicherweise komplementär ergänzt haben. Diese Komposition, der *Recueil d'incantations pour le salut du roi pendant les douze heures de la nuit,* wie sie Vladimir Golénischeff (1927: 114) genannt hat, ist unter dem Namen *Schutz des Bettes* (*sꜣ-ḥnky*.t) bekannt. Erhaltene Abschriften dieses Buches stammen aus dem 2. Jh. v. Chr. bis zum 2. Jh. n. Chr. Es handelt sich um den Papyrus Kairo CG 58027 (ed. Golenischeff 1927, 1. Jh. n. Chr.) und die Geburtshäuser der Tempel von Edfu und Dendera.[11]

---

[9] *šm Wsjr-NN m Rꜥw, ỉj=f m tmw, ḫpr=f m Ḫprj .*

[10] *pꜣ 12 n rn Ḥrw ḏd.w ḥr tp dwꜣy.t ḫft wbn [Rꜥw?] m ꜣḫ.t .*

[11] Eine Monographie mit dem Titel *Das nächtliche Stundenritual zum Schutz des Königs. Der Papyrus Kairo 58027 und die Varianten des Rituals in den Geburtshäusern von Dendara und Edfu* hat Andreas Pries (Heidelberg) für 2008 in Aussicht gestellt (Quelle: http://www.ritualdynamik.de/ritualdynamik/ueber_ uns/forschungsprofile/pries.php); s.a. Jankuhn (1972: 142 f.).

Dass der Text wesentlich älter ist, zeigt die Abschrift auf dem Sarg des Besenmut (CG 41047, Gauthier 1913: 111–138) aus Deir el-Bahari, der aus der Übergangszeit der 25./26. Dynastie stammt (7. Jh. v. Chr.). Der Sarg hat zwar lediglich die beiden ersten Abschnitte des Buches (Gauthier 1913: 133 f. und 134 f.), gibt aber genau denselben Text wieder. Die zwölf Stundentransformationen sind hier reine Göttergestalten: 1. Re, 2. Min, 3. Horus von Edfu, 4. Tatenen (Iuni-Re im Mammisi von Dendera), 5. Osiris, 6. Isis, 7. Nephthys, 8. Geb, 9. Nefertem, 10. Horus, Herr der Herzensfreude (*nb ꜣwt-ỉb*), 11. Morgendlicher Horus (*Ḥrw-dꜣtj*), 12. Amun-Re, Herr von Karnak.

4.4 Die Entwicklung im Stundenritual

Eine ähnliche Entwicklung wie in den bisher angesprochenen Kompositionen zeichnet sich auch beim *Stundenritual* ab (Graefe 2006). Ursprünglich gibt es nur für die zwölf Tagesstunden liturgische und begleitende kosmographische Texte (Assmann 1969: 113–164). Spätestens für den Gebrauch im Totenopferraum der Königin Hatschepsut (18. Dynastie, 15. Jh. v. Chr.) in ihrem Tempel in Deir el-Bahari wird dieses Ritual aber um eine Komponente für die zwölf Nachtstunden erweitert (Naville 1901: Taf. 115; Barwik 1998). Anstelle von Hymnen und deskriptiven Texten hat man Auszüge aus dem Totenbuch kompiliert und auf die Stunden verteilt. „Man hat also künstlich ein Pendant geschaffen für den Gebrauch als Totentext“ (Graefe 1995: 86). Jede Stunde erhielt eine Einleitung, bestehend aus dem Namen der Personifikation der Stunde und dem Namen der Stundengottheit. Die ausgewählten Passagen beinhalten in erster Linie die Sicherstellung des jenseitigen Weiterlebens durch körperliche Integrität (Zurückgeben von Mund und Herz: *Tb.* 22; 26; 28), Versorgung (Luft und Wasser: *Tb.* 59), freie Bewegung (Graböffnung, Hervorgehen und schnelle Bewegung: *Tb.* 67; 68, 71; 74), Erinnerung (*Tb.* 25) und Verfügung über ‚Zauber‘ (*Tb.* 24). Die Aufteilung von Spruchteilen auf die Stunden weist möglicherweise auf eine längere Redaktionsgeschichte hin. In den Gabanlagen der Spätzeit ist das Nachtstundenkomplement gelegentlich in der Dekoration verwendet worden, z.B. bei Pestjenfi (Schenkel 1975) und Padihorresnet in der 26. Dynastie (Graefe 2003; Überblick Graefe 1995: 89).
In der spätzeitlichen Überlieferung tritt nun ein interessante Entwicklung ein, die bisher leider schwer nachvollziehbar ist, weil es nicht viele aussagekräftige Zeugnisse zu den Nachtstunden gibt (Doll 1981: 47) und viele davon bisher unpubliziert geblieben sind. Im Grab des Obervermögensverwalters der Gottesgemahlin des Amun, Padihorresnet (Thebanisches Grab Nr. 196) ist das Stundenritual gleichmäßig auf die drei Pfeiler N 2–4 auf der Nordseite des Lichthofes verteilt.

Die drei gegenüber liegenden Pfeiler der Südseite O 2–4 tragen die Totenbuchauszüge, die als Nachtäquivalent standardmäßig mit dem Stundenritual kombiniert wurden (Tb. 22, 24–26, 28, 59, 67, 68, 71, 74; Graefe 2003: 1.10; Verteilung 1.89; 2.20 Plan 2). Auf den Halbpfeilern, die beide Pfeilerreihen im Osten und Westen abschließen, ist noch einmal Kapitel 59 des Totenbuches aufgeführt (mit den Folgetexten *Tb.* 60–63), daneben weitere Versorgungs- und Vorsorgesprüche (Verhinderung des 2. Todes, *Tb.* 44, des Raubes des Ba, *Tb.* 61, des Eintretens in die Richtstätte, *Tb.* 50, der Fahrt nach Osten, *Tb.* 93; Ausstattung mit Schreibpalette, *Tb.* 94). Es finden sich aber auch drei Transformationssprüche darunter: die Verwandlung in eine Lotusblüte (*Tb.* 81), eine Schlange (*sꜣꜣ-tꜣ*, *Tb.* 87) und ein Krokodil (*Tb.* 88).

Diese Kolokation von Textausschnitten könnte willkürlich erscheinen. Doch gerade die genannten drei Kapitel erscheinen in Verbindung mit den Sonnengestalten des *Stundenrituals* auch auf einem lange unbeachtet gebliebenen Objekt, das zuerst Heinrich Brugsch (1867) und später Georges Daressy (1917) behandelt haben. Es handelt sich um den Sarg des Chaief (*Ḫꜥỉ=f*) des späten 1. Jh. v. Chr. (Kairo JE 49531: Brugsch 1867; Daressy 1917: 15–17), der die zwölf Tagesgestalten mit den Verwandlungssprüchen des Totenbuches (*Tb.* 76–88) verbindet. Die Tagesstunden werden jeweils mit einer Bezeichnung der Sonne in einem Kreis näher bezeichnet, dazu tritt mit den Worten „Verwandlung als X durch den Verstorbenen NN“ (*ỉrj ḫprw n X ỉn Wsjr NN*) die Einführung der Transformation. Bei den Gestalten handelt es sich um 1. Schwalbe *(mnt),* 2. Schlange (*sꜣ*-t*ꜣ*), 3. Phönix (*bnw*), 4. Krokodil (*sbq*), 5. Falke (*bjk*), 6. […], 7. Ptah (*Ptḥ*), 8. Goldfalke (*bjk-nbw*), 9. Großer … , 10. Ba (*bꜣ*), 11. Lotusblume (*sšn*) und 12. Reiher (*šn*). Land- und Wassertiere, Vögel, eine Pflanze und einige göttliche Wesenheiten sind darunter, Vertreter des gesamten Arsenals der griechischen Transformationen.

Eine vergleichbare Verwandlung in rein theriomorphe Gestalten wird auch im demotischen *Livre des Transformations* (Legrain 1890; Smith 1979) beschrieben. In den Kolumnen III–VIII werden mit der Formel „Verwandlung in X seitens des Verstorbenen NN“ *(ỉr ḫrb n X ỉn Wsjr NN)* die Transfigurationen in Falke (*bk*), Ibis (*hb*), Phönix (*byn*), *Ba* (*by*), Hund (*ỉwỉw*) und Schlange (*ḥf*) genannt. Eine Korrelation zu den Stunden findet aber nicht statt und eine Festlegung der Reihenfolge der Verwandlungen ist ebenfalls nicht erkennbar.

Selbst unter den griechischen Zauberpapyri aus Ägypten finden sich Überlieferungsstränge, die ohne Zweifel auf diese Tradition zurückreichen. Der Große Pariser Zauberpapyrus (*PGM* IV 1596–1715, ed. Preisendanz, ähnlich *PGM* III 501–536) steht offenbar in Zusammenhang mit dem *Schutz des Bettes,* nennt aber für die Stunden durchweg Tiergestalten: 1. Kater (αἴλουρος), 2. Hund (κύων), 3. Schlange (ὄφις), 4. Skarabäus (κάνθαρος), 5. Esel (ὄνος), 6. Löwe (λέων), 7. Ziegenbock (τράγος), 8. Stier (ταῦρος), 9. Falke (ἱέραξ), 10. Hundskopfaffe (κυνοκέφαλος), 11. Ibis (ἶβις) und 12. Krokodil (κροκόδειλος).

Unter den Beinamen und Beschreibungen zu diesen Gestalten finden sich etliche Anklänge an den *Schutz des Bettes,* wenn auch die Zuordnung zu den Stunden nicht immer die gleiche ist. In der 1. Stunde wird der Kater mit *Pharakounēth* (Φαρακουνηθ) tituliert, was eine Wortverbindung ‚Re mit starkem Herzen' (*Pꜣ-Rꜥw-qnj-ḥꜣtj*) wiedergeben könnte. Die Epiklese *Souphi* (Σουφι) der 2. Stunde greift den ‚Ehrwürdigen' (*šfy*) vom Ende der 1. Stunde der ägyptischen Version auf. *Senthenips* (Σενθενιψ) in der 4. Stunde kann als ‚gründend in seinem (*lit.* ihrem) Herzen' (*sntj-m-ỉb=s*) verstanden werden, was zu den Schöpfergottqualitäten des (Ptah-)Tatenen ebenso passt wie der Skarabäus als Stundengestalt. Der in der 6. Stunde genannte Löwe (λέων) kommt in der Form ‚lebender Löwe' (*rw-ꜥnḫ*) am Ende der ägyptischen 7. Stunde vor, in der der Bock mit *Oumesthōth* (Ουμεσθωθ) bezeichnet wird. Dies entspricht ziemlich genau der Wendung ‚mit Millionen Geburten' (*ḥḥ.w-msw.wt f*). Der Stier der 8. Stunde heißt ‚der sichtbar Gewordene' (ὁ ἀναφανὴς γενόμενος), ähnlich dem ‚von selbst Entstandenen' (*ḫpr-ḏs f*). Eine der schönsten Entsprechungen bietet die 9. Stunde, deren Gottesgestalt, der Falke, dem Re-Harachte äquivalent ist. Der dort ebenfalls genannte Nefertem wird mit seinem Attribut aufgenommen, ‚der Lotus, der aus der Tiefe gewachsen ist' (ὁ λωτὸς πεφυκὼς ἐκ τοῦ βυθοῦ). Das Krokodil der griechischen 12. Stunde schließlich begegnet als Krokodil (*ḫntj*) in der 1. Stunde der ägyptischen Vorlage.

5. Schlussfolgerungen

Mit dem Sonnenlauf war in Ägypten seit ältester Zeit die Vorstellung von den Metamorphosen des Sonnengottes verbunden. Die früheste Ausprägung ist das Drei-Phasen-Modell mit den Erscheinungsformen Chepri, Re und Atum. Spätestens in der Mitte des 2. Jahrtausends v. Chr. wurde als vierte Phase die Transformation als Osiris hinzugefügt und damit eine Verbindung der solaren und osirianischen Jenseitsvorstellungen geschaffen. Diese Erweiterung liegt auch in den Unterweltsbüchern vor. Möglicherweise schon früh im 2. Jahrtausend v. Chr. wurde dieses Modell in eine 75-Gestalten-Lehre ausdifferenziert, die uns seit der *Sonnenlitanei (*Erstbeleg Useramun, 15. Jh. v. Chr.) in expliziter Form vorliegt. Im selben Zeitraum wurden die Transformationen des Sonnengottes auch nach den Stunden geordnet. Dies dürfte zuerst im *Stundenritual* geschehen sein. In der Zeit der Königin Hatschepsut oder früher wurde auch das Stundenritual um eine Nachtkomponente erweitert. Jüngere Kompositionen traten im Laufe der 19.–21. Dynastie (13.–11. Jh. v. Chr.) hinzu, wie *das Livre du jour et de la nuit* und die *Litanie des douze noms* mit ihrem spätzeitlichen Komplement, dem Buch *Schutz des Bettes*. Diese an den Tages- bzw. Stundenverlauf gekoppelten Transformationslehren möchte ich unter der Bezeichnung „chronomorphes Modell" subsummieren.

Alle Transformationsmodelle haben nicht nur einen kosmographischen, sondern auch einen rituellen Kontext. Unsere Textzeugnisse stammen ja überwiegend aus diesem Anwendungsbereich. Das chronomorphe Modell war bis zum Ende des Neuen Reiches (11. Jh. v. Chr.), bis auf wenige Ausnahmen auf die Verwendung im Totenkult des Königs beschränkt. Mit dem Verfall des Neuen Reiches zu Anfang des 1. Jahrtausends v. Chr. wurde es allerdings allgemein zugänglich und konnte auch von Priestern und Beamten für ihre Grab- und Sargdekoration benutzt werden (Manassa 2007: 4). In den Text- und Bildprogrammen der aufwändig verzierten und beschrifteten Holzsärge und Steinsarkophage der Spätzeit sind Ausschnitte aus den Unterweltsbüchern beliebt. Das Stundenritual und verwandte Kompositionen kommen zwar seltener vor, gehören aber in denselben Vorstellungskomplex des chronomorphen Modells. In der Spätzeit entwickelt sich in einem bislang nicht näher präzisierbaren Zeitraum zudem die Vorstellung einer weitgehenden, später, wie es schon W. Federn angedeutet hatte, vielleicht vollständigen Beschränkung der Transformationen auf Tiergestalten, wie im *Livre des transformations (*und in *PGM*).

Nach der Aussage der Texte auf den Särgen erhofften sich die Besitzer, nach ihrem Tode (und nach der Rechtfertigung vor dem Totengericht) die Transformationen des Sonnengottes anzunehmen, sich mit ihm zu vereinen oder an ihn zu ‚assimilieren'. Die Erscheinungsformen wechseln nach der Vorgabe der jeweiligen Texte von Phase zu Phase oder von Stunde zu Stunde. Die Gestalten sind ebenso vorbestimmt wie der Zeitpunkt, zu dem sie angenommen werden. Die Verwandlungsfähigkeit ist ferner an ethische Bedingungen geknüpft. Und das solare Konzept ist sogar mit Vorstellungen von ‚Einweihung' und ‚Mysterium' verbunden (Assmann 1983: 124 f.; Assmann/ Bommas 2002).

Dieses chronomorphe Modell war einer der produktivsten Vorstellungskomplexe im Jenseitsglauben der Zeit, zu der Herodot seine Erkundigungen eingezogen hat.

Im 7.–5. Jh. v. Chr. wurden im Zusammenhang mit der „saitischen Renaissance" alte Vorstellungen wieder aufgegriffen und zu neuen Konzepten weiter entwickelt. Es liegt also nahe, anzunehmen, dass der griechische Historiker von seinen Gewährsleuten eben diese Lehren kennen gelernt und für seine Überlegungen nutzbar gemacht hat. Sie standen den griechischen Konzeptionen der Metempsychosis erheblich näher als der Gestaltwandel des *Ba* nach den Sprüchen des Totenbuches (s. Abb. 1) oder Verwandlungsgeschichten in Folklore und Mythos. Somit ergibt sich eine recht einleuchtende Erklärung für Herodots kurze, aber genaue Angaben. Sie beruhen zwar, wie wir heute wissen, auf einem Missverständnis, hatten aber phänomenologisch gesehen so viele Gemeinsamkeiten mit der griechischen Metempsychosis, dass Herodot sie gerne für seine Diffusionstheorie in Anspruch nahm.

Literatur

Armayor, O.K., 1985. *Herodotus' Autopsy of the Fayoum*, Amsterdam.

Assmann, J., 1969. *Liturgische Lieder an den Sonnengott. Untersuchungen zur ägyptischen Hymnik* I, (*Münchner Ägyptologische Studien* 19), Berlin.

—, 1977. ‚Das ägyptische Zweibrüdermärchen', *Zeitschrift für ägyptische Sprache und Altertumskunde* 104: 1–24.

—, 1983. *Re und Amun. Die Krise des polytheistischen Weltbilds im Ägypten der 18.–20. Dynastie*, (*Orbis Biblicus et Orientalis* 51), Fribourg & Göttingen.

—, 2001. *Tod und Jenseits im Alten Ägypten*, München.

— & M. Bommas (eds.), 2002. *Ägyptische Mysterien?* München.

Barwik, M., 1998. ‚The So-called 'Stundenritual' from Hatshepsut's Temple at Deir el-Bahari', in: C.J. Eyre (ed.), *Proceedings of the Seventh International Congress of Egyptologists Cambridge 1995*, Leuven: 109–117.

Bernabé, A. & A.I. Jiménez San Cristóbal, 2008. *Instructions for the Netherworld. The Orphic Gold Tablets*, (*Religions in the Graeco-Roman World* 162), Leiden & Boston.

Bichler, R., & R. Rollinger, 2000. *Herodot*, Hildesheim etc.

Birkhan, H., 2002. ‚Druiden und keltischer Seelenwanderungsglaube', in: Figl & Klein 2002: 143–158.

Böhme, A., 1989. *Die Lehre von der Seelenwanderung in der antiken griechischen und indischen Philosophie. Ein Vergleich der philosophischen Grundlegung bei den Orphikern, bei Pythagoras, Empedokles und Platon mit den Upanishaden, dem Urbuddhismus und dem Janaismus*, Jüchen.

Bremmer, J.N., 1983. *The Early Greek Concept of the Soul*, Princeton.

—, 2002. *The Rise and Fall of the Afterlife*, London & New York.

Brugsch, H., 1867. ‚Die Kapitel der Verwandlungen im Todtenbuch 76 bis 88', *Zeitschrift für ägyptische Sprache und Altertumskunde* 5: 21–26.

—, 1891. *Die Aegyptologie. Abriss der Entzifferungen und Forschungen auf dem Gebiete der ägyptischen Schrift, Sprache und Alterthumskunde*, Leipzig.

Brunner, H., 1984. ‚Seelenwanderung', in: *Lexikon der Ägyptologie* V, col. 813.

Buchberger, H., 1986. ‚Verwandlung', in: *Lexikon der Ägyptologie* VI, col. 1023–1032.

—, 1986a. ‚Wiedergeburt', in: *Lexikon der Ägyptologie* VI, col. 1246–1261.

—, 1993. *Transformation und Transformat. Sargtextstudien* I. (*Ägyptologische Abhandlungen* 52), Wiesbaden.

Burkert, W., 1990. ‚Herodot als Historiker fremder Religionen', in: G. Nenci & O. Reverdin (eds.), *Hérodote et les peuples non grecs*, Vandoeuvres-Geneva: 1–39.

Burstein, S.M., 1992. ‚Hecataeus of Abdera's History of Egypt', in: J.H. Johnson (ed.), *Life in a Multi-Cultural Society. Egypt from Cambyses to Constantine and Beyond*, Chicago: 45–49.

Chabas, F.-J., 1860. *Le papyrus magique Harris*, Chalon-sur-Saône.

de Rougé, E., 1851. ‚Mémoire sur l'inscription du tombeau d'Ahmès', *Mémoires de l'Acadèmie des Inscriptions, Savant étrangers* 3: 1–196 (= *Bibliothèque Égyptologique* 22 (1908) 1–202).

Daressy, M.G., 1917. ‚Fragments de deux cercueils de Saqqarah', *Annales du Service des Antiquités de l'Égypte* 17: 5–20.

Darnell, J.C., 2004. *The Enigmatic Netherworld Books of the Solar-Osirian Unity*, (*Orbis Biblicus et Orientalis* 198), Fribourg.

Dewald, C. & J. Marincola, 2006. The Cambridge Companion to Herodotus, Cambridge.
(Darin: N. Luraghi, ‚Meta-historiē: Method and Genre in the *Historia*□e: 76–91; T. Rood, ‚Herodotus and Foreign Lands□e: 290–305.)

Doll, S.K., 1981. ‚The Day Hour Texts on the Sarcophagi of Anlamani and Aspelta', in: W.K. Simpson & W.M. Davis (eds.), *Studies in Ancient Egypt, the Aegean, and the Sudan. Essays in Honor of Dows Dunham*, Boston: 43–54.

Dröge, C., 1982. ‚Ein irischer sa□sāra? Betrachtungen zur Frage der «keltischen Seelenwanderungslehre»', *Zeitschrift für celtische Philologie* 39: 261–268.

Eichner, H., 2002. ‚Indogermanische Seelenbegriffe', in: Figl & Klein 2002: 131–141.

Federn, W., 1960. ‚The „Transformations" in the Coffin Texts. A New Approach', *Journal of Near Eastern Studies* 19: 241–257.

Fehling, D., 1971. *Die Quellenangaben bei Herodot. Studien zur Erzählkunst Herodots*, Berlin etc. (engl.: *Herodotus and his ‚Sources': Citation, Invention and Narrative Art*, Leeds 1989).

Figl, J., & H.-D. Klein, (edd.), 2002. *Der Begriff der Seele in der Religionswissenschaft*, Würzburg.

Fischer-Elfert, H.-W., 2005. *Altägyptische Zaubersprüche*, Stuttgart.

Froschauer, P., 1991. *Herodots ägyptischer Logos. Die Glaubwürdigkeitsdiskussion in kritischer Sicht: Forschungsgeschichte – Ausgewählte Argumentationen – Archäologischer Befund*, Diss. Innsbruck.

Gardiner, A.H., 1932. *Late Egyptian Stories*, (Bibliotheca Aegyptiaca 1), Brüssel.

Gasse, A., 1984. ‚La litanie des douze noms de Rê-Horakhty', *Bulletin de l'Institut Français d'Archéologie Orientale* 84: 189–227; pl. XLIII–XLV.

Gauthier, H., 1913. *Catalogue Général des Antiquités Égyptiennes du Musée du Caire. Cercueils anthropoides des prêtres de Montou. Nos. 41042–41048*, Kairo.

Golénischeff, V., 1927. *Catalogue Général des Antiquités Égyptiennes du Musée du Caire. N°s 58001–58036*, Kairo.

Graefe, H., 1995. ‚Das Stundenritual in thebanischen Gräbern der Spätzeit. (Über den Stand der Arbeit an der Edition)', in: J. Assmann, E. Dziobek, H. Guksch & F. Kampp (eds.), *Thebanische Beamtennekropolen*, (*Studien zur Archäologie und Geschichte Altägyptens* 12), Heidelberg: 85–93.

—, 2003. *Das Grab des Padihorresnet, Obervermögensverwalter der Gottesgemahlin des Amun (Thebanisches Grab Nr. 196)*, 2 Bde., (*Monumenta Aegyptiaca* 9), Turnhout.

—, 2006. Vorläufige Ed. des Stundenrituals: http://www.uni-muenster.de/Philologie/Iaek/anfang.html (zuletzt besucht 13.8.2008).

Griffiths, J. Gwyn, 1966. ‚Hecataeus and Herodotus on ‚A gift of the river'', *Journal of Near Eastern Studies* 25: 57–61.

—, 1970. *Plutarch's De Iside et Osiride, Edition with an Introduction, Translation, and Commentary*, Cardiff.

Haas, V., 1994. *Geschichte der hethitischen Religion*, (*Handbuch der Orientalistik* 1.15), Leiden etc.

—, 2006. *Die hethitische Literatur. Texte, Stilistik, Motive*, Berlin etc.

Hofmann, I., & A. Vorbichler, 1979. *Der Äthiopenlogos bei Herodot*, Wien.

Hollis, S.T., 1990. *The ancient Egyptian "Tale of two brothers". The oldest fairy tale in the world*, Norman OK & London.

Horálek, K., 1979. ‚Brüdermärchen: Das ägyptische Brüdermärchen', in: (Begr.) K. Ranke, *Enzyklopädie des Märchens*, Bd. 2, Berlin etc.: 925–940.

Hornung, E., 1972. *Ägyptische Unterweltsbücher*, Zürich & München.

Jankuhn, D., 1972. *Das Buch „Schutz des Hauses" (s*□-pr*)*, Bonn.

Kalogerakos, G., 1996. *Seele und Unsterblichkeit. Untersuchungen zur Vorsokratik bis Empedokles*, Stuttgart & Leipzig.

Labrique, F., 2002. ‚La transmission de la royauté égyptienne dans le *De Iside*, le *Jugement d'Horus et Seth* (P. Chester Beatty I) et le *Conte des Deux Frères* (P. d'Orbiney)', in: M. Fartzoff, É. Geny, É. Smadja (eds.), *Pouvoir des hommes, signes des dieux dans le monde antique*, Paris: 9–26.

Lateiner, D., 1989. *The Historical Method of Herodotus*, Toronto etc.

Legrain, G., 1890. *Le Livre des Transformations (Papyrus démotique 3,452 du Louvre)*, Paris *(non vidi)*.

Lepsius, C.R., 1867. *Aelteste Texte des Todtenbuches nach Sarkophagen des Altaegyptischen Reichs im Berliner Museum*, Berlin, (= Osnabrück 1972).

Lichtheim, M., 1976. *Ancient Egyptian Literature*, Bd. 2: *The New Kingdom*, Berkeley etc.

Lloyd, A.B., 1975. *Herodotus Book II*: Introduction, Leiden etc.
—, 1988. *Herodotus Book II,* 2 Bde.: Commentary 1–98; 99–182, Leiden etc.
—, 2002. ‚Egypt', in: E.J. Bakker, I.J.F. de Jong & H. van Wees (eds.), *Brill's Companion to Herodotus*, Leiden etc.: 415–435.
—, 2007. ‚Book II', in: D. Asheri, A. Lloyd & A. Corcella, (ed. von O. Murray & A. Moreno), *Herodotus Books I–IV*, Oxford.
Long, J.B., 1987. ‚Reincarnation', in: M. Eliade (ed.), *The Encyclopedia of Religion*, Bd. 12, New York & London: 265–269.
Luraghi, N., 2001. ‚Local Knowledge in Herodotus' *Histories*', in: Ders., *The Historian's Craft in the Age of Herodotus*, Oxford: 138–160.
Maier, B., 2001. *Die Religion der Kelten. Götter – Mythen – Weltbild*, München.
Mannhardt, W., 1859. ‚Das älteste Märchen', *Zeitschrift für deutsche Mythologie und Sittenkunde* (1859): 232–259.
Manassa, C., 2007. *The Late Egyptian Underworld: Sarcophagi and Related Texts from the Nectanebid Period*, 2 Bde., (Ägypten und Altes Testament 72), Wiesbaden.
Marincola, J., 1987. ‚Herodotean Narrative and the Narrator's Presence', *Arethusa* 20: 121–142.
Maspero, G., 1872. ‚Le papyrus de Neb-Qed', *Revue critique d'histoire et de littérature* 6.2: 339–345 (= *Bibliothèque Égyptologique* 2 (1893) 463–477).
Meister, K., 1998. ‚Herodotos', in: *Der Neue Pauly* 5: 469–475.
Meltzer, E.S., 1974. ‚Egyptian Parallels for an Incident in Hesiod's Theogony and an Episode in the Kumarbi Myth', *Journal of Near Eastern Studies* 33: 154–157.
Morenz, S., 1954. ‚Ägyptische Ewigkeit des Individuums und indische Seelenwanderung', in: J. Schubert & U. Schneider (eds.), *Asiatica (Fs. F. Weller)*, Leipzig: 414–427.
Naville, E., 1901. *The Temple of Deir el Bahari*, Bd. 4. Plates LXXXVII - CXVIII: *The Shrine of Hathor and the Southern Hall of Offerings*, London.
—, 1908. T*he Funeral Papyrus of Iouiya*, London.
Obsomer, C., 1998. ‚Hérodote et les prêtres de Memphis', in: W. Clarysse *et al.* (eds.), *Egyptian Religion. The Last Thousand Years. Studies Dedicated to the Memory of Jan Quaegebeur*, Leuven, Bd. 2: 1423–1442.
Pritchett, W.K., 1993. *The Liar School of Herodotus*, Amsterdam.
PT: K. Sethe, *Die altägyptischen Pyramidentexte*, 3 Bde., Leipzig 1908; 1910; 1922.
Ranke, H., 1954. ‚Zum Wiedergeburtsglauben der alten Ägypter', *Zeitschrift für ägyptische Sprache und Altertumskunde* 79: 52–54.
Reinisch, L., 1865. *Die ägyptischen Denkmäler in Miramar*, Wien.
Rosén, H.B., 1987. *Herodotus Historiae* I, Leipzig.

Roider, U., 1979. *De chophur in dá muccida. Wie die beiden Schweinehirten den Kreislauf der Existenzen durchwanderten*, (*Innsbrucker Beiträge zur Sprachwissenschaft* 28), Innsbruck.

Rollinger, R., 1993. *Herodots babylonischer Logos*, (*Innsbrucker Beiträge zur Kulturwissenschaft*, Sonderheft 84), Innsbruck.

Schäfer, H., 1914. ‚Zwei Heldentaten des Ahmase, des Sohnes des Ebene aus Elkab', *Zeitschrift für ägyptische Sprache und Altertumskunde* 52: 100–103.

Schenkel, W., 1975. ‚Die Gräber des *Pȝṯnf-j* und eines Unbekannten in der thebanischen Nekropole (Nr. 128 und Nr. 129)', *Mitteilungen des Deutschen Archäologischen Instituts Abteilung Kairo* 31: 127–158; Taf. 40–50.

Smith, M., 1979. *The Demotic Mortuary Papyrus E. 3452*, Diss. Chicago.

Stettner, W., 1934. *Die Seelenwanderung bei Griechen und Römern*, Stuttgart & Berlin.

Thausing, G., 1943. *Der Auferstehungsgedanke in ägyptischen religiösen Texten*, Leipzig.

Thompson, S., 1989. *Motif-Index of Folk Literature*, 6 Bde., Bloomington etc.

Uther, H.-J., 2004. *The Types of International Folktales. A Classification and Bibliography*. 3 Tle., Helsinki.

Verhoeven, U., 1996. ‚Ein historischer „Sitz im Leben" für die Erzählung von Horus und Seth des Papyrus Chester Beatty I', in: M. Schade-Busch (ed.), *Wege öffnen. Fs. Rolf Gundlach*, (*Ägypten und Altes Testament* 35), Wiesbaden: 347–363.

Wettengel, W., 2003. *Die Erzählung von den beiden Brüdern. Der Papyrus d'Orbiney und die Königsideologie der Ramessiden*, Fribourg & Göttingen.

—, 2006. ‚Die ägyptische Erzählung von den zwei Brüdern. Ein Literaturwerk im Kontext der Ramessidenzeit', *Fabula* 47: 1–16.

Wiedemann, A., 1890. *Herodots zweites Buch mit sachlichen Erläuterungen*, Leipzig.

Wilson, J.A., 1970. *Herodotus in Egypt*, (*Scholae Adriani de Buck memoriae dicatae* 5), Leiden.

Wirth, G., 2000. ‚Hellas und Ägypten: Rezeption und Auseinandersetzung im 5. bzw. 4. Jht. v. Chr.', in: M. Görg & G. Hölbl, (eds.), *Ägypten und der östliche Mittelmeerraum im 1. Jahrtausend v.Chr.*, Wiesbaden: 281–319.

Žabkar, L., 1963. ‚Herodotus and the Egyptian Idea of Immortality', *Journal of Near Eastern Studies* 22: 57–63.

Zander, H., 1999. *Geschichte der Seelenwanderung in Europa. Alternative religiöse Traditionen von der Antike bis heute*, Darmstadt.

Zeidler, J., 2005. *Das Motiv der Seelenwanderung bei klassischen Autoren über Ägypter und Kelten. Möglichkeiten und Grenzen kulturvergleichender Interpretation*, http://www.zeidler-web.de/transmig.pdf, 22 S.

Autoren

Dr. Terence DuQuesne (University of Oxford) *jackal@duquesne.fsnet.co.uk*

Prof. Dr. Louise Gestermann (Universität Bonn) *L.Gestermann@gmx.de*

Dr. András Gulyás (Eötvös Loránd Universität, Budapest)
gulyas@hotmail.com

PD Dr. Friedhelm Hoffmann (Universität Würzburg)
friedhelm.hoffmann@mail.uni-wuerzburg.de

Diana Liesegang (Universität Heidelberg) *fleurjolie@web.de*

Daniela Luft, M.A. (Universität Heidelberg) daniela-christina. *luft@web.de*

Prof. Dr. Ulrich Luft (Eötvös Loránd Universität, Budapest)
ulrich.luft@gmail.com

Prof. Colleen Manassa, PhD (Yale University, New Haven)
colleen.manassa@yale.edu

Alexander Manisali, M.A. (Universität Heidelberg) *amanisal@ix.urz.uni-heidelberg.de*

Dr. Marcus Müller-Roth (Universität Bonn) *marcus.mueller@uni-bonn.de*

Prof. Dr. Manfred Oeming (Universität Heidelberg) *oeming@gmx.net*

Prof. Dr. Joachim Friedrich Quack (Universität Heidelberg)
joachim_friedrich_quack@urz.uni-heidelberg.de

Dr. Benedikt Rothöhler (Universität Heidelberg) *rothoehler@gmx.de*

Holger Rotsch (Universität Heidelberg) *holger.rotsch@freenet.de*

Prof. Dr. Thomas Schneider (Swansea University)
t.schneider@swansea.ac.uk

Prof. Dr. Anthony Spalinger (The University of Auckland)
a.spalinger@auckland.ac.nz

Prof. Dr. Dr. Michael Welker (Universität Heidelberg)
michael.welker@wts.uni-heidelberg.de

PD Dr. Jürgen Zeidler (Universität Trier) *zeidler@uni-trier.de*

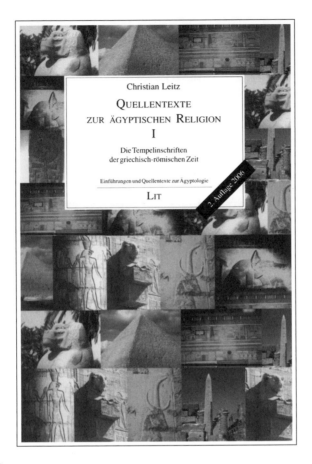

Joachim Friedrich Quack

Einführung in die altägyptische Literaturgeschichte III

Die demotische und gräko-ägyptische Literatur

Die vorliegende Einführung stellt die literarischen Werke Ägyptens aus der Zeit von ca. 700 v. Chr. bis 300 n. Chr. inhaltlich und mit Textauszügen vor. Dabei wird auch die einschlägige Sekundärliteratur angegeben. Neben den Werken in der demotischen Sprachstufe des Ägyptischen werden auch auf Papyrus überlieferte griechischsprachige Kompositionen berücksichtigt, bei denen die Vermutung besteht, daß sie aus dem Ägyptischen übersetzt oder von ägyptischen Kompositionen beeinflußt sind. Ausführliche Indizes erleichtern den Zugriff auf die Informationen.

Bd. 3, 2005, 216 S., 19,90 €, br., ISBN 3-8258-8222-5

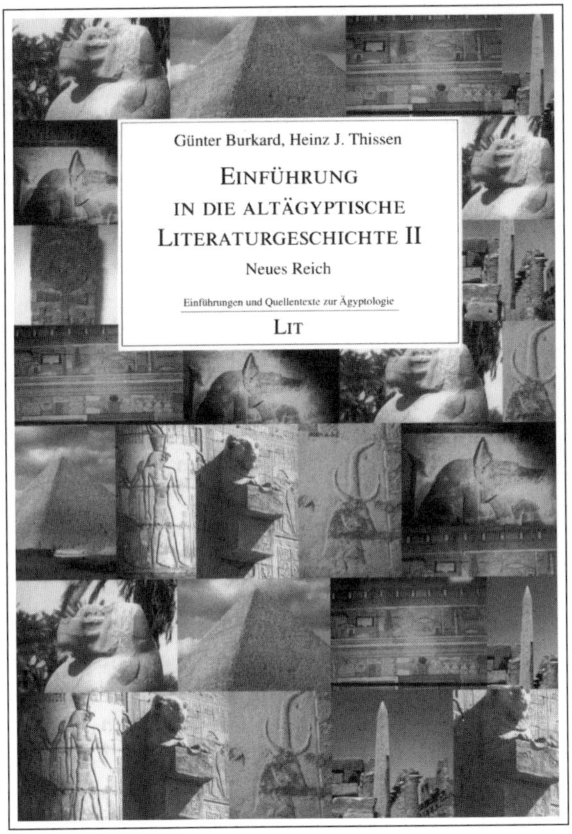

Günter Burkard; Heinz J. Thissen

Einführung in die altägyptische Literaturgeschichte II

Neues Reich

Die vorliegende Einführung in die Literatur des Neuen Reiches hat denselben Zweck wie ihre Vorgängerin: sie stellt die meisten literarischen Werke des Neuen Reiches inhaltlich und in Textauszügen vor und führt die wichtigste Sekundärliteratur zu diesen Werken an. Damit soll den Studierenden der Ägyptologie angesichts der B.A.- und M.A.-Studiengänge der Zugang zur Literatur erleichtert und eigenständige Beschäftigung angeregt werden; gleichzeitig haben Angehörige der Nachbardisziplinen sowie alle an altägyptischer Literatur Interessierten die Möglichkeit schneller Orientierung.

Bd. 6, 2008, 208 S., 19,90 €, br., ISBN 978-3-8258-0987-4

LIT Verlag Berlin – Hamburg – London – Münster – Wien – Zürich

Fresnostr. 2 48159 Münster

Tel.: 0251 / 620 32 22 – Fax: 0251 / 922 60 99

e-Mail: vertrieb@lit-verlag.de – http://www.lit-verlag.de